Grundlagen der Schulpädagogik

Band 53

Einführung in die Hochbegabtenpädagogik

3. vollständig neu bearbeitete Auflage

Von

Thomas Trautmann

Schneider Verlag Hohengehren GmbH

Grundlagen der Schulpädagogik
Herausgegeben von Jürgen Bennack, Astrid Kaiser, Rainer Winkel
Mitbegründet von Ernst Meyer

Umschlagbild: © Rudie – Fotolia.com

Leider ist es uns nicht gelungen, die Rechteinhaber aller Texte und Abbildungen zu ermitteln bzw. mit ihnen in Kontakt zu kommen.
Berechtigte Ansprüche werden selbstverständlich im Rahmen der üblichen Vereinbarungen abgegolten.

Gedruckt auf umweltfreundlichem Papier (chlor- und säurefrei hergestellt).

Bibliografische Information der Deutschen Nationalbibliothek

Die Deutsche Nationalbibliothek verzeichnet diese Publikation in der Deutschen Nationalbibliografie; detaillierte bibliografische Daten sind im Internet über ›http://dnb.d-nb.de‹ abrufbar.

ISBN 978-3-8340-1614-0

Schneider Verlag Hohengehren, Wilhelmstr. 13, 73666 Baltmannsweiler

Hompage: www.paedagogik.de

Das Werk und seine Teile sind urheberrechtlich geschützt. Jede Verwertung in anderen als den gesetzlich zugelassenen Fällen bedarf der vorherigen schriftlichen Einwilligung des Verlages. Hinweis zu § 52 a UrhG: Weder das Werk noch seine Teile dürfen ohne vorherige schriftliche Einwilligung des Verlages öffentlich zugänglich gemacht werden. Dies gilt auch bei einer entsprechenden Nutzung für Unterrichtszwecke!

© Schneider Verlag Hohengehren, 73666 Baltmannsweiler 2016
 Printed in Germany – Druck: Esser, Bretten

Vorwort zur 3. Auflage

Seit dem Erscheinen der Erstauflage (2005) hat sich im Bewusstsein der Öffentlichkeit einiges getan, was die Arbeit und den Umgang mit Hochbegabten anbelangt. Die Elitendiskussion ist nahezu verstummt, weil erkannt wurde, dass es sich bei Begabung um eine Disposition handelt und nicht um die Leistung selbst. Psychologen und Erziehungswissenschaftler[1] finden zusammen, um Heranwachsenden gemeinsam zu helfen, ihre Potenziale tatsächlich ans Tageslicht zu bringen – die einen durch eine verfeinerte Testdiagnostik, die anderen durch eine Reihe von Lern- und Förderangeboten, die genau auf das Individuum abgestimmt sind.
Es bleibt jedoch keine Zeit, die Hände in den Schoß zu legen. Noch immer erreichen meine Kolleginnen und mich nahezu wöchentlich Fallbeispiele, in denen wertvolles Potenzial nicht erkannt, falsch gedeutet, untergewichtet oder auch bewusst negiert wird. Dass es „keine Hochbegabten an meiner Schule gibt", wie uns eine Schulleiterin in einer Fortbildung glauben machen wollte ist eine recht gefährliche Auffassung. Denn wer als einziges Instrument nur den Hammer kennt, so sagte einmal der Psychologe Paul Watzlawick, braucht sich nicht zu wundern, wenn er in seiner Umgebung nur noch Nägel sieht. Will heißen – es braucht Kenntnisse über Hochbegabung, belastbare Ergebnisse empirischer Studien und die Bereitschaft, immer neue Elemente jeder unverwechselbaren (und nie gleichen) Ausprägung einer Begabung erkunden und verstehen zu wollen. Aussagen, die „den Hochbegabten" etwas zudeuten sind ebenso undifferenziert wie Meldungen, dass die Lehrer alle „faule Säcke" (vgl. Perger 1995) wären.
Was braucht es daher? Gründliche Einzelfallbetrachtung ohne die Bedürfnisse von Gruppen zu vernachlässigen. In verschiedenen Wissenschaften ist Kasuistik eine tragende Säule der Profession. Die Erziehungswissenschaft hat das Desiderat seit einigen Jahren erkannt und Fallvergleiche bzw. Fallkontrastierungen in den Fokus genommen (vgl. u.a. Kelle/Kluge 2010; Trautmann/Brommer 2016). Es ist zu wünschen, dass auch die Pädagogik als Handlungswissenschaft bald für sich untersucht, was Gruppen (etwa in didaktischen Prozessen) zukommt und was der Einzelne benötigt.

Das neue Buch ist umfänglicher geworden. Hinzu gefügt wurde eine Analyse der Wirkungsfelder von Begabungspädagogik inklusive des Blickes auf die psychologischen Untersuchungen zur Intelligenzdiagnostik, ohne die eine Reihe von aktuellen Problemstellungen nicht entscheidend verstanden werden können.

---

[1] Für eine bessere Lesbarkeit infolge kürzerer Darstellungsform wird im Weiteren oft zusammenfassend von „Lehrern", Schülerinnen usw. gesprochen. Gleichwohl

Neu justiert wurden begriffliche Ansätze und Definitionsaspekte, die in den letzten Jahren an Bedeutung zugenommen haben. Auch wurde eine Reihe weiterer Modelle zur Hochbegabung dargestellt. Diese Modellierungen sind wichtige Wegmarken, um das Konstrukt von Hochbegabung begreifen zu können. Um Lehrpersonen im weiten Sinne mit den Testvorgängen vertrauter zu machen wurde der WISC IV spezifischer erklärt. Noch immer ist die Barriere zwischen gelingender Testpraxis und fehlender Transmitter hin zur täglichen pädagogischen Arbeit zu konstatieren. Es ist zu wünschen, dass durch die vielen Papiere, die z.B. die Landesinstitute anbieten, rasch Professionalität einziehen möge.
Einen besonderen Platz haben auch einige Exkurse in die pädagogische Alltagspraxis erhalten. Das Phänomen des Minderleisterverhaltens und die Förderungsprinzipien (nicht nur) für Hochbegabte wurden vertieft und mit Materialien und Hinweisen versehen.

Ich bedanke mich erneut bei allen Heranwachsenden, die mich – in Interviews, in Studien, bei Testungen und in Beratungssituationen – an ihren Ideen und Gedanken teilhaben ließen. Ich staune Tag für Tag über die Vielfältigkeit, mit denen sie versuchen, an neues Wissen heranzukommen, neue Strategien zu erlernen und die Welt begreifen. Den Lehrpersonen und Studierenden, mit denen ich eine Reihe von Problemstellungen diskutieren durfte bin ich ebenfalls sehr verbunden. Einige Antworten auf Fragen besorgter Eltern wurden ebenfalls aufgenommen.
Letztlich haben wiederum einige gute Geister am Manuskript mitgearbeitet. Für die Illustration der Modelle bin ich Wiebke Grunhold und Mareike Brümmer zu Dank verpflichtet. Nina Köster und Lara Maschke haben sich – wie schon so oft – um das Layout und die Endkorrektur gekümmert, haben gut beraten und mit mir nachgedacht – was wäre ich ohne euch?

Thomas Trautmann, im Frühjahr 2016

Hochbegabtenpädagogik im Überblick (Vorwort des Herausgeberteams von 2005)

Endlich ist das schon seit Jahren fehlende Überblicksbuch zur Hochbegabtenthematik da.

Über diese Thematik wird viel in der Öffentlichkeit, in Politik und Verwaltung gestritten, aber bislang war es nur durch vielfältige spezielle Fachliteratur möglich, sich einen orientierenden Einblick zu verschaffen.

Für die Reihe Grundlagen der Schulpädagogik ist es nun gelungen, Herrn Trautmann als Autor für ein klassisches Einführungsbuch zu gewinnen.

Das Buch erfüllt nicht nur den Anspruch eines einführenden Buches, es ist ein außerordentlich breit gefächertes und gut geschriebenes Werk. Durch die konkreten Fragestellungen am Schluss der Abschnitte eignet es sich auch als Arbeitsbuch für Seminare zur Hochbegabtenthematik. Besonders faszinierend ist es, dass es Herrn Trautmann gelungen ist, eine derart komplexe Thematik in so kurzer und präziser Weise umfassend darzustellen.

Der Informationsgehalt ist hinreichend für alle, die aus Hochschule und Praxis an dem Thema interessiert sind. Nicht nur die bisher erarbeiteten theoretischen Grundlagen werden in dem Buch in genügender Breite vorgestellt, auch die Weiterführung auf die Schulwirklichkeit wird vorangetrieben, so dass das Werk für Lehrende, Studierende und praktizierende Pädagogen von Wert ist.

Und in der Tat der Bogen ist weit gespannt, er unterscheidet verschiedene Modell der Hochbegabung und stellt sie einzeln vor. Abschließend veranschaulicht er auch grafisch sein eigenes „Mikado-Modell".

Für das Verstehen der Hochbegabtenthematik ist es außerordentlich wichtig, dass er verschiedene Zusammenhänge von Begabung mit Lebenswelt, Lernen, Wahrnehmung, Emotionalität, Kreativität, Körperlichkeit, Leistung, Geschlecht und Behinderung zieht.

Auch die testtheoretischen und –praktischen Beispiele werden in diesem Buch nicht ausgelassen.

Zentral stehen dann verschiedene Förderkonzepte und Maßnahmen zur Debatte. Besonders produktiv ist es, dass er nicht nur breit die vorliegenden Untersuchungsergebnisse aufzählt, sondern auch die jeweiligen Praxiskonsequenzen konkret vorstellt.

Aus diesen wünschenswerten Förderansätzen entwickelt er Konsequenzen für die Schule und achtet dabei auch auf die Qualifizierung der Lehrpersonen und schulorganisatorische Veränderungen wie die altersgemischten Gruppen. Besonders hervorzuheben ist, dass er neuere didaktische Ansätze wie das Philosophieren mit Kindern in sein Förderkonzept integriert. Aber auch Projektlernen und Lernportfolios als Bewertungsmethoden spannt er in seinen weiten Horizont schulpädagogischer Reflexion ein. Gleichzeitig bleibt dieses Buch sehr übersichtlich und leicht verständlich. Abschließend wendet

er sich auch der, die schulische Praxis notwendig ergänzende, Beratungspraxis zu und differenziert diese Maßnahmen nach verschiedenen Schulstufen. Wahrlich ein umfassendes Einführungsbuch zur Hochbegabtenpädagogik!
Dieses Buch ist ein wichtiger Baustein in einem umfassenden Konzept schulpädagogischer Grundlagen.
Dem Autor ist es zudem gelungen, sich durch den Einbezug neuerer Forschungen wie der Arbeiten von Rost von der weit verbreiten Diktion abzugrenzen, hochbegabte Kinder seien mit sozialen Problemfällen gleich zu setzen. Es ist an der Zeit anstelle zu starker Stereotypisierung der Hochbegabten, zu verdeutlichen, auch hoch begabte Kinder können sozial gut integriert sein und sind nicht nur „Problemfälle". Dieser notwendige Diskurswechsel ist in diesem Einführungsbuch klar zu erkennen. Der vertretene Ansatz entspricht auch den pädagogischen Intentionen dieser Reihe wie das Zitat: "Begabte Kinder sind Heranwachsende wie andere auch" sehr klar beleuchtet.
Es bleibt zu wünschen, dass die Inhalte dieses Buch einem breiten Publikum bekannt werden, damit Kinder mit der Diagnose Hochbegabung die ihnen adäquate pädagogische Begleitung erhalten.

Im Namen der Mitherausgeber

Astrid Kaiser

Inhaltsverzeichnis

Vorwort zur 3. Auflage 3
Hochbegabtenpädagogik im Überblick (Vorwort des Herausgeberteams
von 2005) 5

Begabtenpädagogik oder Hochbegabtenpädagogik? **10**
Arbeitsdefinition 12

Die Feldbestimmung **16**
Psychologische Untersuchungen zur Intelligenzdiagnostik 18
Pädagogisch relevante Ansätze 19
Diagnostische Arbeit - Gemeinsam oder getrennt? 22
Hochbegabung und Inklusion 24

Begriffliche Annäherungen **27**
Begabung, besondere Begabung und Hochbegabung 27
Begabung 29
Intelligenz 32
Multiple Intelligenzen 34
Hochbegabung 41
Besondere Begabung 46
Genialität 47
Talent 48
Inselbegabung und Savant Syndrom 48

Pädagogisch relevante Modelle der Hochbegabung **51**
Nutzen und Grenzen von Modellbildung 51
Das Drei-Ringe-Modell der Hochbegabung (Renzulli 1993) 52
Das Triadische Interdependenzmodell (Mönks 1993) 55
Das differenzierte Begabungsmodell nach Gagné (1985; 2005) 57
Das Münchner Hochbegabungsmodell (Heller, Perleth und Hany 1994;
2000; 2005; 2010) 59
Das Gesellschaftlich-ökologische Modell (Fels 1999) 62
Das Modell „sich entwickelnder Expertise" (Sternberg 2000; 2003; 2005) 64
Das dialektische Hochbegabungsmodell (Müller-Opplinger 2011) 65
Das Aktiotopmodell (Ziegler 2004) 67
Das Modell individualisierter Hochbegabung (Trautmann 2003; 2008) 69

Zusammenhänge **79**
Begabung und Lebenswelten 79
Begabung und Wahrnehmung 88
Begabung und Informationsverarbeitung 91
Begabung und Lernen 92
Begabung und Emotion 94
Begabung und Perfektionismus 99

Begabung und divergentes Denken 103
Begabung und Kreativität 105
Begabung und Geschlecht 107
Begabung und Verhalten 110
Begabung und Physis 113
Begabung und Leistung 115
Begabung und Behinderung 119
Begabung und Migration 121

Begabtenpädagogik oder Sonderpädagogik? **124**

Auffindung von Hochbegabung **127**
Subjektive und objektive Ansätze 128
Probleme in der Praxis 129
Testbeispiel – WISC-4 131

Förderung Hochbegabter **137**
Hochbegabungs- oder Hochbegabtenförderung? 137
Problemfelder fehlender Hochbegabtenförderung 141
Institutionelle Förderprinzipien für Hochbegabte 146
Begabungsförderndes Lernen 148
Enrichment 149
Akzeleration 152
Exkurs: Frühe Einschulung, Klassenstufensprung 154
Grouping 158
Compacting 160
Produktive Mischformen im Prozess der pädagogischen Praxis 162
Exkurs: Frühe Signale 164
Möglichkeiten der Frühförderung im Kindergarten 164
Spiel 167
Angebote 169
Frühes Schreiben und Lesen 172

Schule und Hochbegabung **174**
Schule als ökologisches System 174
Begabungsfördernde Institution Schule? 177
Die Auffassungen & Wünsche der Lehrerinnen 181
Die Erwartungen der Eltern 184
Schülerinnen und Schüler als Betroffene 186
Lerneffekte: Konsequenzen für „die Schule" 190
Differenzierung 192
Individualisierung 198
Offener Unterricht 203
Altersmischung 209
Exkurs: Die Idee der Jahrgangsklasse 211
Schulisches Lernen in altersgemischten Gruppen 213

Kritik an der Altersmischung 217

Spezielle didaktische Möglichkeiten in der Schule 219
Philosophieren mit Kindern und Jugendlichen (PmKJ) 219
Projektlernen 226
Portfolioarbeit 231
Kommunikation 236

Beratung von Hochbegabten (inklusive Umfeldberatung) 244
Vorab: Miteinander statt übereinander 244
Vorschulalter 244
Grundschulalter 246
Mittel- und Oberstufe 247
Eltern 249
Lehrerinnen und Lehrer 250

Literatur 254

Begabtenpädagogik oder Hochbegabtenpädagogik?

> Man darf jemanden nicht nur
> mit der Intellektuelle messen
> Manfred Hinrich

Seit Johann Friedrich Herbart aus Königsberg die Frage, welches aus seiner Sicht das Hauptproblem des Unterrichtens sei, mit der „Verschiedenheit der Köpfe" beantwortete und Ernst Christian Trapp (1745-1818) – übrigens der erste deutsche Professor für Pädagogik – vorschlug, den Unterricht ... auf die Mittelköpfe hin zu kalkulieren (i.S.v. zu planen) haben wir eine nicht abreißende Diskussion um Differenzierung in und außerhalb von Schule und Unterricht. Diese Diskussion über knapp zweihundert Jahre Erziehungswissenschaft zu führen wäre reizvoll, würde aber ein anderes Buch werden als das vorliegende. Es geht um die Botschaft, die m.E. auch heute noch nicht ganz überwunden ist - Die interindividuellen (und mitunter sogar die intraindividuellen) Unterschiede zwischen den Kindern ist ein Problem. Denken wir uns nun eine lange Pause. Dieses „Problem" löst der verständige Schulmann[2] am besten, in dem der Unterricht auf ein fiktives, mittleres Niveau ausgerichtet wird.

Aktuell wird im Rahmen der Inklusionsdebatte heftig darüber diskutiert, wie anregungsreicher Unterricht für alle bewerkstelligt werden kann. Jürgen Budde und Merle Hummrich erklären dazu: In einem breiten Verständnis kann Inklusion als Leitfigur für eine Schule stehen, die dem Abbau von Bildungsungleichheit verpflichtet ist. Zwar führt Inklusion notwendigerweise Differenzierung mit sich, die durch die Idee von Leistungs- und Begabungsdifferenzierung legitimiert und durch Funktionen der Schule wie Selektion, Qualifikation und Allokation abgesichert wird (vgl. Budde/Hummrich 2013, S. 3). Bildungsungleichheit hat mindestens zwei Seiten. Während noch vor zwanzig Jahren kaum eine Begabungsdiskussion ohne Verweis auf Elitenbildung auskam ist inzwischen recht klar, dass aus Zusammenhängen von Intelligenz und Begabung nicht zwangsläufig (schulische) Hochleistungen resultieren. Das ist ein Resultat, was vor nicht allzu langer Zeit noch völlig anders diskutiert wurde, als es aktuell der Fall ist. Inklusion ist inzwischen – zumindest in einem Teil - mit einem breiten Adressatenverständnis versehen. Es verzichtet darauf, Menschen in „mit" und „ohne" Behinderung zu unterteilen. Heterogenität wird damit als Miteinander der Verschiedenen (vgl. Lindmeier/Lütje-Klose 2015, S. 8) verstanden.

An diese Idee der verbundenen Verschiedenen soll auch die Überlegung anknüpfen, ob es sich bei diesem Buch – bzw. bei dieser Domäne der Erziehungswissenschaft – um Hochbegabten- oder Begabtenpädagogik dreht. In

---

[2] damals so genannte Lehrpersonen, der Genderaspekt wurde vernachlässigt.

der letzten Auflage wurde konstatiert, dass „derzeit Begriffe wie Begabte, Hochbegabte und besonders Begabte durchaus häufig synonym gebraucht werden" und es „...vielen Autoren sekundär (scheint), ob sie im Zusammenhang mit der Handlungswissenschaft von Begabten- oder/und Hochbegabtenpädagogik sprechen" (vgl. Trautmann 2008, S. 10 f.).
Während in der Psychologie noch deutliche Unterschiede gemacht und auf sehr trennscharfe Begriffskonstrukte[3] geachtet wird, verschwimmt in der Erziehungswissenschaft und Pädagogik die separierte Betrachtung weiter. Bei der Durchmusterung einer ganzen Reihe von aktuellen Werken, die im Grenzbereich zwischen Hochbegabung und (im weitesten Sinne) schulischen Umgangs (damit) agieren, kommt es zu hoch unterschiedlichen Bestimmungen.
In dem von Christine Koop, Ina Schenker und anderen herausgegebenen Buch wird das Spannungsfeld des erweiterten Blickes bereits im Titel deutlich. Der Überschrift: Begabung wagen folgt der Untertitel „Ein Handbuch für den Umgang mit Hochbegabung in Kindertagesstätten (vgl. Koop et al. 2010).
Claudia Solzbacher et al. (2015) problematisieren ebenfalls eine kontroverse Begabungsförderung im Spiegel der Inklusionsdebatte. Hildegart Macha kennzeichnet in demselben Band den Begriff der „besonders Begabten" (vgl. Macha 2015, S. 60) während Vogt und Krenig (2015, S. 69) dezidiert auf die Hochbegabtenförderung fokussieren. Schließlich – immer noch in demselben – sehr lesenswerten – Band wählen Michaela Rastede, Christina Calvert und Petra Schreiben den Begriff der (Hoch)Begabten und der Talente gleichzeitig. Damit kennzeichnen sie ihren weiten Blick diesseits und jenseits des magischen Schwellenwertes (die übrigens bei unterschiedlichen Definitionsansätzen schwankt). Dieses Changieren zwischen den Begrifflichkeiten stellt beileibe keine Beliebigkeit oder gar die Missachtung (durchaus bestehender) sauberer Definitionsgrundlagen dar. Es ist m.E. der Ausdruck, möglichst viele Spielarten der heterogenen Gruppe in das eigene Denken einzubeziehen.
Halten wir fest: Hochbegabung, von Kurt A. Heller als „eines der hypothetischen Konstrukte" benannt, „deren Definition vom jeweiligen theoretischen Bezugssystem abhängt" (Heller 2008, S. 9) ist beim pädagogisch determinierten Umgang in Kindergarten, Schule und Unterricht wenig brauchbar. Immer mehr Erziehungswissenschaftler wählen daher einen breiten begrifflichen Zugang, um die betreffenden Individuen zu kennzeichnen.

Die Segmentierung der Erziehungswissenschaft hilft ebenso wenig, wenn es um die theoretische Beschäftigung mit den – uns von der Psychologie über-

---

[3] Ursachen liegen m.E. in der Genese der Definitionen. So ist nach der IQ Definition ein Individuum dann hochbegabt, wenn er/sie einen Intelligenzquotienten von 130 u.h. aufweist (vgl. hier Lucito 1964).

gebenen – Erträgen und Resultaten, beispielsweise der Diagnostik, geht. Weder als theoretische und methodologische Grundlagendisziplin noch als Synthese über das Wissenschaftsgebiet hinaus bringen Bereichs- und Klientelspezifizierungen Erkenntnisse und/oder gar pädagogische Erträge mit sich. Eine Zielgruppenorientierung kann somit zwar Begabte und Hochbegabte, besonders Begabung und spezifisch Talentierte in ihrem Anspruch auf spezifische Beschäftigung der Pädagogik mit ihnen klären. Hilfreich ist ein solches Vorgehen offenbar nicht, weil sowohl die begrifflichen Unschärfen als auch die Individualität jeder Begabungsausprägung (vgl. Trautmann 2013, S. 23) sich eher hemmend auf den handlungsgelenkten didaktischen Umgang auswirken.

Die Segmentierung hinsichtlich einer Bilanzierung zeigt jedoch auch, dass die Beschäftigung der Pädagogik mit Begabten und Hochbegabten hohe Volatilität mit sich bringen kann – leistungsstarke, kreative und intellektuelle Menschen versus zurückgezogene, performanzschwache oder/und selbstzweiflerische Individuen. Auch im Sinne der Nutzenerwartung kann eine weit verstandene Begabungspädagogik dazu beitragen, Heranwachsenden die höchste Stufe seelischer Gesundheit und das Ziel jeder Erziehung - die aktive, freudvolle Teilhabe am gesellschaftlichen Leben - zu eröffnen. Dass dies (noch) nicht immer der Fall ist, zeigt die noch immer in Teilen der Gesellschaft verankerte einseitige Rollenzuschreibung. Danach werden Begabten und Hochbegabten eine Reihe von „entsprechenden" Verhaltens- und Leistungserwartungen zugeschrieben, welche diese zu erfüllen haben, sollten sie nicht negative Sanktionen befürchten müssen. Allein die neueren wissenschaftlichen Erkenntnisse über die Zusammenhänge von Leistung und Begabung sind jedoch dazu geeignet, die Begabtenpädagogik in ihrer produktiven Zusammenarbeit mit der Psychologie und mannigfaltigen Nachbarwissenschaften weiter zu etablieren. Das letzte Argument scheint wohl entscheidend zu sein. Begabte und Hochbegabte Heranwachsende schreiben sich selbst in bestimmten sozialen Situationen - beispielsweise in der Schule – wesentlich differenzierte Selbstbilder zu, als wir es landläufig mit der Etikettierung selbst vermögen (vgl. Marek/Pillath/Trautmann 2015, S. 207). Die 2005 zur Diskussion gestellte Definition der Begabtenpädagogik ist – im wissenschaftlichen Diskurs, mittels einer Reihe grundlegender Forschungen und in der pädagogischen Praxis – weiterentwickelt worden

Arbeitsdefinition

Begabtenpädagogik ist eine auf die heterogene Zielgruppe (u.a. Begabter, hoch Begabter, besonders Begabter, spezifisch Talentierter und multipel Intelligenter) spezialisierte Daten erfassende und Daten verarbeitende Integrationswissenschaft auf einer anthropologisch - erziehungswissenschaftlichen, sowie auf einer Lehr-Lernfeldbezogenen Ebene. Sie hat u.a. die Aufgaben:

- spezifische erziehungswissenschaftliche Grundlagen zu erbringen und zu verarbeiten.
- eine Synthese zwischen psychologisch-diagnostischer Vorarbeit und den korrespondierenden didaktisch-methodischen Konsequenzen zu schaffen und
- Bezugsgröße für unterrichts- und förderungsbezogene Gegenstandsfelder zu sein.

Auf eine eigene – aus der o.g. allgemeinen Arbeitsdefinition abgeleitete Bestimmung der Hochbegabtenpädagogik scheint unter den inzwischen gegebenen gesellschaftlichen Entwicklungen nicht mehr zwingend von Nöten. Auch die Dialektik der Begabung und des Begabens ist entsprechend des humanistischen Menschenbildes allgemein akzeptiert (vgl. u.a. Quitmann 2013, S. 30). Allgemein, weil sie Gültigkeit beansprucht für Kinder aller Begabungsniveaus Förderungsqualitäten anzubieten. Besonders, weil ihre Adressaten Kinder mit besonderen Begabungen sind und somit hoch differierende Bedürfnisse anmelden. Ein inklusiver Zugang betont die strukturelle Ähnlichkeit des Umgangs mit „anders" förderbedürftigen Kindern an beiden Randzonen der „Normalverteilung". Indes: Schon immer ist Schule mit dem Sachverhalt der Differenz und ihrer Bearbeitung in inklusiven und exklusiven Mechanismen befasst. Aktuelle Transformationen sehen zwar die Heterogenität produktiv(er), das Phänomen selbst ist stets grundlegender Bestandteil professionellen Handelns gewesen. Budde und Hummrich (vgl. 2013, S. 1) betonen richtiger Weise, dass nicht die Heterogenität der Schülerschaft neu ist, sondern die Tatsache, dass dieser Umstand nicht ignoriert wird, bzw. im Diskurs nicht länger als Belastung (Reh 2005), sondern als eine positive Tatsache angenommen wird (Boller et al. 2007). Für Begabte heißt dies im Idealfalle, das Potenzial, die Motivation, das Leistungsverhalten und die Arbeitsgeschwindigkeit so zur Deckung zu bringen, dass tatsächlich Exzellenz entsteht. Nur die Wertschätzung des Produkts und des Produzenten führt – wenn auch nicht unmittelbar – zu neuer Leistung. Dies gelingt am ehesten, wenn Kinder und Jugendliche ihren „intellektuellen und ästhetischen Eigeninteressen folgen dürfen". Dieses aber ist wiederum nicht zwingend kompatibel mit den Erwartungen Erwachsener bzw. Lehrpersonen (vgl. hier Brümmer 2016, S. 102) was zu neuen Herausforderungen führen kann.

Begabtenpädagogik ist also beileibe nicht mehr jenes belächelte Orchideenfeld, eine so genannte „Zwei-Prozent-„ bzw. „Bindestrich-Pädagogik". Die gewachsene (und wachsende) Wertschätzung dokumentiert sich nachdrücklich in den Vorgaben der Bildungs- und Kultusministerien, den Senatsanhörungen und den Initiativen der Lehrerfortbildungsinstitute.

Wilfried Manke (2001; 2013) warnt in diesem Zusammenhang immer wieder und immer noch zu Recht, dass die etablierte Pädagogik zu oft schwerpunktgeleitet eher von den defizitären Voraussetzungen Heranwachsender ausgeht, denn von ihren Kompetenzen. Sie richtet ihr Augenmerk zu allererst auf das, was Kinder und Jugendliche (noch) nicht können. Ausgangspunkt dieser pädagogischen Perspektive sind deren „Schwächen". Der von Manke vertretene Ansatz vollzieht den Paradigmenwechsel hin zur „Guthabenpädagogik", die grundsätzlich die Stärken der Adressaten in den Vordergrund stellt. Dies entspricht jenen Ansätzen, die von einer produktiv zu machenden Differenz zwischen den Subjekten ausgehen und damit Defizithypothesen ablösen.

Der inzwischen allgemein eingeführte Begriff der „besonderen Begabungen" weitete den durch den vormaligen Begriff der Hochbegabtenpädagogik künstlich verengten Fokus zusätzlich. Der Terminus agiert aktuell in einer dreifachen Bedeutung. Zum einen vermeidet er Ausschließlichkeit im Hinblick auf „Hochbegabung", die, wie oben erwähnt - testdiagnostisch gesehen mit einem Prozentrang ab 98 bzw. IQ ab 130 - als weit überdurchschnittliche Intellektuelle Begabung für lediglich ca. zwei Prozent eines Jahrgangs gilt. Zum anderen bindet der Begriff aber auch jene Begabungen und Talente ein, die das Konstrukt der multiplen Intelligenzen (Gardner 2002, S. 39 ff) berühren. Dieses moderne Intelligenzmodell unterscheidet (wie andere auch) mehrere Intelligenzbereiche, die in einer Hierarchie spezifischer Fähigkeiten angeordnet sind. Es wird davon ausgegangen, dass Intelligenz sich aus vielen einzelnen Fähigkeiten zusammensetzt, welche sich im Laufe eines Entwicklungs- und Lernprozess zu übergeordneten Fähigkeiten zusammensetzen. Tatsächlich können aber drittens auch Begabungen umfassen, die nicht, noch nicht oder nur partiell mit schulischen Leistungsaspekten korrelieren. Besondere Begabung erweitert die Sicht auf breitere und vor allem andersartige Begabungsqualitäten, Spezialbegabungen und -profile. Manke (vgl. 2013) spricht von ca. 10-15 Prozent aller Kinder und Jugendlichen mit „nur" überdurchschnittlichen Fähigkeiten, testdiagnostisch gesprochen mit einem Prozentrang ab 84 bzw. IQ. ab 115.) Somit erreicht die besondere Begabungsförderung potenziell alle diejenigen, die z. B. in der Schule mangels zusätzlicher Herausforderungen unterfordert sind.

Letztlich sei noch einmal auf die immer noch bestehende Unterschiedlichkeit in den Begriffsstrukturen verwiesen. Ist von Begabtenpädagogik die Rede, steht das Subjekt im Mittelpunkt des Interesses. Bei Begabungspädagogik geht es zunächst um die Konstellation der Disposition. Die damit im Zusammenhang stehenden mannigfaltigen Begrifflichkeiten werden in einem der nachfolgenden Kapitel näher untersucht. Zunächst aber soll das Handlungsfeld der Begabtenpädagogik näher gefasst werden.

Vertiefende Fragen und Aufgaben:
- Untersuchen Sie in zwei bis drei aktuellen Veröffentlichungen zur Inklusion Ansätze des Einbezugs von Hochbegabten.
- Diskutieren Sie den Bildungsbegriff im engen und weiten Sinne unter dem Aspekt: Was muss Begabten in Bildungsprozessen zukommen?
- Wenn ein Journalist auf Sie zukäme und an Ihrem eigenen Begabungsbegriff interessiert wäre: Was würden Sie ihm sagen? Und: Gibt es Rollenunterschiede – ist Ihr professioneller Begabungsbegriff ein anderer als der aus Muttersicht?

Was Sie sonst noch lesen können:
- Webb, James T.; Meckstroth, Elizabeth A.; Tolan, Stephanie S. (2011). Hochbegabte Kinder, ihre Eltern, ihre Lehrer. Bern Göttingen, Toronto, Seattle: Verlag Hans Huber
- Rohrmann, Sabine; Rohrmann, Tim (2010). Hochbegabte Kinder und Jugendliche. Diagnostik – Förderung – Beratung. 2., überarbeitete Auflage. München: Reinhardt
- Solzbacher, Claudia; Weigand, Gabriele; Schreiber, Petra (Hrsg.) (2015). Begabungsförderung kontrovers? Konzepte im Spiegel der Inklusion. Weinheim u. Basel: Beltz

Die Feldbestimmung

> Man kann sich ja die Stelle markieren,
> wo man die Flinte ins Korn warf.
> Bernd-Lutz Lange

Nach der Verortung auf die durch Begabtenpädagogik berührte Klientel soll das Feld der Betrachtung knapp abgesteckt werden. Es sind eindeutig die Lebenswelten der Akteure, die zunächst allgemein familial und institutionell sind. Bereits hier gibt es eine ganze Reihe von Unterscheidungen. Familien sind höchst unterschiedlich, was ihre Mitgliederanzahl, ihre Modi oder/und ihren Typus (chaotisch, zentripetal, zentrifugal, dysfunktional ...) angelangt. Über institutionale Lebenswelten muss an dieser Stelle nicht breit referiert werden – das gesamte Buch bezieht sich direkt oder indirekt zumindest auf zwei von ihnen. Der Kindergarten[4] als vorschulische Bildungs- und Erziehungseinrichtung ist im besten (fröbelschen) Sinne begabungsfördernd, in praxi fällt das Urteil differenzierter aus. Wäre Schule begabungsaffin und der dort veranstaltete Unterricht tatsächlich so konstruiert, dass alle Begabungen davon Entwicklungsimpulse erhielten, müsste dieses Buch nicht geschrieben werden. Bleiben als Institutionen u.a. noch die Universität, der Sportverein, die Gemeinde oder der Motorsportclub.
Eine weitere Lebenswelt, die der Gleich- bzw. Ähnlichaltrigen (Peers) hat selbstredend eng mit der entsprechenden Institution zu tun, welche die Heranwachsenden besuchen. Aber ob in Institutionen wie der Schule, der Jugendfeuerwehr oder innerhalb der Kirchgemeinde – einen Großteil ihrer Zeit verbringen die Kinder mit Gleichaltrigen in entdidaktisierten Räumen – als Gruppe, Geflecht, Clique, in wechselnden Sympathiekonstrukten oder in festen Freundschaftsbeziehungen.
Ganz erstaunlichen lebensweltlichen Einfluss nehmen aber auch die Medien ein. Dabei geht es nicht nur um Fragen, wie der Lebens- und Berufsweg aussehen soll. Millionen Heranwachsende richten ihre Wünsche und Träume nach Sendungen im TV und Internet-Blogs bzw. Youtube-Videos aus. Das bleibt nicht ohne Wirkungen auf das biografische Selbstkonzept und die

---

[4] Trotz der allgemein geläufigeren Bezeichnung Kindertagesstätte verwendet der Autor den Fröbeschen Begriff bewusst aus der Tradition heraus, die Individualität (Einzigartigkeit) jedes Kindes und seiner Möglichkeiten zu entwickeln. Fröbel sah das begabte Kind, das kreative Kind und die fundamentale Bedeutung des Spiels für die Entwicklung und das Lernen des Kindes: „Der Geist wird durch Selbstoffenbarung genährt. Im Spiel versichert sich das Kind seines Könnens, entdeckt die Möglichkeiten seines Willens und Denkens durch spontane Anwendung. Bei der Arbeit erfüllt es eine von jemand anderen vorgeschriebene Aufgabe und entdeckt weder eigene Schwächen, noch eigene Neigungen. Beim Spiel entdeckt es seine ureigene Kraft" (Fröbel 1951).

Pläne, die man in jenem Altersbereich kreiert. Letztlich bestimmen Medien – „neue" wie gedruckte „alte" – das aktuelle Bild von Entwicklung, Hochbegabung und das rechte Einschulungsalter maßgeblich mit. Ein Beispiel? Rainer Dollase (2006, S. 11) schreibt rückblickend über die Diskussion zur Einschulung Fünfjähriger:

> *Damals war die Medienlandschaft eindeutig auf Seiten der empirischen Ergebnisse. Schlagzeilen der damaligen Zeit lauteten etwa: "Curriculum macht Kinder dumm" (Maria Eleonora Karsten u.a.). Oder: "Vorschule soll keine Vor-Schulung sein, weder Lesen noch Schreiben" (Rheinische Post, 1975). Oder DIE ZEIT, 2. Februar 1973: "Vorschulerziehung - Argumente für und gegen". Oder das Essener Hochschul-Journal vom November 1978: "Kaum Einfluss auf Kinder", womit der Einfluss der Art vorschulischer Beschulung auf Kinder gemeint war. Oder die Zeitschrift LEBEN und ERZIEHEN, 1975, widerspricht dem Deutschen Bildungsrat: "Wir sind gegen die Einschulung der 5-Jährigen".*

Nebenbei: Finnland, ein PISA Sieger, schult mit 7 Jahren ein. Dass aber auch die Medien sich (nicht nur) gelegentlich widersprechen und sogar im gleichen Artikel, ohne dass dies groß auffällt, hat einerseits damit zu tun, dass die Aufmerksamkeit in Zeiten perpetuierender Medienberichte a. ein knappes Gut und b. nicht unerschöpflich ist. Andererseits ist in laizistischen Gesellschaften vieles erlaubt. Problematisch (oder zumindest irritierend) wird es, wenn es tatsächlich um gesellschaftlich relevante Prozesse geht. Noch ein Beispiel. Elsbeth Stern und Aljoscha Neubauer plädieren in der ZEIT für einen Vorgang, den wohl jeder unterschreiben würde. Der Titel: „Wir brauchen die Schlauen. Wie die Schule begabte Kinder fördern muss, damit ihre Intelligenz nicht verkümmert." Anschließend begründen beide diese Forderung mit zehn Thesen. Diese sind streitbar und gut. Die zehnte allerdings hat es in sich:

> *Zehntens: Wir brauchen mehr Intelligenztests*
> *Mithilfe von Intelligenztests – sofern sie professionell durchgeführt werden – können wir etwa an der Schwelle zum Gymnasium und an der Schwelle zur Universität unentdeckte Talente fördern und Blender zurückhalten. Es gibt keine vorhersagekräftigeren Diagnoseinstrumente für die individuelle Lern- und Bildungsfähigkeit und für den späteren Berufserfolg als Intelligenztests (Stern/Neubauer 2013).*

Korrekt – aber der erste Satz ist dem zweiten diametral entgegen gesetzt. auch Intelligenztests sind Leistungen zu bestimmten Zeiten, an bestimmten Orten mit individuell agierenden Tester/innen und mit bestimmten Nebengeräuschen etc. pp. Auch Intelligenztests geben keine Hinweise auf gelingende Bildungsbiografien. Lewis Termin hat in seiner über Jahrzehnte angelegten längsschnittigen „Termitenstudie" versucht, den Entwicklungsweg Hochbegabter nachzuspüren. Aus seiner Kohorte ist kein einziger Nobelpreisträger hervor gegangen. Zwei Nobelpreisträger sind nicht in die Studie aufgenommen worden, wegen mangelnder Ergebnisse in den Intelligenztests (!). Im folgenden Abschnitt wird die Studie noch einmal erwähnt.

Diese (und andere) Diskussionen bewegen die Gesellschaft insgesamt. Medien beeinflussen diese Meinungsbildung zu einem Gutteil. Daher muss die Lebenswelt Medien als eine von und durch die Heranwachsenden genutzt und als eine über die Kinder und Jugendlichen urteilende Instanz betrachtet werden. Wünschenswert ist selbstredend auch hier eine professionelle Betrachtung inklusive der nötigen Expertise diesseits journalistischer Schreibfähigkeit.

Psychologische Untersuchungen zur Intelligenzdiagnostik

Die ersten tatsächlich ernsthaft zu nennenden Ansätze, die psychische Konstruktion von Heranwachsenden tatsächlich zu erfassen, lässt sich etwa in die 1870 ger Jahre verorten. Die Analyse des kindlichen Gedankenkreises durch Schwabe und Bartholomai (vgl. 1870, S. 59 ff) setzte eine Reihe von Forschungen in Gang, die nahezu alle der Frage nachgingen, wann für Kinder die schulische Bildung einsetzen sollte (vgl. u.a. Hartmann 1890, Seyfert 1894). Ausgehend von der Assoziationspsychologie stellten sie im Wesentlichen die Vorstellungen von Schulanfängern hinsichtlich ihrer Richtigkeit und Genauigkeit fest. Damit wurde allgemein abgeklärt, was in etwa am Beginn der Schulzeit vom Kind vorausgesetzt werden könnte. Solche Erhebungen hatten durchaus Einfluss auf die Gestaltung des (damals so genannten) Erstunterrichts. Hartmann glaubte sogar, aus dieser Erhebung Ableitungen über die Individualität des Kindes, seine geistigen Fähigkeiten und den Schulerfolg ableiten zu können (vgl. 1890). Kritisch zu sehen ist die damalige Gleichsetzung der Identität von Wissen und (dessen) sprachlicher Entäußerung. Eduard Herff (1967, S. 52) spricht solchen Ansätzen daher auch ab, bereits Schulreife-Untersuchungen im eigentlichen Sinne zu sein.
Ellen Key rief 1902 mit ihrem gleichnamigen Buch das „Jahrhundert des Kindes" aus. Etwa zur gleichen Zeit, mit Beginn des 20. Jahrhundert begann in der Psychologie das „empirische Zeitalter". Mittels immer besser ausdifferenzierter Methoden und Verfahren verschafften sich eine Reihe von psychologischen Disziplinen große Verdienste, um die Bestimmung der Intelligenz und interpersonalen Unterschiede dieser.
Auf der Grundlage zweijähriger Forschung entwickelte Alfred Binet 1908 (s)eine (zweite) Intelligenz-Test-Skala zur Bestimmung des kindlichen Entwicklungsstandes und kreierte damit den heute etwas eigentümlich klingenden Begriff des sogenannten „Intelligenzalters". Er trifft eine Unterscheidung zwischen Reife und Richtigkeit der Intelligenz („la maturité d'intelligence et la rectitude d'intelligence") wobei er konstatiert, dass eine klare Grenzziehung mittels seiner Skala nicht möglich sei (vgl. 1906; 1916).
Wenn zunächst nahezu unumstritten galt, dass Begabung gleich Hochintelligenz war, wandelte sich dieses Bild immer stärker. Es war Lewis Terman,

der 1921 in einer ungeheuer umfänglichen Studie auf longitudialer Basis 1500 hochintelligente Kinder und Jugendliche untersuchte, die aus etwa 250000 Schülerinnen und Schülern mittels Lehrernomination (subjektive Identifikation) und Intelligenztests (objektive Identifikation) ausgewählt wurden. Ein Resultat dieser ungeheuer aufwendigen Studie: In allen betrachteten Bereichen erreichten die Hochintelligenten bessere Werte und ihren intellektuellen Vorsprung aus Kinder- und Jugendtagen konnten die allermeisten bis ins hohe Alter bewahren, sofern sie nicht durch Unfall oder Krankheit geschädigt wurden[5]. Die so genannte Divergenzhypothese, nach der sehr hohe Intelligenz mit Schwächen auf anderen Feldern einhergeht, wurde damit widerlegt.

Die Psychologie kann auch in den folgenden Jahren auf eine beeindruckende Entwicklung bei der Entwicklung intelligenzdiagnostischer Verfahren verweisen. Forschungen von Galton oder Simon belegen dies eindrücklich. Um eine Fokussierung zur Pädagogik als interaktionales Handlungsfeld vorzunehmen sollen im Folgenden einige Instrumente betrachtet werden, die für Schule wesentlich waren. Um in der Vielfalt auszuwählen wird die – gerade für hoch begabte Kinder und deren Eltern – interessante Etappe des Schulbeginns als Exempel gewählt.

Pädagogisch relevante Ansätze

In den 1950er Jahren beherrschen vor allem Konzepte der inneren Reifung die Diskussionen um die Einschulung. Artur Kern erregte 1951 mit seinem Werk *Sitzenbleiberelend und Schulreife* Aufsehen, indem er die endogenistisch geprägte Auffassung vertrat, dass Schulversagen mit mangelnder Schulreife und diese als Resultat nicht vollzogener innerer Reifungsprozesse zu bezeichnen ist (vgl. Kern 1963). Illustrativ und als Kritikansatz populär wuchsen die Kinder sozusagen am Baum und fielen ab, wenn sie reif waren. Schuleingangsdiagnostik war und blieb Selektionsinstrument: Die Kinder, die bereits „reif" waren durften in die Schule, die anderen Kinder wurden ohne besondere Förderung zurückgestellt (vgl. hier Kammermeyer, 2001).

Um jene Reifungsprozesse diagnostisch abzubilden, wurden eine ganze Reihe von Testinstrumenten erarbeitet bzw. jene aus der Zeit vor und nach dem zweiten Weltkrieg benutzt[6]. Diese Nutzung erfolgte vorwiegend unkritisch.

---

[5] Terman war überzeugt, seine „Termiten" würden schließlich die Elite seines Landes stellen. Hier irrte er, die Mehrheit seiner Schützlinge schlug eine eher durchschnittliche, wenn auch leistungsorientierte Laufbahn ein. Wie bereits im Abschnitt „Feldbestimmung" angedeutet: Kein einziger Nobelpreisträger rekrutierte sich jedoch aus seinen Probanden. Zwei spätere Nobelpreisträger waren nicht in die Studie aufgenommen worden – wegen zu geringer Intelligenz.

[6] Genannt sei stellvertretend Pennigs Schulreifeuntersuchung, eine psychologische Prüfung, die mit einer anthropometrischen Messung gekoppelt wurde. Im 1933 von

Wiewohl Reliabilität, Objektivität und Validität gegeben war kamen Aspekte (der damaligen) sozialen, inhaltlichen und formalen Struktur von Schule bei der Gesamtschau kaum zur Geltung. Große Klassen, Lernen im Gleichschritt, Lehrpersonen mit nur übersichtlicher didaktischer Ausbildung und/oder die medial sehr begrenzte Ausstattung galten als gesetzt. Als erste Pädagogin machte Ilse Lichtenstein-Rother in ihrem Klassiker „Schulanfang" auf diese eingeschränkte Sicht aufmerksam und forderte ein Umdenken hin zur Betrachtung der Gesamtpersönlichkeit (vgl. Rother 1959, S. 25). Tatsächlich agiert in diesem Zeitraum die Psychologie eng mit der „tätigen Schulpraxis" zusammen – der Ruf wurde offenbar erhört[7]. Bereits die „Weilburger Testaufgaben zur Gruppenprüfung von Schulanfängern (Hetzer/Tent 1955; 2. Aufl. 1967) wurden als bilderbuchartiges Testheft konstruiert und beinhalten zehn Einzelaufgaben unterschiedlicher Reifedomänen, von denen Hildegard Hetzer ausging, dass die Schule ihnen diese abverlangen würde (Differenzierungsgrad, Leistungsgrad des Denkens, Verständnis von Größen und Mengen, Lernfähigkeit, Konzentration, Ausdauer, Anstrengungsbereitschaft). Aus den korrespondierenden Verhaltensbeobachtungen während der Testung ergaben sich Erkenntnisse über die willensmäßige und soziale Schulreife. Die Resultate der Punktbewertung wurden in einem Schulreifeprofil fixiert.

Ein abschließendes Wort noch zu den Tests in Gruppen. Der Frankfurter Schulreifetest von 1960 (Roth/Schlevoigt/Süllwold/Wicht) beinhaltet eine Reihe von Aufgaben zum Abzeichnen. Geprüft werden Formauffassung und -wiedergabe, Ausdauer, Konzentration sowie Mengenauffassung und -ordnung. Vor allem aber der Rheinhauser Gruppentest (Schreiber 1961) ist eine Besonderheit, weil er nicht auf der Grundlage eines Testheftes durchgeführt wurde. Die Aufgaben werden am Material absolviert, welchem Spielzeug gleicht. Durch ihn sollen sechs Dimensionen schulrelevanter Kompetenzen – ich (TT) benutze den Begriff bewusst, da es sich bei eingehender Analyse durchaus um Aspekte von Kompetenzfeldern handelt – abgeprüft werden. Das sind im Einzelnen: a. soziale Kontaktaufnahme, b. Körperbeherrschung, c. Lernfähigkeit (Gedächtnis, Nachahmung Formauffassung, Gliederungsfähigkeit, visuelles Behalten, motorische Geschicklichkeit), d. Konzentration, Aufmerksamkeit und Ausdauer (Arbeitshaltung, Leistungswille), e. geistige Produktion und f. Arbeitsweise. Bei allen Tests zeigt sich Aufgabenverständnis, welches immanent beobachtet wird. Die entwickelte

---

Lotte Schenk-Danzinger entwickelte Schulreifetest wurden erstmalig nicht nur Fähigkeiten für einzelne Schulleistungen abgeprüft, sondern mehrdimensionale Ansätze um eine Gesamtentwicklung abbilden zu können (I-Gruppe; K-Gruppe; sprachliches Gedächtnis, Entnahmefähigkeit und praktische Lebenskenntnis).

[7] Dies lässt sich bereits an den Bezeichnungen der Tests ablesen. Während 1951 die von Walter, Kessinger und Schmaderer entwickelte Batterie noch „Münchner Auslesetest für Schulneulinge" hieß verschwand die Selektionsidee künftig (zumindest) aus dem Titel.

Formel aus Testleistung, Lebensalter, Entwicklungsquotient und Rangplatz ergeben den Beurteilungsmaßstab für die Schulreife.

Spätestens seit Ende der 1960er Jahre galt jedoch die Auffassung der „Reife für die Schule" als deutlich widerlegt (vgl. u.a. Schenk-Danzinger, 1969; Wittmann, 1978) und der Begriff der Schulfähigkeit tritt in den Vordergrund. Neben biologischen Prozessen werden nun auch durch Umwelten determinierte Lernprozesse, Prägungen und Erfahrungen als notwendige Voraussetzungen für eine erfolgreiche Bildungsbiographie hinzu gezogen. Außerdem wird der Begriff der Schulbereitschaft diskutiert, der u.a. die affektiven Prozesse und die Wirkungen des kalten und heißen Systems (vgl. Mischel 2015, S. 61). für die Gesamtschau heranzieht. Lotte Schenk-Danzinger resümiert Ende der sechziger Jahre des vorigen Jahrhunderts: „Inzwischen hat man die Entwicklung als einen komplexen Prozess von Wechselwirkungen erkannt, bei dem das Tempo der strukturellen Reifung (Altersreife) modifiziert werden kann durch stärkere oder schwächere individuell genetische Reifungsimpulse (Intelligenz, Begabung), durch fördernde oder hemmende Milieueinflüsse und schließlich durch Art und Intensität der individuellen Selbststeuerung. Man spricht daher besser von Schulfähigkeit (im objektiven Sinne) und von Schulbereitschaft (im subjektiven Sinne)." (1969, S. 9).
Für hochbegabte Kinder war dies scheinbar die Stunde der Befreiung. Nicht länger wurden sie in ein System eingenormt, was in hohem Maße vorschrieb, was Kindern in diesem und jenem Lebensalter zukam (und was nicht). Bereits die Überlegungen zur Feststellung des „mental age" (Goodenough 1926) konterkariert das Bewusstsein über eine lineare Entwicklung „je" „desto" – u.U. gebunden an das Lebensalter – nahezu völlig. Autoren/innen bestätigen auch aktuell noch die Nützlichkeit des Intelligenzquotienten zur Bestimmung des mentalen Alters, räumen jedoch ein, dass dies im Erwachsenenalter zunehmend weniger relevant ist, da hier die erreichte Expertise im Vordergrund steht (Schick 2007, S. 21).
Die Crux war (und ist) es nach wie vor, dass einer Testung – in welcher Form sie auch immer bewerkstelligt wird – kaum adäquates Wissen über individuell wirksame Förderung folgt. Zu individuell sind die Begabungsausprägungen und zu statisch agiert das Schulsystem. Thomas Trautmann hat dies unter dem Titel „Breitbandinteresse (Hochbegabter) trifft Schmalbandinstitution (Schule) deutlich kritisiert (vgl. Trautmann 2014, S. 40 ff).

Diagnostische Arbeit - Gemeinsam oder getrennt?

Die Pädagogische Psychologie betreibt Diagnostik bereits lange als ihr Geschäft z.B. im Prozess von Schulfähigkeitsuntersuchungen, im Rahmen von Eignungsprüfungen für bestimmte Schulformen, Leistungsklassen oder Studiengängen. Die Spanne reicht dabei von der Erfassung besonderer Leistungen, ihrer Defizite, von allgemeiner oder/und spezifischer Hochbegabung bis hin zur Isolation von Problemfeldern bei der Erziehung in Familie und Schule.
Die Pädagogik kann mit den Erfahrungen und Kompetenzfeldern der Psychologie nicht mithalten, etwa wenn es z.B. um die Entwicklung von Testverfahren geht. In der Erziehungspraxis werden Tests bei diagnostischer Notwendigkeit genutzt, um sich, wie angedeutet, mittels der Ergebnisse ein Bild über den gegenwärtigen Zustand oder/und bestimmten Leistungen etc. zu verschaffen. Voraussetzung ist, dass die Testinstrumente professionell eingesetzt werden, d.h. der Test auch tatsächlich das misst, was er messen soll (Validität). Diagnostik ist aber mehr, als Testung, Auswertung und das Zur-Verfügung-Stellen der Ergebnisse. Und hier kreuzen sich Kompetenzfelder zwischen Psychologie, Medizin und Pädagogik noch nicht genügend, um langfristig fruchtbar zu sein. Pädagogen bleiben mit den schieren Testergebnissen meist allein, nachdem die „Zahlen gesprochen haben" und die Standardabweichungen feststehen. Die Tester (meist Psychologen) kennen sich wiederum im pädagogischen Alltag nur wenig aus um realiter Denkansätze für didaktische Förderansätze anzubieten. Pädagogen vermögen es oft nur ungenügend, die Testergebnisse direkt auf ihre tägliche Erziehungsarbeit zu transformieren.
Dieses Dilemma wird zunehmend erkannt. Es bilden sich bereits interdisziplinäre Teams, die mit ihrer eigenen Expertise in Form eines Konsils über den Kasus[8] beraten. Thomas Trautmann, Sonja Schmidt und Vivien Bichtemann (2009, S. 282) stellen z.B. die Mehrdimensionale Diagnostische Fallberatung (MeDiFa) vor. Sie besteht a. aus einer *spezifisch auf ein Kind gerichteten und über längere Zeit vollzogenen Beobachtung im sozialen Feld*, auf die b. eine mittels diagnostischer Instrumente erfolgende Intervention (Testung, Interviews, Fragebögen, kombinierte Formen usw.) folgt und c. in einer kollektiven Fallberatung aller vorliegenden Ergebnisse gipfelt. Resultate dieses gestuften Vorgehens sind:

a. Jedes Mitglied der Forschungsgruppe bekam den Auftrag, innerhalb eines Monats das bestreffende Kind mindestens einen Lernblock (inklusive der Pause) zu beobachten und die Beobachtungsergebnisse schriftlich zu fixieren. Zunächst einigten wir uns darauf, keine besonderen Beobachtungs-

---

[8] Dass sich hinter dem Kasus immer ein lebender Heranwachsender samt seines sozialen Umfeldes befindet, wird selbstredend permanent berücksichtigt.

schwerpunkte vorzugeben, wenn sie nicht von der den Auftrag gebenden Lehrperson dezidiert gewünscht wurden. Auch die Form der Beobachtung (Protokoll, Fließtext, Aktivitätsmessung, Komparation etc.) war offen.

b. In der Forschungsgruppe wurde ein aufeinander bezogenes Instrumentarium zusammengestellt, welches dem Anliegen der Untersuchung in hohem Maße gerecht wurde. Eine Testung mit dem WISC IV wurde beispielsweise mit dem Fragebogen zur Erfassung emotionaler und sozialer Schulerfahrungen von Grundschulkindern (FEESS, vgl. Rauer/Schuck 2003; 2004) kombiniert und mittels eines episodischen Interviews[9] (vgl. Flick 2011) auf die Sichtweise der Gewährsperson fokussiert.

c. Die gesamte Summe aller Beobachtungen und (Test-)Ergebnisse wurde durch die jeweils Beauftragten geordnet, systematisiert und in eine Vorlagenform gebracht, die allen Teilnehmern und Teilnehmerinnen an der finalen diagnostischen Fallberatung zuging. Auf diese Weise konnte eine Ausgangslage geschaffen werden, die alle in einen ähnlichen Kenntnisstand brachte. Teilnehmer waren das gesamte Team der Klassenstufe (Klassenlehrerin, Fachlehrerinnen und Erzieher), die Studierenden der Sonderpädagogik, grundständige Erziehungswissenschaftler und die Didaktiker der Forschungsgruppe. zugegen waren. Nach einer kurzen Einführung in die Beobachtungsergebnisse entspann sich ein stets lebhafter Diskurs über die ermittelten Daten, über gegenwärtige Veränderungen und erste anzusetzende Fördermaßnahmen. Die Ergebnisse der diagnostischen Fallberatung (DiFa) werden permanent dokumentiert. Nach Bedarf wurden einzelne Mitglieder des Forscherteams gebeten, später noch einmal zielgerichtet jene Momente zu beobachten, um die es in der MeDiFa ging.

Ein weiteres, hier institutionelles Beispiel ist die Beratungsstelle besondere Begabungen (BbB) in Hamburg. Hier arbeiten Pädagogen und Psychologen gemeinsam an der Beratung Hochbegabter, der Unterstützung von Schulen, Lehrkräfte, Eltern bei Fragen der Förderung von besonders begabten und hochbegabten Kindern und Jugendlichen. Das Angebot ist somit umfänglich und umfasst die Bereiche:

Informations- und Beratungsangebot (Zielgruppe: Eltern, Lehrkräfte, sowie Schülerinnen und Schüler in den Bereichen Erkennen von Begabungen in der Schule, Diagnostik, Fördermöglichkeiten).

---

[9] Ein episodisches Interview pendelt zwischen offen gehaltenen Erzählaufforderungen (episodisches Wissen tritt hervor) und präzisierenden, semantisch-argumentativ orientierten Befragungsabschnitten (mit semantischen und definitorisch-konturiertem Wissen). Die Erzählimpulse fokussieren meist einen kleineren Ausschnitt aus dem Schul-Leben des befragten Kindes (hier dem Grad des Wohlfühlens, der Belastungsgrenze, dem Unterrichtsklima usw.) bzw. grenzen das Befragungsthema stärker ein, als es ein narratives Interview vermag (vgl. Trautmann 2010).

Vertiefende Beratung und Testdiagnostik (etwa bei Fragen zur Begabungsentwicklung und Gestaltung der schulischen Förderung für eine Schülerin oder einen Schüler (mit Einverständnis der Eltern)
Fortbildungs- und Fachberatungsangebot für Lehrkräfte, schulische Funktionsträger und Schulen (inklusive pädagogischer Diagnostik, Checklisten und Erkennungsraster, standardisierter Diagnostik sowie der Gestaltung von Fördermaßnahmen und Individualisierungsprozessen für besonders begabte und hochbegabte Schülerinnen und Schüler (allgemeine didaktische Anregungen, Lernvereinbarungen, besondere Lerngruppen, Zusatzangebote, Überspringen einer Klassenstufe)).
*Förderangebote für Schülerinnen und Schüler (*z.B. bei Klassenstufensprung, bei außerschulischem Enrichment z.B. in der PriMa-Talentförderung in Mathematik, PROBEX-naturwissenschaftliches Experimentieren, KreSch-Kreatives Schreiben, JuniorAkademie St. Peter-Ording). Die folgenden Seiten gewähren tiefere Einblicke:

http://li.hamburg.de/bbb/2857812/angebot/
http://bildungsserver.hamburg.de/00-np-prima/
https://www.bildung-und-begabung.de/begabungslotse/datenbank/inhaltliche-foerderung/probex-experimentierkurse-fuer-die-grundschule?source2=4234
https://www.bildung-und-begabung.de/begabungslotse/datenbank/inhaltliche-foerderung/juniorakademie-st.-peter-ording

Hochbegabung und Inklusion

Seit der auch von Deutschland unterzeichneten Salamanca Erklärung kann keine Diskussion mehr geführt werden, ohne den Blick auf diese große Vision der *Einbezogenheit aller* zu richten. Gemein scheint der Mehrheit der Autorinnen und Autoren jedoch das Ziel, Ausgrenzung jeglicher Form zu vermeiden und Partizipation in allen gesellschaftlichen Bereichen zu ermöglichen (vgl. u.a. Leidner 2012).
Die Diskussion um Inklusion ist jedoch spätestens seit der Ratifizierung der UN- Behindertenrechtskonvention durch Deutschland im Februar 2009 als aktuelles Thema mit einer großen Schlagseite „zur Disabillity hin" in unterschiedlichen gesellschaftlichen Bereichen versehen worden. Inklusion ist jedoch zunächst eine Haltungsfrage und zwar in einer Reihe von Dimensionen. Florian Kiuppis (vgl. 2014) schlägt eine Dreiteilung der Konzeptionen der „inclusive education" vor:

a. Das enge, behindertenbezogene Adressatenverständnis, dessen Trend eben erwähnt wurde und welches aus der Perspektive agiert, Menschen mit Behinderungen angemessene gesellschaftliche Teilhabe zu ermöglichen. Danach sind Bildungseinrichtungen derart zu verändern, dass sie den Lern- und Arbeitsbedürfnissen Behinderter angepasst werden (vgl. hier Porter 2013).

b. Ein weites, auf alle Heterogenitätsmerkmale bezogenes Adressatenverständnis, welches darauf verzichtet, Menschen in „mit" und „ohne" Behinderung zu unterteilen. Heterogenität wird damit als Miteinander der Verschiedenen (vgl. Lindmeier/Lütje-Klose 2015, S. 8) verstanden.

c. Ein auf alle Lernenden bezogenes Adressatenverständnis, welches jedoch besonders auf vulnerable Gruppen spezifiziert wird. Kiuppis (2014, S. 33) spricht in diesem Zusammenhang davon, „Situationen bestimmter marginalisierter Minderheiten als besondere hervorzuheben – also auch jene von Menschen mit Behinderungen, aber eben nicht nur diese. Im Bildungssystem korrespondiert dieser Ansatz mit der Maximierung der Partizipationschancen und der Minimierung sozialer Ausgrenzungsrisiken.

Inklusion fasst die Heterogenität von Menschen, also ihre Vielfalt, grundsätzlich positiv auf. Jeder Lerner, also jedes Kind, jeder Jugendliche ist per se erst mal ein gleichwertiges Mitglied einer Gruppe. Es gibt keine Aufspaltung mehr in Behinderung, Gefährdung oder Benachteiligung auf der einen Seite und durchschnittlicher Begabung, Hochbegabung, Höchstbegabung[10] oder Inselbegabung auf der anderen. Das sind ja alles Etikettierungen, die zu Sortierung führen. Wenn man den Begriff wirklich weit fasst, fällt die Politik der Auslese weg. Im Endeffekt fällt mit diesem neuen Denken auch Diskriminierung weg. Das ist natürlich zunächst eine Vision und eine unglaubliche gesellschaftliche Herausforderung (vgl. Trautmann 2012, S. 8).

Andreas Hinz (vgl. 2010, S. 34 ff) gibt einen guten Überblick darüber was seit den frühen 1980ger Jahren in den Vereinigten Staaten von Amerika an Schwerpunkten inklusiver Pädagogik hervorgebracht wurde. Besonders der Ansatz von Gartner/Lipsky (vgl. 1997) scheint für die Hochbegabtenpäda-

---

[10] Der Begriff der Höchstbegabung, der manchmal im Kontext mit IQ-Werten verwendet wird, ist wissenschaftlich nicht einheitlich definiert und nicht gebräuchlich. Laut der bekanntesten Definition gilt ein Mensch als höchstbegabt, wenn sein IQ-Wert über dem von 99,9% der Bevölkerung liegt, also 145 oder mehr beträgt (andere Quellen gehen von einem IQ von + 160 aus). Es ist zum einen umstritten, ob sich solche Werte überhaupt sicher messen lassen (Deckeneffekt), zum anderen ist die Relevanz dieses Begriffes fraglich. Häufig wird er jedoch von Laien synonym zu Hochbegabung verwendet. Zusätzlich muss man auch berücksichtigen, dass die IQ-Tests auf den Normwert, also 100, „geeicht" sind, das heißt, dass der Messfehler immer größer wird, je höher der „gemessene" Intelligenzquotient ist. Grundsätzlich gilt die Fehlerabschätzung bei der Höchstbegabung: 145 − 3 = 142, demnach kann man sich ab einem IQ von 142 zu den so genannten „Höchstbegabten" zählen. Letztlich gibt es kaum empirischen Daten aufgrund der geringen Anzahl dieser Menschen.

gogik besonders zwingend. Die Autoren postulieren ein so genanntes unitary system, special for children . Es soll ein einziges System entstehen, welches allen Kindern in ihrer Individualität entspricht und für alle Kinder speziell ist. Das bedeutet individualisierter Unterricht und auf das Kind zugeschnittene Aufgabenformate.

Ziel von inklusivem Unterricht ist es tatsächlich, allen Schülerinnen und Schülern motivierendes und herausforderndes Lernen mit individuell unterschiedlichen Lernzielen zu ermöglichen (vgl. Weigl 2009). Andrea Platte beschreibt in diesem Zusammenhang „'alle Kinder – alles – allumfassend' als Formel für Bildung ohne Aussonderung" (vgl. Platte 2010, S. 91). Damit wird beschrieben, dass alle Kinder in ihrem Recht auf Bildung berücksichtigt werden müssen und einen Anspruch auf vielfältige Lernangebote und allumfassende Lerninhalte haben (vgl. ebd. 2010). Die Grenzen dieser Denk-Art werden indes ebenso klar benannt. Selbst wenn sich Inklusion in Schule weitgehend etablieren kann, „kollidiert [...] das Prinzip der Gleichbehandlung mit dem Prinzip der Leistungsorientierung, das zwangsläufig Menschen nach ihrem Potenzial unterscheidet" (vgl. Leidner 2012, S. 67). Das dialektische Feld von Potenzial (Disposition) und Leistung (Performanz) spielt im folgenden Kapitel eine bemerkenswert große Rolle. Es geht um die begriffliche Klärung der wesentlichsten Kategorien der (Hoch-)Begabung.

Vertiefende Fragen und Aufgaben:
- Welche Verfahren zur Schuleingangsdiagnostik sind Ihnen bekannt? Wie werden darin die Bedürfnisse begabter Kinder berücksichtigt?
- Diskutieren Sie die drei Ansätze eines inklusiven Verständnisses. An welche Möglichkeiten von grundsätzlicher „Barrierefreiheit" knüpfen diese an?
- Lesen Sie sich bitte die Grundlagen des WISC IV (in diesem Buch) durch und überlegen Sie „Testfallen". Wie zeigen sich die Textergebnisse beispielsweise im Unterricht (nicht) angemessen?

Was Sie sonst noch lesen können:
- Boller, Sebastian; Rosowski, Elke; Stroot, Thea (Hrsg.) (2007). Heterogenität in Schule und Unterricht. Handlungsansätze zum pädagogischen Umgang mit Vielfalt. Weinheim: Beltz
- Brümmer, Mareike (2016). Von kreativen Personen, Sichtbarem und Überraschungen - Ergebnisse der empirischen Untersuchung. In: Brümmer, Mareike; Trautmann, Thomas (Hrsg.) (2016). Vom Sichtbar Werden – sichtbar sein". Divergentes Denken als Element ästhetischer Erfahrung und deren Verarbeitung im begabungsfördernden Unterricht. Berlin: Logos. S, 84-138
- Hoyer, Timo; Haubl, Rolf; Weigand, Gabriele (Hrsg.) (2014). Sozio-Emotionalität von hochbegabten Kindern. Wer sie sind - was sie bewegt - wie sie sich entwickeln. Weinheim/Basel: Beltz

Begriffliche Annäherungen

Begabung, besondere Begabung und Hochbegabung

> Denken macht intelligent, leben klug.
> Peter Tille

Das Arbeitsfeld benutzt eine Reihe unterschiedlicher, teil hoch volatiler Begriffe und Begriffssysteme. Das ist jedoch kein Dilemma der aktuellen Diskussion, sondern wurde schon von William Stern angemerkt (vgl. Stern 1912). Ohne auf die ähnlich verwirrende Terminologie im angelsächsischen Raum zu schauen ist auch im deutschsprachigen Bereich neben Talent, Intelligenz, Begabung, Hochbegabung, besondere Begabung auch Genialität und Ingenium als Bedeutungsebene präsent. Viele von ihnen gelten sowohl als hypothetische Konstruktbegriffe wie auch als Theoriekrücken. Der Terminus „hypothetisches Konstrukt" für Hochbegabung entstammt ebenfalls der wissenschaftstheoretischen Diskussion (vgl. Heller 2008, S. 9). Er wurde zunächst in Bezug auf die behavioristische Psychologie eingeführt, als sich herausstellte, dass bloße Input-Output-Daten auf Verhaltensebene nicht ausreichten, um menschliches Verhalten in toto zu erklären. Konstrukte sind nicht faktisch, sondern zunächst Beschreibung von Wahrnehmungen komplexer Verhaltensstrukturen. Das Phänomen kann somit nicht direkt, sondern lediglich mittelbar anhand des beobachtbaren Verhaltens erschlossen werden.
Umgangs- wie auch domänensprachlich werden die Konstruktbegriffe wiederum mit sehr unterschiedlichen Inhalten gefüllt. Eine Didaktikerin wird Begabung unter anderen Prämissen verwenden als ein Bildungstheoretiker. Es sei damit festgestellt, dass eine sinnstiftende Begriffsanalyse selbst im wissenschaftlichen Diskurs von der jeweiligen theoretischen Bezugsbasis abhängt. Genau diese Tatsache aber bringt Eltern und Lehrpersonen, wie auch die Heranwachsenden selbst bisweilen in Not. Daher sollen einige der wichtigsten Begriffe der Begabtenpädagogik hier aus unterschiedlichen Perspektiven heraus erläutert werden.
Vorab: Die Zahl der Definitionen des Begriffs „Hochbegabung" und seiner Synonyme und Derivate ist nahezu unüberschaubar, da sich in der Literatur eine Reihe höchst unterschiedlicher Beschreibungsformen finden lässt – untergliedert u.a. nach formalen, strukturellen, klassifikatorischen, deterministischen Charakteristika oder aus Sicht einer bestimmten Wissenschaftsgenese heraus. Bereits Leonard Lucito konstatiert 1964 die Unmöglichkeit,

sämtliche Definitionen des Phänomens[11] zusammenzustellen. Diese Unsicherheit durch Vielgestaltigkeit bringt mitunter – gerade in der Erziehungswissenschaft – interessante Formulierungen ans Licht, die eher tautologisch als hilfreich sind. Sabine Schulte zu Berge konstatiert zum Beispiel hinsichtlich der Mannigfaltigkeit von Hochbegabungsdefinitionen, übereinstimmend sei „bei allen Definitionen [lediglich] der Grundgedanke, dass sich hochbegabte Menschen durch eine besonders hohe Begabung auszeichnen [...]" (Schulte zu Berge 2005, S. 18). Hinzu kommt die Tatsache, das der Umgang mit dem Begabungsbegriff offenbar nie wertneutral zu sein vermag. Mönks und Mason (2000) weisen z.B. auf seine wertbeladene Konnotation hin zum Elitarismus, was gerade in Deutschland als ein hoch sensibler gesellschaftlicher Blockierer agierte.

Hella Schick (2007, S. 18 ff.) hat eine Reihe von Klassifikationen zusammengetragen, denen Begabungsdefinitionen prinzipiell folgen. Aus der frühen engen Verbindung zwischen psychologischer Forschung und der dortigen Verwendung von Intelligenz- und Leistungstests resultierte hinsichtlich der Bestimmung des Begabungs- bzw. Hochbegabungsbegriffs zunächst einmal eine eher eindimensionale Definition. Als hoch begabt gilt eine Person mit einem Intelligenzkennwert von mehr als zwei Standardabweichungen über dem Durchschnitt. Das entspricht auf Grundlage der heute gängigen IQ-Skala einem Kennwert von >130 (Rost, 2001). Diese IQ Definition ist heute – zumindest gesellschaftlich akzeptiert – durchaus anzutreffen. Kritisch gesehen werden muss, dass solche IQ Tests von Menschenhirn erdacht und von Menschenhand gemacht wurden. Auch mit Eichung, valider Substanz und hoher Reliabilität sind solche Tests sowohl hoch kulturspezifisch als auch sprachlich auf die bildungsaffine Schicht hin bezogen – das geht bereits aus den Formulierungen[12] im Manual und der Aufgabenformulierung hervor. Von diesen, auf das intellektuelle Potenzial bezogenen Definitionen unterscheiden sich Begriffsbestimmungen, die besondere Leistung[13] mit anderen Variablen (Motivation, Kreativität) kombinieren. Diese generellen Unterscheidungen solcher Potenzial- und Performanzdefinitionen kann auf verschiedene Weise (Moderatoren, Prädiktoren usw.) erweitert werden. Genau dies aber ist für Lehrpersonen wesentlich, wenn sie sich im pädagogi-

---

[11] Ein ähnliches Dilemma existiert beispielsweise bei der Konstruktion einer Definition für das Spiel.

[12] Der Rückgriff auf Bildungssprache ist kein genuines Problem von Begabungstests. Lely Rustenbach (2013) hat in einer interessanten Studie die Bildungssprache in Lehrbüchern am Beispiel des Sachunterrichtes analysiert. Sie kommt zum finalen Urteil, dass diesem Einfluss viel zu wenig Beachtung bei der Beurteilung von generellen Leistungen zugemessen wird.

[13] Gemeinhin wird selbstverständlich die Leistungsfähigkeit als Disposition gemeint, dabei aber unterschlagen, dass jeder Test zunächst eine Performanz einfordert – das Erbringen einer Leistung an einem bestimmten Tag, an einem definierten Ort mit einer aktuell und habituell disponiertenTesterin usw.

schen Alltag Lerner beobachten und sich mit deren Verhaltensweisen auseinandersetzen. Dabei ist es nicht wesentlich, was z.B. Prüfungsangst oder Kontrollzwang ausmachen, welches Gewicht einer Sprachbeeinträchtigung zukommt oder/und ob sich Spielarten z.B. des Perfektionismus und Offene Unterrichtsformen miteinander synchronisieren lassen.

Begabung

Kurt A. Heller vertritt seit geraumer Zeit die Auffassung, Begabung sei im weiten Sinn das „Insgesamt" an personalen (kognitiven, motivationalen) und soziokulturellen Lern- und Leistungsvoraussetzungen (vgl. Heller 2008, S. 8). Inzwischen wird als eine dritte Kategorieebene auch das „Selbst" (vgl. Schore 2009, 2012) diskutiert und in Begabungsmodelle eingebracht (u.a. Trautmann 2008, 2016). Das „Selbst" konturiert die Korrespondenz zwischen den Anlagen und den Um- und Lebenswelten mit den Ansprüchen, die das Individuum an sich selbst hat. Es geht beim „Selbst" daher um Mehr als etwa die aktuelle Motivlage oder das Konzept von Bedürfnisbefriedigung.
Vor allem in den sozialpsychologisch orientierten Begabungstheorien wird zudem den Bedingungen der sozialen und kulturellen Lernumwelt eine wichtige Rolle bei der Begabungsentwicklung bzw. Umsetzung von Begabung in Leistung zuerkannt. Entwicklungspsychologisch hingegen manifestiert sich Begabung im Sinne intellektueller und kreativer Fähigkeiten als relativ unspezifisches individuelles Leistungspotenzial, das grundsätzlich mit der sozialen Lernumwelt interagiert.
Menschen als biopsychosoziale Wesen besitzen demnach eine unverwechselbare Disposition von Begabungen. Entscheidend sind neben den Anlagen die Subjekte der Umwelt, aber auch das sich entwickelnde Ich (Selbst), welche den Heranwachsenden durch Akte der Reifung, Prägung, Bildung und Erziehung diese Begabungen selbst zu entfalten hilft.
Mit dem Begabungsbegriff, beginnend „um den Schulbeginn herum", werden in der Literatur oft vor allem kognitive Fähigkeiten angesprochen, die zur allgemeinen Problemlösung oder auch spezifisch (z. B. in Mathematik, Naturwissenschaften, Technik) ihren unverwechselbaren Beitrag leisten. Und eine weiter Spezifizierung ist seit längerer Zeit zu beobachten: Während man unter der intellektuellen Begabung gewöhnlich Kompetenzen des sogenannten konvergenten (einheitlich-zusammenlaufenden) Denkens versteht, wird das mehrgleisig-abweichend-gegensätzliche (das so genannte divergente) Denken mit dem Begriff der Kreativität und Begabung gleichermaßen gekoppelt (vgl. Brümmer/Trautmann 2016). Charakteristisch für konvergentes Denken ist z.B. die Mehrzahl der klassischen Intelligenztestaufgaben. Diese erfordern induktives (schlussfolgerndes) Denken und bestimmte logische Operationen (vgl. z.B. WISC IV, 2011). Offene Problemstellungen mit den damit zusammenhängenden strukturarmen oder -losen Ziel- und Ar-

beitsaufträgen benötigen meist divergente Denkprozesse. James T. Webb, Elisabeth Meckstroth und Stephanie Tolan sehen daher „in der Fähigkeit, ganz andere Dinge auf ganz anderen Wegen zu erreichen und Sachverhalte zu begreifen, die für andere unverstehbar sind" ein distinktives Merkmal für (Hoch-)Begabung (vgl. Webb et al 2007, S. 26).

Die Bestimmung des Begriffskorpus „Begabung" ist einerseits für die generelle Definition einer „hohen" Begabungen (Hochbegabung) wesentlich. Andererseits bestimmt er auch die Justierung, welche Merkmale eine derartige Disposition für Exzellenz letztendlich beinhalten muss. Andererseits ist bereits Hochbegabung ein unpräzises Konzept, weil es schwer fällt, allein dem Begriff Begabung eine eindeutige Zuschreibung zuzuordnen (vgl. Rost/Buch 2010, S. 257). Die Mehrdeutigkeit von Begabung begründet darin, dass unterschiedliche wissenschaftliche Disziplinen verschiedene Positionen zum „Entstehen außergewöhnlicher spezifischer Fähigkeiten und den Zusammenhang mit persönlichen und sozialen Merkmalen" beziehen (vgl. Wieczerkowski 1981, S. 13). In der Psychologie wird der Begabungsbegriff u.a. daher kaum noch verwendet, da mit diesem oft ausschließlich „angeborene Merkmale oder Verhaltenstendenzen" assoziiert wurden (Stapf 2010, S.18),

In der Literatur findet sich eine ganze Reihe von Anregungen für domänen- bzw. bereichsspezifische Merkmale, die essenzielle Bestandteile einer Definition von Begabung bzw. Hochbegabung sein müssen. So plädiert Mark Runco (2005, S. 295) dafür, dass eine optimale Definition sowohl „optimal spezifisch", als auch operational sein soll. Er plädiert, mathematische, musische und verbale Hochbegabung schon in der Definition zu berücksichtigen, gleichzeitig sollte sie allgemein genug sein, alle Gemeinsamkeiten aufzunehmen.

Aber auch volitive Artefakte wie Selbststeuerungsfähigkeiten einer Person spielen bei der Umsetzung von Begabung in Leistung eine wesentliche Rolle. So zeigen Befunde, dass ein Mangel an Selbststeuerungsfähigkeiten wie z.B im Rahmen der Selbstmotivierung, der Resistenz gegen Versuchungen interner und externer Genese sowie Initiative „die Umsetzung von Begabung in entsprechende Leistung erschwert" (vgl. Baumann et al 2010 S. 141). Für die tägliche pädagogische Praxis bedeutet das, dass nicht allein die qualitative Steigerung von Unterrichtsinhalten eine Förderung von begabten Schülern herbeiführen kann, sondern erst die Nutzung eigener Erfahrungshorizonte und die Aktivierung persönlicher Kompetenzen zur Begabungsentfaltung beiträgt.

Für die Lehrperson, die im Idealfall zugleich diagnostizierende Person und Akteurin im didaktischen Prozess ist, ist – so Petra Esser (2013, S. 46) – deren Reflexionsfähigkeit in Bezug auf das eigene Maß der Subjektivität, Unvoreingenommenheit, in Bezug auf seine emotionale Lage und die eigenen fachlichen Qualifikationen unerlässlich. Diese Art der Selbstreflexion gehört danach zur pädagogischen Professionalität und ist Voraussetzung für jedes Verständnis und jede Intervention im Lernprozess. Intravisions- und Supervisionsprozesse unterstützen jene – manchmal nicht leicht zu bestehenden – Einsichtsprozesse.

Der mitunter im Definitionskontext gewählte Begriff des „Begabens" bzw. des „Begabt-Werdens" sollte – in den neunziger Jahren des vorigen Jahrhunderts – zunächst aufmerksam machen, dass „Begabung" mehr ist als eine genetisch festgelegte Grundausstattung. In diesem Verständnis kann somit pädagogisch nur dann konstruktiv gearbeitet werden, wenn Begabung als Prozess einer lebenslangen *Entwicklung* konturiert wird (vgl. Anderski 2003). Dass Entwicklung und Lernen sich wechselseitig bedingen ist unumstritten (vgl. Woolfolk 2014, S. 305 f.). Gleichzeitig nährt sich daraus der nahezu wiedergängerhafte[14] pädagogische Optimismus, der prinzipiell alles als erlernbar erscheinen lässt. Drittens schließlich besteht die Gefahr, das Kind ausschließlich als pädagogisches Objekt von externem Begabungsaktionismus aufzufassen.

Begabung ist kein sich selbst zu überlassendes und unveränderbares Persönlichkeitsmerkmal, kein Selbstgänger, der sich von allein entfaltet. Die im Eingangskapitel skizzierte Pädagogik des Begabens war und ist interessiert an der „Begabungsperformanz", d.h. sie fragt, z. B. unter welchen pädagogischen Bedingungen sich Begabungen verwirklichen. Dies bedeutet: nicht Begabung ist erlernbar, sondern ihre Realisierung (vgl. Manke 2013).

Begabung ist aber nicht nur eine Leistungsvoraussetzung, eine Disposition für Exzellenz aber nicht die Leistung selbst. Begabung ist weiterhin ein Geflecht unterschiedlicher Bedingungen und somit nicht reduzierbar auf rein kognitiv-intellektuellen Fähigkeiten, welche in der Regel zusammenfassend als „Intelligenz" bezeichnet werden. Intelligenzmessungen sagen nichts über divergentes Denken, das Kreativitätspotenzial oder die sozial-emotionalen Fähigkeiten einer Person aus. Intelligenz ist damit eine notwendige aber keineswegs hinreichende Bedingung für Begabung (vgl. Winner 2004).

Auch die Begriffe intellektuelle Begabung, Teilbegabung, Spezialbegabung oder Partialbegabung werden immer wieder kontrovers definiert und diskutiert. Der diesem Band zugrunde liegende mehrdimensionale Begabungsbegriff (u.a. Elbing et al 1996; Heller 2002; Trautmann 2013; Hoyer/Weigand et al 2013) fasst Spezialbegabungen (wie zum Beispiel musische, künstlerische, sportliche, technisch-handwerkliche, semantische, kommunikative, sozial-emotionale) als unabhängig vom intellektuellen Fähigkeitsniveau existierend. Solche Spezialbegabungen wurden von William Stern (1916) als Talent bezeichnet. In der Alltagssprache, gerade im musischen oder bild-

---

[14] Als Wiedergänger, in gleicher Bedeutung auch *Widergänger* geschrieben, werden unterschiedliche Erscheinungen von Geistern und Gespenstern in unterschiedlichen Kulturkreisen bezeichnet.

künstlerischen Bereich sind die Bezeichnungsgrenzen inzwischen fast aufgelöst.

Begabung ist daher letztlich das Ergebnis einer ganzheitlichen und multifaktoriellen Persönlichkeitsentwicklung, die nach sozial-emotionaler und intellektueller Zufriedenheit verlangt (Landau 1999). Wenn sich schließlich Ich-Stärke, motivationale und kreative Leistungen subsumieren, die sich wiederum in Abhängigkeit von erlebten Umwelterfahrungen und Lernangeboten entwickeln, kommen die Subjekte dem Ziel pädagogischer Bemühungen nahe - einer durch Leistung „realisierten" Begabung als Schnittfläche von Fähigkeit, Aufgabenmotivation und Kreativität (Mönks 1992; 2005).

Intelligenz

Der Begriff Intelligenz ist und bleibt jedoch für das Definieren von Hochbegabung ein zentrales Element, denn unsere heutigen Bemühungen „to define giftedness are based on a long history of previous studies dealing with human abilities. Most of these studies focused mainly on the concept of intelligence " (Renzulli 2005, S. 55).

Intelligenz wird oft mit intellektueller Begabung gleichgesetzt. Sie gilt allgemein als ein Fähigkeitskonstrukt, sich bislang unbekannten Aufgaben, Problemsituationen oder Umweltbedingungen ökonomisch anzupassen. William Stern nannte sie übrigens die Allgemeinbegabung. Frederic Vester (2014, S. 47 f.) bezeichnet *eigentliche* Intelligenz als die innere Fähigkeit des Einzelnen zum Kombinieren, Erkennen von Zusammenhängen und zur Gedächtnisleistung an sich, die erst in der Kommunikation deutlich wird. Es existieren unterschiedliche Intelligenzmodelle. Charles Spearman geht von einem allgemeinen Intelligenzfaktor „g" aus, der spezifische Faktoren „s" annimmt (Spearman 1927). Des Weiteren gibt es Modelle, die viele unabhängige Intelligenzfaktoren postulieren (Guilford 1967, Gardner 2005). Beweisführungen für deren empirische Bestätigung erweisen sich jedoch immer noch als schwierig. Die hohe, auf Bereiche und Domänen spezifizierten modernen Intelligenztheorien (neben Gardner auch Sternberg 1999; 2005; Mönks, 1999; Mönks/Katzko 2005; Ziegler 2005) machen auf ihre Weise deutlich, dass sich individuelle Begabungen nur dann richtig entwickeln können, wenn diese eine unterstützende Umgebung haben und durch fördernde nicht-kognitive Persönlichkeitsmerkmale, wie positive Leistungsmotivation verstärkt werden. Kurz gesagt, ist ein hoher IQ für eine sich formende Hochbegabung notwendig, allein aber nicht hinreichend (Feger 1988; 56).

Wie bereits angedeutet wird Intelligenz in der Literatur mitunter als konvergentes Denken (und Kreativität als divergentes Denken) im Sinne zweier Seiten einer Medaille bezeichnet.

Äußern sich beispielsweise Lehrpersonen zu einem „intelligenten Kind", so orientieren sie sich meist an einem „Intelligenzbegriff, der sich besonders auf mathematisch-logische und sprachliche Begabungen konzentriert" (Vinzentius 2010, S. 56). Diese geistigen Fähigkeiten eines Menschen sind jedoch nicht die einzigen und ausschließlich zu berücksichtigenden Faktoren. Detlef Rost zitiert in der Präambel seines Buches die amerikanische (pädagogische) Psychologin Linda Susanne Gottfredson[15] (1997) die eine substanzielle Bestimmung von Intelligenz gibt, die genau dies deutlich macht und auch für Schule und Elternhaus von hoher Bedeutsamkeit ist. „'Intelligenz ist eine sehr allgemeine geistige Kapazität, die – unter anderem – die Fähigkeit zum schlussfolgernden Denken, zum Planen, zur Problemlösung, zum abstrakten Denken, zum Verständnis komplexer Ideen, zum schnellen Lernen und zum Lernen aus Erfahrung umfasst. Es ist nicht reines Bücherwissen, keine enge akademische Spezialbegabung, keine Testerfahrung. Vielmehr reflektiert Intelligenz ein breiteres und tieferes Vermögen, unsere Umwelt zu verstehen, ‚zu kapieren', ‚Sinn in Dingen zu erkennen' oder ‚herauszubekommen', was zu tun ist' " (Rost 2009, S. 2).

Auch heute noch ist die Diskussion um den Generalfaktor die wohl einflussreichste Weiterentwicklung des Intelligenzbegriffes. Gemeint ist eine einheitliche allgemeine Intelligenz („g"), die als eine gleichartige Größe bzw. als ein einheitlicher Faktor verstanden wird und die „intellektuelle[n] Leistungen in unterschiedlichen Bereichen bestimmt" (Rohrmann; Rohrmann 2010, S. 32). Da diese Diskussion nahezu ausschließlich auf dem Feld der Psychologie erfolgt und die Auswirkungen auf die Pädagogik und Erziehungswissenschaft sekundär sind, wird hier auf eine Vertiefung verzichtet (gute Übersicht in Myers 2005).

Jan Kwietnewski (2013, S. 61) bringt schließlich die Begriffe *Begabung* und *Intelligenz* zusammen. Diese unterscheiden und ergänzen sich, stehen also in einem dialektischen Spannungsverhältnis. Hinter einer beobachteten besonderen Begabung verbirgt sich in der Regel eine ausgeprägte intellektuelle Teilfähigkeit. Die Modelle der Intelligenz beschreiben, inwieweit die einzelnen Begabungselemente zusammengehören. Die kognitiven Fähigkeiten werden am besten mit dem Begriff der allgemeinen Intelligenz abgebildet.

---

[15] Linda Susanne Gottfredson ist Professorin für Pädagogische Psychologie an der University of Delaware und Ko-Direktorin des Delaware-Johns Hopkins Project for the Study of Intelligence and Society.

Multiple Intelligenzen

Das Konstrukt der multiplen Intelligenzen stellt eines von vielen modernen Modellierungen dar. Diese modernen Intelligenzmodelle[16] unterscheiden mehrere Intelligenzbereiche, die in einer Hierarchie spezifischer Fähigkeiten angeordnet sind. Es wird davon ausgegangen, dass Intelligenz sich aus vielen einzelnen Fähigkeiten zusammensetzt, welche sich im Laufe eines Entwicklungs- und Lernprozess zu übergeordneten Fähigkeiten zusammensetzen.

Dabei besteht die Gefahr, dass der Begriff Intelligenz nach seinen neuesten Konstruktionen wie „disziplinierte" oder „respektvolle" Intelligenz, zunehmend als Worthülse aufscheint, die mit beliebigen Inhalten gefüllt werden kann. Nach dem Verständnis von Gardner muss „Intelligenz als eine intellektuelle Kompetenz ein Sortiment von Fähigkeiten beinhalten, welche ihrem Inhaber ermöglichen echte Probleme zu entdecken oder zu schaffen, um die Basis für neues Wissen zu legen" (vgl. Koop et al. 2010, S. 178).

Über ein Verständnis von Intelligenz als kognitiver Leistungsfähigkeit geht eine Reihe von Modellen tatsächlich hinaus. Dieser traditionelle, aber auch der alltagssprachliche Gebrauch des Begriffs Intelligenz, offenbarte eine eher „eindimensionale Sicht" auf denselben, konstatieren Mareike Brümmer und Thomas Trautmann (vgl. 2016, S. 13). Hierin zeigen sich laut Meike Aissen-Crewett (1998, S. 45) zwei Kerngedanken, mit der die Intelligenz behaftet ist. Zum einen wird sie als vermeintlich „einheitliches, einperspektivisches Konzept" verstanden, zum anderen wohnt ihr die Vorstellung der Messbarkeit inne: intellektuelle Leistung bilde sich danach im Intelligenzquotienten, dem IQ, ab und sei auf kognitive Fähigkeiten zurückzuführen. Joseph Renzulli jedoch warnte bereits 1986 und wiederholte diese Warnung 2005: „Intelligence is not an unitary concept, but rather there are many kinds of intelligence and therefore single definitions cannot be used to explain this complicated concept " (Renzulli 2005, S. 55).

Konträr zu diesem eben skizzierten Bild begreift Howard Gardners multipler Ansatz Intelligenz als ein „biopsychologisches Potential zur Verarbeitung von Informationen" (Gardner 2002, S. 46), welches in einem Abhängigkeitsverhältnis steht: nämlich einerseits zum kulturellen Kontext und andererseits zum Individuum selbst. Er wendet sich damit gegen einen „einseitig auf abstrakte, kognitive Leistungsfähigkeit reduzierten Intelligenzbegriff und kritisiert ein Verständnis, welches den Menschen vom Abschneiden in Intelligenztests oder schulischen Leistungstests abhängig macht" (Hoyer/Weigand/Müller-Oppliger 2013, S. 74).

---

[16] Der Autor stellt Gardner aus zwei Gründen bewusst nicht in die Reihe von Begabungsmodellen. Erstens koppelt sich die Begrifflichkeit an den Intelligenzbegriff an. Zweitens ist Gardners Ansatz weniger modellhaft als theoretisch verortet.

Dieses biopsychosoziale Konzept greift u.a. Thomas Trautmann illustrativ mit seinem Mikodo-Denkmodell (Trautmann 2008, S. 20 ff.) der individuellen Begabung auf. Die Aktivierung oder (noch) Nicht-Aktivierung des individuellen Potentials oder einiger seiner Bestandteile resultiert u.a. aus der persönlichen Entscheidung, die vom Umfeld des Individuums und damit auch von den Faktoren Raum und Zeit beeinflusst ist. Auch Gardner versteht Intelligenz als dynamischen Prozess und widersetzt sich der genannten Vorstellung von Statik und unmittelbarer Ablesbarkeit im Sinne einer „ganzheitlichen, allgemeinen Intelligenz" wie etwa mit der Messung des IQ postuliert wird.

In den 1980er Jahren löste sich Gardner mit dem Modell der multiplen Intelligenzen von den traditionellen Vorstellungen zur Intelligenz und erweiterte den Intelligenzbegriff hinsichtlich nicht-intellektueller Bereiche weiter. Er entwickelt einem dreidimensionalen Entwurf von Intelligenz, bei dem Anlage, sozialer und kultureller Kontext und Selbst sich wechselseitig bedingen. Der Menschen verfügt „über eine ganze Reihe von Fähigkeiten und Möglichkeiten, woraus er seine Theorie der „multiplen Intelligenzen" (Gardner 2002, S. 39 ff.) entwickelt. Dem Verständnis von *einer* Intelligenz stellt er ein Konzept der „Pluralisierung" (vgl. Aissen-Crewett 1998, S. 47) gegenüber, das zunächst sieben, später dann „achteinhalb[17]" Intelligenzen umfasst. Darunter fallen die linguistische, logisch-mathematische, räumliche, musikalische, körperlich-kinästhetische, interpersonale, intrapersonale, naturalistische und die existenzielle Intelligenz. Jeder Mensch verfügt über diese Intelligenzen – wenn auch in verschiedenartiger Ausprägung – wobei jedoch lediglich die ersten beiden im Fokus von Schule, Bildung und Erziehung stehen.

Schauen wir in Schulen hinein, scheint dies tatsächlich oft so zu sein. Elaboriert sprechen zu können ist nicht nur ein Vorteil im Fach Deutsch – Sprache ist sozusagen Handwerkszeug nahezu für alle Fächer. Die mathematisch-logische Intelligenz lässt den Lerner in Mathematik, Physik und z.T. in Chemie (Stöchiometrie[18]) mit hoher Wahrscheinlichkeit gut aussehen. Wie aber müssen wir uns Verhaltens- und Leistungselemente der anderen Intelligenzen vorstellen? In gebotener Kürze – das Buch stellt ja einen Überblick dar – einige Klärungen dazu.

Gardners Konstrukt wurde immer wieder allgemeiner und spezieller Kritik unterworfen. Besonders eminent scheint die fehlende empirische Belegbarkeit zu sein. So kam eine Validierungsstudie mit 187 Teilnehmern zu dem Ergebnis, dass die Intelligenzen von Gardner weniger in die Kategorie der

---

[17] Die existenzialistische Intelligenz nimmt noch eine Sonderstellung ein.
[18] Stöchiometrie ist ein mathematisches Hilfsmittel in der Chemie. Mit ihrer Hilfe werden die benötigten Mengen und Mischungsverhältnisse von Reaktanten und Produkten einer chemischen Reaktion berechnet.

Leistungsmessung, sondern eher in den Bereich der Persönlichkeitsmerkmale fallen (Furnham 2009, S. 235).

Wie kann bzw. soll die Lehrperson aber nun mit all jenen Begabungen umgehen – noch dazu im Unterricht? Ilse Brunner und Erika Rottensteiner (2014) haben mit einer Reihe anderer Autorinnen und Autoren eine Zusammenstellung angeboten, die für Lehrpersonen zweifelsfrei interessant ist. Auch im Netz lassen sich eine Reihe interessanter Angebote – meist aus der Schulpraxis heraus entwickelt – finden. Christian Vinzentius (2010, S. 20 ff) hat auf der Basis Thomas Armstrongs (1994, S. 35 ff.) eine Reihe von Intelligenzen in den Kontext (grund-)schulischen Unterrichts gebracht. Horst Zeitler (2013, S. 15 ff) hat dies für die gesellschaftswissenschaftlichen Fächer zusammengestellt. Frank Haß (o.J.) tut dies sehr detailliert für den Englischunterricht. Urs Eisenbarth (2004) entwickelt viele konkrete Zugriffmöglichkeiten für Differenzierungsvorgänge. Und selbst in der ersten Phase der Lehrerausbildung sind ermutigende Signale sichtbar, die auf eine intensive Auseinandersetzung mit dieser Theorie schließen lassen. So hat Alisia Sagular (2015, S. 47 ff) in ihrer Qualifikationsarbeit Aufgabenformate entsprechend der multiplen Intelligenzen für ihr Fach Geografie kreiert. Thomas Trautmann (2015a, S. 69 ff) hat sich damit im Kontext von Enrichment beschäftigt
In einer Zusammenschau sollen wesentlich Bezüge der achteinhalb Intelligenzen im Hinblick auf didaktisch-pädagogisches Arbeiten betrachtet werden.

Linguistische Intelligenz (the intelligence of words)
Zur *sprachlichen Intelligenz* gehören vor allem Sensibilität für die gesprochene und die geschriebene Sprache, was beinhalten kann, Sprachen (rasch und sicher) zu lernen. Die Fähigkeit, Sprache zu bestimmten Zwecken exzellent zu nutzen und bestimmte Sprachmuster zu gegebenen Anlässen anzupassen ist nahezu durchgängig feststellbar. Rechtsanwälte, Politiker, Schriftsteller und Dichter werden oft genannt, wenn es um die Frage des professionellen Einsatzes dieser Intelligenz geht.
In Schule lautet dem entsprechend die didaktische Hauptfrage: Wie kann der Lerner das gesprochene oder geschriebene Wort verwenden? Relevant für den Lernerfolg dieser Schülerinnen und Schüler ist die mannigfaltige Nutzung von Elementen der (gesprochenen und/oder geschriebenen) Sprache in den unterschiedlichsten Verwendungsformen. Der Einsatz von Büchern, Arbeitsblättern, variierende Textarbeit, Dialogaufgaben, Diskussions- und Debattierrunden, Wortschatzarbeit, kurz alles, was mit dem Begriff der Narration zusammenhängt sollte als Aufgabentyp berücksichtigt werden.

Logisch-mathematische Intelligenz (the intelligence of numbers and reasoning)

Zur *logisch-mathematischen Intelligenz* gehört die Fähigkeit, Probleme und Fragestellungen logisch zu analysieren, mathematische Operationen durchzuführen und wissenschaftliche Fragen mittels des kalten Systems (Mischel 2015, S. 266) zu untersuchen. Von der logisch-mathematischen Intelligenz machen aus professioneller Sicht vor allem Mathematiker, Logiker und Naturwissenschaftler aktiv Gebrauch. Für Unterricht steht hier die didaktische Hauptfrage im Zentrum: Wie kann das Kind Zahlen, Berechnungen, Logik, Einstufungen oder kritisches Denken einbringen?

Der logisch-mathematisch intelligente Lerner zeigt eminentes Interesse beim Gebrauch des Computers, reflektiert meist kritisch und entwickelt rationale Konzepte zur Lösung von Problemen. Im Unterricht sollten daher Forschungs-, Kombinations- und Erkundungsaufgaben angeboten werden. Auch Ordnungsübungen, das Rechnen „allgemein", Kombinatorik, Abstraktion, Strukturen (Finden von Regelmäßigkeiten) und das Lösen von Puzzles sind einige fördernde Aktivitäten. Methodische Angebote sollten daher u.a. Tabellen, Diagramme, Fermi-Aufgaben, Code-Entschlüsselungen und das Erkennen von Relationen beinhalten. In Verbindung mit Kunst können „Spiele mit Mustern" (Ornamentik usw.) angeboten werden usw.

Visuell-räumliche Intelligenz (the intelligence of pictures and images)
Zur *visuell-räumlichen Intelligenz* gehört sowohl der theoretische und praktische Sinn für makroskopische Raumstrukturen, andererseits aber auch das Erfassen begrenzter Raumfelder. Zur Gruppe derer, die ihre visuell-räumliche Intelligenz zum Beruf machen (wollen), gehören daher sowohl Piloten, Navigatoren, Kapitäne als auch Chirurgen, Architekten und technische Zeichner. Künstler, insbesondere Bildhauer, Graphiker oder Holzschnitzer sind ebenso wie nahezu alle sehr guten Schachspieler visuell-räumlich intelligent.

Die didaktische Hauptfrage, welche sich die Lehrperson hier stellen muss, lautet: Wie kann ich Veranschaulichungen, Visualisierung, Farbe, Kunst, Metaphern, oder/und visuelle Organisation in meinem Unterricht einsetzen? Schülerinnen und Schüler mit einer ausgeprägten visuell-räumlichen Begabung verzeichnen tatsächlich den größten Lernerfolg durch jegliche Art von Visualisierungen[19]. Zeichnungen anfertigen, das Malen von Bildern, inklusive ihrer Beschreibung ist ähnlich wirksam wie das Anfertigen von Mind Maps. Weitere lernfördernde Aktivitäten sind Designentwicklung und das Anregen von Collagen. Medieneinsatz wie Filme, Bilder, aber auch Fantasiespiele und -reisen, Tests mit (!) Illustrationen und nahezu alle künstlerischen Aktivitäten sind denkbar für einen Unterrichtseinsatz in dieser Rich-

---

[19] Grundschullehrpersonen sollten in Klasse 1 bereits darauf schauen, wie Kinder ihre Problemaufgaben angehen. Jede Zeichnung, Skizze, Struktur oder/und alle „Bauwerke" sind primäre Zeichen von Elementen kinästhetischer Sensibilität.

tung. Letztlich: Professionelle Lehrpersonen vermögen es hervorragend, bei ihrer Schülerschaft mentale Bilder zu erzeugen.

Kinästhetische Intelligenz (the intelligence of the whole body and the hands)
Die *kinästhetische Intelligenz* birgt das Potential den Körper und einzelne Körperteile (wie Hand oder den Mund) zur Geltung zu bringen, etwa bei der Problemlösung oder/und zur Gestaltung von Unterrichts-)Produkten. Die augenscheinlichen Profis dieser Intelligenz sind Tänzer, Schauspieler, aber auch Sportler, gerade in technischen Disziplinen. Wichtig ist diese Intelligenz aber auch für bestimmte Handwerksgruppen und Techniker. Chirurgen[20] und experimentell arbeitende Naturwissenschaftler könnten ebenfalls partiell hinzu gedacht werden.
Die didaktische Hauptfrage ist daher zwingend: Wie kann ich (als Lehrperson) den ganzen Körper meiner Schüler und Schülerinnen in erkenntnis- bzw. Darstellungsprozesse involvieren oder/und praktische Erfahrungen machen lassen? Kinästhetisch intelligente Heranwachsende lernen effektiv durch Körpersprache (unter Einsatz der Mimik, Gestik, der Körperspannung, von Proximetrie und Bewegung) mittels Rollenspiel und Drama, beim Tanz, Körperkonstrukten (Pantomime; Statuen bauen vgl. Trautmann/Trautmann 2004, S. 107) – kurzum bei allen Formen des Bewegungslernens wird diese Intelligenz bedient. Eine interessante Form präsentiert Reinhold Vogt (2012) mit so genannten TPR-Übungen (total physical response) bei dem Fremdsprachenlernen mit Bewegungen synchronisiert[21] wird.

Musikalische Intelligenz (the intelligence of tone, rhythm, and timbre)
Musikalische Intelligenz bedeutet Begabung zum Musizieren, zum Komponieren und eine grundsätzliche Empfänglichkeit für musikalische Strukturen und Prinzipien – inklusive der Sprechmelodie menschlicher Stimmen. Musikalische Aktivitäten prägen daher hier das Maß des Lernerfolgs. Doch die didaktische Hauptfrage für die Lehrperson umfasst noch mehr: Wie kann ich als Lehrperson Musik, Rhythmus oder Umgebungsgeräusche einbeziehen, oder wichtige Punkte in einem Takt oder in Melodien einbinden? Im unterrichtlichen Kontext wäre z.B. das Rezipieren von Musik, das Singen von Songs, Raps, Balladen und Chants, das Produzieren von Tönen und Geräuschen, Sprechen von Reimen oder/und die Darstellung von Inhalten über Töne und das Komponieren. Klangreisen und a capella Gesang sprechen musikalisch-intelligente Lerner ebenfalls an. Die Beschreibung von Tonmustern schlägt die Brücke zur logisch-mathematischen Intelligenz.

---

[20] u.a. an dieser Doppelnennung ersehen wir die Überlappung von Intelligenzdomänen.
[21] Die Methode erinnert partiell an das Memorieren von Mönchen - laufend in Kreis.

Interpersonale Intelligenz (the intelligence of social interactions)
Als *interpersonale Intelligenz* wird das Fähigkeitskonstrukt bezeichnet, aus Interaktionen die Absichten, Motive und/oder Wünsche anderer zu erkennen und zu verstehen. Damit ist eine hinreichende Basis für erfolgreiches Kooperieren mit ihnen gegeben. Professionell eingesetzt hilft es den Berufsgruppen der Verkäufer, Ärzte, Sozialpädagogen, von „Staatsrepräsentatenten" und Bühnenschauspielern. Auch Lehrpersonen sollten hochgradig interpersonal intelligent sein – allein schon ihm Interesse der ihnen anvertrauten Schülerinnen und Schüler.
Die didaktische Hauptfrage für den Unterricht – eigentlich für die gesamten Interaktion der Schule selbst – lautet z.B.: Wie kann ich als Lehrperson mit meinen Schülerinnen und Schüler in Peer- oder jahrgangsübergreifenden Gruppen, kooperatives Lernen oder Großgruppensimulation engagiert betreiben?
Schülerinnen und Schüler lernen am besten durch die Möglichkeit von Zusammenarbeit mit anderen, in dem sie z. B. untereinander Interviews durchführen, gemeinsam spielen (auch Planspiele und stand up). Auch wenn sie Aufgabenstellungen kooperativ lösen, in Gruppenaktivitäten und -spiele (Gruppenpuzzle; Improvisationen vgl. Trautmann/Trautmann 2004, S. 63) verstrickt sind, in Partner- und Gruppenarbeit forschen und experimentieren usw. kann diese Intelligenz bedient werden. Unterrichtlich installierte Feedbacksysteme und Empathieübungen sind ähnlich ertragreich.

Intrapersonale Intelligenz (the intelligence of self-knowledge)
Die *intrapersonelle Intelligenz* ist jene Fähigkeit, sich selbst zu verstehen, ein lebensgerechtes Bild der eigenen Persönlichkeit – mitsamt ihren Wünschen, Ängsten Fähigkeiten – zu entwickeln und dieses Wissen auch im Alltag zu nutzen. Immer wieder hingewiesen wird auf einen hohen EQ (das Maß der so genannten emotionalen Intelligenz vgl. hier Goleman 1997). Walter Mischel (2015, S. 203) verweist auf die hohe Impulskontrolle solcher Menschen. In der Schule sind Heranwachsende u.a. durch ihr beherrschtes, zurückhaltendes Agieren und grüblerisches, tiefgründig überlegende Wesen identifizierbar. Berufsgruppen wie Philosophen, Schriftsteller[22] (Lyriker) oder eine Reihe von Wissenschaftlern benötigen diesen Intelligenztyp in pars.
Die didaktische Hauptfrage für die aufmerksame Lehrperson ist hierbei: Wie kann ich bei Schülerinnen und Schülern persönliche Gefühle oder Erinnerungen hervorrufen, Entscheidungsspielraum geben und/oder reflexive Felder[23] anbieten?

---

[22] Insbesondere, wenn ihnen auch eine entsprechende sprachliche Ausdrucksfähigkeit eigen ist.
[23] Solche reflexiven Felder sind den von Olaf-Axel Burow modellierten unterrichtlichen „kreativen Feldern" nicht unähnlich (vgl. Burow 2016, S. 52).

Die betreffenden Lerner präferieren vorrangig eigene Erfahrungen beim Lernprozess (z. B. metakognitive Techniken, durch Medien, die zum Selbstlernen animieren; Projektarbeit mit Präsentation, stille Reflexionsphasen). Orte des Rückzugs, der Freiarbeit, Leseecken, und „Orte zum Konzentrieren" sind hilfreich, wenn im sozialen Organismus Schule auch schwer zu managen. Viele intrapersonal intelligente Lerner präferieren, so die Ergebnisse unsere Interviews, Wahlmöglichkeiten unterschiedlicher Sozialformen (vgl. Trautmann 2015, S. 199).

Naturalstische (auf die Natur bezogene) Intelligenz (the intelligence of natur sensibility)
Die *naturalistische Intelligenz* umfasst u.a. die Fähigkeit zur zielgerichteten Wahrnehmung (Beobachtung), zum Erkennen „an sich" und zur Differenzierung. Überfachliche Idee ist die freudvolle Sensibilität für Naturphänomene und ihrer unterschiedlichen Interaktionen untereinander. Sie trifft sich mit der visuell-räumlichen Intelligenz bei der Muster- und Strukturerkennung (hier im naturnahen Raum) und der Wiederkehr von Strukturen, wobei sie auch die logisch-mathematische Intelligenz berührt. Berufsstände wie Naturforscher (Botaniker und Zoologen), Umweltspezialisten, Veterinäre, aber auch Köche, keineswegs nur solche, die nach einem Stern streben, benötigen diese Intelligenz.
Didaktische Hauptfrage in diesem Zusammenhang ist: Wie kann ich Artefakte und Zusammenhänge aus der Natur so in meinen Unterreicht einbauen, dass die Schülerschaft produktiv[24] und sensibel damit agiert? Schule als „künstliches System" hat durch die Lernortdidaktik einen wesentlichen Zugang zur Natur. Exkursionen, Beobachtungsaufgaben, Herbarien und eine naturnahe Tierhaltung im Klassenzimmer sind Möglichkeiten, diese Intelligenz zu unterstützen. Die Bereitstellung von Lupen, Mikroskope, Bestimmungsbüchern und Ferngläsern bietet „in der Tat neue Einblicke". Ein gut organisierter Schulgarten, biologische Experimente oder – wie in einigen Grundschulen bereits Realität – ein Schulhund sind weitere Möglichkeiten die diskutabel sind. Näheres siehe hier:

http://othes.univie.ac.at/20675/1/2012-06-05_0602685.pdf
http://othes.univie.ac.at/29858/
http://www.vetmeduni.ac.at/de/infoservice/presseinformationen/presseinfo2014/therapie-hunde/
https://www.bmbf.gv.at/schulen/unterricht/ba/hundeinderschule/hundeinderschule.html

---

[24] Diese Intelligenz wird allgemein als Bereicherung (additiv) für die anderen Intelligenzen verstanden.

Existenzialistische (spiritualistische) Intelligenz (the intelligence of spiritualism and esoteric feeling)
Menschen mit einer *existenzialistischen Intelligenz* stellen Überlegungen zu grundlegenden Fragen der (menschlichen) Existenz. Die Fähigkeit reicht bis zum Durchdenken und Verstehen-Wollen grundlegender philosophischer Existenzfragen mit religiösen, mystischen und transzendentalen Dimensionen. Diese reichen vom Sinn des Daseins über die Frage nach Leben und Tod zu Ewigkeit und Vergänglichkeit. Es geht ihnen darum, das eigene Umfeld, den eigenen Platz in der Welt in einem größer gesteckten Rahmen zu sehen. Das kann allgemein philosophisches Denken, aber auch spirituelles Denken betreffen, Kinder inbegriffen. Trautmann (2009 a, S. 113) verwies bereits 2009 auf den Zusammenhang von kindlicher Religiosität und Begabung. Diese Metakategorie der spirituellen Intelligenz umreißt die Fähigkeit, Entscheidungen und Handlungen „weise" vollziehen zu wollen und der eigenen Zeit auf Erden einen Sinn zu geben. „Professionelle Nutzer" dieser Intelligenz sind religiöse und geistige Führer sowie Philosophen bestimmter Denkrichtungen.
Die didaktische Hauptfrage für die Lehrperson ist: Wie bilde ich bei meinen Schülerinnen und Schülern ein Welt-Bewusstsein für ethisches Handeln und einen sorgfältigen Umgang mit dem eigenen Ich und dem „Ich des Nächsten" (der Gruppe usw.) heraus?
Im Unterricht kann das Philosophieren als Prinzip (vgl. hier Michalik/Wittkowske 2010, S. 5 f.) hilfreich sein, existenzialistische Begabungen zu pflegen. Der Verweis auf ethische Dimensionen unseres Handelns oder/und das Paradigma „Global denken – lokal handeln" sind bereits wirksam, um ggf. existenzialitische Dispute aufkommen zu lassen. Im Grundschulunterricht kann z.B. das Prinzip der „Goldenen Regel" (vgl. Balasch/Brüning/Trautmann 2014, S. 28) immanent angewandt werden.

Hochbegabung

Hochbegabung wird aktuell als geistige Disposition für die Erbringung herausragender, von Exzellenz geprägter Werke gesehen. Es ist somit ein individuelles Fähigkeitspotential für sehr gute oder gar ausgezeichnete Leistungen in einem oder mehreren Bereichen. Als Vergleichsgröße stehen meist so genannte durchschnittlich Begabte. Wir sehen, dass eine so verstandene Hochbegabung immer Vergleichsvektoren oder zumindest Komparationsebenen braucht.
Detlef Rost betont seit dem Anfang der 1990ger Jahre immer wieder, dass es bisher noch nicht gelungen sei, Hochbegabung *qualitativ* zu definieren. Daher wir national und international eine quantitative Definition verwendet. Die Grenzwertsetzung ist willkürlich und damit Konsenssache. In der Literatur hat sich eingebürgert unter Hochbegabung in der Regel eine sehr hohe,

einzigartige Ausprägung eines kognitiven Merkmals – zumeist der Intelligenz – häufig definiert als zwei Standardabweichungen über dem Mittelwert liegend, zu verstehen (Rost 1991a; 197 ff. 200a; 2000; 2008, S. 45).
Frühindikatoren der Hochbegabung wie kognitive Neugier oder/und ein ausgeprägter Explorationsdrang deuten darauf hin, dass diese Kinder bereits in den ersten Lebensjahren die für ihre Befriedigung kognitiver und sozial-emotionaler Grundbedürfnisse erforderliche Lernumwelt aktiv zu beeinflussen versuchen (vgl. Trautmann 2008, S. 86). Entsprechend der oben bereits fixierten Annahme, dass Menschen biopsychosoziale Wesen sind, entwickelt sich das Individuum durch aktive Mitgestaltung seiner sozialen Umwelt, mit der es ein dynamisches System bildet. Dies bedeutet in der Konsequenz höchst individuelle, unverwechselbare Verläufe der Begabungsentwicklung. Diese sind jedoch von mannigfaltigen Variablen abhängig. In welche Richtung diese Entwicklungen nämlich verlaufen und welche Tiefen sie annehmen, hängt entscheidend von den soziokulturellen Lernumweltbedingungen (Familie, Lernangebot, Medien, schulische Lernangebote, Gleichaltrige, Begabungsförderung usw.) (vgl. Heller 2002; Beispiele u.a. bei Trautmann 2003) und dem Selbst (vgl. hier Schore 2009; Trautmann 2015) ab.
Der Begriff Begabung bzw. Hochbegabung ist nach Kurt A. Heller aber auch eines der hypothetischen Konstrukte, deren Definition vom jeweiligen theoretischen Bezugssystem abhängt (Heller 2008, S. 9). Die meistzitierten Verweise, wenn es um Hochbegabungsdefinitionen geht, fußen auf dem Vorschlag von Leonard Lucito (1964) der fünf Definitionskategorien[25] vorschlägt:

a. **IQ-Definitionen**, welche besagen, dass jemand als hoch begabt gilt, der in einem Intelligenztest einen bestimmten Wert überschreitet. Der Schwellenwert[26] differiert (vgl. vertiefend Webb et al. 2011, S. 15) allerdings substanziell.

b. **Prozentsatz-Definitionen**, bei denen ein Subjekt dann hochbegabt ist, wenn es zu einem bestimmten Prozentsatz zählt, der in einem Test, einer Prüfung etc. am besten abgeschnitten hat. Auch hier variiert die Schwellenwertsetzung eminent, je nachdem, welche Modalitäten die Prüfungsleistungen besitzen. Barbara Feger und Tania Prado zählen z.B. die oberen zwei

---

[25] Vgl. hier auch Davis und Rimm (1985), die das Lucito-Modell spezifizieren.
[26] So gilt ein Intelligenzquotient von 2.3 Standardabweichungen über dem Mittel (entspricht einem IQ von 135 bzw. einem Prozentrang von 99) mitunter lediglich als so genannte „moderate" Hochbegabung. Francoys Gagné (2005) plädiert für Prozentrang 90, was einem IQ von 120 entspricht. Im Marland-Report (Marland, 1972) wird hingegen eine Grenzsetzung zwischen den Prozenträngen 95 und 97 vorgeschlagen. Renzulli (2005) benötigt lediglich den Prozentrang 80 zur Auswahl seiner Projektkandidaten.

Prozent in einem Intelligenztest, die zehn Prozent Jahrgangsbesten nach ihrem Abschneiden in einer Prüfung oder 15-20 % aller Schüler der Sekundarstufe II auf. Die Kriterien können sehr unterschiedlich sein. Man nimmt Schulnoten als Maßstab, Schulleistungs- oder Intelligenztests. All diese Kriterien wiederum definieren Leistung unterschiedlich und so kann es zu Überschneidungen mit anderen Definitionsklassen kommen (vgl. hier auch Feger/Prado 1998, S. 31).

c. **Ex-post-facto-Definitionen** fixieren allein Grundlage herausragender Leistungen auf einem oder mehreren Gebieten eine Hochbegabung. Sozusagen wird retrospektiv, „nach Eintritt der Berühmtheit" festgestellt, dass Hochbegabung vorliegt bzw. vorlag (vgl. vertiefend hier auch Feger/Prado 1998; 30).

d. **Kreativitätsdefinitionen** lehnen den Weg über einen Intelligenzkennwert ab. Statt dessen wird die kreative Produktionsfähigkeit beurteilt. Auch hier kann das Resultat nur rückwirkend (ex-post-facto) nach kreativer Leistung bestimmt werden (vgl. Brümmer/Trautmann 2016; S. 101).

e. **Soziale Definitionen** determinieren sich über die Bestimmung des Wertes für die Gemeinschaft. Hochbegabt ist danach, dessen Handlungen wertvoll sind. Indikator ist die gesellschaftliche Gewichtung der herausragenden Leistung(en).

Anfang des neuen Jahrtausends haben Franz Mönks und Emanuel Mason (2000) eine Reihe von Definitionen in einem Schema strukturiert, mit welchem sie auch den neueren Entwicklungen der Intelligenz- und Hochbegabtenforschung Rechnung tragen. Sie unterscheiden danach:

(a) **genetisch orientierte Definitionen**: Zu dieser Art Definitionen zählen zunächst die IQ-Definitionen. Das intellektuelle, genetisch determinierte Potenzial ist danach messbar und verhält sich deshalb temporal recht stabil. Etwas jünger und weiter gefasst sind so genannte administrative Definitionen (vgl. u.a. Sparfeldt, 2006). Hella Schick (2007, S. 17) macht in diesem Zusammenhang aufmerksam, dass sich solche administrativen Definitionen in vielen aktuellen Positionspapieren deutscher Schulbehörden wiederfinden. Auch der Marland Report fußt darauf. Das erste Konzept der multiplen Intelligenzen nach Howard Gardner (1985) sieht Begabung ebenfalls als weitgehend angeborene und durchaus manifeste Eigenschaft sowie die Explikation der Verbindung zwischen Potenzial und Leistung.

(b) **kognitiv orientierte Definitionen**: Definitionen werden kognitiv genannt, wenn sie Denk- und Verarbeitungsprozesse in den Mittelpunkt des

Interesses stellen. Ihr wichtigster Vertreter ist Robert Sternberg (1985; 1993).

(c) **leistungsorientierte Definitionen:** Diese Definitionen sind der Performanz bzw. der tatsächlich existenten Leistung als Ertrag der Hochbegabung. Joseph Renzulli konstruiert Hochbegabung als eine triadische Kombination von je überdurchschnittlich ausgeprägter Fähigkeit, Aufgabenverpflichtung und Kreativität. Hochbegabte sind danach hoch produktiv (vgl. Renzulli, 2005, S. 262).

(d) **umweltorientierte Definitionen**: Diese Definitionen folgen einem systemischen Ansatz. Nicht nur die genetische Disposition sondern auch Um- und Lebenswelten sowie das Selbst (vgl. hier Schore 2009; Schore 2012) haben im Zusammenspiel Einfluss auf die menschliche Entwicklung und somit auf die unverwechselbare, individuell ausgeprägte Hochbegabung. Selbst gesellschaftliche Phänomene wie der medial determinierte Zeitgeist, die (vor-)schulische Ökologie, die ökonomische Situation im Elternhaus, kollektive Wertvorstellungen, selbst die „Wertigkeit" von Bildung u.v.m. spielen ihre Rollen bei diesen Konstruktionen. Begründet wurde diese Denkrichtung durch Abraham Tannenbaum (1986)[27]. Weitere aktuelle Vertreter sind u.a. Mihály Csikszentmihályi (Csikszentmihalyi/Wolfe 2000), in Deutschland Albert Ziegler (2005)

(e) **umweltorientiert-dynamische Definitionen**: Diese Variante innerhalb der umweltorientierten Begriffsbestimmungen will Hochbegabung eine dynamische Kontur geben. Begründer ist Heinrich Roth (1961). Auch sein Konzept stellt Entwicklung ins Zentrum, verneint aber dessen Konstanz, d.h. es bezieht z.B. stagnative und retardative Phasen mit ein. Damit wird Begabung beeinflussbar und kann eher als erworben denn als angeboten gefasst werden. Obwohl – so scheint aktuell Konsens zu bestehen – den individuellen Persönlichkeits- und Umweltfaktoren bei der Entwicklung und Umsetzung von Potenzial in Leistung ein zentraler Stellenwert zukommt, wurde gerade das dynamische Konzept immer angefochten. Insbesondere Detlef

---

[27] Tannenbaum definiert Hochbegabung „as the ability to perform or produce work that enhances the moral, physical, emotional, social, intellectual, or aesthetic life of humanity. Because many gifted people do not end up achieving their full potential, he believed that children and adolescents could only be considered "potentially gifted." True giftedness, he said, can only be demonstrated in adults who are "critically acclaimed performers or exemplary producers of ideas." Seine Hierarchie verschiedener Hochbegabungen wird nach ihrem gesellschaftlichen Nutzen determiniert. „Scarce talents" (bereichernde Entdeckungen), „surplus talents" (Maler oder Musiker), „quota talents" (Spezialisten wie Juristen oder Physiker), „anomalous talents" (Exzellente ohne spezifische Wertzumessung).

Rost sieht a. eine Aufweichung des Hochbegabtenbegriffs (Rost, 2000, S.14) und b. eine Verunmöglichung der empirischen Beweisführung.

(f) **kreativitätsorientierte Definitionen**: Die Bestimmungsebene Kreativität spaltet die Community. Sie wird entweder gar nicht zur Kenntnis genommen – insbesondere von den Vertretern des Intelligenzquotienten (Rost 2000, auch Robinson 2005) oder sie spielt eine geradezu entscheidende Rolle – als Fähigkeit divergent zu denken oder ungewöhnliche Handlungsoptionen zu vollziehen (Renzulli 2005; Feldhusen 2005, Brümmer/Trautmann 2016). Für eine dritte Gruppe ist Kreativität ein impliziter Baustein für hoch intelligentes Agieren überhaupt. Wesentlichste Vertreterin ist hier Joyce Van Tassel-Baska (2005) die den Zusammenhang von Originalität und Exzellenz[28] betont und für die Kreativität ein eindeutiger Indikator für ersteres darstellt. George W. Parkyn (vgl. 1976, S. 46 f.) weist schließlich daraufhin, dass bei der Definition von Hochbegabung zum einen beachtet werden muss, dass hochbegabte Menschen schneller die drei Dimensionen „rationales Denken", „ethische Sensibilität" und „ästhetische Wahrnehmung" erfassen würden als andere. Damit nimmt er eine Art Brückenfunktion in der Deutung der unterschiedlichen Ebenen ein.

Diese eben genannten Definitionsklassen schließen einander nicht aus. Vielmehr kann eine große Zahl der Definitionen einer oder mehrerer Klassen zugeordnet werden. Als eine eher unspezifische Definition gegenüber bestimmten Bereichen soll Sternberg (1993) stehen. Danach ist eine Person hochbegabt, die eine Leistung erbringt, die zuverlässig und gültig nachweisbar ist. Diese Leistung muss, in Relation zu einer vergleichbaren und geeigneten Bezugsgruppe (vgl. Holling/Kanning 1999, S. 6), exzellent, selten, produktiv und wertvoll sein – vulgo einen Gesellschaftsbezug aufweisen. Damit geben die hier gezeigten Strukturierungsversuche erste Richtungen und inhaltliche Schwerpunktsetzungen an. Die einzelnen Definitionsansätze bleiben jedoch in ihrer Verwickeltheit unübersichtlich. Das macht der Lehrperson – die einerseits kein Wissenschaftler ist und andererseits mit Kolleginnen, der Elternschaft und den Schülerinnen und Schülern täglich domänenspezifisch Begriffsarbeit leisten soll – das Leben schwer. Als Entlastung sei vorgeschlagen, dass die Kenntnis der Definitionskategorien eine wesentliche Erleichterung ist, um die Argumentationsrichtung zu ermitteln.
Inzwischen haben sich im schulischen Feld weitere Begriffe eingebürgert, die – zumindest partiell – von dem eigentlichen, aber – wie gezeigt wurde – höchst unscharfen Begriff der Hochbegabung Abstand nehmen.

---

[28] Für Interessierte: Peter, Tobias (2014). Genealogie der Exzellenz. Weinheim u. Basel: Beltz

Hochbegabung als eine besondere Anlage – etwa im kognitiven Bereich – schlägt sich jedoch nicht automatisch in Leistung nieder. Nicht jedes hochbegabte Individuum zeigt - u. U. permanent - intellektuelle Hoch- oder Höchstleistungen[29]. Es herrscht weitgehend die Meinung, dass ein hochbegabtes Kind - welches ja über eine außergewöhnliche Intelligenz verfügt - dieses immer und überall durch außergewöhnliche Leistungen im intellektuellen Bereich zeigen muss oder zumindest sollte. Diese Vorstellung ist nicht nur ein Vorurteil, sondern ein Denkhindernis innerhalb der gesamten institutionellen Begabten*förderung*. Letztendlich - denken wir den Gedanken einmal rein mechanistisch zu Ende – bedürfen „solche" Hochbegabten gar keiner Förderung, denn ihnen fällt über kurz oder lang alles zu – eben auf Grund jener permanenten Lernaktivität. Dieser und andere Fehl-Schlüsse machen es notwendig, in den folgenden Abschnitten auf Zusammenhänge aufmerksam zu machen, die sich im Bereich der Hochbegabtenpädagogik zu Fragestellungen und Problembereichen entwickeln können.

Fassen wir zusammen: In der Literatur wird zwischen vielen Aspekten der Begabung unterschieden und kategorisiert. Es wird zwischen akademischen (theoretischen) und praktischen Begabungen (vgl. Feger 1988, S. 92) bzw. zwischen intellektuellen und nicht-intellektuellen Begabungen (vgl. Tettenborn 1996, S. 4) unterschieden. Erstere beinhalten u.a. logisches Denken, Merkfähigkeit, Problemlösefähigkeit, Sprachverständnis und schnelle Informationsverarbeitung. Letztere umschreiben psychomotorische und musische Fähigkeiten. Ein weiterer Komplex sind die Sonder- bzw. Spezialbegabungen, die von der universellen Hochbegabung zu unterscheiden sind (vgl. Feger 1988, S. 93). Es gibt daher nicht nur Begabungen, die man vorrangig dem intellektuellen Bereich zuordnet. Barbara Feger (ebenda; S. 94) sieht Spezialbegabungen als Indizien, die eine Hochbegabung im eng umgrenzten Bereich kennzeichnen. Nach Ellen Winner (1998, S. 57) sind Personen mit speziellen Begabungen häufiger als jene, die in allen Bereichen sozusagen gleich verteilt eine Hochbegabung aufweisen. Die Regel sind eher unausgewogene Profile. Damit erweist sich Hochbegabung als durchaus heterogenes, mehrperspektivisch betrachtbares Phänomen.

Besondere Begabung

Der Terminus „Besondere Begabung" erweitert den Blick über die intellektuelle Begabung, als Fähigkeit zu besonderen Leistungen verbunden mit einer besonderen Motivation und/oder Kreativität hinaus. Danach kommen

---

[29] Für Interessierte: http://gres.ni.lo-net2.de/ahei/Steph...n%20Gepard.pdf. In dem sehr diskutierenswerten Text geht es um das spannungsreiche Verhältnis zwischen Disposition und Leistung.

Begabungen häufig in mehreren Bereichen gleichzeitig, kumulativ oder interdependent zum Ausdruck. Als Melange werden insbesondere intellektuelle Begabung und musisch-künstlerische Begabung gesehen. Auch sensomotorische Begabung (von Sport bis Feinmechanik) und soziale Begabung sind nicht unabhängig vom allgemeinen Bereich der Intelligenz. Letztlich zählen auch psychomotorische Begabung und die so genannte praktische Intelligenz zu den Bereichen besonderer Begabungen.

Nach Detlef H. Rost und Susanne R. Buch können im deutschsprachigen Gebiet die Bezeichnungen „besondere Begabung" und Hochbegabung (engl. „giftedness") als bedeutungsgleiche Begriffe verwendet werden (vgl. Rost/Buch 2010, S. 257).

Marianne Nolte (2013, S. 130) macht noch einmal auf besondere und spezifische Begabung aufmerksam. Gute Schulnoten[30] allein seien nicht ausreichend, denn für die Schule werden zwar bezogen auf mathematische Kompetenzen die gleichen Ziele wie in der Hochbegabtenförderung formuliert, allerdings auf einem anderen Niveau, als dies von mathematisch hochbegabten Schülerinnen und Schülern leistbar ist. Deshalb ist auch das Erkennen besonderer – hier mathematischer Begabung – in der Schule abhängig davon, welche Problemstellungen angeboten werden und mit welcher Tiefe Kinder daran arbeiten können. Hier wird noch einmal die aus der Didaktik kommende Verantwortung z.B. von Lehrpersonen deutlich.

Genialität

Der Begriff wird partiell immer noch als ein „elitärer" (Stapf 2010, S. 14) angesehen, der bestimmte Personengruppen ausschließt und eine von der Gesellschaft ausgelesene, führende Schicht bezeichnet, welche gar „die Summe der Inhaber von Herrschaftspositionen oder höchsten Rangplätzen auf der Macht- oder Prestigeskala der Gesellschaft" darstellt (ebd. S. 14). Wieder andere assoziieren mit hochbegabten Kindern etwa „seltsame und vor allem verhaltensauffällige Genies" (Racherbäumer 2009, S. 9).

Ein auf Genialität gerichtetes Ziel einer umfänglichen Begabtenförderung findet sich bei Wirtz: nämlich „das auf die gesamte Persönlichkeit ausgerichtete Bild des Genies (lat. *genium*) sowie auf die spezifische Begabung (lat. *ingenium*) fokussierten Perspektive des schöpferischen Prozesses" (Wirtz 2013, S. 894) vermögen das hervorzubringen, was als Disposition angelegt ist.

---

[30] Marianne Nolte betont in diesem Kontext, dass auch ein Intelligenztest allein nicht ausreiche. Mathematisch hochbegabte Kinder müssen nicht allgemein hochbegabt sein und eine allgemeine Hochbegabung gewährleistet nicht sicher ein gutes Abschneiden in unserem Mathematiktest.

Talent

Um die Grenzen zwischen dem Begabungs- und dem Talentbegriff hinreichend zu verdeutlichen, führte William Stern (1871-1938)[31] Unterkategorien zur Terminologie von Begabung ein. Dafür unterschied er zwischen der Spezialbegabung und der Allgemeinbegabung[32]. Letztere setzte er mit dem Begriff der Intelligenz gleich (vgl. Holzinger 2010, S. 16).
Im Allgemeinen jedoch werden die Begriffe Talent und Begabung, beziehungsweise die Adjektive talentiert und begabt sein, in Deutschland aktuell eher synonym verwendet und verlieren immer dann mehr und mehr an Bedeutung, da diese sich gegenseitig bedingen und veraltet erscheinen (vgl. Trautmann 2008, S.12). Je nach Autor werden folglich verschiedene Konnotationen verwendet, sodass eine einheitliche Begriffsklärung bisher als nicht möglich erscheint (vgl. Preuß 2012, S.30). Nach Howard Gardner (2005) ist ein Talent individuell unterschiedlich ausgeprägt, in verschiedenen Kombinationen angelegt und es kann verändert oder beeinflusst werden. Des Weiteren kann es zur gegenseitigen Beeinflussung oder zu Ergänzungen der Bereiche kommen (vgl. Vinzentius 2010, S.58). In Abgrenzung zum Begabungsbegriff wird unter Talent daher meist das „Potenzial für besondere Leistungen in einem spezifischen Bereich" (ÖZfB o.J. S.1) verstanden, wobei bereits ein bestimmtes Leistungsniveau erreicht worden ist

Inselbegabung und Savant Syndrom

Die eben vom ÖZfB fixierte Definition ließe sich wohl auch unter die hier gewählte Überschrift der Inselbegabung setzen. Das „Potenzial für besondere Leistungen in einem spezifischen Bereich" wird jedoch in diesem Falle zu einem höchst spezifischen und damit gleichermaßen problematisch.
Die hier in Folge notierten Phänomene treffen eher auf den Begriff „Inselbegabung". Inselbegabung, so der Holländer Douwe Draaisma drückt aus, dass bei insgesamt schwacher Begabung in einem abgegrenzten einzelnen Fach, einer Insel, eine herausragende Leistungsfähigkeit vorliegt, die in bizarrem Gegensatz zur übrigen Persönlichkeit steht. Es handelt sich um „eine isolierte Gabe inmitten von Defekten" (Douwe Draaisma, 2006). Über eine Inselbegabung verfügt ein Mensch also dann, wenn er auf einem sehr begrenzten Gebiet außergewöhnliche intellektuelle Leistungen zeigt. Man spricht auch

---

[31] William Stern wird als Pionier der wissenschaftlichen Begabungsdiskussion im gesellschaftlich determinierten Kontext Deutschlands angesehen.
[32] William Stern unterscheidet zwischen Allgemeinbegabung (Intelligenz) und Spezialbegabung (Talent). Talent bezieht sich danach auf musische oder andere Sonderbegabungen. Diese Unterscheidung hat als „gifted" und „talented" lange Zeit bestanden (vgl. Holzinger 2010, S. 16).

von einem Savant (vgl. Treffert, 1989). Beispiele für das Savant Syndrom gibt es mannigfaltig und jedes davon ist verblüffend. Die m.E. beste „Innensicht" veröffentlichte Daniel Tammet (vgl. 2007). Der Engländer gelangte zu Bekanntheit, als er 2005 im Rahmen des Medienformates: „The Boy With the Incredible Brain" ersucht wurde, innerhalb einer Woche die isländische Sprache zu erlernen. Nach sieben Tagen gab Tammet auf ein fehlerfreies Interview in isländischer Sprache.

Dem Neurologen Oliver Sacks (2006) verdanken wir eine ganze Reihe von höchst lesenswerten Beispielen. Letztlich ist uns allen mit *Rain man*[33] ein Savant medial in Erinnerung. Im Laufe des Streifens fiel einmal eine Streichholzschachtel zu Boden und blitzschnell erfasste Dustin Hoffmann (in seiner Rolle als Raymund Babbitt) die Anzahl an Hölzern und sagte diese Zahl. Grundlage ist Oliver Sacks Arbeit mit zwei debilen Zwillingen mit Namen John und Michael[34]. Einmal beobachtete Sacks, wie eine Streichholzschachtel zu Boden fiel und die Zwillinge sofort die Zahl 111 nannten. Tatsächlich handelte es sich um 111 Streichhölzer. John und Michael erklärten dem Neurologen, sie hätten das „gesehen".

Man unterscheidet zwischen Savants, die so genannte stupende Fähigkeiten[35] aufweisen und jenen, die geistig gehandicapt sind und trotzdem in einem Bereich normale Leistungen vollbringen. Bei den meisten Savants liegen psychische Defekte vor. Ein Zusammenhang zum Autismus ist relevant (Quellen sprechen von ca. 50 Prozent vgl. Pollak 2015). Bemerkenswert ist ebenfalls die hohe Rate an männlichen Savants (85 Prozent vgl. Pollak 2015). Wie häufig das Phänomen der Inselbegabung generell vorkommt, ist zur Zeit noch nicht erforscht.

Die Ursachen solcher (variierender) Inselbegabungen sind ebenfalls noch nicht hinreichend erforscht. Es bestehen verschiedene Hypothesen über die Entstehung. So wird u.a. angenommen, dass Inselbegabung eine Kompensation für andere psychische Störungen ist. Andere Vermutungen lassen Beeinträchtigungen in den Filterfunktionen im Gehirn vermuten. Die anschließend ungesteuerten Zugriffsmöglichkeiten zu wahllos gespeicherten Eindrücken determinieren dann jenes Phänomen. Die Neurologen Norman Geschwind

---

[33] US-amerikanisches Filmdrama von Barry Levinson aus dem Jahr 1988
[34] John und Michael beherrschten keine der Grundrechenarten, konnten jedoch zu jedem beliebigen Datum, das man ihnen zurief, sofort den entsprechenden Wochentag nennen. Beide merkten sich auch Zahlen mit dreihundert Stellen auf Abruf.
[35] Das Syndrom beschreibt Menschen, die bei einer allgemeinen Intelligenzminderung eine erstaunliche kognitive Fertigkeit (Prozesse, die mit Wahrnehmung, Denken, Erinnern oder Lernen zusammenhängen) besitzen. Der Name kommt aus dem französischen „savoir", was „wissen" bedeutet. Die Fähigkeiten betreffen die Bereiche Mathematik (etwa schnelles Ausrechnen von Primzahlen), Kunst (zum Beispiel das Malen fotografisch wirkender Bilder, meist nach einmaliger Betrachtung), Musik (absolutes Gehör) oder räumliche Fähigkeiten (so das Messen von Distanzen ohne technisches Hilfsmaterial).

und Albert Galaburda suchen Erklärungen hingegen schon beim Embryo. Sie weisen darauf hin, dass zwischen der zehnten und achtzehnten Woche der Schwangerschaft ein geradezu enormes Wachstum des Gehirns und eine explosionsartige Zunahme der neuronalen Verbindungen einsetzt, welches gestört wird (vgl. 1985, S. 640). Auch diese Ansicht, sowie das gesamte Hypothesenkonstrukt (Geschwind-Behan-Galaburda-Modell) werden kontrovers diskutiert.

Das Savant Syndrom ist eine Spielart von Entwicklung. Die isoliert erfolgende exzellente Leistung fußt auf keiner bekannten Modellierung jener Hochbegabungsdefinitionen, die aktuell diskutiert werden.

Auf der Grundlage all dieser Definitionen und Zuordnungen beruht eine ganze Reihe von Hochbegabungsmodellen, die im folgenden Abschnitt einer auswählenden Betrachtung unterzogen werden sollen. Ein Ziel dieser Modellierung ist die Klärung der zusammenhängenden Faktoren und externer Einflüsse. Die aktuellen Modelle der Hochbegabung sind nahezu alle mehrdimensional - von wenigen Verfechtern der Einfaktorentheorie einmal abgesehen - und bilden somit die große Bandbreite der Entwicklungsmöglichkeiten ab.

Vertiefende Fragen und Aufgaben:

- Versuchen Sie für sich selbst eine Begabungsdefinition zusammenzustellen. Überlegen Sie dabei deren Potenzial und die Grenzen.
- In der frühen Kindheit ist Begabung noch ein relativ unspezifisches Verhaltenspotential. Denken Sie über die Verantwortungsbereiche der Umwelt nach.
- Erklären Sie einem fiktiven Elternteil, dass Begabung nicht automatisch die (erkenn bzw. messbare) Leistung darstellt.

Was Sie sonst noch lesen können:

- Fietze, Katharina (2013). Kluge Mädchen – Frauen entdecken ihre Hochbegabung. Berlin: Orlanda Frauenverlag
- Gladwell, Malcolm (2013). David und Goliath. Die Kunst, Übermächtige zu bezwingen. Frankfurt a.M.: Campus
- Alvarez, Christiane (2006). Hochbegabung: Tipps für den Umgang mit fast normalen Kindern. München: dtv

Pädagogisch relevante Modelle der Hochbegabung

> Nichts ist aufregender als ein neues Modell
> und nichts ist langweiliger als ein altes Modell,
> was sich neu gibt
> Andre Brie

Nutzen und Grenzen von Modellbildung

Modelle werden oft in grafischer Form, etwa als illustrative Wiedergabe von Zusammenhängen und deren gegenseitiger Beeinflussungen (Interdependenzen) innerhalb eines komplexen Vollzugsrahmens dargestellt. Derartige Verwicklungen wären aufgrund der Vielfalt ihrer Vektoren verbal schwer auszudrücken. Das Vorhandensein geeigneter und vor allem trennschärfer Definitionen sollte jedoch – gerade unter dem Fokus der Ökonomie – ausreichen, um einen großen Teil von Hochbegabungsausprägungsformen mit all ihren Aspekten vernünftig bestimmen zu können. Was diese Definitionen jedoch oft nicht darstellen können sind die Interdependenzen zwischen den einzelnen Vektoren, Domänen und Verläufen.

Zur Bestimmung des Hochbegabungsbegriffs über einfache Definitionen hinaus wurden aus diesem Grund Modellierungen gefordert, die der Mehrdimensionalität des Phänomens gerecht werden (z.B. Sternberg/Davidson, 1986; Heller/Schofield, 2000). Für die Erziehungswissenschaft ergab sich ein korrespondierendes Problem. Ebenso wie die Frage nach einer hinreichenden Modellbildung sollte das notwendige Verhältnis von Potenzial und Leistung in den Blick genommen werden. Bisher wurde somit eine ganze Reihe von Modellvorstellungen[36] entwickelt, die das unübersichtliche Konstrukt der (Hoch-)Begabung näher bestimmen sollten.

Modelle können bekanntlich niemals universell sein. Sie heben bestimmte Aspekte in ihrer Konstruktion hervor und vernachlässigen dafür andere – weniger relevante. Diese Relevanz bestimmt sich zunächst aus dem Nutzen und den Erklärungsebenen. Wir müssen daher bei der Auswahl unserer Begabungsmodelle immer das Ziel im Blick haben, welches wir mit unserer Entscheidung gleichsam ansteuern. Das Drei-Ringe-Modell (Renzulli) eignet sich beispielsweise nicht zur Feststellung von Moderatoren oder Prädiktoren für eine individuell geschnittene Hochbegabungsausprägung. Es zeigt vielmehr drei grundsätzlich notwendige Essentials für eine (wie auch immer geartete) Begabungsform. Im Münchner Hochbegabungsmodell haben Kurt Heller, Christoph Perleth, Ernst Hany und unzählige Mitarbeiter eine ganze Reihe von wesentlichen Wirkungsfaktoren zusammengetragen, die eine

---

[36] In dieser Einführung sollen lediglich einige wesentliche Modellierungen angerissen werden, um deren unterschiedliche Zugriffsmodi darzustellen.

Hochbegabung ausmachen (oder eben verhindern). Das Mikado-Denkmodell individualisierter Hochbegabung wiederum ist so offen, dass sich damit aktuelle Verläufe – z.B. Underachievement auf Grund von Hemmern und Blockierern – erklären lassen.

Es wäre vermessen, innerhalb dieser Einführung alle halbwegs bekannten Modelle Revue passieren zu lassen. Die Auswahl wurde nach den Gesichtspunkten a. der Unterschiedlichkeit und b. ihrer Korrespondenz getroffen. Das triadische Interdependenzmodell beispielsweise nimmt einen Gutteil des Drei-Ringe-Ansatzes auf und entwickelt ihn weiter. Das Mikado-Denkmodell baut auf wesentlichen teilen des Münchner Hochbegabungsmodells auf. Victor Müller-Opplingers dialektisches Modell vereinigt eine ganze Reihe von Modellansätzen und stellt sie in interdependente Spannungsfelder.

In den meisten aktuell diskutierten grafischen Modellen wird tatsächlich den intellektuellen Fähigkeiten - im Gegensatz zu anderen Begabungskomponenten - eine durchaus erstrangige Stellung eingeräumt. Verschiedene Modellansätze widmen sich zudem der Frage, *ob* und *welche* Persönlichkeitsmerkmale und Umweltfaktoren weitere bildende Elemente von Hochbegabung sind. Auch prozessuale Momente von Entwicklung werden durch einige Modellansätze ins Kalkül gezogen.

Zwischen der ersten Auflage und diesem Band ist es zu einer ganzen Reihe von Modellierungen oder/und Weiterentwicklung bestehender Modelle gekommen. Nahezu alle können der Hochbegabtenpädagogik wesentliche Impulse verleihen.

Das Drei-Ringe-Modell der Hochbegabung (Renzulli 1993)

Ein klassisches, vielleicht sogar „das klassischste" leistungsorientierte Modell ist Renzullis Drei-Ringe-Modell, nach dem Begabung in einer Schnittmenge von überdurchschnittlichen allgemeinen und spezifischen kognitiven Fähigkeiten, von Kreativität und weit überdurchschnittlicher Aufgabenverpflichtung[37] liegt. Diese drei Komponenten stellen bei ihm gleichberechtigte Aspekte dar. Überdurchschnittliche Fähigkeiten umfassen sowohl die allgemeine Intelligenz (z. B. ein hohes Niveau abstrakten Denkens, die Automatisierung der Informationsverarbeitung) als auch spezifische Fähigkeiten (u.a. die Anwendung allgemeiner Fähigkeiten auf spezielle Wissensgebiete). Aufgabenverpflichtung bezeichnet in diesem Kontext die Fähigkeit, sich intensiv und über einen längeren Zeitraum einer Aufgabe zu widmen. Sie besteht sowohl aus einer kognitiven, einer emotionalen als auch einer moti-

---

[37] Aufgabenverpflichtung umfasst sowohl kognitive, motivationale und emotionale Aspekte.

vational-volitiven Komponente (etwa der gedanklichen Auseinandersetzung). Nach Renzullis Modellvorstellung ist danach Hochbegabung als Schnittmenge dreier Personenmerkmale aufzufassen.

Für Joseph Renzulli war es wichtig anzunehmen, dass ein Mensch nicht hochbegabt geboren wird, sondern hochbegabtes Verhalten entwickelt. Wenn die Verbindung der drei Faktoren in einem bestimmten Maße gelingt, entwickelt eine Person ein hochbegabtes Verhalten. Renzullis Ziel war es, eine möglichst breite Gruppe von potentiell Hochbegabten zu erfassen und damit Förderprogramme („Drehtür") interessant zu machen.

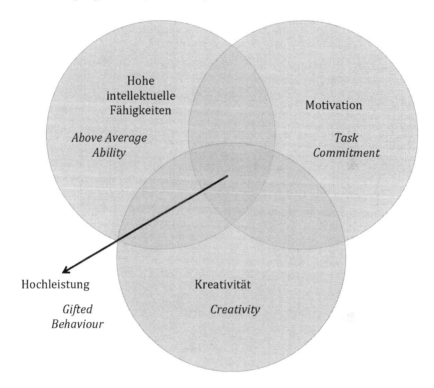

Das Drei-Ringe Modell der Hochbegabung nach Renzulli (1993; 2001). Vignette Lara Maschke

Kreativität ist bei Renzulli ein originelles, produktives, flexibles und individuell-selbstständiges Vorgehen im Lösen von Aufgaben (vgl. Renzulli 1993, S. 217 ff.).

Renzullis Hochbegabungsdefinition ist eng mit seinem Bestreben zu sehen, möglichst viele potenziell Hochbegabte für Förderprogramme auszuwählen, wobei der ausschließliche (und ausschließende) Einsatz von Intelligenz- oder Schulleistungstests zur Ermittlung vermieden werden sollte. Die ausschließliche Entdeckung *Schulbegabter* unter Ignorierung *kreativ-produktiv Begab-*

ter lässt sich durch Berücksichtigung der Faktoren wie z.B. Aufgabenorientierung und Kreativität vermeiden. Aus dem Konzept lässt sich ableiten, dass es notwendig ist, überdurchschnittliche intellektuelle Fähigkeiten in individuell angemessenen, anspruchsvollen Lernangeboten herauszufordern.

Kritisch zu sehen ist die Nichtberücksichtigung sozialer Faktoren, welche das Arbeitsverhalten wesentlich beeinflussen und die Entwicklung der intellektuellen Fähigkeiten bestimmen. In diesem Zusammenhang warnt Franz Mönks (1987, S. 216), dass Hochbegabung als etwas aufgefasst werden könnte, „das man hat oder nicht hat, das sich durchsetzt, allen Widerständen zum Trotz. Es ist das Ergebnis eines günstigen Zusammenwirkens von inneren und äußeren Faktoren".

Bei genauer Betrachtung ist Renzullis Konstrukt eigentlich ein Hochleistungsmodell, da eine konsequent leistungsorientierte Arbeitshaltung per se vorausgesetzt wird. Folglich müsste in der Schnittmenge der drei Kreise anstelle des Begriffs „Hochbegabung" eigentlich „Hochleistung" stehen (vgl. Schulte zu Berge 2005, S. 14) - Begabung ist jedoch zunächst eine Leistungsvoraussetzung und nicht schon die Leistung selbst (Stern 1916). Aufgrund dieser vorausgesetzten leistungsorientierten Arbeitshaltung werden jene Kinder, die sowohl außergewöhnlich kreativ als auch außergewöhnlich intelligent sind, jedoch lediglich über ein geringes Durchhalte- und Durchsetzungsvermögen verfügen, nicht als hochbegabt gekennzeichnet (vgl. Tettenborn 1996, S. 11).

Auch besteht die Möglichkeit, dass ein Kind bei sehr guter Intelligenz auch eine leistungsorientierte Arbeitshaltung zeigt und exzellente Leistungen erbringt. Aufgrund möglicherweise nicht überdurchschnittlicher Kreativität würde es nicht als hochbegabt erfasst werden (vgl. Rost 1991 b, S. 202). Als allgemeines Erklärungsmodell der Entfaltungsbedingungen von Hochbegabung hat diese Konstruktion demnach Grenzen.

Das Renzulli-Modell hat trotz vielfacher Kritik vieles in der Erziehungswissenschaft in die Diskussion gebracht, denken wir an die Auseinandersetzungen über Begabung, Elite und die (damit) korrespondierenden Begriffe von Bildung und Erziehung. Kritik wurde immer wieder laut, weil niemals klar wurde, welche Maßverhältnisse und Gewichtungen die Ringe in sich vereinen bzw. ob und wie sich Unwuchten der Triade auf Modalitäten „dieser" Hochbegabung auswirken. Letztlich werden Um- und Lebenswelten vernachlässigt. Profundester Kritikpunkt ist und bleibt jedoch die Gleichsetzung von Hochbegabung und Hochleistung.

Das Triadische Interdependenzmodell (Mönks 1993)

Auch Franz Mönks ist ein Vertreter einer leistungsorientierten Definition von Hochbegabung. In Deutschland greifen vor allem Wieczerkowski und Wagner (1985) und in den USA Feldhusen (2005) diese Konzeption auf. Folgerichtig wurde durch Mönks im Jahre 1992 das ursprüngliche 3-Ringe-Modell, welches Joseph Renzulli vorgeschlagen hatte zum Triadischen Modell erweitert, indem zusätzlich das soziale Umfeld, in dem sich das hochbegabte Kind befindet, berücksichtigt wurde. Im Modell liegt es sozusagen als Fundament unter den drei Ringen. Die Entstehung von Hochleistungen entwickelt sich danach stets in einem bestimmten Kontext. Die Verläufe werden von persönlichen Entwicklungsbedingungen determiniert. Nach Mönks und Ypenburg (vgl. 2012) sind die Familie, Kita, Schule und korrespondierende Einrichtungen, sowie die Peers wichtige Bezugsgruppen mit denen Hochbegabte grundsätzlich zu tun haben. Der prägende Einfluss der Medien wird ausgespart und wird erst im Mikado-Denkmodell (Trautmann 2015, S. 26) lebensweltlich beigefügt.

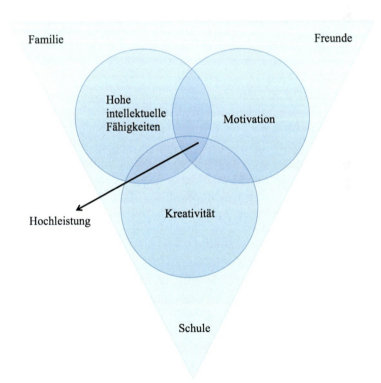

Triadisches Interdependenzmodell der Hochbegabung (Mönks/Ypenburg, 1993, S. 26; 2012). Vignette Lara Maschke

Mönks Kritik am Begabungskonzept Renzullis Kritik aus entwicklungspsychologischer Perspektive bezog sich substanziell auf fehlende Zusammenhänge von Persönlichkeitseigenschaften im Kontext sozialer Faktoren (Schule, Freunde, Familie). Sein variiertes Modell soll „das Zusammenwirken der wesentlichen Faktoren für das Entstehen und die Entwicklung von Hochbegabung veranschaulichen" (Mönks 1991, S. 235). Das Triadische Interdependenzmodell ist nun auf die Entwicklung von Begabung und die Optimierung dieses Prozesses zugeschnitten worden. Die Graphik ist zu verstehen als eine mengentheoretische Darstellung mit einer Schnittmenge aus Kreisen, die der Hochbegabung entspricht (vgl. Feger/Prado 1998; 36). Fanz Mönks lehnt sein Modell an die zunehmend in der Entwicklungspsychologie diskutierte Auffassung an, „… dass das richtige Zusammentreffen von individuellen Anlagen und Bedürfnissen mit einer verständnisvollen und förderlichen Umwelt für die Entwicklung von entscheidender Bedeutung ist. Das von einer Person gezeigte Verhalten und die in ihr aktualisierten und manifestierten Motive sind Ergebnisse der Interaktion zwischen individuellen Anlagen und sozialer Umgebung". Interdependenz fasst hier die wechselseitige Abhängigkeit und das Verflochtensein der Komponenten untereinander (vgl. Mönks/Ypenburg 2012, S. 24). Hochbegabung kommt durch außergewöhnliche Leistungen oder Handlungen zum Vorschein. Folglich verstehen Renzulli und Mönks dieses Modell offenbar als „Ausgangspunkt für die Entwicklung von differenzierten Fördermaßnahmen (vgl. hier Rohrmann/Rohrmann 2005, S.45).

Das Verbindungsglied zwischen den mehr oder weniger unterschiedlich ausgeprägten Anlagen des Individuums und seiner Umgebung, ist das angeeignete Maß an sozialer Kompetenz. Genau hier sind hochbegabte Kinder oft benachteiligt, da sie durch ihren Entwicklungsvorsprung nur schwer Anschluss an ihre Altersgenossen finden (vgl. Holling/Kanning 1999, S. 11). Nach Fels (1999, S. 45) ist das Modell daher aus erziehungswissenschaftlicher Sicht sehr zu begrüßen. Aber nicht nur dieser Aspekt macht das Modell für die Pädagogik interessant. Lehrpersonen können nun auch lebensweltlich determinieren, welche Ausprägung die Hochbegabung eines Heranwachsenden im Geflecht seiner Umwelten annimmt und welche Probleme dabei u.U. auftreten können.

Kritisch gesehen wird der Begriff „Modell", da diese Darstellung nicht den Anforderungen und Kriterien eines Modells entspricht, wie es in den Sozialwissenschaften verwandt wird (Feger/Prado 1998, S. 36). Feger und Prado monieren auch, dass das Modell bestimmte Risikogruppen außer Acht lässt – jene, deren Motivation nicht konstant ist, sondern in ihrer Intensität schwankt. Demnach wären Personen, die aktuell wenig motiviert sind, ab diesem Moment nicht mehr hochbegabt, würden es aber erneut, sobald sie wieder zur alten Form der Aufgabenzuwendung zurückfinden.

Heinz Holling merkt an, dass unklar bleibt, wie die Modalitäten der Wechselbeziehungen untereinander aussehen und welcher Art sie sind (vgl. Holling/Kanning 1999, S. 11). Annette Tettenborn (1996, S. 13) fragt in diesem Zusammenhang auch nach Zeitpunkten in der kindlichen Entwicklung, an denen sich die einzelnen Interaktionen auf ein bestimmtes Gebiet auswirken sollen. Die Komponente der Sozialkompetenz wird angeführt und als wichtig erachtet, jedoch nicht in das Modell integriert (vgl. Holling/Kanning 1999; 11 f.). Des Weiteren wird nicht näher definiert, „in welcher Form sich die Umweltfaktoren förderlich oder hemmend auf die Entwicklung auswirken können" (Holzinger 2010, S.37). Detlef Rost (1991) kritisiert schließlich, dass dem Modell generell die Hochbegabungsspezifik fehlt. Man könne jede Entwicklung von Eigenschaften, Verhaltensweisen oder Fähigkeiten einer Person im Umfeld derer Familie und anderer sozialer Verbindungspunkte beobachten.

Das differenzierte Begabungsmodell nach Gagné (1985; 2005)

Auch die Konzeptionen von Gagné (1993, 2005) und (die diesen Abschnitt folgende) von Heller et al. sind unter dem Aspekt genetisch orientierter Hochbegabungsbestimmungen einzuordnen, obwohl der Leistungsaspekt in ihren Definitionsansätzen eine durchaus zentrale Rolle spielt. Dieses, mehrfach von Francoys Gagné selbst erweiterte Modell erklärt u.a. die Begabungs*entwicklung,* da es im Gegensatz zu den Ansätzen von Renzulli oder auch Mönks, den Prozesscharakter von Entwicklungen verdeutlicht.
Gagnés Konzept unterscheidet danach zwei Arten der Fähigkeitsausprägung. Einerseits lassen sich Fähigkeiten beobachten, die auf gezieltes Training zurückzuführen sind, auf der anderen Seite existieren jene ohne externe oder intensive Förderung. Letztere können ebenfalls niveauvoll sein (vgl. hier Fels 1999, S. 45). In dem Modell wird deshalb zwischen Talent und Begabung unterschieden.

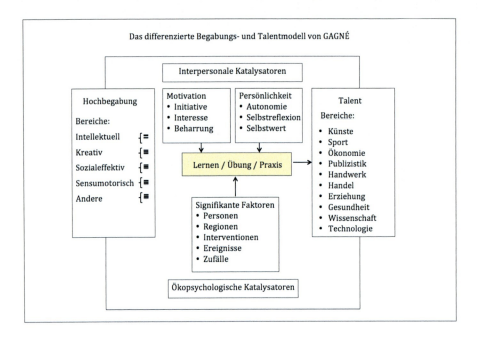

Differenziertes Begabungs – Talent – Modell (Gagné 1993). Vignette Lara Maschke

Begabung ist danach eine innere Anlage, die auch in Teilen autark zur Ausprägung kommen kann, angeboren ist und deren inhärente Fähigkeiten (noch) nicht systematisch entwickelt sind. Begabungen zeigen sich im raschen und leichten Lernen (siehe Holling/Kanning 1999, S. 14). Reifungsprozesse und Umweltstimulationen spielen essenzielle Rollen. Talent ist erst eine voll entfaltete Begabung. Sie macht die Einwirkung von Familie, Freunden (Interessen, Motivlagen, intrapersonale Katalysatoren usw.) zur Ausprägung notwendig (vgl. Gagné 1991). Dabei werden Begabungen in einem bestimmten Tätigkeitsfeld systematisch geübt, sodass die Person auf diesem Gebiet zum Experten wird (vgl. Holling/Kanning 1999, S. 14).
Die Kreativität wird hier als eine Begabungskategorie neben anderen gesehen und nicht abgetrennt (etwa wie bei Fanz Mönks). Andere Fähigkeitsfelder sind intellektuelle, sozioaffektive und sensomotorische Begabungen. Die *anderen Begabungen* eröffnen Möglichkeiten, das Modell zu erweitern. Bei dieser Auflistung könnte der Eindruck von Beliebigkeit entstehen. Barbara Feger hat Kriterien für die Begabungsbegriffe hinsichtlich der Tätigkeitsfelder formuliert (vgl. Feger 1988, S. 94).
Francoys Gagné geht davon aus, dass es keine einzelne Begabung gibt, wie das etwa bei Renzulli postuliert wird. Sein Paradigma sagt aus, dass eine talentierte Person begabt sein muss aber nicht jede begabte Person auch Talent besitzt, wie das bei den Underachievern (Minderleistern) der Fall ist (vgl. hier Holling/Kanning 1999, S. 17; Hagelgans 2014, S. 97).

Dieser Punkt steht in der Kritik, etwa bei Fels (1999, S. 45). Er moniert, dass dem Modell die Erklärung des schulischen „Underachievements" Hochbegabter fehlt. Es könnte möglich sein, dass Schüler zuhause Förderungen erfuhren und auch entsprechend hohe Leistungen *dort* vorliegen, die sie aber in der Schule nicht realisieren konnten. Deshalb empfiehlt er die Ergänzung des Modells um diese Rückkopplung mit der Umwelt.

Dieses Modell berücksichtigt, dass Begabungen nicht von selbst zum Talent (im Sinne von Leistung) werden. Sie bedürfen prozessual der Interaktion mit der Umwelt (vgl. Langeneder 1997, S. 35), samt explizit hemmender Prozesse oder Abbreviationsmöglichkeiten (vgl. Ziegler 2008, S. 5 ff.).

In diesem Modell wird letztlich jedoch nicht deutlich, ob einzelne Faktoren mit einem höheren Stellenwert in die Vernetzung eingehen. Da im Konzept aber zwischen allgemeinen und spezifischen Fähigkeits- und Talentbereichen unterschieden wird, bleibt die Konstruktion offen.

Das Münchner Hochbegabungsmodell (Heller, Perleth und Hany 1994; 2000; 2005; 2010[38])

Dieses Ergebnis der langjährigen und renommierten Münchner Hochbegabtenstudien benennt intellektuelle und kreative Fähigkeiten, soziale Kompetenz, praktische Intelligenz, künstlerische Fähigkeiten, Musikalität und Psychomotorik als Begabungsbereiche. Begabung gilt hier als notwendiges individuelles Potenzial für bereichsspezifische Höchstleistungen, wobei Zuordnungen zwar nahe liegen, jedoch nicht expliziert werden. Ob es tatsächlich in summa zu Höchstleistungen kommt, hängt auch von Persönlichkeits- und Umweltmerkmalen ab, die als Moderatoren wirksam sind (vgl. Heller 2013, S. 59).

---

[38] Veröffentlichungen in unterschiedlicher Reihung und tw. mit zusätzlichen Autoren

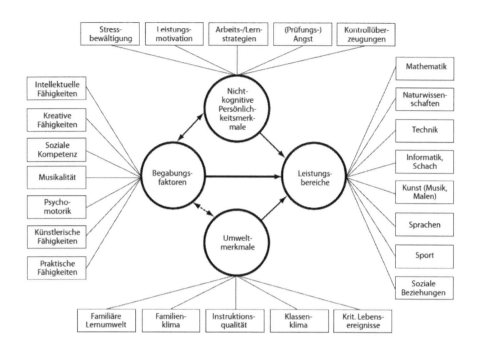

Münchner Hochbegabungsmodell (Vignette in Schweizer 2006, S. 194).

Das Münchner Modell ist seit der Erstveröffentlichung immer wieder aktualisiert worden. Heller, Hany und Perleth (u.a.) entwickeln einen Ansatz, in dem der wesentliche Kritikpunkt an Renzulli (Primärkonzeption der Hochleistung) berücksichtigt wird. Dieses Modell, im Zuge einer Längsschnittstudie entwickelt, orientiert sich partiell an dem von Gagné. Auch hier handelt es sich um ein dynamisches Begabungsverständnis, da sich Begabung stetig in Abhängigkeit von unterschiedlichen Sozialisationsbedingungen entwickelt (vgl. Racherbäumer 2009, S.27).
Dieses auf einer empirischen Studie basierende Modell stützt sich auf einem fähigkeitsorientierten Ansatz: Auch wenn in älteren Publikationen (Heller, 1990, S. 87) Hochbegabung noch als „individuelle, kognitive, motivationale und soziale Möglichkeit, Höchstleistungen in einem oder mehreren Bereich/en zu erbringen" definiert wird, basiert die Umsetzung im Münchner Hochbegabungsmodell letztlich auf einem psychometrischen Klassifikationsansatz unter Einbezug verschiedener Typen von Begabungs- oder Talentfaktoren (Heller, Perleth & Lim, 2005, S. 148). Das Modell basiert damit auf einem multifaktoriellen Bedingungsgefüge von Leistungsexzellenz und gehört damit zu den modernen mehrdimensionalen Hochbegabungsmodellen. Leistung wird in diesem Ansatz als das Resultat einer Kombination von „(nichtkognitiven) Persönlichkeitsmerkmalen", „Begabungsfaktoren" und „Umweltmerkmalen" verstanden. Es berücksichtigt sowohl persönliche

Merkmale und die Umwelteigenschaften, ist mehrdimensional und unterscheidet zwischen verschiedenen Begabungsformen, für welche einzelne Leistungsbereiche relevant sind. In diesem Entwurf werden (angeborene) Begabungsfaktoren angenommen, die bei günstigen nicht-kognitiven Persönlichkeitsmerkmalen, wie die persönlichen Merkmale auch genannt werden, und beim Vorliegen günstiger sozialer Faktoren in Leistung umgesetzt werden können.
Hochbegabung definieren die Autoren aktuell zum einen als ein „multifaktorielles Fähigkeitskonstrukt in einem Netzwerk von nichtkognitiven und sozialen Moderatoren sowie von mehr oder weniger domänspezifischen Leistungskriterien (vgl. Heller 2008, S. 179) anderen als die „individuelle kognitive, motivationale und soziale Möglichkeit, Höchstleistungen in einem oder mehreren Bereich/en zu erbringen, z. B. auf sprachlichem, mathematischem, naturwissenschaftlichem vs. technischem oder künstlerischem Gebiet, und zwar bezüglicher theoretischer und/oder praktischer Aufgabenstellungen" (Heller 2008, S. 180).
Nach Heller und Hany kommt Hochbegabung in verschiedenen Begabungsbereichen zum Ausdruck (vgl. hier auch Spahn 1997, S. 122) und äußert sich „im intellektuellen, kreativen, sozialen, musikalischen und/oder psychomotorischen Bereich, wobei noch weitere, hier nicht näher untersuchte Hochbegabungsformen anzunehmen sind" (Heller 2001, S. 25). Im Münchner Begabungsmodell wird Begabung folglich als ein personeninternes, individuelles Leistungspotenzial gefasst, welches unterschiedlichen Abhängigkeit unterliegt.
Desiderate dieses Ansatzes sind ähnlicher Art wie bei Gagnés Modell. Durch den Einbezug sehr unterschiedlicher Fähigkeiten, Leistungen und Talente unter den Begabungsbegriff wird die Konstruktion der individuellen Hochbegabung in der Praxis schwer zu erfassen. Auch gibt es unterschiedliche Auffassungen darüber, ob ausschließlich intellektuelle oder auch weitere Variablen unter den Begriff Hochbegabung zu fassen und ob jene konstituierende Elemente oder nichtessenzielle Bedingungen darstellen.
Das Modell, so merkt schließlich Süß (2006) an, sei in diesem Sinne kein Hochbegabungsmodell, sondern ein Bedingungsmodell für die Entwicklung bereichsspezifischer Leistungen, bei dem allerdings das Zusammenwirken der zahlreichen Variablen nicht spezifiziert wird. Darüber hinaus bleibt unklar, ob Begabungen aus verschiedenen der angenommenen Bereiche stets empirisch unterscheidbar sind.

Bei der pädagogischen Analyse von Nutzungsmöglichkeiten zeigen sich im Münchener Hochbegabungsmodell einige beachtenswerte Vorzüge. Da sich Begabungen in diesem Modell nicht automatisch in außergewöhnliche Leistungen umsetzen, wird dem Phänomen des Underachievements konzeptionell Platz eingeräumt. Die Wechselwirkung zwischen Kind und seiner sozialen Umwelt wird generell berücksichtigt. Schließlich werden eine Reihe von

Umweltmerkmalen u. a. schulische Sozialisationsfaktoren aufgeführt und somit die Diskussion angemessener bzw. gestörter Lernumwelten und -anregungen herausgehoben. Auch die sehr unterschiedlichen Begabungsformen und -niveaus werden bejaht. Schlussfolgernd steht die Notwendigkeit von differenzierten, begabungsspezifischen Curricula und Lernorten (Heller/Hany et al 2010, S. 21 f.).

Problematisch scheint in älteren Ausgaben noch der fehlende Einfluss von Umwelt(en) auf die nichtkognitiven Persönlichkeitsmerkmale eines Kindes. Eine denkbare Konsequenz wäre z.B. die permanente Unterforderung mit Auswirkungen auf die Arbeits- und Lernstrategien eines Heranwachsenden. Sabine Schulte zu Berge schlug daher vor Zeiten vor, im Modell einen Pfeil von den Umweltmerkmalen auch zu den nichtkognitiven Persönlichkeitsmerkmalen zu führen. Auch erscheint es ihr sinnvoll, *alle* Pfeile – mit Ausnahme des Pfeils von den Begabungsfaktoren zur Leistung – durch Doppelpfeile zu ersetzen. Wahrscheinlich ist weiterhin, dass sich gezeigte bzw. erlebte Leistungen auf die nichtkognitiven Persönlichkeitsmerkmale auswirken. Dazu ist anzunehmen, dass Umweltmerkmale durch kindliche Leistungen beeinflusst werden (vgl. Schulte zu Berge 2005; 16). Viele Anregungen sind inzwischen in die neueren Modelldarstellungen eingegangen bzw. werden diskutiert (vgl. Heller 2013, S. 56; Hoyer/Weigand/Müller-Oppliger 2013, S. 69).

Das Gesellschaftlich-ökologische Modell (Fels 1999)

Christian Fels (1999, S. 50ff) reagierte mit seinem etwa zur Jahrtausendwende veröffentlichten Vorschlag auf aktuelle Unklarheiten, die Wirkungsweise verschiedener Faktoren betreffend. Ähnlichkeiten zum Grundmodell von Francoys Gagné sind offenkundig. Fels übernimmt die Unterscheidung von Begabungs- und Talentfeldern und betont, dass die Begabungsentfaltung von hemmenden und fördernden Faktoren beeinflusst wird. Dabei bilden Familie, Peers und Schule „janusköpfige" Potenzen, die je nach Konstellation und/oder Entwicklung als fördernd oder hemmend wirken. Diese Art der Wechselwirkung erklärt auch das Phänomen des „Underachievements" und ist somit für pädagogische Prozesse von hoher Bedeutung. Aufgabe der Lehrerinnen und Lehrer ist es danach, mittels einer Faktorenanalyse die individuelle Konstellation zu ermitteln bzw. Verwerfungen zu klären und notwendige Prozesse zu befördern.

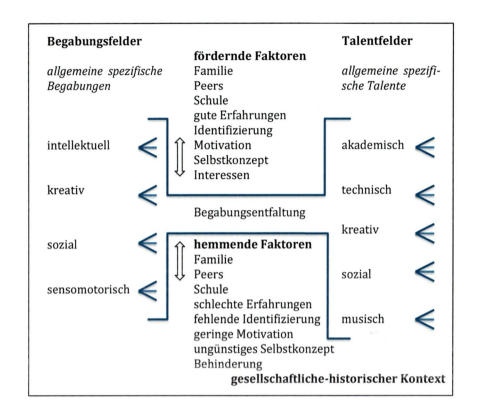

Das gesellschaftlich – ökologische Modell der Hochbegabung (Fels 1999) (Vignette Mareike Brümmer)

Die Doppelfunktion der Faktoren ist jedoch nicht ganz unmissverständlich. Auch die Aufhebung der Trennung von Persönlichkeits- und Umweltfaktoren kann kritisch gesehen werden. Sie wird zugunsten der Differenzierung hemmender und fördernder Aspekte vollzogen. Im Vergleich zu den anderen aufgeführten Hochbegabungsmodellen ist es freilich fraglich, welche Unterscheidung wesentlicher ist. Auch hinsichtlich des begrifflichen Inhaltes der „Ökologie" der menschlichen bzw. gesellschaftlichen Entwicklung ist nicht klar, ob dieses Modell tragfähig ist.

Das Modell „sich entwickelnder Expertise" (Sternberg 2000; 2003; 2005)

Besonders interessant für die Pädagogik erscheint das Modell von Sternberg (2000, S. 58 f.). Es ist ein Beispiel für kognitiv orientierte Modelle und stellt somit folgerichtig Prozessaspekte des Denkens ins Zentrum des Erklärungsansatzes.

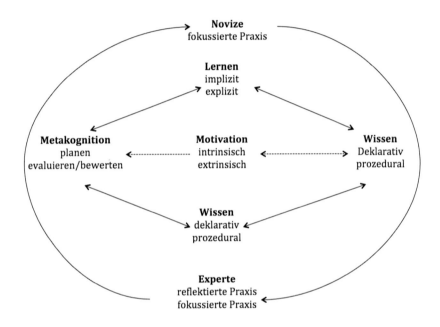

Modell der sich entwickelnden Expertise (Sternberg 2001). Vignette Lara Maschke

Es zeigt fünf zentrale Begrifflichkeiten, die variabel miteinander im Feld agieren - metakognitive Fähigkeiten, Lernfähigkeiten, Denkfähigkeiten, Wissen und Motivation. Die werdende Sichtbarkeit von individuell konstruierter (aber nicht durch das Modell berücksichtigter) Begabung wird durch den permanenten Zuwachs an Wissen und die Nützlichkeit bzw. den Einsatz erworbener Fähigkeiten zur Erreichung eines hohen Leistungsniveaus in mindestens einem Lebensbereich beschrieben. Die Permanenz versteht sich nicht als linear, vielmehr wird der „Weg von Novizen zum Experten ... nicht nur einmal zurückgelegt, sondern auf immer höherem Niveau wiederholt durchlaufen" (vgl. hier Rohrmann 2010, S. 163). Der Prozess des Durchströmens höher entwickelter Niveaus wird mehrfach durchlaufen und unterliegt darüber hinaus den Einflüssen der Lebenswelten.

Innerhalb weniger Jahre stellte Sternberg die Weiterentwicklung, das so genannte WICS-Modell der Hochbegabung vor (Sternberg, 2003, 2005). Er bietet Antworten auf die Komponentenkombination des ersten Modellentwurfs an. Das Akronym „WICS" steht für Weisheit, Intelligenz, Kreativität, „Synthesized". Die Hauptthese seines Modells besagt, dass die drei ersten Komponenten (Intelligenz, Kreativität und Weisheit) notwendige Bedingungen für besondere Leistungen sind aber nur ihre spezifische und individuelle Synthese tatsächlich Exzellenz erbringen kann.

Diese modellinhärenten Deutungsformen docken gleich an mehrere, teils bewährte pädagogische Paradigmen an. Der Wert (intelligenten) Übens (vgl. Stein 2012, S. 28) wird ebenso tangiert wie die umweltspezifischen Modifikationen im Entwicklungsprozess. Wenig erklärbar sind Einflüsse nichtkognitiver Bereiche (u.a. Musikalität, Kreativität, Kinästhetik). Das Modell kann nur in wenigen validierten Verfahren umgesetzt werden.

Das dialektische Hochbegabungsmodell (Müller-Opplinger 2011)

Diese neuere Modellierung von Hochbegabung steht in der Tradition eines personalisierten Begabungsbegriffes innerhalb eines gesellschaftlichen Systembezuges und kritisiert die (vorwiegend psychologischen) Ansätze der Identifikation Hochbegabter zum vorrangigen Zwecke zusätzlicher oder/und separierender Förderung. Victor Müller-Opplinger mahnt in diesem Zusammenhang ebenfalls die in anderen Modellen kaum berücksichtigten Aspekte des Selbst (u.a. Selbststeuerung, Eigensinn, Selbstkonzept und -motivation sowie Selbstverständnis) und der Gesellschaft („Weltgestaltung") an (vgl. Müller-Opplinger 2011, S. 100).

Grundlage des Modells ist Uri Bronfenbrenners systemisches Entwicklungsmodell. Bronfenbrenner bezeichnet „*ökologische Übergänge*", die nach seiner Theorie durch Veränderungen der eigenen Rolle und/oder des Lebensbereichs geprägt sind, als wichtige Faktoren für den Entwicklungsverlauf eines Menschen (vgl. Bronfenbrenner 1981, S. 22). Eine Grundannahme Bronfenbrenners besteht darin, dass die Entwicklung eines Menschen in fortwährender Wechselwirkung zwischen der Umwelt und dem Individuum stattfindet. Diese soziokulturellen Umwelten und das Individuum interagieren miteinander in Spannungsfeldern. Die soziokulturelle Umwelt fungiert dabei als das Feld einer unverwechselbaren, auf die Person zugeschnittenen Begabungsentwicklung. Der Persönlichkeit wiederum wird zugemutet, selbstverantwortlich zu entscheiden und ihre eigene Entwicklung – bis hin zur Exzellenz – zu gestalten (vgl. Müller-Opplinger 2011, S. 60).

Das Modell versteht sich als dynamisch, da sich die dialektischen Wechselwirkungen permanent vollziehen. Dabei muss das Individuum sein Selbstverständnis justieren, seine Selbststeuerung optimieren und schließlich selbstwirksam seine Autonomie verteidigen.

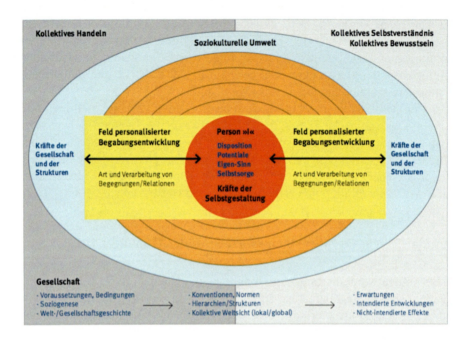

Dialektisches Begabungsmodell (Müller-Opplinger 2011, S. 65)

Wesentlichen Neuheitswert hat das Modell im Ensemble anderer Vorstellungen zur Begabung darin, dass dem Selbst (wie es Allan Schore in seinem Werk: *Affect dysregulation & disorders of the self* - dt. Titel: Affektregulation und die Reorganisation des Selbst exemplarisch machte) ein Großteil der gesamten individuellen Entwicklungschancen zugesprochen wird (vgl. hier auch Mischel 2015). Hier trifft sich das Modell mit dem Ansatz von Thomas Trautmann (2008; 2015, S. 20), der dem „Selbst" ähnliche Dynamik zuspricht.
Die Heterogenität von Begabungen in ihrer ganzen Breite ist auch diesem Modell innewohnend. Diese entäußern sich (im Idealfall) in einem Spektrum von sach- und personenbezogenen Leistungen und „in einer gelingenden Selbstgestaltung bzw. Persönlichkeitsentwicklung inklusive der eigenen Werte und Sinnfragen (vgl. Müller-Opplinger 2011a, S. 100).
In seiner Komplexität nimmt das Modell Bezug auf generelle soziologische, psychologische und erziehungswissenschaftliche Fragestellungen und kann somit als eine Brückenfunktion von der Psychologie zur Pädagogik einnehmen. Der Verweis auf die immerwährende Selbstreflexion des Subjekts hinsichtlich seiner personalen Variablen und deren Einbezug in Bildungspro-

zesse wird – wiederum dialektisch – hinsichtlich gesellschaftlicher Erwartungen gebrochen. Die Interdependenz zwischen gelingenden Lernprozessen und fachlich-methodischer Performanz, die zu einer gelingenden Selbstgestaltung führt (vgl. Müller-Opplinger 2011, S. 57), ist das für die Erziehungswissenschaft wohl bedeutendste Credo dieses Ansatzes.

Das Aktiotopmodell (Ziegler 2004)

Das Modell, welches Albert Ziegler entwickelt, gehört zu den umweltorientierten Modellierungen der Hochbegabung. Sein so genanntes „Aktiotopmodell der Hochbegabung" (Ziegler, 2004, 2005; Ziegler/Grassinger/Stöger, 2007; Ziegler 2009) ist systemischer Natur und geht davon aus, dass Begabung und Talent keine Persönlichkeitseigenschaften per se sind, sondern dass sich Hochbegabung in einer Leistungsexzellenz manifestiert, die sich nur in Wechselwirkung mit der Umwelt entfaltet. Das Modell determiniert Einflüsse der Umwelt sowohl auf der Seite der Gesellschaft, als auch auf Seiten des Individuums. In diesem Modell wird Hochbegabung verstanden als sichtbare Leistung bzw. Exzellenz in einem Talentbereich, durch die individuelle Verfügbarkeit eines herausragenden Handlungsrepertoires.
Interessant an diesem Konzept ist der Wegfall eindimensionaler „wenn-dann" Einflüsse von Moderatoren zu Gunsten interaktionaler Abhängigkeiten, die das Gesamtsystem ungeheuer dynamisch machen. Es gibt keine formale Trennung zwischen individuellen und gesellschaftlichen Variablen, wobei die Schwerpunkte auf den Aktionen und Entwicklungen innerhalb einem komplexen System liegen. „Aus Sicht des Aktiotopmodells ist die Entwicklung von Leistungsexzellenz gleichbedeutend mit der Entwicklung eines herausragenden Handlungsrepertoires in einer Begabungsdomäne und dessen zielgerichteter Nutzung" (Ziegler/Grassinger/Stöger, 2007, S.2).
Ein „Aktiotop" ist hier ein System von Handlungen eines Individuums innerhalb einer spezifischen Umwelt. Ein Aktiotop hat vier Komponenten, das Handlungsrepertoire, den subjektiven Handlungsraum, individuelle Ziele, spezifische Umwelt(en). Es entwickelt sich ständig dynamisch weiter, modifiziert sich und hat Selbsterhaltung bzw. Systemstabilisierung als tragende Prinzipien.

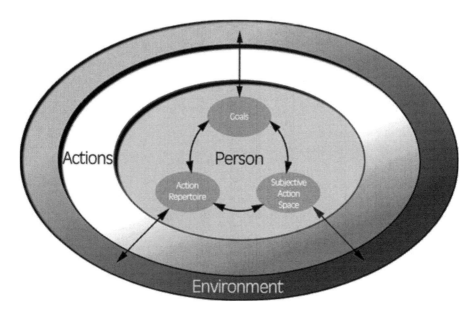

Das Modell eines Aktiotops mit Komponenten (Vignette bei Ziegler 2009)

Begleitete Lernprozesse sind Voraussetzung für die Entwicklung. Von eminenter Bedeutung aber sind konstruktive Feedbacks durch die Lernbegleiter. Hier trifft sich das theoretische Modell mit empirischen Resultaten. John Hattie (2013, S. 206) isolierte den Wert der konstruktiven Feedback-Kultur - einen zentralen Punkt für hoch erwünschte Lerneffekte (d = .73). Diese Feedbackkultur ist in Schule u.a. dem lernunterstützenden Klassenklima[39] inhärent und beruht auf dem Vertrauen in der Lerngruppe in sich und untereinander. Brümmer/Trautmann (2015, S. 113) weisen zudem darauf hin, dass dazu sowohl *kooperatives Lernen in Schülergruppen* als auch Differenzierungs- und Individualisierungsansätze (vgl. Gayko 2014, S. 44) gehören. Darüber stehen jene Kommunikationsformen, die gemeinsames Lernen zulassen und letztlich „... die Basis für Veränderungsprozesse" (vgl. Unruh/Petersen 2011, S. 124) bilden.

Im gesamten „Handlungsrepertoire" (action repertoire) sind alle möglichen Handlungen vernetzt, die eine Person zu einem gegebenen Zeitpunkt ihrer Entwicklung bewältigen kann. Individualität existiert im Hinblick auf die Qualität und Quantität des Handlungsrepertoires (z.B. auf Grund altersbedingter Faktoren oder Umstände der Biografie, der Lerngeschichte, der Effektivität). Tatsächlich und aktuell verfügbar jedoch sind für das Individuum

---

[39] Unterrichtsklima und Unterrichtsatmosphäre werden zumeist synonym verwendet. Bei Hilbert Meyer (2004, S. 49) ist Klima die "kollektive Wahrnehmung von Unterricht", wobei diese individuell gebrochen wird.

nur Handlungen, die „kognitiv repräsentiert" sind. Diese versammeln sich im „subjektiven Handlungsraum" (subjective action space). Albert Ziegler sieht die Repräsentation dieser möglichen Handlungen nicht notwendigerweise als adäquat an. Vielmehr orientieren sie sich daran, welche das Individuum derzeit subjektiv für zielführend hält (vgl. Ziegler/Grassinger/Stöger, 2007, S. 6). Wenn nicht eine zu geringe Intelligenz für einen Stillstand in der Erweiterung des individuellen Handlungsrepertoires bzw. der Expertisierung verantwortlich ist, kann es unterschiedlichste Gründe dafür geben. Ziegler (2009) nennt u.a. mangelndes Interesse, ineffektives Lernen, ungenügende Förderung, schlechte Instruktionsqualität oder Lerninfrastruktur. In Folge lenkt er den Fokus auf Lernprozesse und ihre Einbettung in leistungsexzellenzförderliche oder -hemmende Umwelten.

Um eine Handlung aber erfolgreich durchführen zu können ist es nicht nur notwendig, sie inhärent im Handlungsrepertoire zu haben. Umweltbedingungen (neben den eben erwähnten z.B. auch Situationsbezug, An- oder Abwesenheit von Personen, Verfügbarkeit von Material/Medien/Objekten, soziale Umstände) können eine Ausführung der Handlung ermöglichen, behindern und sogar unmöglich machen.

In der systemisch komponierten Wechselwirkung zwischen Person und Umwelt, entwickelt sich das Individuum durch ständige Erweiterung ihres Handlungsrepertoires. Der Gedanke der „Koevolution der Komponenten" führt danach zu Exzellenz: Wenn ein Lernschritt gemeistert wurde, muss das erweiterte Handlungsrepertoire auch im subjektiven Handlungsraum abgebildet und ein neues (Lern-) Ziel gesetzt werden, das sich auf den nachfolgenden Lernschritt bezieht (vgl. Ziegler et al. 2007, S. 7).

Die Kurzform des Modellansatzes lässt sich – hoch vereinfacht auf die Formel bringen: „Von nichts kommt nichts". Die Notwendigkeit ausgedehnter und zielgerichteter Lern- bzw. Übungsprozesse als Voraussetzung und Notwendigkeit für den Aufbau eines exzellenten Handlungsrepertoires tangieren schulische Prozesse (vgl. hier u.a. Neubauer/Stern 2007). Eine begleitende Förderung und mannigfaltige anregende Umweltfaktoren bestimmen über den Erfolg der Bemühungen. „Begabt sind nicht jene, die eine hohe Ausprägung einer Eigenschaft besitzen, sondern jene, für die ein Lernpfad zu Leistungsexzellenz identifiziert werden konnte" (Ziegler et al 2007, S. 28).

Das Modell individualisierter Hochbegabung (Trautmann 2003; 2008)

Ein Mangel der zahlreich vorhandenen Hochbegabungsmodelle hinsichtlich ihres pädagogischen Erklärungs- und Deutungsgehaltes ist ihre Statik. Entgegen ihrer Absicht berücksichtigen sie die enorme Vielfalt der Verhaltensäußerungen Hochbegabter nur in eingeschränktem Maße, da sie z.B. die Rolle der Kreativität oder die Ich-Stärke vornehmlich nebeneinander sehen (vgl. Trautmann 2008, S. 21). Auch (sich z.B. aktuell wechselnde) Aspekte von Motivation, Lebensweltsituationen und/oder institutionellen Veränderungen werden somit kaum interpretierbar. Daher können Eltern, Lehrerinnen und vielfach die Betroffenen selbst nur eingeschränkten Nutzen für die Erklärungsmuster ihrer in praxi interessierenden bzw. eigenen Befunde ziehen.

Das Modell individualisierter Hochbegabung berücksichtigt diese Kritik an der statischen Betrachtungsweise. Die Elemente des Seins, bestehend aus Anlage, Umwelt und dem sich entwickelnden Ich, werden – ohne Anspruch auf Vollständigkeit – in Form von unterschiedlich großen Mikadostäben dargestellt, um zu betonen, dass die Einflussfaktoren jedes einzelnen Begabungs-, Leistungs- und Umweltfaktors individuell unterschiedlich gewichtet sind (vgl. Trautmann 2015, S. 26).

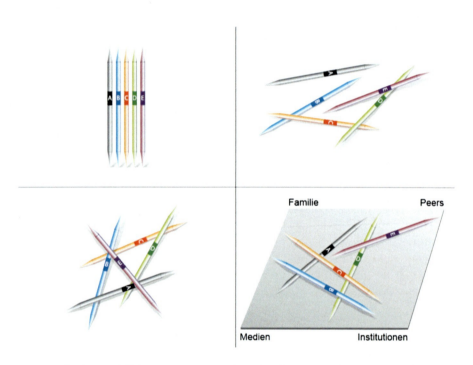

Mikado-Modell (Trautmann 2008; 2015) (Vignetten Wiebke Grunhold)

Dem Mikado-Konstrukt liegt somit eine Modellvorstellung zugrunde, die analog zum Mikado-Spiel sehr dynamisch verstanden wird[40]. Gerade in die-

---

[40] Das Verständnis des Mikado-Spiels im Ganzen ist dabei nicht ausschlaggebend. Lediglich die primären Prozesse des „Aufstellen[s] und Fallenlassen[s]" (Trautmann 2013, S. 19) der Mikadostäbe, die im Modell als Begabungsfaktoren veranschaulicht werden, sind relevant.

sem Spiel mit den Variablen[41] aber liegt die Produktivität des Ansatzes. Er antizipiert unterschiedliche Möglichkeiten in einem fluiden Prozess (von Entwicklung, Bildung und Erziehung) – ein wesentlicher Unterschied zu statischen Modellen.

a. Elemente des Seins, bestehend aus Anlage, Umwelt und dem sich entwickelnden Ich, werden – ohne Anspruch auf Vollständigkeit – in Form von unterschiedlich großen Mikadostäben dargestellt, um zu betonen, dass die Einflussfaktoren jedes einzelnen Begabungs-, Leistungs- und Umweltfaktors individuell unterschiedlich gewichtet sind.

b. Eine bestimmte Menge von Begabungsfaktoren liegen in bestimmter Konstellation neben- und übereinander. Aus der Lage zueinander lassen sich Aussagen über aktuelle Wirkungen (im Verhalten, der Leistung usw.) treffen

c. Blockierer (hier Stab E) oder Hemmer hindern bestimmte Faktoren-Stäbe an der Entfaltung ihrer Aktivität.

d. Das Tischdecken-Prinzip der lebensweltlichen Einflussfaktoren. Diese können bestimmte Stäbe in Bewegung bringen („Schütteln"), so dass sich diese beispielsweise aktiv setzen können oder u.U. auch passiv werden. In diesem konkreten Fall blockieren die Stäbe C und B die Entfaltung der Eigenschaften von A und D.

Es werden dabei „nichtkognitive Persönlichkeitsmerkmale, Umweltmerkmale, sowie die vom „Ich" ausgehenden Moderatoren" (Trautmann 2013, S. 20), also Kennzeichen innerer und äußerer Begabungsausprägungen in Betracht genommen. Dieses ‚Denkmodell' (Trautmann 2012, S.1) kann u.a. Verhaltensweisen, Entwicklungstrends oder Persönlichkeitseigenschaften erklären helfen (Trautmann/Sallee/Buller 2011, S. 140). Es eignet sich um individuelle Veränderungen zu beschreiben. So bietet dieses Modell eine sehr individuelle, mehrdimensionale Betrachtung. Die einzelnen Mikadostäbe (Prädiktoren; Moderatoren, exogene Einflüsse) können Merkmale unterschiedlich gewichtet darstellen, indem bspw. die Größe der einzelnen Mikadostäbe nach Einflussfaktoren variiert werden kann (vgl. Trautmann 2008, S. 22 ff). Aber nicht nur die Größen der Stäbe, auch die Positionen im entstandenen Modell-Bild, lassen eine Gewichtung zu. Im Resultat können einige Prädiktoren/Moderatoren freiliegen (deutliche Begabungselemente), andere blockieren oder verschüttet sein (sporadische Begabungselemente). Unten liegende Persönlichkeitsfaktoren sind in einer aktuellen Situation verschüttet und kommen aktuell nicht zur Geltung. Oben liegende Faktoren sind derzeit deutlich wahrnehmbar, zeigen sich uneingeschränkt im Verhalten und können u.U. alles andere überstrahlen (Halo-Effekt).

---

[41] Der Vorwurf der Beliebigkeit hat in diesem Kontext keine Gültigkeit, da es sich bei der diagnostischen Beratung immer um eine konkret auf das Subjekt zugeschnittene Auswahl von Faktoren (Mikados) handelt.

Das dynamische Mikado-Denkmodell kann eine aktuelle Situation abbilden oder eine habitualisierte Struktur wiedergeben. Es kann sich an die zu betrachtende Situation anpassen und „anhand der unterschiedlichen Anlage-Umwelt-Ich-Konstellation sowohl Entwicklungen antizipieren als auch vollzogene Entfaltungen deutlich machen." (Trautmann 2013, S. 23) Die Basis zur Erstellung eines Denkmodells ist eine gute Diagnose dieser Anlage-Umwelt-Ich-Konstellationen.

In biografischen Prozessen gibt es nie Stillstand. Auch Stagnation oder Retardation erbringt Entwicklung. Für unseren Denkansatz entstehen somit Fragen: Wer oder was bewegt die Mikadostruktur? Wie kommt das System in eine neue Formation? Das Denk-Mikado agiert auf einer quadratischen Tischdecke. Jeder der vier Ecken dieser Unterdecke repräsentiert eine menschliche Lebenswelt (Familie, Institutionen[42], Peers, Medien). Diese bewegen die Persönlichkeit, sie ziehen, zupfen, rütteln und reißen an der Formation der Mikadostäbe. Genau darin liegt der Gedanke von Entwicklung, Erziehung u.U. auch Bildung im Modell. Einige Stäbe können durch Rütteln (vgl. Trautmann 2013, S. 21f.) der Lebenswelten (*Familie, Institutionen, Peers, Medien[43]*) (Trautmann/Sallee/Buller 2011, S. 140) der Akteure freigelegt (oder sedimentiert) werden.

Bei jedem betrachteten Akteur sind die Gewichtungen der Wesenselemente unterschiedlich. Somit bedient sich das Mikado-Modell an einer verschiedenen Anzahl und Qualität von Anlagen und Umweltbedingungen (Trautmann 2008, S. 24). Es „ist nicht exklusiv auf Hochbegabte begrenzt, lässt sich jedoch bei ihnen besonders gut anwenden" (Trautmann/Sallee/Buller 2011,

---

[42] Denkbar sind hier Kita, Schule, Universität, Kirchgemeinde, Sportverein usw.
[43] Es existieren eine Reihe gute Studien zum Zusammenhang von Medien, Schule, Unterricht und Bildung. Für Interessierte:
- http://ifs-dortmund.de/assets/files/icils2013/ICILS_2013_Berichtsband.pdf JIM-Studie (Jugend, Information, Multimedia)
- http://www.mpfs.de/fileadmin/JIM-pdf14/JIM-Studie_2014.pdf (Lehrerumfrage-IT an Schulen)
- http://www.vbe.de/presse/pressedienste/aktuell/aktuell-detail/article/jeder-zweite-lehrer-ohne-geschuetzte-dienst-e-mail-adresse.html (Elternumfrage zu Auswirkungen der Digitalisierung auf Bildung und Beruf)
- http://www.vodafone-institut.de/uploads/media/141030_2206-715_StudieAllensbach_04_web_01.pdf (Digitale Medien im Unterricht)
- http://www.ifd-allensbach.de/uploads/tx_studies/Digitale_Medien_2013.pdf (Lehrerbefragung zu Ausstattung, Einsatzspektrum, Nutzung digitaler Medien an Schulen)
- http://www.bitkom.org/files/documents/BITKOM_Publikation_Schule_2.0.pdf

S. 141) und bezieht mögliche Problembereiche Hochbegabter mit ein, wie bspw.
- *die Verwicklungen unterschiedlicher Strukturen der Persönlichkeit in sich selbst und mit anderen*
- *die fehlende Wirksamkeit von Klärungshilfen ohne Tiefenanalyse möglichst vieler Faktoren*
- *mögliche diagnostische Wege*
- *dass Strategiediskussionen wesentlich universalistischer geführt werden müssen* (Trautmann 2008, S. 27).

Thomas Trautmann konstatiert selbst: „Das hier vorgestellte Denkmodell kann uns helfen, aktuelle Verhaltensweisen, mittelfristige Entwicklungstrends oder feste Persönlichkeitseigenschaften ebenso zu deuten wie aktuelle Abweichungen, Normübertretungen und Entfaltungssprünge. Dazu müssen wir uns lediglich die Struktur und das Zusammenspiel verschiedener Persönlichkeitsmerkmale vergegenwärtigen und in Beziehung bringen (2012 a, S. 5).

Dieses Mikado-Denkmodell ist nicht exklusiv auf Hochbegabte begrenzt, lässt sich jedoch bei ihnen besonders gut anwenden, um neben festen Persönlichkeitsstrukturen auch scheinbar „plötzliche" Veränderungen beschreiben zu können. Den Unterschied macht u.a. Bea Lehmann deutlich: Um der Heterogenität von (Hoch)Begabung – beispielsweise in der Erziehungsberatung oder bei der Erstellung von Förderplänen (TT) – gerecht zu werden, braucht es ... flexible Faktoren.

> Aufgrund der dynamischen Eigenschaft des Denkmodells zielt es auf ein „könnte sein" hin. Somit hat es einen anderen Modellcharakter als die Modelle von Renzulli, Heller und Gagné, die sich durch illustrative Modellabbildungen im Sinne eines Schemas einen „starren Kasten" auferlegt haben. Die jeweils betrachtete Persönlichkeit kann demnach in ein Raster der Hochbegabung eingeordnet werden - oder eben nicht. Durch vorgegebene Faktoren innerhalb der Modelle bestehen Grenzen in individuellen Anwendungs- und Interpretationsmöglichkeiten. Diese Modelle bestehen damit auf ein „so ist es" (Lehmann 2015, S. 25).

Zwar stellen auch eine Reihe anderer Modelle wesentliche Hochbegabungsmerkmale heraus und zeigen mögliche Entwicklungen. Dennoch ist es kaum möglich, das „einzelne Kind" in solchen theoretischen Konstruktionen tatsächlich (wiederzu)finden. Den eher psychologisch gewichteten Modellen fehlt sozusagen die pädagogische Transformation. Dieses jedoch wird für eine saubere Verbindung z.B. von Testergebnissen und sich anschließender pädagogischer Fallberatung benötigt. Nahezu alle Betroffenen (die Heranwachsenden selbst, ihre Eltern, Geschwister, Lehrpersonen) sind an Diagnose und Fördermaßnahmen gleichermaßen interessiert. Warum diese und/oder jene Handlung, eine solche Entwicklung oder jene folgende Prognose im Bereich der Wahrscheinlichkeit liegt, verbindet sich meist mit dem Wunsch, erzieherisch sorgsam darauf einzugehen und die Heranwachsenden zu verstehen. Das Mikado-Denkmodell kann eine Reihe von Ableitungen liefern. Laura Guevara Méndez (2013) passt beispielsweise ein erstelltes Mikado-Modell über ihr Gewährskind dem Forschungsprozess permanent an und nutzt damit den dynamischen Charakter des Mikado-Modells in der Selbstvergewisserung und der Dokumentation des Forschungsverlaufs.

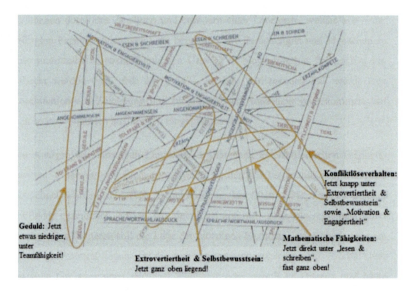

Mikado-Modell-Anwendung (Guevara Méndez 2013, S. 42)

Auch Lara Maschke (2015) illustriert die Entwicklung von Ironie bei jungen Kindern mittels des Mikado-Modells. Sie fertigt eine Abbildung zu Beginn und eine am Ende ihrer Untersuchung an, um die Entwicklung ihres Forschungssubjekts zu verdeutlichen.

Mikado-Modell-Anwendung (Maschke 2015, S. 133ff)

Lara Maschke nimmt prozessual Bezug zu der „Rüttelfunktion" der Lebenswelten als Einflussfaktor in das Mikado-Modell mit auf. „Denken wir uns, dass die Ironie in die Lebenswelten hineinkommt und ebenfalls an den Stäben rüttelt" (Maschke 2015, S. 134), bedingt dies (ebenfalls TT) eine Neuordnung der Mikadostäbe.

Thomas Trautmann selbst will seinen Ansatz als Denkmodell verstanden wissen. „Das Denkmodell eröffnet (…) Varianten der individuellen Hochbegabung eines Menschen. Wir können anhand der unterschiedlichen Anlage-Umwelt-Ich-Konstellationen sowohl Entwicklungen antizipieren als auch vollzogene Entfaltungen deutlich machen. Gleichzeitig lässt das Modell Raum für ‚andere' Verläufe. Dies ist ein Prinzip der Konstruktion und des Variantendenkens, welche in der Pädagogik grundlegend sein sollten" (Trautmann 2013, S. 23).

Das Mikado-Modell berücksichtigt u.a. folgende Problembereiche der Hochbegabung:
- Die Verwicklungen unterschiedlicher Strukturen der Persönlichkeit in sich selbst und mit anderen (u.a. Aktuelles, Verfestigtes, Gerinnendes, Überlagerung, Sedimentation, Blockierung)
- Die eher unbefriedigende Wirksamkeit oberflächlicher Klärungshilfen mittels kausaler Beziehungen (wenn-dann) ohne Tiefenanalyse vieler beteiligter Faktoren.
- Die Notwendigkeit universalistischer Strategiediskussionen statt der Ableitung einfacher Folgerungen.

Trautmann (2008, S. 26) weist immer wieder darauf hin, dass jeder Mensch, sei er nun hochbegabt oder nicht, sowohl in quantitativer als auch qualitativer Hinsicht über seine eigenen unverwechselbaren Eigenschaften verfügt. Quantitative Bezüge werden in dem Mikado-Modell durch eine mögliche Fallvariante der unterschiedlichen Mikadostäbe beispielhaft dargestellt.

Die Zusammensetzung der individuellen Anteile, aus denen eine Hochbegabung resultiert, erhält mit diesem Befund und aus dem Bewusstsein, dass jeder Wurf der Mikadostäbe ein neues „Feld", neue Ebenen, Verwerfungen und Verkantungen, aber auch Lösungen und Lockerungen entstehen, jene dynamische Komponente, die eher statische Modele nicht abzubilden vermögen. Gleichzeitig ermöglicht es dieses Bild, Hochbegabte, unter Berücksichtigung der Triebkraft ihrer Entwicklungsprozesse, in verschiedenen Lebenssituationen mit einer größeren Sicherheit zu beraten (vgl. Trautmann 2003, S. 26).

Zu einer Neuordnung der Mikadostäbe kommt es immer dann mit hoher Wahrscheinlichkeit, wenn es seitens der Lebenswelten zu produktiven Interaktionen (Schwingungen) kommt, die das Gesamtgefüge abrupt oder langsam verändern. Auch das Subjekt selbst ist in der Lage, kurzfristig (aktuell) oder über einen längeren Entwicklungszeitraum (habituell) Umformatierungen vorzunehmen. Diese Prozesse sind von vielen Einflussfaktoren abhängig.

Das Mikado-Denkmodell ist für die Pädagogik auch deshalb von besonderem Interesse, da es der Subjektposition des Kindes im pädagogischen Prozess entspricht. Der Fokus auf die höchst individuellen Ausprägungen von Hochbegabung verdeutlicht auf diese Weise, dass statische Aussagen über erwartbare Lern- und Verhaltensmuster der Kinder unmöglich sind. Hinsichtlich der Erziehungsarbeit betont dieses dynamische Modell die Wichtigkeit, auf spezifische Gegebenheiten der Kinder individuell zu reagieren und die unterschiedlichen Konstellationen zu fördern, sodass sich die Begabungsfelder auch tatsächlich durchzusetzen vermögen.

Die Mängel dieses Ansatzes liegen in der Offenheit des Denkmodells. Es scheint prinzipiell möglich, alle didaktischen Verläufe zu erklären. Trautmann weist aber darauf hin, dass es nicht darauf ankommt, die Universalität aller Faktoren >im Spiel< zu halten. Vielmehr plädiert er für eine gründliche Diagnostik, um mit den so gewonnenen Persönlichkeitsmerkmalen notwendige Quantität und hinreichend gültige Qualitäten an Ebenen abbilden zu können (vgl. 2008, S. 32 ff). Bea Lehmann (2015, S. 21 ff) kritisiert das Modell aus Sicht der Offenheit des Mikado-Konstrukts. Da es kein Modellschema[44] zum Mikado-Modell gibt, wird die Anwendung anhand der Transferleistung erläutert. Doch gerade aus dieser Transferleistung könnten in praxi Unklarheiten in der Durchführung resultieren. Die Anwendung seitens „Dritter"[45] könnte somit ungenau ausgeführt werden. Ohne genaue Diagnostik könnte es zu einer verzerrten Abbildung der Persönlichkeitsmerkmale kommen, da verschiedenste Faktoren in Betracht genommen werden können. Bspw. kann keine allgemeine Aussage oder Prognose einer betrachteten Persönlichkeit getroffen werden, sofern kein Abbild mithilfe eines aufwändigen Diagnoseverfahrens erstellt wurde. Somit sei dem Mikado-Modell kein Modell-Charakter, sondern die Kontur einer diagnostischen Nutzungsplattform zuzusprechen.

Zusammenfassung: Intelligenz ist ein hypothetischer *Teil* des umfassenden Konstrukts Begabung. Von Intelligenz ist, beispielsweise im Zusammenhang mit Hochbegabung, von einer sehr hohen Ausprägung dieser die Rede. Dabei wird davon ausgegangen, dass sie in Interaktion mit äußeren Bedingungen das Individuum zu höchsten Leistungen in die Lage versetzt. Die Erkenntnisse aus den vorgestellten Entwürfen lassen sich wie folgt bündeln:
- Es ist sinnvoll, aufgrund der Unterscheidung zwischen Anlagepotenzial und Leistung, die Hochbegabungsentwicklung mehrdimensional zu beschreiben.

---

[44] Ein Modellschema wird von Lehmann in diesem Zusammenhang als „Anleitung" zur kompetenten Durchführung aufgefasst.
[45] Hierzu gehören domänenfremde Personen.

- Anhand neuerer Forschungsergebnisse kann man davon ausgehen, dass sowohl intellektuelle Fähigkeiten, als auch andere Faktoren (z.B. Um- und Lebenswelten) dafür verantwortlich sind, ob ein hochbegabtes Individuum sein Potenzial in Leistung umsetzen kann.
- Solche Faktoren findet man auf Seiten des Individuums aber auch auf Seiten seiner Umwelt.
- Die Triade von Umfeld, Anlagen, Selbst und Förderung weist auf die hohe Bedeutung der Familie und institutioneller Förderinstrumente (Kindergarten, Schule, Universität) hin.
- Eine einseitige Schwerpunktsetzung zugunsten von Hochbegabungsindikatoren weicht inzwischen einer zunehmenden Unterscheidung hinsichtlich ihrer Wirkungsweise - zwischen hemmenden und den fördernden Faktoren, sowohl bei den Persönlichkeitsmerkmalen als auch bei den Umweltmerkmalen.
- Die häufig sehr umfangreichen Listen eher beliebiger Variablen sollten dabei zugunsten der Darstellung von Wirkungsweisen der Persönlichkeits- und Umweltfaktoren partiell reduziert werden.
- Interessant wären auch künftige Untersuchungen von verschiedenen Einflussgrößen auf ihren Stellenwert bei der Hochbegabungsentwicklung.

Vertiefende Fragen und Aufgaben:

- Untersuchen Sie drei unterschiedliche Modelle hinsichtlich der in ihnen verwendeten prominenten Begrifflichkeiten. Was stellen Sie fest?
- Diskutieren Sie die Frage, inwieweit Modelle die real ablaufenden Phänomene abbilden können.
- Konstruieren Sie sich aus Teilen der vorgestellten Modelle ihr eigenes, synthetisches Modell. Wo liegen dessen Vorteile, wo sehen Sie die Grenzen?

Was Sie sonst noch lesen können:

- Fischer, Christian (2012). Individuelle Lehr- und Lernstrategien in der Begabtenförderung. In: Fischer, C.; Fischer-Ontrup, C.; Käpnick, F.; Mönks, F.J.; Scheerer, H; Solzbacher, C. (Hrsg.). Individuelle Förderung multipler Begabungen. Allgemeine Forder- und Förderkonzepte (S. 253 – 267). Münster: LIT
- Maschke, Lara (2015). Am Dienstag darf man nie aufs Klo? Oder: Ironie im Unterricht. Berlin: Logos

- Tillmann, Klaus-Jürgen (2008). Die homogene Lerngruppe — oder: System jagt Fiktion. In: Hans-Uwe Otto und Thomas Rauschenbach (Hrsg.). Die andere Seite der Bildung. Zum Verhältnis von formellen und informellen Bildungsprozessen. 2. Auflage. Wiesbaden: VS Verlag für Sozialwissenschaften, S. 33–39
- Gottfredson, Linda S. (2008). Of what value is intelligence? In: Prifitera, A./Saklofske, D.H./Wiess, L.G. (Hrsg.). WISC-IV clinical assessment and intervention (2nd ed.). Amsterdam: Academic Press, pp. 545-563
- Bräu, Karin; Schwerdt, Ulrich (2005). Heterogenität als Chance. Vom produktiven Umgang mit Gleichheit und Differenz in der Schule. Münster: LIT
- Vester, F. (1997). Denken, Lernen, Vergessen. Was geht in unserem Kopf vor? Wie lernt das Gehirn? Wann lässt es uns im Stich? 36. Auflage. München: dtv

Zusammenhänge

> Der Grund von allen Fehlern,
> Untugenden und Lastern der Kinder
> ist mehrenteils darin zu suchen,
> dass wir nicht die Zusammenhänge sehen,
> in denen die Kinder und ihr Dahinleben
> sich befinden.
> J. Ch. Salzmann

Definitionen geben meist Begriffsinhalte und -umfänge, sowie artbildende Merkmale wieder. Modelle schaffen allgemeine Verbindungen zwischen systemischen Schwerpunkten. Im folgenden Kapitel sollen ausgewählte aktuell diskutierte Zusammenhänge zwischen dem Feld der Hochbegabung und korrespondierenden Faktoren angerissen werden.

Begabung und Lebenswelten

Aus mehreren Perspektiven lohnt sich die Betrachtung von Begabung und lebensweltlichen Bezügen. Einerseits können förderliche Allianzen konstatiert werden. Andererseits soll auf existierende Verengungen bei Auffassungen über Hochbegabte aufmerksam gemacht werden. Diese Melange geschieht in hohem Grade seitens der Umwelt(en) bzw. in die Lebenswelten „hinein". Hier – in Familie, den Institutionen (wie z.B. Schule, Kindergarten, Universität) aber auch in medialen Kontexten. Letztlich tun Ähnlichaltrige (die so genannten Peers) einiges dafür bzw. dagegen, wie Heranwachsende – ob hoch begabt oder nicht – aufwachsen. In diesen vier Lebenswelten vollziehen sich die größten Unterscheidungen, wie Hochbegabung eigentlich gefasst wird – als Disposition oder Voraussetzung, als Leistung „an sich" oder Versagen.
Holling und Kanning (1999, S. 6) fassen die Summe aus Anlagen und Umwelt- bzw. Persönlichkeitsfaktoren zur Hochbegabung als sichtbare Leistung. In den Anlagen steckt dabei deren Disposition. Differenzierter erklärt das Münchener Hochbegabungsmodell (Heller 2013, S. 55) Familien- und Klassenklima, sowie kritische Lebensereignisse als Umweltmerkmale, die im Kontext mit Begabungsfaktoren und nichtkognitiven Persönlichkeitsmerkmalen Leistung ergeben können. Damit wird auch den Einflüssen der Gleichaltrigen (Peers) Augenmerk zuteil. Hella Schick (2007, S. 74) merkt an, dass sich das Interesse mit oder ohne diesen Peerbezug auf Sachen, Lebewesen, Ereignisse oder Zusammenhänge beziehen kann, d. h. alle Sachverhalte in der Lebenswelt, über die Wissen erworben und ausgetauscht werden kann. Der Person- Gegenstandsbezug wird dabei durch eine kogniti-

ve, eine wertbezogene und eine emotionale Komponente konstituiert. Die kognitive Komponente zeichnet sich durch eine gegenstandsspezifisch hohe Komplexität aus. Die wertbezogene Komponente definiert sich über eine herausgehobene subjektive Bedeutsamkeit und Ich-Nähe.

Eine ganze Reihe von Umweltmerkmalen strukturieren zudem die Lebenswelten. Genannt werden in unterschiedlichsten Quellen u.a. Erziehungsstile, der Anregungsgehalt der familialen Lernumwelt, die Bildungsnähe der Eltern, häusliche Leistungsanforderungen, Geschwisterzahl und -position (vgl. u.a. Gödelt/Leidel 2015; Hagelgans 2014; Bachmann 2013; Prüßner 2015)

Die für die institutionell agierende Pädagogik wesentlichen Umweltmerkmale sind u.a.
- die Unterrichtsformen und -qualitäten, einschließlich lerndifferenzierter und/oder indivudelisierender Maßnahmen
- das Klassen- und Kleingruppenklima inklusive der Gruppierungsformen, einschließlich der Kommunikation
- Lokale Gegebenheiten (wie z.B. Zimmergröße, Lernplätze, entdidaktisierte Spiel- und Erlebnisbereiche)
- das schulische Leistungsklima, z.B. Anforderungsniveaus und dem Geist, „wie Leistung generell gewichtet wird", einschließlich der entsprechenden Gruppendynamik
- Anregungsreiche materiale Lernumgebungen und -domänen, inklusive kreativer Felder (vgl. Burow 2016, S. 51)
- Interaktionsniveau und -verläufe bei kritischen Situationen, Qualität von Mediation und Präventionsmechanismen
- Aktuelle und habitualisierte Einstellungen und Haltungen der pädagogischen (Fach)kräfte (vgl. Römer/Trautmann 2015, S. 242)
- Einstellung der Akteure, z.B. im Kontext von Klassenstufensprüngen usw. (vgl. hier u.a. Heinbokel 2004)

Vorurteile, manifeste Meinungen und die aus geringen bzw. gänzlich fehlenden Kenntnissen bzw. mangelnder Empathie resultierenden Pauschalisierungen sind ebenfalls generell umweltbezogener Reaktionen, auf die Hochbegabte und deren Umfelder treffen. Begünstigt werden Fehldeutungen durch die ausgesprochen mannigfaltigen Begabungsausprägungen, die damit einher gehenden höchst heterogenen Leistungspotenzen und durch jene Begabungsmuster, die mit der real existierenden Schule nicht kompatibel sind. Im Folgenden sollen einige Thesen, die Hochbegabten immer wieder (einmal) begegnen, einer kurzen Durchmusterung unterzogen werden.

Gegenüber der *Schule*:
Viele hochbegabte Kinder sind sozial eingebunden, kommen mit der Schule klar und nutzen die u.U. bereit gestellten additiven Lernmöglichkeiten. Das daraus offenkundig entwickelte Image von Angepasstheit, Fleiß und Integra-

tion erdrückt viele Probleme derjenigen, die diesem Raster nicht entsprechen. Daten des zweiten Marburger Hochbegabtenprojektes (Rost, 2009a), zeigen, dass Hochbegabte nicht weniger angepasst sind als andere Schüler, sondern in sozialen und Persönlichkeitsmerkmalen und im Wohlbefinden sogar noch Differenzen zugunsten der Hochbegabten vorliegen (vgl. hier Wirthwein 2010). Viele Hochbegabte sind beliebter als durchschnittlich Begabte und werden seltener ausgeschlossen.

Laura Guevara Mendez und Thomas Trautmann (2016, S. 131) geben andererseits zu bedenken, dass für einige hochbegabte Kinder mit dem Eintritt in die Schule ein Prozess der Persönlichkeitsveränderung beginnt. Gerade Transitionsprozesse können diese Symptome weiter verstärken. Das hat auch eminente Auswirkungen auf einen im Raum stehenden Klassenstufensprung. Maria Olsson hat in einer lebensweltlichen Begleitstudie diese facettenreichen sozialen Prozesse sorgsam nachgezeichnet und kommt zum Resultat, dass das *Lebensgefühl* eines hochbegabten Kindes in der Schule erhebliche Einbrüche erleiden kann (vgl. Olsson 2014, S.44 ff). Tatsache ist, dass eine Reihe von Kindern ihre Fähigkeiten in der dritten und vierten Jahrgangsstufe nicht mehr als so gut einschätzen vermögen wie in den ersten Schuljahren. Dieser allgemeine Trend wird in der Regel durch höhere Selbstkritik, intensivere Vergleiche mit anderen und eine geschulte Urteilsbildung begründet. Kinder sind eben reifer geworden und haben gelernt, dass niemand perfekt ist. Dieser Entwicklungstrend gilt auch für hochbegabte Kinder betrifft diese aber nicht in ungewöhnlichem Ausmaß (vgl. hier Weinert/Helmke 1997). Monika Osterheld (2001, S. 10 ff) stellt vier Grundbedürfnisse von Schülern in den Mittelpunkt der lebensweltlichen Begabungsdiskussion:
- Annahme und Zugehörigkeit
- Selbstwirksamkeit
- Freiheit und Selbstbestimmung
- Motivation ausleben

Um sich in der Schule aktiv entfalten zu können ist die primär notwendige Voraussetzung, sich *so angenommen* zu fühlen wie man ist. Gerade ein begabtes Kind muss seinen unverwechselbaren - weil oft nicht normierten - Beitrag in einer (und für die) Gruppe wagen können, ohne dass dabei Angst oder/und Abwertung aufkommt. Dass dies beileibe keine Ausnahme darstellt zeigt z.B. Mareike Brümmer eindrücklich an einem divergent denkenden Mädchen (vgl. Brümmer 2016, S. 76).

Vertrauen in die Umgebung oder Unsicherheit und Angst entscheiden, ob das Kind es wagt sich einzubringen oder aber, ob es seinen Beitrag kontrolliert. So schützt es sich, schafft sich Sicherheit und vermeidet Fehler. Dieser grundsätzlichen Frage von Kommunikation im (grund)schulischen Umfeld geht Lara Maschke nach, wenn sie z.B. der Rolle von Ironie im Unterricht nachspürt (vgl. Maschke 2015, S. 93).

Jeder Schüler will durch sein Tun etwas *bewirken* und bringt seinen individuellen Horizont mit seinen Begabungen und Vorerfahrungen in das System Schule mit. Jedes Kind will tätig sein und sich mit seiner Tätigkeit erfahren, erfahrend lernen und wachsen. Schule hat ihr Lernangebot grundsätzlich und kontinuierlich den heterogenen Schülerpersönlichkeiten anzupassen. Das bedeutet nicht, alles zu individualisieren (vgl. hier Helmke 2013, S. 34). Unterricht taugt ebenfalls nichts, wenn er den einen Schüler zu Passivität qua Unverständnis verdammt, den nächsten zu „kontrollierter Aktivität" führt und den dritten permanente Langeweile aufnötigt, weil alles hinreichend bekannt ist. Ist dieser Prozess chronisch, ebbt peu a peu das Engagement ab und der Schüler bleibt weit hinter den Möglichkeiten, dessen was er vermag, zurück. Solche (und andere) Prozesse sind der modernen Unterrichtsforschung nicht unbekannt (vgl. u.a. Helmke 2015, S. 70).

Mit der Selbstwirksamkeit ist eng verbunden das Moment der *Selbstbestimmung*. Von Natur aus ist das Individuum neugierig, drängt es, Neues zu erfahren und zu lernen. Von Natur aus und von seinem individuellen Standpunkt aus will es seine Möglichkeiten in toto ausleben (gutes Beispiel in Trautmann/Sallee/Buller 2011, S. 55). In der Schulwirklichkeit, so warnt Osterheld (2001, S. 14) besteht das einzige Moment von Freiheit häufig in der Flucht in die Passivität oder in das Innenleben, der Schüler schaltet ab oder träumt. Schule brauche aber Freiräume, in denen der Schüler selbstbestimmt lernen kann. Olga Graumann plädiert in diesem Zusammenhang für Binnendifferenzierung, Individualisierung und dem Respekt vor Verschiedenheit statt einer versuchten Reduktion der Heterogenität durch äußere Differenzierung (vgl. Graumann 2002; Scholz 2012).

Schließlich muss Schule den unterschiedlichen Motivationen Heranwachsender Rechnung tragen. Auch Lernbereiche, die in der Schule traditionell nicht im Fächerkanon vorkommen, sollten Beachtung finden. Wie oft ist Begeisterung und Tun in der Schule überhaupt gefragt? Wenn sich die Schule nur als Garant des Mindeststandards versteht, also nur und ausschließlich den Lehrplan im Unterricht verfolgt, dann ist wirkliche Motivation, die manchmal auch viel mehr möchte, in der Schule fehl am Platze. Monika Osterheld (vgl. 2001, S. 15) konstatiert eher trocken, dass, wenn die Minimalforderungen so oft wiederholt werden, bis sie vermeintlich bei allen Schülern angekommen sind, ... man „den lebendigen Impuls und die Begeisterung wohl aller Schüler eingebüßt" hat.

Wie aber sieht motivationsfördernder Unterricht aus? Er muss handlungs- und produktionsorientiert sein. Verkündigungsszenarien von scheinbar viel wissenden Lehrpersonen sind ebenfalls problematisch – sie könnte Gefahr laufen, von einem Heranwachsenden korrigiert zu werden oder bestimmte Quellen nicht zu kennen. Die Rolle der Lehrperson in und außerhalb von Unterrichtsprozessen haben Olaf Steenbuck (vgl. 2009 a, S. 37) und Thomas Trautmann (vgl. 2009 c, S. 66) eingehend untersucht. Diesbezüglich zu analysierende Fragen sind u.a.:

- Gibt es fördernde Unterrichtsstrukturen für alle?
- Welche Kompetenzen hat bzw. nutzt die Lehrerin bzw. der Lehrer?
- Weiß jeder Lerner, was er gerade zu tun hat?
- Welche Qualität hat das kommunikative Umfeld in Klasse und Kollegium?
- Lässt die prinzipiell verfolgte Schulentwicklung Raum und Zeit für Begabungsförderung? (vgl. hier Römer 2015, S. 161; auch Römer/Trautmann 2015, S. 241)

Hinsichtlich ihrer *Freunde* und *Gleichaltrigengruppen*:
Viele Hochbegabte Kinder sind in ihren Freundeskreisen glücklich und ausgeglichen. Andere stecken im Dilemma, weil ihnen der längerfristige Austausch und der Aufbau stabiler Beziehung mit Gleichaltrigen, den so genannten Peers (das können Klassenkameraden, Nachbarskinder, Gleichaltrige im Verein oder Sportclub, Bekanntschaften etc. sein) nicht hinreichend gelingt. Eine Reihe von Gründen und die unverwechselbaren Entwicklungsindikatoren lassen Lehrer und Eltern eine Reihe von Kristallisationspunkten antizipieren.
Erstens sind viele Hochbegabte jenen Ähnlichaltrigen in der intellektuellen Entwicklung voraus. Das kann fruchtbare Interaktion bedeuten. Das kann aber auch andere Interessen und Neigungen, eine andere Kommunikationsstruktur und -inhalte sowie eine andere Art Humor (Maschke 2015) mit sich bringen. Viele so genannte Checklisten besagen (m.E. vorschnell) das Bestreben Hochbegabter, sich Ältere als Freundin oder Freund zu suchen. Es gibt eine Reihe hoch begabter Kinder, die sich gerade unter Altersähnlichen sehr wohl führen[46].
Zweitens neigen Hochbegabte oft zu Perfektionismus (vgl. Stamm 2008 a; Prüßner 2015, S. 15). Ihr hoher, mitunter übersteigerter Anspruch an sich selbst, an ihre Ziele und an das Methodenarsenal wird meist unterschiedslos auf andere kopiert. Die Folgen können u.a. Auseinandersetzung, Rückzug oder konfrontatives Verhalten sein. Im Zusammenspiel mit der Tatsache, meist jünger zu sein und bereits mehrfach an unperfekter Realisierbarkeit der eigenen Projekte gescheitert zu sein kann mitunter in eine nicht selbst gewählte Isolation führen. Die Peers wiederum werden in ihren sozialen Netzen zur Verbreitung der Eigentümlichkeit des hochbegabten Kindes beitragen, was in einigen Fällen den Beginn einer Mobbingkarriere nach sich zieht (vgl. hier u.a. Olweus, 1996; Alsaker 2003; Jost 2004, S.11ff; Schäfer/Herpell 2010).

---

[46] Bei unseren Schullaufbahnberatungen – etwa wenn über einen Klassenstufensprung nachgedacht wird – ist die erste Frage an Eltern und den in Rede stehenden Schüler. „Fühlst du dich wohl in deiner Klasse?". Die Antwort ist ausschlaggebender Indikator, über didaktische Fördermöglichkeiten zu diskutieren.

Olga Graumann (2002, S. 109) merkt ebenfalls an, dass sich Hochbegabte entgegen der oft geäußerten Meinung nicht ältere Freunde suchen. Ebenso fehlen Befunde über mangelnde bzw. überdurchschnittliche Empathiefähigkeit oder Sensibilitätsmängel. Auch Detlef Rost (1993) fand keine Belege für das Ausbreiten von Einsamkeit bei Hochbegabten mangels eines Freundeskreises in der Schule. Das kann im konkreten Einzelfall selbstverständlich anders sein und bedarf der sorgsamen Beobachtung.

Nicht immer können Heranwachsende, Erzieher oder Eltern eine Vermittlerrolle in den schwierigen Beziehungsgeflechten der Peers einnehmen. Einerseits kann der Gleichaltrigengruppe damit ihre Selbstwirksamkeit erlebbar gemacht werden. Andererseits müssen Hochbegabte Strategien angetragen werden, sich selbst in Gruppenzusammenhängen aushalten zu lernen.

In Bezug auf ihre *Familie*:
Familien und Familien sind unterschiedlich. Es ist somit wahrscheinlich, dass auch die Beziehungen der Familienmitglieder untereinander variieren – ob sich in diesen Familien Hochbegabte tummeln oder nicht. Welche Familien kennzeichnen eine hohe Wahrscheinlichkeit, lebenszufrieden aufzuwachsen? Solche Familien garantieren sowohl Selbstständigkeit ihrer Mitglieder und gleichzeitig Zugehörigkeit zur Gruppe. Weitere Kennzeichen dafür sind u.a.

- durchlässige Grenzen der Familie nach außen (hinsichtlich des Freundes- und Bekanntenkreises, der Interessen und Hobbies ihrer Mitglieder usw.)
- Klarheit und Flexibilität von Grenzen innerhalb der Familie, die immer neu und alters- bzw. entwicklungsgemäß ausgelotet und stetig neu verhandelt werden müssen. Damit ist ein Merkmal auf der Meta-Ebene benannt: eine nie abreißende Kommunikation.
- Offenheit für Neues und neue Familienmitglieder (das müssen nicht permanent Geschwister sein, Haustiere, Über-Nacht-Freundinnen, Austauschschüler, auch wechselnde Freunde usw.)

In den familialen Beziehungen wird sowohl individuell als auch kollektiv agiert. Wechselnde Führungsrollen und die Delegation von Aufgaben gehören ebenso dazu wie Loyalitätsprüfungen. Selbstverständlich kann es vorkommen, dass Hochbegabte mit dem „Gehalt", was ihnen die Familie aufnötigt, nicht zurecht kommen. Entäußerte Enttäuschung („Das hätten wir gerade von dir nicht gedacht") kann zur Individuation durch Selbstaufgabe führen. Statt des offenen Protestes gehen solche Familienmitglieder in die innere Emigration, werden bulimisch oder sie kultivieren Formen der Autoaggression („Ritzen") .

In so genannten ausstoßenden (zentrifugalen) Familien gibt es wenig Bindungen. Heranwachsenden wird wenig Halt und Sicherheit gegeben, was sehr sensiblen Hochbegabten unter Umständen schwer zu schaffen macht.

Sie suchen eventuell Halt und Zugehörigkeit in Cliquen, Gangs und Peer-Geflechten, aber auch bei Menschen ihres Vertrauens, u.a. Lehrpersonen und pädagogische Betreuer. Möglich ist auch Delinquenz.

Das Gegenteil ist beim Typus der verstrickenden, auch symbiotisch oder zentripetalen Familie zu erwarten. Die Mitglieder tun sich viel Gutes an, verwöhnen sich gegenseitig und erfahren somit eine (über)reiche Bedürfnisbefriedigung. Das kann Hochbegabten durchaus gut tun, macht mitunter jedoch das „Fenster zur Welt" kleiner. Gefährlich können so genannte bindend wirkende Zuschreibungen werden. Mitgliedern solcher Familien werden recht rasch bestimmte Eigenschaften zugeordnet, wie Schwachheit, Boshaftigkeit und „crazy-Sein" (vgl. hier Elbrandt 2014, S. 44 ff). Mit derartigen Etikettierungen haben hochbegabte Heranwachsende große Probleme, weil sie sich sehr oft grundsätzlich über ihre Leistungen definieren. Das schließt die Leistungen „in der Gemeinschaft" also soziale Felder mit ein.

Zentripetale Familien pendeln zwischen einer „Wagenburgmentalität" (Wir lasen keinen zwischen uns kommen) und dem Selbstbild „Wir-sind-alle-immer-füreinander-da". Schwierig ist diese völlige innere Offenheit, wenn „externe" Geheimnisse bestehen. Heranwachsende geraten hier leicht in Konflikte, die sie überfordern. Darüber hinaus kann eine derart stark fusionierte Familie bereits bestehende individuelle Schwierigkeiten lebensweltlichen Anschluss an Gruppen zu bekommen oder Freunde zu finden.

Hochbegabte sind aber auch in vernachlässigenden oder chaotisch-instabilen Familien zu finden. Vernachlässigung als vorrangige Wesensart kann – siehe Schriftsteller (Saul Bellow; Patrick Modiano) und Künstler (Martha Argerich; Ernst Rietschel) – durchaus zur Aktivität des Selbst (Schore 2007) führen und eine Emanzipation in Gang setzen.

Wie ist so eine Familie vorstellbar? Die mangelnde Bedürfnisbefriedigung oder/und ein völliges Desinteresse an Gedanken, Gefühlen, Erlebnissen und Wahrnehmungen der anderen Familienglieder lässt die Kinder als frei flottierende Wesen heranwachsen. Dabei muss nicht nur an finanziell schwache Strukturen gedacht werden. Jedes Familienmitglied hat beispielsweise ein eigenes Zimmer, Mutter und Vater agieren mittels getrennter Kassen. Da sich jedes Familienmitglied ein eigenes Umfeld sucht, unterscheiden sich Freunde und Interessen stark und haben kaum Bezugspunkte mit- und untereinander. Diese fehlenden Überschneidungen machen es aber Kindern – und Hochbegabten in besonderer Art - zu schaffen. Dieses: „Jeder muss selbst sehen, wie er zurecht kommt" ist sehr schwer psychisch auszuhalten, insbesondere wenn man spracheloquent agieren will oder ein strukturell hohes Bewusstsein lebt und erkennt, das es allerorten an Struktur fehlt (und die Freundin beispielsweise in warmen, empathischen Kontexten aufwächst.

Letztlich spielt sich Kommunikation in chaotischen Familien meist im Eltern-Ich ab (vgl. hier Harris 1997; Trautmann 1997). Von Aussagen wie: „Das ist immer noch meine Angelegenheit" bis „Das geht dich noch gar nichts an" wird Heranwachsenden sprachlich vermittelt, nicht oder nur partiell dazuzugehören.

Werfen wir noch einen Blick auf so genannte ambivalente Familienstrukturen. In einer ambivalenten Familie gibt es häufig „Double-bind"-Aufträge. Das bedeutet, dass die Eltern widersprüchliche Aufträge geben, was zu Verwirrung führt. Das kann einerseits tatsächlich das strukturiert denkende Kind verunsichern. Gleichzeitig bietet diese Konstellation hochbegabten Kindern ein Spielfeld, sich diesen oder jenen Teil der Botschaften zu Nutze zu machen.

Familial von hohem Interesse ist letztlich die Frage: Ist Hochbegabung vererbbar? Ja, aber nicht unter allen Umständen. Untersuchungen u.a. von Grigorenko (vgl. 2000) ergaben beispielsweise, dass besonders hohe Begabungen stärker anlagegebunden sind als durchschnittliche. Auf einen interessanten Zusammenhang macht Weisberg (1994) aufmerksam. Kinder zweier hochbegabter Eltern (Prozentrang < 95) sind immer auch selbst hochbegabt, wird einmal von Krankheit oder Unfall abgesehen. Sollte sich diese Erkenntnis in weiteren empirischen Reihen bestätigen, so wäre dann ein sozioökonomischer Tatbestand der Fall, bei dem auf eine bestimmte Begabung geschlossen werden kann. Selbstverständlich muss sich die elterliche Intelligenz in bestimmter hoch qualifizierter Ausbildung manifestieren. Amerikanische Studien zu Eltern und Lernumwelten fragen diesbezüglich in zwei Richtungen. „Was tun die Eltern?" und „Wer sind die Eltern?" (Kellaghan u.a. 1993). Stöger et al. (2008, S. 15) bedauern auch folgerichtig, dass diese beiden Zugänge zu selten in theoretischen Modellen vereint werden (Taylor/Clayton/Rowley 2004, S. 163).

Im Zusammenhang von elterlicher Kommunikation warnt schließlich Monika Osterheld (2001a, S. 64) vor einer Überschätzung des Elterneinflusses, welche die schulische Dissonanzen ihrer hochbegabten Kinder nicht immer und in Gänze kompensieren können. Auch wenn die Elternrolle zunächst bedingungslose Annahme und Bejahung der kindlichen Persönlichkeit ist, kann eine chronische Verwerfung nicht aufgefangen werden. Gleichzeitig wird betont, dass Kinder in ihrer Persönlichkeitsentwicklung aufgrund ihrer Eigenaktivität in die Welt, von den Eltern weg, streben. Die Suche nach Auseinandersetzungen bringt sie mit der Welt in Beziehung, summiert persönliche Erfahrungen. Die Eltern gewähren dabei Sicherheit und Halt. Dabei bleiben Probleme nicht aus, wie der hohe Diskussionsbedarf und das teils eloquente Argumentationsniveau, selbst bei alltäglichen Routinen. Wenn im Kind die Meinung entsteht, dass es nur akzeptiert wird, wenn es die Leistung bringe, welche Eltern erwarten wird dies nahezu immer zu Dissonanzen führen. Damit Familien solche Zerreißproben erspart werden, ist Herausforderung am nötigen Ort wichtig – in Schule, im Sportverein und zu Hause. Eltern sollten dies mit Wohlwollen und zurückhaltender Unterstützung begleiten. Jedes Kind hat verborgene Reserven, die es nur bei wohlmeinenden Eltern selbst zu Tage fördern kann. Gerade hier aber besteht die Gefahr, dass es einem Kind sehr schwer wird, sich von den Eltern zu lösen. Diese Prozesse werden stark beeinflusst von den Begleitumständen bzw. der Art und Weise, wie Eltern sich dem Problembereich selbst stellen. Eine mögliche formale Einteilung unterscheidet z.B. desinteressierte und gleichgültige Eltern von hoch informiert-interessierten Eltern. Egoistischen und frustrierten Eltern stehen kompetente, billigende gegenüber. Hinsichtlich der Interaktion gibt es durchsetzungsstarke bzw. -schwache Eltern usw. Tausende Mischformen machen die tägliche Elternarbeit ebenfalls nicht einfacher. Kritik fordernder Eltern können bei sensiblen Kindern sogar Gefühle der Ablehnung hervorrufen, wenn sich jene im institutionellen Kontext wohlfühlen. Trautmann (2009 a, S. 53) verneint dezidiert anderen Anspruch und Zuspruch von Eltern begabter bei aller Sicht auf deren spezifische Fragen und Probleme. Es kann, so sein Plädoyer, also nur generell um eine gelingende Elternarbeit für das Gros der Erziehungsberechtigten gehen. Selbstredend ist die Elternklientel in privaten Schulen durchaus spezieller Natur. Die dort verstärkt zu findende Kindzugewandtheit bzw. partielle Zentrierung auf den Nachwuchs, eine oft solide Finanzlage, die Erwartungshaltung und elaborierte Sprachcodes schaffen eine neue Art von Problemlagen. „Skizziert seien Elemente von Überbehütung, unrealistische Vorstellungen über die außerdidaktischen Leistungsebenen der Lehrperson(en), eine Dienstleistungsmentalität („Wir zahlen ja schließlich Schulgeld"), sowie das Ausblenden von gruppendynamischen Prozessen in der Klasse und zwischen den Klassenstufen." Er schlägt eine Reihe von Kriterien vor, die für Elternarbeit gelten können:

Kriterien mit universellem Charakter
- ➢ wertschätzendes Verhalten auf Gegenseitigkeit
- ➢ nachhaltige Kommunikationskultur
- ➢ Offenheit und weit gestellter Fokus im Umgang aller Beteiligten
- ➢ Termintreue bei Absprachen und Konsultationen
- ➢ Klarheit und Verständlichkeit von Aussagen und Abmachungen
- ➢ Umsetzung der Vereinbarungen nach Geist und Buchstaben
- ➢ Akzeptanz unterschiedlicher Standpunkte
- ➢ Konstatierende Situationsbewertung
- ➢ Toleranz gegenüber spezifischen Kommunikationsfaktoren
- ➢ ...[47]

Kriterien mit spezifischem Charakter
- ➢ Nutzung der institutionellen Gremien (Schulkonferenz)
- ➢ Angebote für Beratung, Hilfe und Zuspruch
- ➢ individuelle Sprechzeiten
- ➢ geregeltes mediales Kommunikationsangebot (Email; Telefon)

---

[47] Trautmann lässt diese Felder bewusst frei, um die prinzipielle Offenheit der Überlegungen anzudeuten.

> Mediation bei sich verengenden Blickwinkeln oder akuten Konflikten
> ...

Kriterien mit sachlichem Charakter
> Hospitation (Felderkundung)
> Programmatische Beiträge
> Raum- und Medienpartizipation
> (Förder-)Vereinsarbeit
> Projekt-, Fest- und Feier(mit)gestaltung
> ...

(Trautmann 2009, S. 54)

Letztlich sind im Kommunikationszusammenhang mit der Schule - die folgenden Fragen wesentlich:
- Welche Modelle von Begabung (ihres Kindes und generell) vertreten die Eltern?
- Welche Rollen schreiben sie sich zu, welche den Vertreterinnen der Institution?
- Wie groß ist ihre Veränderungsbereitschaft?
- Welche persönlichen Erfahrungen (Niederlagen, Verletzungen) erfuhren die Eltern (etwa bei geschwisterlichen Bildungsverläufen oder/und in der eigenen Schulbiografie)
- Welcher haltenden Systeme können sich die Eltern versichern (Großeltern, Freunde, Geschwister, andere)?

Begabung und Wahrnehmung

Forschungen widmen sich schon eine Zeit lang – etwa im Kontext frühkindlicher Erkennungsbemühungen – dem Zusammenhang von Wahrnehmung und Begabung. Beate Lubbe berichtet, dass die Informationsgeschwindigkeit hoch intelligenter Kinder in der Regel über eine extreme Verarbeitungsgeschwindigkeit im Bereich der visuellen Aufnahme funktioniert (Lubbe 1998, S. 21). „Klügere" extrahieren den Bildinhalt mit kürzerem Blick. Die Fixierungsdauer – etwa eines menschlichen Gesichts – nimmt mit steigendem IQ ab.
Bei hoch intelligenten Kindern findet man nun gehäuft diskrete leichtere oder manchmal stärker ausgeprägte Probleme im Bereich der sensorischen Integration, der Stelle, wo Informationen im ZNS von einem Sinnesorgan einläuft und mit den Wahrnehmungen aus den anderen Sinnesbereichen verknüpft und verschaltet wird. In einem nächsten Schritt wird diese mit dem Bewusstsein zu einem tatsächlichen Sinneseindruck oder einer Empfindung verbunden. Häufig werden Kinder beschrieben, bei denen sehr schwache Sinnesreize bereits zu einer heftigen Reaktion führen (Heftige Überempfindlichkeit auf Gerüche, Gleichgewichtssinn, Klettern, Tennis etc., auch in der

auditiven Wahrnehmung, oft wird in diesem Zusammenhang auch eine Schwerhörigkeit vermutet.).

Das Problem liegt offenbar nicht in der Sinnesaufnahme, sondern in der Sinnesverarbeitung. Ist Konzentration und Aufmerksamkeit auf optische Reize gelenkt, werden einlaufende akustische Informationen langsamer verarbeitet und erreichen nicht mehr das Bewusstseinsniveau. Damit gehen Kindern in der Schule oft gehörte Informationen verloren. Die eben erwähnte Beate Lubbe (2003) weist aber auch auf den Umkehrungsfall hin. Danach muss ein Sinnesreiz sehr hohe Intensität haben, um zu einer wahrgenommenen Empfindung zu führen (Kinder, die übermäßig schaukeln, wippen, scharfe Lakritz lieben und kaum schmerzempfindlich zu sein scheinen.). Ein Grund liegt im ungleichmäßigen Ablauf im Bereich der Verarbeitung, der Integration von verschiedenen einlaufenden Sinnesorganen.

Die Vorliebe Hochbegabter für gliedernde und ordnende Tätigkeiten hat ebenfalls mit der besonderen Flüssigkeit im Denken und/oder im Finden neuer, origineller Ideen (in Sprache oder mit Materialien) zu tun. Ist erst einmal die Struktur entdeckt, wird oft mit ihr gespielt. Das heißt, die Struktur wird nach gusto oder neuen Merkmalsgruppen zerlegt und neu kreiert – ein oftmals unverständlicher Vorgang für Erwachsene[48].

Hervorragend für die Wahrnehmung ist auch die hohe Konzentrationsfähigkeit und außergewöhnliches Beharrungsvermögen. Dies ist jedoch selektiv und kommt meist bei selbstgestellten Aufgaben (und meist im intellektuellen Bereich) samt anspruchsvollen Spielen zum Vorschein (und kollidiert mitunter mit Routinen und Wiederholungen). Auch hier muss – step sy step gelernt werden, das eine tun zu können und das andere nicht auszusparen. Helfen kann (auch hier) das besonders frühe Interesse an Zeichen und Symbolen (zum Beispiel Buchstaben, Zahlen, kyrillischen und chinesischen Zeichen). Diese müssen u.U. geübt werden. Wenn diese Notwendigkeit als Teil eines Systems der „sich entwickelnden Expertise" (Sternberg 2001) begriffen wird, koppelt es an den selbst initiierten und meist selbstständig durchlaufenen eigenen Schriftspracherwerbsprozess an. Letztlich ist auch ein besonderer Sinn für Humor ein Signal besonderer Wahrnehmung. Die Doppeldeutigkeit von Begriffen, der „Teekesselchen-Effekt" oder eine situative Komik und selbst Ironieverständnis entstehen aus einer geschärften Sinneswahrnehmung und scheint ein Hinweis für kreative Weltauffassung zu sein (vgl. Maschke 2015; Brümmer 2016).

Bei Hochbegabten mit Lese-Rechtschreibschwäche werden die Zusammenhänge zwischen Wahrnehmung, Wahrnehmungsstörungen und Begabung ebenfalls deutlich. Ungewöhnliche Fähigkeiten in einem Gebiet gehen häu-

---

[48] In diesem Kontext sollte sich der Vorgang erklärt werden lassen. Damit könnte sich eine Reihe von Kollisionen vermeiden lassen, die sich etwa beim Notieren von Zwischenschritten beim Rechnen ergeben.

fig mit einem Defizit in einem anderen Gebiet einher. Umgekehrt ist zu fragen, ob ein Defizit in einem Gebiet ein Indiz für eventuelle spezielle Fähigkeiten in einem anderen sein könnte (vgl. West 1997). Galaburda (vgl. 1984; auch 1999) hat bei Gehirnuntersuchungen nachweislich von Lese-Rechtschreibschwäche betroffener Personen mikroskopische Läsionen (das sind Zonen mit Beschädigungen oder vermindertem Wachstum) und eine ungewöhnliche Symmetrie bestimmter Funktionen festgestellt. Er vermutet, dass diese Läsionen nicht nur die Entwicklung einiger Gebiete behindern, sondern auch für die Entwicklung anderer Gebiete verantwortlich sind, das Hirn reorganisieren. Sie produzieren dabei aber nicht immer Lese-Rechtschreibschwäche. Ich bin sicher, dass ähnliche Mechanismen benutzt werden, um Genies hervorzubringen, und manchmal tritt beides in einer Person auf.

Susan Baum (1990) unterstreicht in diesem Bezug, dass Lehrer und Eltern immer wieder feststellen, dass Kinder mit Lese-Rechtschreibschwäche einen längeren Reifeprozess durchlaufen. Neurologische Forschungen deuten an, dass Spätentwickler auf lange Sicht davon profitieren. Thomas G. West (1997) vermutet drei Gründe:

- Die Welt des Kindes kann länger erfahren werden, was dem Jugendlichen einen größeren Fundus an gesehener und gefühlter Erfahrung gibt. Darauf baut sich Intuition auf, bevor die Erwachsenenwelt des festen, gelesenen, gelernten Wissens überformt.
- In einigen Fällen und Gebieten kommt es zu einer Erweiterung neurologischer Kapazitäten.
- Die Entwicklungsverzögerung bewahrt Aspekte der naiven Kindersicht (Erstaunen, Denkfrische, Vorurteilsfreiheit) für das gesamte Leben, was die Wahrscheinlichkeit erhöht, kreativ zu sein.

Spätentwicklung kann daher eine positive Auswirkung von LRS sein. Ein derartiges Konstellationsgefüge im Kind trifft jedoch auf Schule, die traditionell schriftsprachlich prominent ist. Während Howard Gardner – wie bereits erwähnt – auf die Multiplizität der Intelligenzen hinweist, beziehen sich (schulische) Leistungsmessungen meist auf das geschriebene Wort - nur eine Art von Intelligenz. Zudem werden im 21. Jahrhundert Computerfertigkeiten schnell wichtiger als die für das Lesen und Schreiben nötigen Grundfähigkeiten. Auf der Seite der Pädagogen muss dies zu einer Umorientierung führen (vgl. Schaumburg et al 2007; Bickler 2008). Als Konsequenz für die schulische Leistungsbewertung regt Baum an, nicht ausschließlich schriftliche Arbeiten als Maßstab zuzulassen, sondern z. B. Textverarbeitungsprogramme zu benutzen, um schriftlichen Hausaufgaben zu vollenden. Derartige Mängel an pädagogischer Flexibilität vergleicht er damit, blinden Kindern zu verbieten, Texte in Brailleschrift zu verwenden.

Begabung und Informationsverarbeitung

Eine besonders effektive Informationsverarbeitung (z.B. Aufmerksamkeit und Habituierung, Verarbeitungskapazität und -dauer, Gedächtnis, Informationsverarbeitungsstrategien, Metakognition) wird häufig als Hinweis auf eine Hochbegabung gewertet (vgl. Stöger/Schirner/Ziegler 2008, S. 10). Nahezu unbestritten ist also die Tatsache, dass sich Begabung durch eine rasche Informationsverarbeitung auszeichnet. Wenn dies als Primat verstanden wird koppeln sich daran eine Reihe von (bereits mehrfach erwähnten) Kompetenzen an, z.B. eine schnelle Auffassungsgabe, die hohe Merkfähigkeit und Behaltensquote, großartige analytische Fähigkeiten und letztlich eine ausgeprägte Abstraktionsfähigkeit. Von Einsiedler (vgl. 2008, S. 4) wird die Informationsverarbeitungskapazität als der zentrale Faktor der Entwicklung betrachtet. Vor allem die Verarbeitungsgeschwindigkeit und die Verarbeitung größerer Informationsmengen verändern sich, hauptsächlich verursacht durch die Myelisierung der Nervenverbindungen, die zum Teil durch Reifung, zum Teil durch Kind-Umwelt-Interaktionen (Wissenserwerb) voranschreitet (vgl. Sodian 2008).

Diese Aufmerksamkeit kann in elementaren Anfängen bereits bei sehr jungen Kindern untersucht werden[49]. Die allgemeine Fähigkeit dafür ist die Intelligenz, die als eine Art geistige Flexibilität beschrieben werden kann, die sehr breit angelegt ist. Und genau diese Intelligenz hat mit der hier in Rede stehenden Geschwindigkeit der Informationsverarbeitung zu tun. Elsbeth Stern und Aljoscha Neubauer (vgl. 2007) merken aber auch an, dass dazu ebenso die Fähigkeit gehört, irrelevante Informationen zu unterdrücken. Intelligenz ist danach eher allgemein, während Talente und Begabungen sich immer auf etwas beziehen: Jemand ist z. B. musikalisch begabt und kann Gitarre spielen. Intelligenz dagegen ist allgemeiner angelegt; man kann sie verschieden investieren. Wenn man intelligent ist, kann man besser Mathematik lernen – vorausgesetzt, der Unterricht ist gut – kann sich sprachlich besser ausdrücken usw. Es ist eine allgemeine „Kondition" – wenn man es auf das Sportliche bezieht – auf das Geistige bezogen.

Bei später einsetzenden Tests enthalten manche Checklisten Fragen zu verschiedenen Aspekten der Aufmerksamkeit, des Gedächtnisses und der Gedächtniskapazität. Auch in psychometrischen Tests, etwa der Kaufman ABC können diese Aspekte zum Teil erfasst werden (Kaufman/Kaufman 1983). Intelligenz kann jedoch kaum „verpasstes" Lernen kompensieren, während

---

[49] Bei Habituierungsuntersuchungen wird danach einem Säugling typischerweise ein neuer (visueller) Stimulus dargeboten. Dies führt zu einem Ensemble an Reaktionen, beispielsweise die Weitung der Pupillen oder eine Erhöhung der Gehirndurchblutung. Diese Reaktionen ermöglichen eine intensive Erhöhung der Aufmerksamkeit (Stöger/Schirner et al. 2008, S. 10).

ein stringentes Lernvermögen Begabungspotenziale (re)aktiviert. Helmut Quitmanns (2013, S. 30) provokante These „Einmal schlau, immer schlau?" ist also gründlich zu verwerfen. Letztlich bringt Franz Weinert das Verhältnis von Intelligenz (inklusive rascher Informationsverarbeitung) und dem Lernen auf einen Nenner, wenn er ausführt:

> *Unabhängig von den unterschiedlichen Fähigkeiten und Talenten der Schüler muss alles gelernt werden, was später gewusst und gekonnt wird. Lernen ist der mächtigste Mechanismus der kognitiven Entwicklung. Das gilt uneingeschränkt sowohl für hochbegabte Kinder als auch für schwächer begabte Schüler. In vielen Fällen ist dabei didaktische Unterstützung notwendig und wirksam. Noch so gut gemeinte motivationspsychologische oder sozialpädagogische Maßnahmen können für den eigentlichen Lernakt kein Ersatz sondern nur eine oft sehr wirksame Voraussetzung sein. (Weinert 2001, S. 85)*

Begabung und Lernen

Die Frage, wie Lernen generell funktioniert, inklusive wie Hochbegabte lernen, ist – trotz bildgebender Verfahren – noch weitgehend ungelöst. Vermutet werden duale Mechanismen aus hoher Kapazität und hoher Effizienz der kognitiven Eingangskanäle (z.B. gegenüber symbolischen Impulsen) inklusive einem hohen Anteil aktiver Vernetzungsstrukturen. Die gängigen Hochbegabungsmodelle geben zwar eine Reihe kognitiver Merkmale an, deren Zusammenwirken bzw. die Ausprägung ihrer inneren Durchdringungen (Interdependenzen) ist jedoch noch nicht hinreichend geklärt. Weiterhin ist bekannt, dass der Wissenszuwachs bei entsprechendem Begabungsprofil nicht additiv, sondern kumulativ verläuft. Er bedingt daher eine bessere und schnellere Entwicklung.
Im Kontext Lernen und Verhalten wird die Basis üblicherweise durch den Vergleich zweier Zeitpunkte gebildet. Der spätere Zeitpunkt weist meist ein bestimmtes Verhalten auf, das beim vorigen nicht wahrnehmbar war. Das Resultat einer beobachtbaren Zustandsveränderung wird als Lernergebnis bezeichnet (vgl. Seel 2000, S. 143). Die Schwierigkeit Lerntypen zu klassifizieren liegt allerdings nicht in einer solchen Aufzählung von Lernerscheinungen begründet, sondern in der Eingliederung der Vielfalt an Erscheinungen in eine Ordnung (vgl. Edelmann 2000, S. 279). Seel betont, dass in der Geschichte der psychologischen Lernforschung vielerlei Ansätze unternommen wurden, verschiedene Formen des menschlichen Lernens zu identifizieren, um sie anschließend in eine systematische Gliederung einzuordnen. Hinsichtlich Begabter fehlt ein solches Raster.
Manfred Spitzer (2000, S. 216) differenziert zwischen dem Lernen von Fakten (episodisches Lernen) und dem Üben von Fähigkeiten (prozedurales Lernen). Ein Kind kann lernen, wann ein Tanz entstanden ist oder es kann den Tanz selber erlernen (vgl. Spitzer 2014, S. 315). Ganz allgemein formu-

liert, besteht also ein Unterschied zwischen Wissen und Können. Können stellt implizites Wissen dar. Es ist nicht explizit präsent. Der Mensch verfügt über dieses, indem er es anwendet. Diese Art von Wissen ist prozedural gespeichert. Wissen ist explizit vorhanden. Bei einer vergleichenden Gegenüberstellung der Menge des Könnens und der Menge des Wissens, über die ein Mensch verfügt, fällt auf, dass der Mensch auffällig viel kann, dahingegen aber wenig weiß (vgl. Spitzer 2000 S. 60-62). Hinsichtlich Hochbegabten fällt dieses Urteil allerdings weniger vernichtend aus.

Auch die Kontroverse um „kognitiven" versus „situierten" Konzeptwechsel (conceptual change) bei Kindern ist für unseren Zusammenhang von Begabung und Lernen relevant. Falsch Gelerntes kann damit zu einer habitualisierten Fehlauffassung führen, die erst mit großer Kraft neu konstruiert werden muss. Robin Stark (2003, S. 134 ff) stellt an verschiedenen Forschungsrichtungen dar, wie im kognitiven Ansatz versucht wird, an Rahmentheorien und Fehlkonzepte der Kinder anzuknüpfen (z. B. falsche Modelle oder falsche Merkmalszuschreibungen) und zu Umstrukturierungen hinzuführen. Bekannt sind etwa die falschen Kategorisierungen Kraft als Impuls oder bei Grundschülern Wachstum als Intentionalität. Feinere Ausdifferenzierung des konzeptuellen Netzwerkes (vgl. hier Rumelhart/Norman 1978) können dann nicht mehr „Tuning" (Verfeinern) oder „Accretion" (Hinzufügen) vorgenommen werden. Statt dessen muss „Restructuring" betrieben werden. Für Hochbegabte kann der Aufbau falscher Modelle dazu führen, dass grundsätzliche Annahmen, so genannte Axiome der Weltsicht im Verlaufe von Lernprozessen zum Einsturz kommen.

Die synaptischen Verbindungen zwischen Neuronen ändern sich jedoch nur langsam. Bei jedem Lernprozess erfahren die Stärken mancher Synapsen eine kleine Änderung. Es ist begründet zu vermuten, dass sich bei Hochbegabten die Synapsenformen rascher ändern. Abgesehen von dem auf Einzelheiten spezialisierten Hippokampus strebt das Gehirn das Lernen von Allgemeinen an. Das Allgemeine wiederum kann nicht durch das Erlernen von Regeln vermittelt werden, sondern mittels der Verarbeitung von Beispielen. Aus diesen Beispielen werden die Regeln selbst produziert. Dieser Vorgang vollzieht sich stets dann, wenn die Umwelt auf Regeln basiert. Im Gegensatz zum Menschen, dem die Regeln nicht bekannt sind, werden diese vom Gehirn aufgespürt. Aus diesem sehr raschen Verallgemeinern und Abstrahieren aus dem Einzelnen resultieren zwei Vorteile Hochbegabter. Einerseits spart das Gehirn an Speicherplatz für Einzelheiten. Daher staunen wir oft über deren fotografisches Gedächtnis. Andererseits wird gespeichertes Wissen aufgrund dessen überhaupt erst anwendbar (vgl. Spitzer 2007, S. 76 ff) und dies offenbar in frappierender Schnelligkeit. Damit im Zusammenhang könnte auch eine konstruktive Ergänzung der vorhin angedeuteten Conceptual Change-Forschung sein – nämlich deren Ausweitung auf die Modellbildung. Modelle werden allgemein als wichtige Zwischenschritte („Bridging the gap") zwischen Alltagskontext und der Experimentierebene einerseits und zum Abstrahieren bis hin zu Tiefenstrukturen andererseits betrachtet (Tinberghien 1994). Wenn nun rasche Auffassung mit soliden Lernkompetenzen verschmilzt, können Hochbegabte belastbare Modellbildungen verfolgen, die einerseits so robust sind, dass sie variabel Anwendung finden können und andererseits so fragil bleiben, dass sie Umbauten und/oder Zusätze aufnehmen können.

Aber auch auf die Möglichkeit der Lernerschwernis und -behinderung bei hoher Begabung sei hingewiesen. So teilt Susan Baum (1990) hochbegabte Kinder mit Lernschwierigkeiten in drei Gruppen ein.
Anerkannt Hochbegabte mit leichten Lernschwierigkeiten.
Die Begabung wird durch hohe IQ-Testergebnisse oder andere Leistungen festgestellt. Wenn sie älter werden und der akademische Anspruch steigt, erhöht sich die Kluft zwischen erwarteter und tatsächlicher Leistung. Sie bedürfen spezieller Hilfen, um ihrem Potenzial gerecht zu werden.
Nicht erkannte Schüler, deren Begabungen und Behinderungen eventuell durch durchschnittliche Leistungen verdeckt werden. Diese Schüler werden nicht erkannt, weil sie nach langem und hartem Kampf ein durchschnittliches Niveau erreichen. Dies ist frustrierend, weil ihre speziellen Fähigkeiten nicht wahrgenommen werden und sie, da sie ein größeres Potenzial besitzen, ständig aufgefordert werden, noch härter zu arbeiten.
Als lernbehindert eingestufte Schüler, die auch hochbegabt sind.
Susan Baum schlägt vor, wie die Umwelt den speziellen Bedürfnissen dieser Gruppen gerecht werden kann.
- Durch Erhöhung des Selbstbewusstseins,
- durch offene Kommunikation über ihre Stärken und Schwächen (etwa zwischen Eltern und Kindern, wobei Eltern diese Gespräche initiieren müssen),
- durch eine Serie von Lehrstrategien, die Begabungen und Fähigkeiten zum Vorschein kommen lassen,
- durch Erkennen der Ausweichstrategien, die jene Kinder gegen Demütigungen und Verlegenheit entwickeln (vgl. hier Trautmann/Sallee/Buller 2011, S. 146).
- Lehrer müssen sich - etwa im Zusammenhang mit der Legasthenie - daran erinnern, dass z.B. Schreiben nicht die einzige Möglichkeit der Wissensvermittlung und Leistungskontrolle ist.

Begabung und Emotion

Nicht alle hochbegabte Kinder, so wurde hier bereits postuliert, zeigen sich als geborene Überflieger. Eine Reihe von ihnen ist ausgesprochen schüchtern, viele können mit aktuellen Anforderungen schwer umgehen oder haben

Angst, ihre Talente überhaupt zu zeigen. Das hat mit ihrer Gefühlswelt zu tun und mit den Signalen, die sie empfangen und deuten (müssen). Hinsichtlich emotionaler Bedürfnisse Hochbegabter scheint es ein einfaches Credo zu geben – sie brauchen die gleichen, wie die anderer Kinder. Nach Webb und Kleine (vgl. 1993) kommt es zu gleichen Entwicklungsschritten, oft jedoch zu einem früheren Zeitpunkt. Charakterisiert werden hochbegabte Kinder durch eine Reihe intellektueller und persönlicher Eigenschaften, die als Stärken, jedoch auch in Verbindung mit möglichen Problemen stehen können (u.a. Seagoe 1974; Clark 1992). Dies sind - erweitert nach James Webb (vgl. 1994 S. 3 ff):

- schneller Informationserwerb - *daher* auch Ungeduld mit dem langsameren Informationserwerb anderer, vorpreschen in Darstellungssituationen,
- leichter Informationsbehalt - *daher* auch Ablehnung grundlegender Übungen und Festigungsphasen mit der Gefahr, den eigenen Übungsbedarf unreal einzuschätzen, fehlende und/oder fehlerhafte Reaktion bei einem eventuellen „Speicherüberlauf",
- Neugier - *daher* auch vielfache, ständige und übertriebene Fragestellungen, alles hinterfragende Geisteshaltung, mitunter peinliche Fragestellungen, Zuschnitt der Persönlichkeit auf universelle Erfahrbarkeit,
- Sinn- und Bedeutungssuche - *daher* auch rastlos mit und in sich selbst, übertrieben in seinem Interesse, ehrenrührige oder verletzende Fragen, Nachbohren und „Festnageln" von Gesprächs- und Erklärungspartnern,
- Intrinsische Motivation - *daher* auch oft eigenwillig, sich extrinsischer (äußerer) Einflussnahme widersetzend, Mühe mit gesetzten Vorgaben und Rahmenbedingungen,
- Lust an Problemlösungen - *daher* kaum Interesse an Routineübungen, Ergebnissicherungen und regelhaften Vollzügen,
- Konzept- und Synthesevermögen - *daher* auch Fragestellungen zur Unterrichtsmethodik, die das Berufsethos von Lehrer/innen in Zweifel ziehen, „Umkrempeln" von Unterrichtsstrukturen und Projektansätzen,
- Abstraktionsvermögen - *daher* auch Denken auf Ebenen, die für andere nicht per se zugänglich sind, was wiederum Unverständnis, Ablehnung, Frustration etc. auslösen kann,
- Kausalitätsdenken - *daher* auch Ablehnung von unlogischen, unklaren Vollzügen oder/und emotional besetzten Handlungen (Traditionen, Gefühle), „kalte" Reaktionen auf Affekte,
- Wahrheits-, Gleichheits- und Fairnessliebe - *daher* auch Durchsetzung humanitärer, auch weitgehend abstrakt-wohltätiger Bedingungen, Durchsetzung konservativer Regelungen, Rettung der Welt

- Wunsch nach Organisation - *daher* auch eigene Konstruktion von Regelwerken, die oft kompliziert sind und nachdrücklich angemahnt werden - diese führt zum Erleben von Dominanz durch andere, Einbau von Zwischenschritten bei Projektvollzügen, um organisatorische Feinheiten zu konstruieren,
- großes aktives Vokabular - *daher* auch Nutzung der Sprachfertigkeiten zu Überredung, Manipulation und elaborierter Demagogie, die Gefahr des „Totredens", argumentative Florettstiche etc.,
- hohe Informationsverfügbarkeit - *daher* mitunter Langeweile im Kontakt mit Gleichaltrigen, durch schulischen Unterricht und rituelle Vollzüge, rasche Verdrossenheit bei langsamen Verstehensprozessen anderer,
- hohe Erwartungen an sich und andere - *daher* besteht auch die Gefahr der Intoleranz, der Übertragung des Perfektionismus auf den sozialen Nahraum, Erfahrung eigener Fehlbarkeit und in der Folge depressive Schübe,
- kreativ, erfinderisch - daher auch Störung von Gruppenhandlungen, Gefahr des Nichteinhaltens von Vorgehensweisen, „plötzliche" Neubewertung von Vorhaben, perfide Rachehandlungen bei Gegnern möglich,
- intensive Konzentration - *daher* auch Pflichtvernachlässigung, *Vergessen* von Zeitabsprachen, Abwehr von Unterbrechungen, Versinken in Aufgaben und Vernachlässigung von Vitalhandlungen (waschen, essen, trinken etc.),
- hochgradig energiegeladen - *daher* auch Frustration bei Inaktivität, Störung von Ruhephasen, Nichteinlassen auf Stilleübungen (Traumreisen, Konzentrationsübungen etc.),
- zieht individuelle Arbeit vor - *daher* mitunter Ablehnung von Vorschlägen Gleichaltriger zu Gruppenaktivitäten, Ablehnung von Elternvorschlägen, Abschottung, Gefahr der Eigenbrötlerei und/oder des Nonkonformismus,
- Vielseitigkeit - *daher* oft auch unorganisiert, chaotisch und sprunghaft wirkend, schnelle Begeisterung wechselt mit rascher „Ablage des Themas", wegen Zeitmangels und/oder nicht zur Verfügung stehender Informationsquellen schnell frustriert,
- humorvoll - *daher* bei Gleichaltrigen oft unverstanden, früh ironisch, Rolle als intelligenter Clown, durch die Modalitäten des Humors bei Erwachsenen gewöhnungsbedürftig.

Da die Felder nicht isoliert, sondern in höchst individuellen Kombinationen auftreten, sind auch daraus resultierende Probleme nicht eindimensional lösbar. Ein Erfolg versprechendes Management sieht James Webb (vgl. 1994) im aktiven Einbezug von Eltern bereits in der frühen Kindheit hin zu einer flexiblen Erziehung. Außerdem plädiert er für die Aus- und Weiterbildung der in Gesundheits- und Lehrberufen Tätigen.

Im Zusammenhang mit der Diskussion um den „Abschied vom IQ" kam in den 1990ger Jahren der Begriff „Emotionale Intelligenz" auf. Eingeführt von den amerikanischen Psychologen John D. Mayer und Peter Salovey (vgl. 1990, S. 185 ff). Daniel Goleman (vgl. 1997) machte den Ansatz durch sein Buch „EQ. Emotionale Intelligenz" populär. Der EQ ist danach eine Messgröße für die Begabung im Umgang mit den eigenen und fremden Empfindungen. Dieser Emotionalität wird jedoch im Allgemeinen keine große Beachtung geschenkt. Ähnlich wie das Denken hochbegabter Kinder komplexer ist und dadurch tiefer geht, werden danach auch die Emotionen vielschichtiger und tiefer erlebt.

Diesen EQ-begabten Menschen wurden eine Reihe von Kompetenzen zugeschrieben. Eine Auswahl sei hier zusammengestellt. Sie sind danach in der Lage, fremde und eigene Gefühle gut einzuschätzen und auch zu beeinflussen,

- besitzen ein realistisches Selbstbild
- können ihre Emotionen steuern
- sind ihren Gefühlen nicht so sehr ausgeliefert
- können sich selbst motivieren
- sich in andere Menschen hineinzuversetzen und deren Sichtweisen und Gefühle nachzuvollziehen
- besitzen eine ordentliche Portion Einfühlungsvermögen
- verfügen also über ein gut funktionierendes Konflikt- und Beziehungsmanagement.

Diese Unterscheidung sollte nicht zu der falschen Annahme führen, es handele sich bei der emotionalen Intelligenz um von der allgemeinen Intelligenz eindeutig abgrenzbare und von ihr völlig unabhängige Form der Begabung. Die Wissenschafter diskutieren außerordentlich kontrovers darüber, ob und inwieweit die alternativen Konzepte von Begabung als theoretisch angemessen fundiert gelten können (vgl. u.a. Siebert 2007). Elsbeth Stern (2015) hält nichts von der „emotionalen Intelligenz". Zwar gebe es emotionale und soziale Kompetenzen, aber aus wissenschaftlicher Sicht sei "emotionale Intelligenz" ein "Unsinnsbegriff". Intelligenz beruht sowohl auf Veranlagung als auf Sozialisation. Sie sei ein Persönlichkeitsmerkmal, das sich im Laufe des Lebens wenig verändert.

Ein nahes, aber wohl unterschiedenes Feld ist die Hochsensivität. Die intensiven Gefühlswelten (nicht nur) hochbegabter Kinder zeigen sich in Berichten, Beschreibungen und Erzählungen von Erlebnissen oder/und Phantasien. Die dort wahrgenommene oder erdachte Komplexität, Fülle und Größe sind tatsächlich beeindruckend und werden nicht selten vorschnell als Übertreibung oder „Spinnerei" abgetan.

Derartige hoch sensible Personen erleben Wirklichkeit unmittelbar, durchdringend, meist ganzheitlich, in komplexer Wucht und äußerst eindrücklich. Emotionale Intensität kann sich auf unterschiedliche Weise zeigen:
- als intensives Gefühlserleben
- als körperliches Erleben (von „komischen Gefühlen" bis zur Gefahr der Hypochondrie)
- als Gehemmtheit, Ängstlichkeit und/oder Schüchternheit
- als starkes affektives Gedächtnis
- als Angst, Furcht und Sorge, Schuldgefühle, Sorge die Kontrolle zu verlieren
- als Beschäftigung mit dem Tod, der Ewigkeit bis hin zu depressiven Verstimmungen
- als emotionale Beziehungen und Verbindungen mit anderen
- als (über)kritische Selbsteinschätzung und mangelndes Selbstbewusstsein, Gefühle der Unzulänglichkeit, Minderwertigkeit und Unterlegenheit.

Emotion und Intellekt schließen einander nicht aus. Es ist allerdings vielmehr so, dass eine feste Verbindung zwischen den beiden besteht und dass sie zusammen einen offenbar tiefgreifenderen Einfluss auf hochbegabte Menschen haben. Begabte Menschen mit emotionaler Intensität fühlen sich oftmals nicht normal (vgl. u.a. Schuck/Rauer 2004). Sie denken mitunter, mit ihnen stimme etwas nicht, sogar sie seien etwas "verrückt", manche spielen auch damit kommunikativ („Ich bin hoch begabt, das heißt, dass ich ein wenig plem-plem bin"). Der Spott anderer Kinder setzt dann ein, wenn es eine recht intensive Reaktion auf einen scheinbar völlig banalen Vorgang zeigt (vgl. u.a. Siebert 2007). Das „Nicht-Okay" Gefühl des Kindes wächst mitunter derart, dass es sich einen emotional undurchdringlichen Schutzpanzer anlegt, eine „in Drachenblut getränkte Mimose" wird. Es scheint paradox: die hohe Sensibilität gegenüber kleinen Ungerechtigkeiten und alltäglichen Heucheleien können das Kind dazu bringen, sich verzweifelt zu fühlen und schon früh Zynismus zu kultivieren (vgl. u.a. Maschke 2015) und allgemeine moralische Strukturen in Zweifel zu ziehen. Sie zeigen dann verletzende Verhaltensweisen, welche die Wertvorstellungen anderer herabsetzen oder missachten. Es ist daher von Wichtigkeit, sowohl hochbegabte Kinder als auch deren Lehrer, die Eltern und Freunde dahingehend zu unterrichten, dass sie ihre ausgeprägte (Hoch-)Sensitivität erkennen und mit ihr umgehen können (vgl. Sword 2003). Aussagen, wie: "Du bist immer so sensibel" oder "Stell dich doch nicht so an," "Ist doch alles in Ordnung" - helfen überhaupt nicht sondern verstärkt die eigene Dysbalance.

Wie können hochsensible Heranwachsende gefördert werden? Der alltägliche Umgang mit ihnen sollte zunächst das Ziel der vollständigen Annahme und hundertprozentigen Akzeptanz verfolgen. Das Axiom: „Es ist gut, dass du genau so bist, wie du bist" kann tatsächlich gelebt werden. Später können

Erklärungen, dass nicht alle diese hochgradigen Gefühle kennen, helfen, mittels ihres (brillanten) Intellektes diese Tatsache ins Kalkül zu ziehen. In praxi wird immer wieder darauf aufmerksam gemacht, dass solche Kinder wenige, aber klare Regeln und eine Reihe von Ritualen benötigen. Auch eine Sphäre angemessener Disziplin hilft ihnen ihr Selbstmanagement zu entwickeln (vgl. hier z.B. Olsson 2014).

Für hochbegabte Kinder mit ausgeprägter Sensibilität ist es letztlich sehr wichtig, die Konsequenzen ihres Handelns und auch ihres Nicht-Handelns zu erfahren. Letztlich müssen Kanäle gefunden werden, die Fülle der hoch intensiven Emotionen – auch der sich aktuell widerstreitenden – zu kanalisieren. Empfehlenswert sind handlungs- und produktorientierte Formen, wie kreatives Schreiben, Geschichten, Gedichte, Kunst, Malen, Musik, Tagebuch schreiben und alle Arten sportlicher Aktivitäten (Joggen, Tai Chi, Judo, Boxen, Volleyball, Bogenschießen ...). Letztlich ist und bleibt wertschätzende Kommunikation das A und O bindender Beziehungen. Und diese brauchen hoch sensible Menschen genau wie alle anderen – in mancher Hinsicht sogar mehr.

Begabung und Perfektionismus

Während der Begabungsbegriff mannigfaltige Quellen synonymer Varianten (vgl. Stapf 2010, S. 5) aufweist, die von hoher oder/und besonderer Begabung, Intelligenz, Genialität, Best- oder Ausnahmenbegabung, Hochbefähigung bis zum Talent reichen (vgl. hier u.a. Hoyer/Weigand/Müller-Opplinger 2013, S. 60) handelt es sich beim Perfektionismus um ein psychologisches Konstrukt zu dem es nur vereinzelte Studien gibt (vgl. Altstötter-Gleich/Bergemann 2006). Es wird zumeist als Persönlichkeitsmerkmal beschrieben, welches sich hoch individuell aus einer Mixtur von hoher Eigenerwartung, dem Streben nach Vollkommenheit und einer Tendenz zu sehr kritischer Eigenwahrnehmnung in Leistung und Verhalten subsumiert (vgl. hier Guignard 2012, S. 1). Hinzu kommt, dass Perfektionismus lange lediglich eindimensional als negative Attribuierung gedeutet wurde (vgl. Stoeber/Otto 2006, S. 295) Allgemein werden drei Typen von Perfektionismus unterschieden:

a. self-oriented perfectionism – ein auf das Selbst (Schore 2003) orientierter Perfektionismus, bei dem das Subjekt in nahezu allen Lebenslagen einen unrealistisch hohen Anspruch an sich selbst hat und sich anderen unterlegen fühlt. Das eigene Selbstwertgefühl ist dabei von der Bestätigung Externer abhängig.

b. other-oriented perfectionism – ein auf Andere bezogener Perfektionismus, der so genannte narzistische Perfektionismus bei dem das Subjekt allerhöchste Anforderungen an die Menschen ihrer Umwelt ausprägen, keinen Fehler tolerieren und (damit) schwer bzw. kaum zufrieden zu stellen sind.

c. socially prescribed perfectionism – ein durch/von der Umwelt auferlegter Perfektionismus bei dem das Subjekt meint, andere hätten perfektionistische Erwartungen und Vorstellungen an sie (vgl. hier Silverman 1999, S. 6; Guignard 2012, S. 1). Es gibt noch eine Reihe weiterer Einteilungen (eine gute Übersicht findet sich bei Prüßner 2015, S. 5 ff).

Während Perfektionismus, wie oben angedeutet allgemein eher negativ attribuiert wird kommt er im Kontext mit Hochbegabung nahezu ausschließlich zu einer positiven Gewichtung. Silverman bezeichnet Perfektionismus für Hochbegabte als „Katalysator für die innere Transformation" um das persönliche Ideal zu erreichen (vgl. 2013, S. 145) . In der deutschen Literatur wird er zwar mitunter partiell erwähnt, jedoch nicht tiefer ausgeführt (vgl. Trautmann 2009, S. 29 f; weiterhin Cressole 2014, S. 34).

Bereits in dieser knappen Durchmusterung deuten einige Indikatoren darauf hin, dass es Verbindungen zwischen Hochbegabung und Perfektionismus gibt – immer unter der Maßgabe hoher Heterogenität und (noch) nicht gänzlich belastbarer empirischer Daten. Die eben erwähnte Linda Silverman berichtet über die von David Chan (vgl. Chan 2010, S. 71) durchgeführte Hongkonger Studie, bei der siebzig Prozent der untersuchten Hochbegabten-und-zu-Perfektionismus-neigenden-Kinder ein so genannter gesunder Perfektionismus zu finden sei (vgl. Silverman 2013, S. 147). Auch Speis-Neumeister et al. (2009, S. 198 ff) untersuchten Perspektiven Hochbegabter hinsichtlich ihres entwickelten Perfektionismus. Den Zusammenhang von Perfektionismus und Angst[50] in combinatio untersuchten Guignard et al (vgl. 2012, S. 4 ff) näher. Dixon et al. (2004, S. 95 ff) typisierten Perfektionismus bei hochbegabten Jugendlichen empirisch. Dem erwähnten David Chan ist der Versuch der Isolierung ungesunden Perfektionismus inklusive Intervention gelungen. Dabei bestätigten seine Daten jene von Schuler (2000 und Dixon 2004), wonach gesunde Perfektionisten zufrieden und glücklich in/mit ihrem Leben sind. Ungesunde Perfektionisten sind unglücklich und unzufrieden. Nicht-Perfektionisten agieren volatil dazwischen (vgl. Chan 2012, S. 231).

Wo liegen die Potenzen für pädagogische Zugänge? Es gibt einen Zusammenhang zwischen Langsamkeit und Gründlichkeit, etwa bei der Aufgabenbewältigung (vgl. Kahneman 2011). Hier kann die Lehrperson für ihre Gruppe eine Reihe von Regelungen finden, um individualisiert agieren zu lassen. Offene Unterrichtsformen begünstigen ebenfalls die unterschiedlichen Zeiten zur Fertigstellung von Aufgaben (vgl. Schmeckel 2009). Eine Reihe von Kindern ist jedoch Drang innewohnend, sich immer und immer mehr zu vervollkommnen, ohne je einen Cut machen zu können (oder zu

---

[50] Diese Angstamplituden reichen von innerer Unruhe bis hin zu Panikattacken.

wollen). Ob ihnen dieses Wesen anerzogen wurde oder es ihnen eher wesenseigen ist, kann zunächst vernachlässigt werden, wenn wir das Phänomen im Klassenverband oder im Rahmen der Einzelarbeit bemerken. Jeder Text ist verbesserungsfähig, jede Zeichnung ist unvollständig, aber unterrichtlicher Zeitrahmen, die Struktur des Schultages oder der Pausenwunsch der Lehrperson steht diesem ungebrochenen Drang zur Fortführung des Werkes entgegen. Dieses bezeichnete Verhalten lässt Heranwachsende unbeeindruckt von äußeren Einflüssen konstant und beharrlich an ihrer Arbeit verweilen – ganz gleich, ob diese bereits Exzellenz oder zumindest hohe Solidität aufweist vgl. u.a. Gigenezer/Goldstein (1996). Eine solche Form von Unablenkbarkeit, gepaart mit partiell verbissenem Streben nach „noch perfekteren" Resultaten habe ich in meiner (TT) Praxis als „Picasso-Syndrom" bezeichnet. Mehr zum beschriebenen Zusammenhang u.a. bei Stanovich/West (2008).

Grundsätzlich ist jedes Streben nach Vollkommenheit positiv zu werten. Wenn jedoch Raum und Zeit, Freundschaften und andere – unter umständen formale Aufgaben wie Übung oder „Ordnung schaffen" – darunter leiden muss ein modus vivendi gefunden werden. Mittelfristig kann die Lehrperson prüfen, welche Art Perfektionismus im Einzelfall kultiviert wird und welche Genese dahinter steckt. Aufgabe der Kita und Schule ist es, dem Kind einigen Druck zu nehmen, alles gleich und stets ohne Fehler und bestens und durchdacht und ... und ... zu kreieren. Das überfordert die meisten Kinder. Genau diese Erziehungsauffassungen können aber den elterlichen Wünschen und Forderungen entgegenstehen. Marie Theres Prüßner (vgl. 2015, S. 28) bringt einen interessanten Gedanken in die Diskussion, wenn sie die Frage stellt, ob die gängigen Hochbegabungsmodelle das Element des Perfektionismus hinreichend widerspiegeln. Sie schreibt: „Nehmen wir an, ein nicht als hochbegabt erkanntes Kind rechnet auf Grund seines Perfektionismus sehr gründlich und dementsprechend etwas langsamer, um auf keinen Fall zu einem falschen Ergebnis zu kommen. Dieses (ungesund perfektionistische) Kind hat sehr wahrscheinlich große Angst davor, vor der restlichen Klasse an der Tafel vorrechnen zu müssen, da es hier unter Druck steht, so schnell wie möglich zum Ergebnis zu kommen." Sie diskutiert danach mögliche Handlungsoptionen, beginnend über die Konfrontationstherapie samt negativer Konnotation für das gesamte Fach Mathematik bis hin zu Alternativen wie Enrichmentaufgaben, die in emotional entspannter Atmosphäre bearbeitet werden können (vgl. Prüßner 2015, S. 28).
Der Bezug zum Perfektionismus – gerade bei Hochbegabten – lässt sich offenkundig nicht „ausschalten", ebenso wenig wie „gutes Zureden" oder/und der Aufbau eines Popanz' hilft. Unrealistisch scheint auch die Vision, Schule ohne die – ebenso subjektiven wie willkürlichen – Notenspiegel auszustatten, welche den Perfektionsdruck eher forcieren denn dämpfen. Den Lernern sehr genau und detailliert die eigenen Erwartungen und die

Bewertungskriterien zu vermitteln, ist hingegen ein Schritt der Hilfe. Die Perfektionistin kann darauthin ihre Leistungsvektoren ausrichten und sich selbst eher vermitteln, dass „es reicht". Dies gilt gerade für die schriftliche Ausarbeitung. Wir alle wissen, dass es eine Unzahl Bücher und Periodika gibt, die nur darauf warten, von uns durchmustert zu werden. Eine Reihe Hochbegabter haben einen solchen Anspruch und ungesund perfektionistische Hochbegabte verspüren den Zwang genau alle diese Werke auch gründlich zu analysieren[51].

Auch die im Gymnasialbereich und der Universität von vielen so geschätzte Freiheit in der Zugriffs- und Methodenwahl kann Perfektionisten lähmen. Das liegt weniger an ihrer Unfähigkeit, sich selbst Zugänge zur Literatur oder Datenlagen zu verschaffen, sondern im Bewusstsein, derart mannigfaltige Ansätze alle zunächst zu prüfen, gründlich und umfassend zu durchmustern, sorgsam abzuwägen und danach einen oder zwei ausgewählte Richtungen tiefschürfend zu bearbeiten ... Hinzu kommt die Antizipation, das „falsche" Thema zu wählen, wesentliche Quellen auszusparen oder/und bestimmte Axiome nicht zur Kenntnis zu nehmen.

Konstatieren wir: (Hochbegabte) Perfektionisten agieren oft hinsichtlich der Aufgabenformate mit nur geringer bis fehlender „Vorsortierung" wesentlicher und zu vernachlässigender Teiloperationen. Die Mauer aus mannigfaltigen Vorhaben lähmt wiederum die Motivation und lässt sie in Ersatzhandlungen stecken bleiben. Andere verbeißen sich derart tief in das Aufgabenformat, dass sie nicht selten das Gefühl haben, ihrem höchsten Anspruch gerecht zu werden (vgl. auch Stamm 2008 a). Eine dritte Gruppe von Perfektionisten findet kein Ende hinsichtlich von Tiefe und Umfang der Arbeit – diese Lerner geben sich sozusagen selbst immer mehr Enrichmentaufgaben und verlieren jedes Maß. Die rasche Informationsverarbeitung (welches sich aus der Hochbegabung speist) und das Bestreben nach Universalität (welches aus dem Perfektionismus stammt) lassen mitunter das Bild des „Duracell-Hasen" aufkommen, welcher sich in Tätigkeit verzehrt bis die Batterie schwach wird (im übertragenen Sinn Burnout oder Verminderung von Lebensqualität zu Tage tritt).

---

[51] Einer meiner früheren Habilitanden, ein durchweg sehr kluger Mensch glaubte bis zum Ende seiner Arbeit an Linearität bei der Literaturanalyse. Er erklärte mir einmal, dass er unbedingt noch eine indische und eine kalifornische Studie zu einem informellen Nebenfakt finden und studieren müsse, weil sich dann der Wert seiner eigenen Schrift verbessern würde.

Begabung und divergentes Denken

Der Begriff des divergenten Denkens wird dem Intelligenzforscher J. P. Guilford (1967) zugedeutet, der diesen als ein „abweichendes Denken" gegenüber dem durch den IQ erfassbaren Denken begreift (vgl. hier Münte-Goussar 2008, S. 20). Danach ist divergentes Denken assoziativ, wenig(er) fokussiert und berücksichtigt Hintergrundinformationen im Gegensatz zum konzentrierten und zielgerichteten konvergenten Denken (vgl. Holm-Hadulla 2011, S. 74f.). Äquivalent zu Guilford formt Edward de Bono den Terminus „laterales Denken", der wie das divergente Denken die Geisteshaltung zur Bereitschaft, „die Dinge aus verschiedenen Blickwinkeln zu betrachten" beschreibt (vgl. De Bono 1990, S. 78). Es ist das „Überwechseln von einem Denkmuster zu einem anderen innerhalb eines Mustersystems" (vgl ebenda). Begreift man Denken als einen auf das Problemlösen ausgerichteten Prozess, so geht es im konvergenten Denken darum, möglichst schnell konkrete Lösungen herauszufinden, während das divergente Denken eben nicht auf Linearität beruht. Vielmehr werden hier möglichst viele Ideen generiert, die erst später abgewogen, ausgewählt und modifiziert werden (vgl. hier Baudson 2010, S. 63ff). Mihaly Csikszentmihalyi beschreibt ebenfalls die divergente Denkweise als eine, die „zu keinerlei allgemein anerkannten Antworten führt" und sich im Wesentlichen durch drei Merkmale kennzeichne: Flüssigkeit, Flexibilität und Originalität. Die beiden ersten Kennzeichen beschreiben die bereits angedeuteten Fähigkeiten, erstens eine große Anzahl von Ideen zu entwickeln und zweitens wechselnde Perspektiven einzunehmen. Originalität schließt überdies das Verknüpfen von Ideen auf ungewöhnliche Art und Weise ein (vgl. Csikszentmihalyi 1997, S. 92). Es scheint interessant, dass divergent denkende Hochbegabte mit (ungesundem) Perfektionismus mit der Offenheit von Aufgaben und Anforderungen offenbar kaum produktiv umzugehen vermögen (vgl. den vorherigen Abschnitt). Entsprechend dem Mikado-Denkmodell liegt der Perfektionismus als Blockierer über solchen Persönlichkeitsmerkmalen wie divergente Denkfähigkeit, Antizipation und Kreativität.

Der Befund, dass Intelligenz „in der Literatur mitunter als konvergentes Denken (und Kreativität als divergentes Denken) im Sinne ‚zweier Seiten einer Medaille' bezeichnet" (vgl. Trautmann 2009a, S. 116) wird, lässt sich somit ebenfalls auf Guilford zurückführen, welcher Kreativität als kognitiven Faktor konzipierte, um sich von dem durch IQ-Werte geleiteten Intelligenzverständnis zu lösen mit dem Ziel einer gesellschaftlichen Leistungsmaximierung (vgl. hier Cropley 2001, S. 366).

Mareike Brümmer (2016, S 14) sieht konvergentes und divergentes Denken nicht als Entweder-Oder-Vorstellung, welche die Metapher einer Medaille mit ihren zwei Seiten suggeriert. Das Begreifen beider Denkweisen ließe sich eher bildlich im Sinne einer permanent rotierenden Medaille denken. Vorder- und Rückseite als Teile des Ganzen kommen abwechselnd zum

Vorschein – divergentes und konvergentes Denken bedingen sich somit temporal gegenseitig. Phasen der Kreativität beispielsweise sind mit beiden Denkweisen durchtränkt. In der Ideenfindung steht eher die breite, umfassende Suche im Vordergrund, während die bewertende Phase das konvergente, zusammenführende Moment hervorhebt (vgl. Pink 2009, S. 62). Csikszentmihalyi geht noch einen Schritt weiter und deutet auf die Problematik der alleinigen divergenten Denkweise hin, indem er sagt, dass das divergente Denken „schnell an seine Grenzen [stößt], wenn es nicht durch die Fähigkeit ergänzt wird, eine gute von einer schlechten Idee zu unterscheiden – und dieses Auswahlverfahren erfordert ein konvergierendes Denken." (vgl. Csikszentmihalyi 1997, S. 93).
Für das Lernen in Kita und Schule stellte sich direkt und unmittelbar die Frage, wie Aufgabenformate divergenter (und auch kreativer) Natur entwickelt werden können. Folgt man nämlich Csikszentmihalyis Einschätzung, dass vorrangig durch das divergente Denken, welches im Fokus der vorliegenden Arbeit steht, *in erster Linie* kreative Prozesse befördert werden, so wird einerseits ersichtlich, dass der *Grad* der Ausprägung einer Denkweise (für Kreativität der divergenten) relevant ist. Andererseits beruht auf dem Ausprägungsgrad des divergenten Denkens der Beziehungszusammenhang zur Kreativität. Deshalb gilt es, sich im Folgenden dem Verständnis von Kreativität und der Diskussion, die damit einhergeht, zu widmen (vgl. Brümmer/Trautmann 2016, S. 15 f.).
Seit Jahren hat die Entwicklung herausfordernde Aufgabenformate Widerhall vor allem in den Periodika, für Deutsch (vgl. hier u.a. Eichler/Schumacher 2015, für den Sachunterricht vgl. Giest 2014; Wagner et al 2014). Die Domäne der Mathematik besitzt Vorbildcharakter. Nicht nur das Projekt SINUS, allgemein gibt es eine Vielzahl dieser Entwicklungen (siehe u.a. Rasch 2007; Sundermann/Selters 2006, Steinau 2011; Krauthausen/Scherer 2011). Auch das Baden-Württembergische Landesinstitut sieht ebenfalls so genannte Offene Aufgabenformate als einen Lösungsansatz, sogar für Vergleichsarbeiten. Die eigene Formulierung, vielfältige Lösungswege und die „Überprüfung der Kreativität und Komplexität" können wenig zeitaufwändig gesichert werden. Im gleichen Papier ist jedoch auch (u.U. unbeabsichtigt) die crux solcher Angebote inhärent. Als Nachteil wird die „eingeschränkte objektive Auswertung wegen der Vielfalt der möglichen Lösungen beklagt und die Schwierigkeit der „Definition von konsensfähigen Kriterien" als „schwierig" erachtet (vgl. Landesinstitut o.J. S. 3). Da sich Divergenz jedoch fast immer in gemeinsamer Sinndeutung zeigt, sollte hier der Gedanke an Validität und Reliabilität zurück stehen und die Lehrperson aus professioneller Perspektive agieren dürfen.

Begabung und Kreativität

Etymologisch betrachtet leitet sich der Begriff Kreativität aus dem Lateinischen *creare* ab, was allgemein mit „hervorbringen, zeugen" umschrieben werden kann. Eine allgemeinpsychologische Definition von Kreativität als „Fähigkeit, etwas Neues zu schaffen, sei es eine Problemlösung, eine Entdeckung, Erfindung oder ein neues Produkt" bietet Holm-Hadulla (vgl. 2011, S. 71) an. Damit scheint der schöpferische Moment der Kreativität inhärent zu sein (vgl. Matuschczyk 2009, S. 57). Kreativität ist nach Frederic Vester (2012) das Wechselspiel der Vielfachspeicherung der äußeren und inneren Wahrnehmungen. Sie hat - meist ausgehend von Joy Paul Guilfords Faktoren* (1967) - allgemein folgende Kategorien, die sich demnach teilweise überlagern können:

- Phantasie
- *Originalität**
- Humor
- divergentes Denken
- *Flexibilität**
- Einfallsreichtum
- *Sensibilität**
- Assoziationsfähigkeit
- Konflikttoleranz
- *Elaboration**
- Analyse und Synthese
- Denk- und Wort*flüssigkeit**

Die Nähe zur Begabung liegt u.a. in der Annahme, dass Kreativität ein nicht essenzieller Faktor ist. Keinesfalls ist daher Begabung und Kreativität identisch. Zudem kann Kreativität auch als Leistungsmerkmal verstanden werden. Anthropologisch ist kreatives Schaffen „one of the highest-level performances and accomplishments to which humankind can aspire" (Taylor 1988, S. 99). Kreativität gibt Individuen die Chance, Sinn und Bedeutung neu zu schaffen.

Nimmt man aus der Sicht der modernen Neurobiologie weiter an, dass Kreativität vorrangig „in der Neukombination von Informationen" (vgl. Holm-Hadulla 2011, S. 71) besteht und Intelligenz eine basale Voraussetzung jener Prozesse ist, so wird klar, dass traditionelle Vorstellungen, dass die Kreativität als ein in Konkurrenz zur Intelligenz stehendes Gegenstück sei, nicht gelten.

Wenn Howard Gardner von multiplen Intelligenzen in jedem Individuum ausgeht, könne somit auch Kreativität grundsätzlich jedem Menschen zugesprochen werden. Der Mensch agiert sozusagen amplitudisch zwischen den Polen Intelligenz und Kreativität. Cropley (2001, S. 368) stellt Modelle dazu vor (Schwellenmodell, Summationsmodell, Kapazitätsmodell, Kanalmodell) wobei kritisch anzumerken ist, dass beide Pole keine Gegensätze per se sind. Die Kernfrage für Mihaly Csikszentmihalyi ist weniger, *was* Kreativität ist, sondern *wo* (im Sinne von wobei) sie in Erscheinung tritt (Csikszentmihalyi 1997, S. 60). Damit begreift er Kreativität ausschließlich kontextbezogen. Als Bestandteile dieses Systems erklärt er drei Komponenten: Domäne, Feld und Individuum. Diese drei Bestandteile sind für die pädagogische Diskussion von großer Bedeutung. Die drei agieren dialektisch und betreffen das Gebiet (Domäne) der Kreativität – diese kann fachlich (mathematisch, chemisch, biologisch) oder überfachlich (sprachlich, handwerklich oder künstlerisch) ausfallen und unverwechselbare symbolische Elemente, eigene Regeln und eigene Bezeichnungssysteme (Csikszentmihalyi 1997, S. 60) beinhalten. Im besten Sinne ist Kita und Schule eine solche institutionelle Domäne, die wiederum partikuliert wird in Fächer, bei denen kreative Felder (Burow 2016, S. 50) vital sind.

Diese Domäne ist besetzt von Experten, welche die kreativen Artefakte beurteilen (können). Im besten Falle sind das Lehrpersonen, die mit Individuen interagieren, die kreativ sind oder/und mit denen sie gemeinsam Kreatives ersinnen und erschaffen – Csikszentmihalyi spricht von der Erschaffung einer Idee oder der Entwicklung eines Musters (vgl. 1997, S. 47 f.). Denn konsequenter Weise ist dem mehrgliedrigen Beziehungsgeflecht auch der Zeitfluss immanent, so dass sich Kreativität in einem Moment anders äußert als im nächsten (Baudson 2010, S. 67).

Bereits vor fünfzehn Jahren erkannte Helmut J. Serve, dass der Institution Schule die Aufgabe der Kreativitätsentfaltung bei Schülerinnen und Schülern zukommt. Bezeichnender Weise lautete der Titel seiner Dissertation *„Förderung der Kreativitätsentfaltung als implizite Bildungsaufgabe der Schule."* Dabei geht er von einer so genannten „intermediären Kreativität" aus, d.h. die Aspekte der Interaktivität und Intersituativität bedürfen der Aufmerksamkeit. Daher muss Schule sich bemühen, dem Lerner zur Aufgeschlossenheit gegenüber der Welt und den Mitmenschen zu verhelfen und sie zur vielseitigen Gestaltung ihrer Beziehungen zur Mitwelt zu befähigen und anzuregen (vgl. 1996, S. 185).

Klaus K. Urban schließlich hat in seiner langjährigen Forschung zu Begabung und Hochbegabung und zur Kreativität das Komponentenmodell der Kreativität (Urban 2004) entwickelt. Dieses Modell dient Anna Hausberg (2013 a) als Anschlusspunkt und als Bestätigung, dass das Kreative Philosophieren und PhiNa (Philosophieren der Kinder über die Natur) die wesentlichen Komponenten von kreativitätsförderlichen Bedingungen beinhaltet.

Das „Deuten von Deutungen" ist für Anna Hausberg (2013, S. 192) zentral, um zu mehreren Formulierungen für ein Phänomen zu gelangen. Die Akzeptanz der Schülervorstellungen untereinander ist ein wichtiger Bestandteil von Unterricht[52], der auch im Komponentenmodell der Kreativität von Urban

---

[52] Im Fokus steht bei ihr das Philosophieren der Kinder über die Natur.

(kritisches und/oder evaluierendes Denken, Kommunikation, Offenheit für Erfahrungen, s.o.) eine relevante Position einnimmt. Ziel der Anregungen ist es, mit Hilfe der eigenen Vorstellungen und Gedanken das Wesen der Dinge selbst zu erfassen. Um dieses Ziel zu erreichen, ist das kreative Denken und Handeln des Kindes ein notwendiger Bestandteil des Lernens in Schule. Kreativitätserziehung berücksichtigt die Einheit und den Kampf zwischen persönlicher und sozialer Identität im Hinblick darauf, dass Kreativität letztendlich die höchste Stufe seelischer Gesundheit und das Ziel jeder Erziehung ist.

Begabung und Geschlecht

Obwohl Hochbegabung zwischen den Geschlechtern nahezu pari pari verteilt ist, sind im Erwachsenenalter die hochbegabten Männer häufig höher qualifiziert[53]. Bestimmte Ausprägungen von Begabungsdomänen werden Geschlechtern eher zugesprochen – die mathematisch-logische ist männlich besetzt, die soziale wird Mädchen zugesprochen. In Schulen werden nicht selten hervorragende Noten der Intelligenz (Jungen) und den Fleiß (Mädchen) zugerechnet. Einen weiteren erkennbaren Unterschied gibt es in der Ausdifferenzierung von Interessen und Neigungen. Jungen spezialisieren sich früh(er) und entwickeln konsequent ihre Interessen weiter. Mädchen bleiben zunächst generalistisch breit interessiert. Dieses Phänomen macht Lehrpersonen die Identifikation und Förderung schwer (vgl. hier Heinbokel 2006). Paradox ist es ebenfalls, dass sich sogar die hochbegabten Mädchen selbst verleugnen und ihre Leistungen nur im Ausnahmefall auf ein besonderes Talent, ihre Kompetenz oder/und gar überdurchschnittliche Intelligenz zurückführen (vgl. Trautmann/Sallee/Buller 2011, S. 79; Brümmer 2016, S. 91).
Ein zweiter Faktor ist die weibliche Sozialisation, die allgemein eher ein prosoziales Verhalten ausprägen lässt. Eltern und Lehrpersonen lassen daher wesentlich weniger Mädchen testen, da „keine diagnostische Notwendigkeit" (wie etwa Minderleistung, Disziplinprobleme, abweichendes Verhalten) besteht. Nicht nur überforderte Schülerinnen und Schüler machen Flüchtigkeitsfehler, verhalten sich motorisch unruhig oder/und stören durch Zwischenrufe. Ein Grund kann auch Unterforderung sein, wird aber von Lehrpersonen wesentlich weniger als solcher benannt (vgl. hier u.a. Römer 2015, S. 168; weiterhin Marek/Pillath/Trautmann 2015, S. 199).

---

[53] Nur etwa jede fünfte Professur ist universitär von Frauen besetzt (Ausnahme Erziehungswissenschaften). Eine vergleichbare Zahl gilt für Führungs- und Managementpositionen in großen Unternehmen. Proporz- oder Quotenbemühungen bessern diesen Umstand im Kern nicht.

Um im Rahmen dieser oder jener Unterforderung nicht aufzufallen verstecken Mädchen mitunter ihre hohe Auffassungsgabe und ihre blitzgescheite Kombinationsfähigkeiten. „Nicht auffallen" bzw. „Hand unten lassen" sind oft Aussagen inneren Rückzuges[54]. Das Resultat dieser inneren Emigration sind nicht selten psychosomatische bzw. manifeste körperliche Beschwerden (Bauch- und Kopfschmerzen, Essstörungen) bis hin zur Autoaggression (Ritzen etc.).

Weibliche Hochbegabung fällt mitunter erst post Adolenszenz auf, wenn die jungen Frauen hinreichend Abstand und Selbstbewusstsein besitzen und beginnen, sich positiv mit ihrer Leistungsfähigkeit auseinanderzusetzen. Eine Reihe von Mensa-Deutschland-Mitgliedern berichtete, dass Ihnen das Bestehen des IQ-Tests die Augen dafür öffneten, was sie im Kindesalter „an sich" noch nicht begriffen.

Das Verhalten hochbegabter Jungen in Schule ist amplitudisch breiter als das der Mädchen und reicht von Unauffälligkeit und hoher Anpassung bis hin zu Gleichgültigkeit, Aggressivität oder Borderline-Verhalten. Mitunter zeigen Jungen (und nur sehr vereinzelt Mädchen) so genanntes reziprokes Verhalten zwischen Schule und ihrem häuslichen Umfeld. Während sie sich in der Schule regelgerecht betragen und beliebte Lern- und Spielpartner sind agieren sie im häuslichen Feld unangepasst, egoistisch und reizbar. Sehr selten ist auch das Gegenteil der Fall, obwohl manches Elternteil es der Lehrperson glauben machen will.

Kajsa Johannsen (2013, S. 86) berichtet von hochbegabten Minderleistern, die ihr Underachievement (im Gegensatz zu der wesentlich geringeren Zahl weiblicher Minderleisterinnen) aktiv ausleben. Auf die Rollen als Hanswurst, Klassenclown und Lehrerschreck sind sie abonniert. Eine hohe Zahl an (Fehl-)Diagnosen schreiben ihnen zusätzlich AD(H)S zu, Medikamentengaben tun das Übrige für eine Stigmatisierung als abnormal.

Ein weiterer bedeutsamer Unterschied zwischen hochbegabten Mädchen und Jungen, so Aiga und Kurt Stapf (1996, S. 7 ff), ist darin zu sehen, dass von allen hochbegabten Kindern, die zu einer fachpsychologischen Untersuchung und Beratung gebracht werden, nur etwa 25% Mädchen sind. Anders ausgedrückt – das Verhältnis von Jungen und Mädchen, die in eine Beratungsstelle kommen ist 3 : 1 (zu ähnlichen Quoten kommt auch die eben erwähnte Kajsa Johannson). Die Autoren schlussfolgern, dass deutlich weni-

---

[54] In unseren eigenen Interviewzyklen finden wir immer wieder Hinweise auf vielfältige Rückzugsstategien. Besonders verblüffend ist, dass Eltern diese mitunter unbewusst forcieren. So berichtete eine sehr meldefreudige Fünftklässlerin von Schwierigkeiten mit ihrem Wissensdurst bei anderen Klassenkameradinnen(!). Ihre Mutter entgegnete hierzu: „Du musst endlich auch mal lernen, wann der Finger unten zu bleiben hat".

ger Mädchen als Jungen identifiziert und von der Familie und Schule gefördert werden. Als Gründe werden genannt:
- dass die Eltern, insbesondere die Mütter, für die Söhne oft sehr aktiv psychologische Hilfe suchen, an der kognitiven Förderung der Töchter weniger stark beteiligt sind und seltener an eine sehr hohe Begabung glauben.
- Außerdem fallen die Mädchen in Kindergarten und Schule seltener durch stark störendes Verhalten, Clownerien etc. auf, das bei Jungen zu 76% und bei Mädchen nur zu 24% der Fälle Anlass für eine psychologische Beratung darstellt. Mädchen reagieren auf die Unterforderung in Kindergarten und Schule mit Lustlosigkeit, depressiver Verstimmung, psychosomatischen Beschwerden wie Kopf- und Bauchschmerzen.
- Die oben genannte soziale Orientierung des weiblichen Geschlechts ist auch hier für die Mädchen eher hemmend. Da es für sie wichtiger ist, in der Gruppe der gleichaltrigen Mädchen akzeptiert zu sein, passen sie sich oft den Leistungen und Interessen der Mitschülerinnen an: sie wollen noch viel stärker als Jungen auf keinen Fall anders sein als die anderen Kinder. Weiterhin von Nachteil ist die erhöhte Entwicklungsgeschwindigkeit der Mädchen, die zumindest bis zur Pubertät dadurch noch deutlicher unterfordert sind als Jungen. Dies zeigt sich in unserer Untersuchung einerseits an den stärkeren Klagen der Mädchen über Langeweile in der Schule, andererseits an der im Vergleich zu hochbegabten Jungen noch häufigeren Bevorzugung von älteren Spielpartnern.

Eine ganze Reihe weiterer interessanter Daten und Schlussfolgerungen haben bereits vor Jahren Wilhelm Wieczerkowski und Tania Prado veröffentlicht (vgl. 1990, S. 61 ff). Die Durchmusterung der aktuellen Quellen erbringt hier wenig Ermutigendes, was Entwicklung anbelangt.
Die immer noch geringeren Chancen von hochbegabten Mädchen auf befriedigende Lebensverwirklichung bei Nutzung ihrer geistigen und sozialen Bedürfnisse sehen Stapf und Stapf:
- in der Vermeidung von Konkurrenz mit Männern,
- in geringem Selbstvertrauen insbesondere in eher „männlich besetzten" Domänen,
- im breiteren Interessensspektrum,
- in der doppelten Lebensplanung, der sozialen Orientierung (an Beruf und Familie), d. h. eine nicht so extreme Spezialisierung mit Interessen an Höchstleistungen.

Lösungsansätze sehen die Autoren in vier Punkten:
1. Eine frühe Identifikation und möglichst zeitige Einschulung hochbegabter Mädchen (eher mit fünf Jahren als mit sechs Jahren) erscheint entwicklungsförderlich,

2. Permanente Aufklärung aller Beteiligten und Akzeptanz durch Eltern, Erzieher und Lehrer, die im Resultat auch zu Fördermaßnahmen führen,
3. Förderung des Selbstbewusstsein, insbesondere in Mathematik und den Naturwissenschaften,
4. Bei Gruppen und Kursen von hochbegabten Kindern einzelne Kurse nur für Mädchen anbieten.

Begabung und Verhalten

Viele begabte und hochbegabte Kinder ordnen sich relativ problemarm in Gruppen und Institutionen ein. Dies ist selbstverständlich abhängig von der Qualität der sozialen Beziehungen und den Modalitäten der Kommunikation, des Umgangs und der Förderung (vgl. hier u.a. Hoyer 2010, S. 110 f. empirisch auch Schubert 2011, S. 222).
Dennoch werden hochbegabte Kinder häufig als eine Risikogruppe behandelt, weil sie Verhaltensauffälligkeiten und Probleme im Umgang mit normal begabten Kindern aufweisen „sollen". Wie hier an verschiedenen Stellen bereits fundiert bewiesen, sind Hochbegabte weder eine homogene Gruppe noch bilden sie ein typisches Verhaltensmuster heraus. Timo Hoyer spricht davon, dass das Etikett "Hochbegabung" über die unterschiedlichen Biographien und Persönlichkeitsstrukturen der Betroffenen hinwegtäuscht. Die psycho-sozialen Entwicklungsprobleme Hochbegabter kommen nicht selten in Folge von bereits erfolgter sozialer Ausgrenzung, Stigmatisierung und einer undifferenzierten Didaktik in der Schule (vgl. Hoyer 2010, S. 117). Er sieht die Bildung von leistungsähnlichen Gruppen, so genannten Hochbegabungsklassen als „keinen Ersatz" für eine inklusiv organisierte Schule. Auch seitens der Sozio-Emotionalität sehen Timo Hoyer, Rolf Haubl und Gabriele Weigand keine separierenden Verhaltensweisen, im Gegenteil (vgl. Hoyr/Haubl/Weigand 2014). Heterogenität scheint gewünscht und entwicklungsfördernd zu sein, wie auch schon 2009 durch die Forschungsgruppe „Heterogene Lerngruppen-Analyse" in Grundschulklassen gemeinsam Lernender Hochbegabter und durchschnittlich Begabter zeigten (vgl. Trautmann/Schmidt/Rönz 2009).
Hochbegabung kann jedoch mit Verhaltensstörungen und -auffälligkeiten einhergehen, die extern eher als negativ bewertet werden bzw. das Erkennen und ‚Ausleben' der unverwechselbaren Begabung erschweren können. Underachiever (dt. Minderleister) würden „aus den unterschiedlichen Gründen unterhalb ihres möglichen Niveaus" arbeiten (Heinbokel 2001, S. 62, Johannson 2013, S. 80). Sie seien Personen mit immanent hohen Begabungen, die jedoch keine herausragenden (schulischen) Leistungen zeigen und in Bildungsinstitutionen oftmals scheitern würden. Diese „erwartungswidrige Minderleistung" werde als „große Diskrepanz zwischen intellektuellem Potential und schulischer Leistung betrachtet" (Preckel et al. 2010, S. 3).

Hochbegabte Kinder mit einer asynchronen Entwicklung – etwa einer herausragenden kognitiven Entwicklung (Denk- und Kombinationsfähigkeit) bei gleichzeitig beeinträchtigter emotional bzw. kommunikativer Entwicklung und/oder Beeinträchtigung der Selbstregulation und Verhaltenssteuerung - müssen hingegen früh erkannt und diagnostiziert werden, wenn eine hilfreiche Förderung und Korrektur erfolgen soll.

Allerdings weisen eine Reihe Hochbegabter auch Störungen der Aufmerksamkeit auf, die bald auf das gesamte Verhalten durchschlagen. Aufmerksamkeit ist in diesem Zusammenhang die Fähigkeit zur gezielten Aufnahme von Informationen aus der Umwelt durch die jeweiligen Sinnesorgane, ihre Weiterleitung ins Gehirn und deren dortige Verarbeitung. Zumeist wird in deren Ergebnis eine angepasste Reaktion erfolgen, die nach außen als eine bestimmte *Leistung* oder ein bestimmtes *Verhalten* sichtbar wird. Wenn von Störungen der Aufmerksamkeit gesprochen wird, muss die Gesamtheit dieser Teilprozesse betrachtet werden. Lauth und Schlottke (2009) benennen Merkmale von Aufmerksamkeitsstörungen im Schulalter:

- Flüchtigkeitsfehler und das Übergehen von Details,
- unzureichende Daueraufmerksamkeit
- schwach ausgeprägte äußere Ordnung und Tendenz, Sachen zu „verlieren"
- gewisse Vergesslichkeit in Alltagsdingen
- Die Organisation von Aufgaben fällt schwer
- Aufgaben und/oder Übungen werden vor dem Ende abgebrochen
- Mangelnde Problemlösefähigkeiten
- Impulsives Verhalten
- unübersichtliche Handlungsstruktur
- Motorische Unruhe
- Niedrige Frustrationstoleranz
- Schwaches Selbstwertgefühl
- Lern- und Leistungsstörungen

Jedes dieser Merkmale kann isoliert oder in combinatio mit anderen auftreten. Diese dann so genannten *Problemkinder* entwickeln sich in allen Phasen des Lebens. Für jeden Heranwachsen geht es daher therapeutisch um die Suche nach dem passenden Lebenshintergrund. Die Psychologie bietet eine Reihe von Trainingsmöglichkeiten und -programmen an (vgl. hier z.B. Jacob/Petermann 2013)

Seit einiger Zeit wird – insbesondere in der Pädagogik der frühen Kindheit – die Frage nach der Resilenz in den Mittelpunkt wissenschaftlicher Überlegungen gerückt (vgl. u.a. Rönnau-Böse/Fröhlich-Gildhoff 2015; Fröhlich-Gildhoff/Kerscher-Becker/Rieder/von Hüls/Hamberger 2014). Allgemein definiert ist Resilienz eine psychische Widerstandfähigkeit von Kindern gegenüber biologischen, psychologischen und psychosozialen Entwicklungs-

risiken. Grotberg (2011, S. 55) formuliert recht umfassend drei Quellen von Resilienz aus der „Ich-Position". In vielen Kontexten können diese direkt auf hochbegabte Heranwachsende projiziert werden.
Ich habe Mensche um mich,...
- denen ich trauen kann und die mich lieben
- die mir Leitlinien setzen
- die mir durch die Art, wie sie sich verhalten, zeigen was richtig ist
- die möchten, dass ich lerne, selbständig zu werden
- die mir helfen, wenn ich krank oder in Gefahr bin oder etwas lernen muss.

Ich bin...
- jemand, den man mögen und lieben kann
- bereit, zu anderen freundlich zu sein
- bereit, für das, was ich tue, Verantwortung zu übernehmen.

Ich kann...
- mit anderen über Dinge reden, die mich ängstigen oder bekümmern
- Lösungen für meine Probleme finden
- mich zurückhalten
- einschätzen, wann ich das Gespräch suchen oder etwas tun muss
- jemanden finden, der mir hilft.

Hinsichtlich der Ausbildung von Resilenz entsteht damit die Frage, welche Fähigkeiten (hochbegabte) Kinder dafür ausbilden müssen, um bei ihrer Lebensbewältigung physisch und psychisch gesund, stabil und selbstbewusst zu bleiben? Bei der Durchmusterung einer Reihe von Quellen scheinen die folgenden big points unbestritten:
- Gute angeborene Temperamentsfaktoren machen widerstandsfähig. Die Neigung zu viel Gefühl verbunden mit wenig Nachdenken hingegen bildet eine Problemkonstellation,
- Kontakt- und Bindungsfähigkeit als allgemeiner Faktor,
- Charme und Introjektionsfähigkeit (Aufnahmefähigkeit für fremde Meinungen),
- (Selbst-)Generalisierung guter Erfahrungen,
- Eine gute sprachliche Ausdrucksfähigkeit (auch wenn endlose Diskussionen nerven, sie gelten als prognostisch guter Faktor),
- Ich-Stärke und Ich-Vertrauen (Trautmann 2016 spricht von der Kraft des Selbst),
- Emotionale Intelligenz,
- Selbststeuerungsfähigkeiten, entwickelt in früher Kindheit unter wesentlichem Einfluss der Eltern,
- Selbstberuhigungsfähigkeit,

- Selbstmotivierungsfähigkeiten - deren Status (Fehlen bzw. Vorhandensein, sowie Ausbildungsgrad) entscheiden maßgeblich über die Zugehörigkeit zu Underachievern (Minderleistern).

Es zeigt sich, dass derartige Fähigkeiten dann ausgebildet werden, wenn bei grundsätzlicher Wertschätzung Anforderungen in vernünftigem Maße an das Kind gestellt werden. Die Ausbildung von Resilenz dämpft ihren Gegenspieler, die Verletzbarkeit (Vulnerabilität). Insbesondere ungünstige Temperamentseinflüsse und Basisstörungen können diese im Kind manifestieren.

Begabung und Physis

Vielfältigste physische Ausprägungen werden in den Zusammenhang mit der Hochbegabung gestellt, nicht immer zu Recht weil belastbare empirische Belege fehlen. Eine Reihe von Abweichungen werden Hochbegabten zugeschrieben:
- Vermehrte Kurzsichtigkeit
- Immunstörungen unterschiedlichster Genese
- Vermehrte Linkshändigkeit
- Abweichende Gehirngröße
- Unterschiedliche sozioökonomische und kulturelle Variablen
- biochemische Variablen
- geringeres Schlafbedürfnis

Wenn diese Merkmale bei hochbegabten Kindern zwar relativ häufiger vorkommen, aber bei anderen Kindern eben auch oft gegeben sind, dann sind diese Merkmale zur Erkennung einer Hochbegabung nahezu unbrauchbar (vgl hier u.a. Brand 1997, S. 13; Cressole 2014, S. 42). Bei manchen dieser – mehrheitlich divergenzbasierten – Merkmale fehlen Vergleichsgruppen.
Eine Schlussfolgerung daraus ist es, begabungsneutrale physische Merkmale aus so genannten Checklisten zu streichen. Sie sind weder hinreichende, noch notwendige Bedingungen für eine Hochbegabung, selbst, wenn mehrere davon auftreten. Gregor Brand bringt es auf den (ironischen) Punkt: *„Es gibt auch zahlreiche kurzsichtige, zwischen Mai und Juli zu Welt gekommene, allergische Erstgeborene, die nicht hochbegabt sind"* (Brand 1997, S. 13).
Wenn Eltern wissen wollen, ob ihr Kind besonders begabt ist, sollten sie ihr Augenmerk in erster Linie auf solche Umstände richten, die unmittelbar Ausdruck geistiger Leistungsfähigkeit sind:
- Merkfähigkeit
- Lernfähigkeit
- Auffassungsgeschwindigkeit

In letzter Zeit mehren sich auch die Anzeichen dafür, dass der Sprachentwicklung besonderes Gewicht im Rahmen der allgemeinen Hochbegabung zugemessen wird (vgl. u.a. Webb 2012; Trautmann/Sallee/Buller 2011, S. 111 f.; Maschke 2015, S. 104)

Es wäre fatal, wenn Eltern aufgrund irgendwelcher Überlegungen zu dem Ergebnis kämen, ihr Kind sei nicht hochbegabt und sie infolgedessen die Intelligenz anregenden Maßnahmen unterlassen würden, die sie ansonsten vornähmen.

Exemplarisch soll hier der Bereich Schlaf-Dauer genannt werden. So wird ein generell geringes Schlafbedürfnis oft als konstituierendes Element für Hochbegabung angedeutet. Nach Durchsicht verschiedener (kleiner) Studien, so der eben erwähnte Gregor Brand in einer anderen Quelle kann keine Rede davon sein, dass ein geringeres Schlafbedürfnis hochbegabter Kinder tatsächlich erwiesen ist. Sowohl Freeman (1979) als auch Pollock (1992) konnten keinerlei Unterschiede im Schlafverhalten und bei Schlafproblemen zwischen Hoch- und Normalbegabten feststellen[55]. Busby und Pivik (1983) fanden in einer Untersuchung an sechs hochbegabten und fünf durchschnittlich begabten Kinder, dass die begabten Kinder 20 Minuten länger schliefen. Ihre Augenbewegungen während des sogenannten REM-Schlafes waren demgegenüber geringer. Auch Grubar (1985) konnte bei fünf hochbegabten Kindern im Alter von etwa zehn Jahren keine insgesamt kürzere Schlafdauer feststellen. Dass gegenteilig „seine" hochbegabten Kinder (Termiten) länger schlafen, stellte Lewis M. Terman an seiner berühmten Hochbegabtengruppe fest.

Dennoch tauchen in vielen Checklisten[56] Angaben über ein „geringeres" Schlafbedürfnis bei „vielen" Hochbegabten auf. Wie kommt es zur These von der kürzeren Schlafdauer?

- Eltern problematischer hochbegabter Kinder haben den Eindruck, ihre Kinder schlafen kürzer. Ähnliches empfinden gestresste Eltern
- Elterneinschätzungen sind stets subjektiv, die Vorstellungen darüber, wie viel ein Kind schlafen sollte, gehen weit auseinander.
- Eltern vergleichen mit den Geschwisterbiografien.
- Eltern greifen aufgrund diffuser Hochbegabungsmerkmale in der frühen Kindheit auf Beobachtungen zurück, die ihnen auffällig erscheinen, deren Bedeutung für die Hochbegabung aber nicht abschätzbar ist.

---

[55] Pollock (1992) fand beispielsweise keine Verbindung zwischen dem Schlafverhalten in der frühen Kindheit und den allgemeinen Intelligenzleistungen mit zehn Jahren.
[56] Sogar in einer Broschüre der Gesellschaft für das hochbegabte Kind (DGhK) (Leben mit hochbegabten Kindern).

- Es korrelieren Mitteilungen über eine gute motorische Entwicklung mit Elternindizien besserer intellektueller Leistungsfähigkeit. Auch hier besteht empirisch kein nutzbarer Zusammenhang zur Identifikation.
- Eltern vertrauen Hochbegabungs-Checklisten mit diesem Merkmal. Die Erwartung des Ereignisses wird damit nicht selten zum Ereignis der Erwartung.

Methodisch ist es – so sollte hier gezeigt werden – nicht sinnvoll, bei der Frage, ob ein Kind hochbegabt ist, nach diesen bzw. jenen physischen Abweichungen vom Durchschnitt Ausschau zu halten, sondern auf jene, die unmittelbar auf die kognitive Leistungsfähigkeit bezogen sind.

Begabung und Leistung

Begabung stellt sich, so wurde hier mehrfach postuliert – primär als Disposition für Exzellenz dar. Leistung ist eine bestimmte, an Ort, Zeiten, Menschen, Aufgabenformate und andere Kontexte gebundene Performanz. Daher muss aus der Perspektive dieser Performanz mindestens eine Dreiteilung gemacht werden. Es wurde bereits angedeutet, dass a. Menschen mit einer besonderen Begabung mitunter nicht die Leistung erbringen, die – durch wen auch immer – von ihnen erwartet wird. Hier wird b. die Diskrepanz zwischen der bestehenden Konzeption und den gängigen >Bildern< Hochbegabter deutlich. Ein solch allgemeines Verständnis reicht c. jedoch weder aus, noch ist es für die Beteiligten – Kinder, Eltern, Lehrerinnen – hilfreich.

Der Zusammenhang von tatsächlichem Sachinteresse und allgemeiner bzw. spezifischer Leistungsmotivation ist allgemein bekannt. Ohne Sachinteresse, ausdauernde Motivation und Anstrengungsbereitschaft kann auch hohe Begabung nicht zu außergewöhnlichen Leistungen führen. Begabte erbringen nicht „automatisch" Spitzenleistungen, wobei eine besondere Risikogruppe diejenigen Underachiever (Minderleister) sind, die ihr Fähigkeitspotenzial aus sehr unterschiedlichen Gründen nicht umsetzen können bzw. wollen. Eine Karriere als Lernverweigerer, Schulversager oder Klassenschreck ist meist die Folge. Begabung ist demnach zunächst eine Leistungsvoraussetzung, nicht schon die Leistung selbst und schon gar nicht die Schulleistung (Stern 1916).

Achiever (Leister), Overachiever (Überleister), Underachiever (Minderleister)

Als **Achiever** bezeichnet man allgemein jene Lerner, die in institutionalen Kontexten Leistungen gemäß ihren Potenzialen erbringen. Unterschiede zwischen Achievern und Underachievern werden personal auf der Ebene der

(Selbst-)Motivation, des Selbstkonzeptes (inklusive des Aufbaus eines stabilen Selbst), der Selbststeuerung, dem Maß der Anpassung und der emotionalen Stabilität determiniert. Hinzu kommen eine Reihe um- und lebensweltlicher Einflussfaktoren, wie Eltern und Geschwister, Peers, Lehrpersonen, mediale Einflüsse usw. (vgl. Trautmann 2013, S. 26).

Als **Overachievement** wird analog zu Underachievement, das Erbringen von „schulischen Leistungen derjenigen Schülerinnen und Schüler [bezeichnet], die deutlich bessere Leistungen erbringen, als man ihnen (beispielsweise aufgrund ihrer intellektuellen Ausstattung) zutraut" (Rost/Sparfeldt 2009, S. 138). James Webb et al sehen im Overachieververhalten eine Spielart des workaholic-Verhalten (vgl. 2007, S. 91). Andere Auffassungen zweifeln prinzipiell an der Existenz von Überleistung (vgl. Zöller 2009, S. 21). „Es besteht ... kein Konsens darüber, wie groß die Diskrepanz zwischen Intelligenz- und Schulleistungswerten sein muss, damit aus einer erwartungswidrigen Leistung ein Under- oder Overachievement wird" (Zöller 2009, S. 69). Aus Sicht der Neurowissenschaft unterscheiden sich, so berichten Beate Staudt und Aljoscha Neubauer nicht nur die intelligenteren von den weniger intelligenten Schülern, sondern auch die besseren von den schlechteren Schüler bei einer Gehirnaktivitätsmessung[57].

Der aus dem angloamerikanischen stammende Begriff ‚Underachiever', der sich in der Erziehungswissenschaft durchgesetzt hat, bezeichnet Schülerinnen und Schüler, deren erbrachte Leistung deutlich schlechter ausfällt als die von ihnen erwartete Leistung (bzw. die durch einen Test erbrachte Leistung). Im deutschen Sprachraum wird sonst auch von einer im Verhältnis zur Intelligenz ‚erwartungswidrigen Minderleistung' gesprochen

---

[57] Während der Bearbeitung kognitiver Aufgaben zeigten sie deutlich unterschiedliche Gehirnaktivierungsmuster. Die am wenigsten effiziente (stärkste) Gehirnaktivierung war bei den durchschnittlich intelligenten Schülern mit unterdurchschnittlichen Schulleistungen zu beobachten, während durchschnittlich intelligente Schüler mit überdurchschnittlichen Schulleistungen (‚Overachiever') ein Aktivierungsmuster zeigen, wie es in anderen Studien auch für ‚Experten' (z.B. herausragende Schachspieler) gefunden wurde: Wenig frontale Gehirnaktivierung (also im Stirnhirn) aber viel Aktivierung im Scheitel- bzw. Parietallappen, was auf einen starken Zugriff auf gespeichertes Wissen im Langzeitgedächtnis hinweist. Schülerinnen und Schüler, die also ein ‚Weniger an Begabung' durch ein ‚Mehr an Lernen' kompensieren (und dadurch gute Schulleistungen erzielen) verwenden ihr Gehirn auf eine andere Art als weniger Begabte, die unterdurchschnittliche Schulleistungen aufweisen. Interessanterweise zeigten hochbegabte Underachiever ein zu den Overachievern relativ ähnliches Muster der Gehirnaktivierung: Bei ihnen war sogar die geringste Aktivierung im Stirnhirn (Frontalkortex) aber relativ viel Aktivierung in den hinteren Gehirnteilen zu beobachten. Vielleicht zeigt dieses Muster an, dass die Underachiever auch das Potential hätten, so gute Leistungen wie die Overachiever zu erbringen? (vgl. Staudt/Neubauer 2006, S. 10 f.).

(vgl. Rost/Sparfeldt 2009, S.138, auch Steinheider 2014, S. 227f). Wenn ein Lerner sein (etwa per Testgutachten) nachgewiesenes, hohes geistiges Potenzial (IQ 130 bzw. > 130) entgegen der allgemeinen Erwartung (meist der Institution) nicht in entsprechende Performanz (vulgo gute und sehr gute Schulleistungen) umsetzen kann und die Betroffenen in einem/mehreren Fächern lediglich Leistungen im Klassendurchschnitt oder sogar darunter (Schulleistungsprozentrang 50 oder < 50) zeigen, gelten sie operational als Underachiever (vgl. Rost 2007). Konzeptuelle Definitionen von Minderleistung verzichten dagegen auf feste Kriterien und sprechen in einer eher weiten Fassung des Begriffs von (Hoch-)Begabten, die Leistungen unter ihren Möglichkeiten zeigen. Hierunter würden danach mindestens 50% der Begabten fallen (vgl. hier Stamm 2006). Stamm stellt auch zur Diskussion, dass der Begriff an sich auch auf das Underachievement ganzer Staaten bezogen werden kann (vgl. Stamm 2011, S. 25ff). Eine übereinstimmende Aussage hinsichtlich des prozentualen Mengenanteils von Minderleistenden zu finden, ist daher nahezu undenkbar, hängt dieser doch von der jeweiligen Explikation ab (vgl. Zöller 2009, S. 29).

Das Phänomen des ‚Underachievements' kann sowohl bei durchschnittlich begabten als auch bei hochbegabten Schülerinnen und Schülern auftreten. Für Letztere ist der Kontext freilich problematischer, da sie aufgrund ihrer Fähigkeiten meist noch durchschnittliche Schulleistungen erbringen und somit von den Lehrkräften seltener als ‚Underachiever' identifiziert werden (vgl. Martzog/Stögler/Ziegler 2009, S.92; Rost/Sparfeldt 2009, S.141). Es gibt verschiedene Hinweise darauf, dass Minderleistung eher „männlich determiniert" – also ein Problem vorwiegend von Jungen sei (Preckel/Vock 2013, S. 83; Hagelgans 2014, S. 137). Vulneabel für Underachievement sind nach Preckel und Vock Mädchen aus niedrigen sozioökonomischen Verhältnissen (vgl. 2013, S. 6).

Underachievement erweist sich in Studien als so genanntes *empirisch reliables Konstrukt,* Schüler zeigen über einen längeren Zeitraum minderleistendes Verhalten. Das Verhalten ist sozusagen nicht „plötzlich aufkommend". Lehrpersonen stehen danach in einer besonderen Verantwortung, den Bildungsweg der Heranwachsenden gelassen aber permanent im Auge zu behalten. Große amplitudische Leistungsveränderungen müssen dabei auf Gründe hin untersucht werden. Einem Teil der Minderleister gelingt es nämlich tatsächlich, während der Schulzeit oder später im Ausbildungskontext die Minderleistung zu überwinden (siehe Renger 2009, Stamm 2006).

Das Konzept des ‚Underachievements' wird zwar intensiv erforscht, trotzdem gibt eine schier unglaubliche Vielfalt an Mutmaßungen, Meinungen und praktisch-schulischer Unsicherheiten, die es auch auf absehbare Zeit hin zu einem sehr aktuellen Thema machen (vgl. hier Rost/Sparfeldt 2009, S. 139). Die Ursachen für Minderleistung sind naturgemäß vielfältig und zu diesem Zeitpunkt nicht restfrei geklärt. Permanent tauchen in der Forschung folgende Faktoren auf, die eine Rolle in der Prozessualität zur Minderleistung hin zu spielen scheinen: Persönlichkeitsmerkmale der Schülerinnen und Schüler, Konflikte in der Familie, schlechte Unterrichtsqualität, fehlende intellektuelle Anregung im Elternhaus und schwierige soziale Beziehungen (vgl. Rost, Sparfeldt 2009, S.148, Hagelgans 2014, S. 129 f.). Eine ebenfalls weit verbreitete und durch Forschungsergebnisse unterstützte Annahme ist, dass sich hochbegabte ‚Underachiever' im Unterricht langweilen, unterfordert und deswegen unmotiviert sind und nicht die Leistung erbringen, zu denen sie eigentlich fähig wären (vgl. Snyder et al. 2014, S.231).

Auf einen weiteren Erklärungsversuch für das Phänomen der ‚Underachiever' macht Marie Prüßner (vgl. 2015) aufmerksam. Aus den ‚social-cognitive motivational theories' stammt ein entsprechender Erklärungsansatz, der besagt, dass Schülerinnen und Schüler Verhaltensweisen entwickeln können, mit denen sie akademische Erfolge selbst verhindern. Bei dieser Art der Selbstsabotage (‚Self-Handicapping') (vgl. hier Snyder et al. 2014, S. 231) wird davon ausgegangen, dass Menschen das Bedürfnis verspüren, ihren Selbstwert zu schützen. Dies tun sie, indem sie antizipierten Misserfolgen aus dem Weg gehen, um sowohl von anderen als auch von sich selbst nicht als inkompetent wahrgenommen zu werden, sollten sie (später) nicht die von ihnen erwartete Leistung erbringen. Hochbegabte Schülerinnen und Schüler könnten nach dieser Theorie das Gefühl bekommen, dass permanent akademische Erfolge notwendig sind, um den eigenen Hochbegabtenstatuts halten zu können. Der erwartete (gänzliche bzw. partielle) Verlust der Hochbegabten-Identität bei akademischen (also auch schulischen oder/und universitären) Misserfolgen würde den Selbstwert eines Individuums senken. Indem Schülerinnen und Schüler konstante (aber unter ihren Möglichkeiten liegende) Leistungen erbringen, gefährden sie ihr Selbstwertgefühl nicht substanziell (vgl. Snyder et al 2014, S. 231; weiterhin Pyryt 2007, S. 275). Dabei können zwei verschiedene Formen der Selbstsabotage angewendet werden, die eine Entschuldigung für mögliche Misserfolge bieten, während das Selbstwertgefühl intakt bleibt:

1) *Die angebliche Selbstsabotage (‚claimed self-handicapping')*
Bei dieser Art der Selbstsabotage sucht eine Person nach Umständen, die einen Erfolg sehr unwahrscheinlich machen und als Entschuldigung für schlechtere Leistungen fungieren können. Ein Schüler behauptet vor einem Test, er hätte kaum gelernt, obwohl dies nicht der Wahrheit entspricht. Durch diese Lüge schützt sich die Person vor der Bewertung durch Andere.

2) *Die tatsächliche Selbstsabotage (‚behavioral self-handicapping')*
Bei dieser Art der Selbstsabotage erschafft eine Person tatsächliche Hindernisse, die sehr gute Leistungen fast unmöglich machen. Eine Schülerin findet einen oder mehrere Gründe, weswegen sie für eine Klausur tatsächlich nicht lernen kann. Durch dieses Verhalten schützt sich die Person nicht nur vor der Bewertung durch Andere, sondern zunächst auch vor einer Eigenverurteilung (vgl. Snyder et al 2014, S.231f).

Underachievement stellt damit ein vorrangig *schulisches* Phänomen dar. In ihrer Freizeit zeigen auch so genannte Underachiever herausragende Leistungen: Sie führen akribisch Forschungstagebuch im Rahmen eigener Neigungshandlungen, kennen eine Reihe von Pflanzen, leiten eine NABU-Jugendgruppe oder programmieren mühelos. Kajsa Johansson (vgl. 2013, S. 83). macht Vorschläge, wie Minderleistung in enger Zusammenarbeit von Elternhaus, Schüler und Schule zu mindern sei.

- Ist-Stand erheben und Ressourcen erkunden
- Adäquate Forderanreize (inklusive Ermunterung und/oder Handlungsplanung) schaffen
- Lern- und Arbeitsorganisation aufbauen bzw. sichern
- Selbststeuerung und Motivation stärker
- Substanzielle Rückmeldung geben

Verena Kunath (2014) hat in einer Einzelfallstudie eine Underachieverin als Lernbegleiterin erforscht und eine ganze Reihe von Innovationen dokumentiert. Gleichzeitig zeigt sie die ungeheure Vielschichtigkeit des Problems nach, die es allen Beteiligten unmöglich macht, rasche Lösungen zu generieren.

Das so genannte *Reattributionstraining* (RAT) setzt auf den positiven Interpretationseffekt zur Motivationsförderung Hochbegabter. Schulerfolge werden in diesem Prozess der Anstrengung im *Vorfeld* einer Leistung oder dem Zufall zugerechnet. Für Kinder mit negativem Selbstwertkonzept – etwa Underachiever mit andauernder Leidenskarriere - bewertet ein Außenstehender eine erbrachte Schülerleistung positiv in Bezug auf die aufgewandte Anstrengungs- und Übungsbereitschaft vor der Arbeit. Dieses Vorgehen verfängt allerdings nur, wenn vorher auch gelernt wurde (Näheres bei Ziegler/Heller 1998; Heller/Ziegler 2001).

Führer (1998, S. 1) schließlich stellt die Frage nach der Leistung deutlich auf den Schulunterricht bezogen. Ihr Fazit einer Fallstudie: Sowohl durch zielgerichtete als auch durch unnötige Arbeit erzielen Menschen Leistungen. Die durch unnötige Arbeit im Unterricht zu erzielenden Leistungen sind Kräfteverschleiß für Hochbegabte und damit der falsche Weg.

Begabung und Behinderung

Behinderte Begabte gehören zu den Gruppen der Unerkannten bzw. der Verkannten. Allgemein werden Lern- und Aufmerksamkeitsstörungen sowie Störungen der Wahrnehmung oder/und Autismus genannt. Symptome der individuellen Behinderung können das intellektuelle Potential überzeichnen und somit maskieren. Heike Hagelgans (vgl. 2014, S. 16) macht in diesem Zusammenhang deutlich, dass damit nicht nur ihre kindliche Begabung nicht oder nur partiell erkannt werden kann, sondern nur deren Probleme ausschließlich augenscheinlich werden. Auf der anderen Seite ist es auch möglich, dass Begabung Heranwachsenden helfen kann, ihre eigenen Störungssymptome zu kontrollieren oder/und zu kompensieren.

Behinderte Hochbegabte sind Personen, die in einem oder mehreren Begabungsbereichen außergewöhnliche Fähigkeiten aufweisen, die aber unter körperlichen oder Sinnesbeeinträchtigungen, emotionalen Problemen sowie Teilleistungsstörungen leiden können (Yewchuk/Lupart 1993). Da viele Hochbegabungsdefinitionen mehrdimensional sind, schließen sich damit auch Lernbehinderung und Hochbegabung nicht aus (etwa im künstlerischen, sozialen, psychomotorischen Bereich). Eine Identifikation behinderter Hochbegabter erweist sich besonders bei intellektuell begabten Sinnesgeschädigten und Körperbehinderten als schwierig, da entsprechende Tests wegen der Behinderung nicht oder nur unter Modifikation der Durchführungsbedingungen (z.B. Vergrößern von Aufgabenblättern für Sehgeschädigte) anwendbar sind. Für diese liegen meist nur Normen für Populationen von Behinderten vor, die nur eingeschränkt die Identifikation von Hochbegabten erlauben (vgl. Borchert 2000, S. 665).

Hochbegabte Behinderte können von ihren Fähigkeiten für ihre eigene Persönlichkeitsentwicklung profitieren. Oft kommt es jedoch auch zu Schwächungen des Selbstwertgefühls, Frustration, Hilflosigkeit oder sozialen Schwierigkeiten. Diese resultieren u.a. aus der Differenz zwischen Begabung und Behinderung sowie aus den gegenüber nicht behinderten Hochbegabten geringeren Chancen, Gleichaltrige mit ähnlichen Lebenssituation und -verläufen zu treffen (Yewchuk/Lupart, 1993).

Bettina Harder (2009, S. 3 f) untersucht in diesem Kontext „Twice exeptionals" – (hoch)begabte Kinder mit einer Begleitstörung. Sie fallen spät auf und sind symptomatisch schwer zuzuordnen. Die Symptome maskieren einerseits das intellektuelle Potential. Andererseits ermöglicht die Begabung diesen Kindern oft eine Kompensation der Störungssymptome bis dann steigende Anforderungen eine fortdauernde Kompensation nicht mehr zulassen (vgl. Silverman 2003). Harder fordert in diesem Zusammenhang die Installierung eines individuelisierenden, inhaltlich und instruktionsmethodisch angepassten Unterricht sowie eine offene Kommunikation zwischen allen beteiligten Personen im Gesamtförderrahmen. Auch Manabu Sumida untersucht twice-exeptional Kinder in Japan und stellt eine Checkliste von 60 Items „on Attitudes, Thinking, Skills, and Knowledge/Understanding" vor.

> „Factor analysis revealed three factors. A cluster analysis with the subscale points of each factor identified three "gifted styles" in science. These were: (1) Spontaneous Style; (2) Expert Style; and (3) Solid Style" (Sumida 2010, S. 2106).

Unstrittig ist daher, dass besondere Begabungen tatsächlich mit partiellen Behinderungen, Teilleistungsminderungen, sekundären Fehlentwicklungen und/oder psychischen Auffälligkeiten gekoppelt auftreten können. Das gegenwärtige Schulkonzept, so konstatiert schließlich Heike Hagelgans (2014, S. 15) bietet wenige brauchbare und kaum wissenschaftlich fundierte Konzepte des Umgangs und der entwicklungsfördernden institutionalen Begleitung an.

Begabung und Migration

Internationale und nationale Studien, die Schulleistungen in den Blick nehmen (vgl. PISA, PIRLS/ IGLU, TIMMS), bescheinigen relevante Unterschiede in der schulischen Leistung abhängig von nationaler, sozialer und kultureller Herkunft (vgl. Autorengruppe Bildungsberichterstattung, 2008, 2012; Braun, 2006). Nach Allemann-Ghionda et al. (2006, S. 251f.) Recherchen werden die hohen Misserfolgsquoten von Kindern mit einer Zuwanderungsgeschichte durch eine Reihe wissenschaftlicher Autoren mit Defiziten in der Sprache, der Sozialisation und einem profunden Mangel an familialen Ressourcen zugeschrieben. Dem entgegen stellt sich jedoch die Mehrheit der Bildungsforscher, die nicht das Elternhaus, sondern das Bildungssystem für Misserfolge verantwortlich machen.
Isabella Keller-Koller (2009, S. 1) konstatiert, dass es in der Schweiz kaum ein Thema ist, dass es Begabte mit Migrationshintergrund überhaupt gibt. Viele Lehrpersonen können sich nicht vorstellen, dass solche Kinder überhaupt existieren. Vermutlich ist das Bild inzwischen heterogener. In Ballungszentren müssen Lehrpersonen und Fortbildung auf performanzorientierte Heranwachsende mit einer Wanderungsgeschichte reagieren[58].
Howard Gardners erweiterter Intelligenzbegriff bezieht auch die Kulturspezifik ein als eine „Fähigkeit, Probleme zu lösen oder neue Produkte zu schaffen, die *in einem oder in mehreren kulturellen Zusammenhängen* (kursiv gesetzt von mit TT) wertgeschätzt werden" (Gardner 1983, S.11). Betrachtet man die Definition von Hochbegabung aus dieser Perspektive, so wird der zuvor oft angesprochene Faktor des Umfeldes bzw. der Um- und Lebenswelten ersichtlich, der z.B. in dem Münchner Hochbegabungsmodell, bei Müller-Opplinger oder Ziegler (vgl. Abschnitt Modellierung von Hochbegabung) angesprochen wird. Gardner betrachtet die Intelligenzen als ein Potential, das nicht primär sichtbar oder zählbar ist (einen interessanten Gegenbeweis liefern Mareike Brümmer und Thomas Trautmann in ihrer Begleitstudie 2016). Dieses Potential ist dabei stark von der jeweiligen Kultur und den durch die Familie, durch die Lehrkraft und durch weitere Subjekte des Umfeldes getroffenen Entscheidungen abhängig. Mit diesen Entscheidungen kann eine positive Entwicklung des hochbegabten Kindes vonstattengehen (vgl. Holzinger 2010, S.32f.). Andererseits können migrationsbedingte Brü-

---

[58] https://www.bildung-und-begabung.de/begabungslotse/laender-special/laender-special-hamburg/aus-und-fortbildung-in-hamburg/lehrerfortbildung-hamburg

che in der Schulbiografie und der Sprachgebrauch in der Familie selbst sich durchaus ungünstig auf die schulischen Kompetenzen der Kinder auswirken (vgl. Kristen 2008).
Die Frage, ob Migranten mehr oder weniger begabt sind oder nicht stellt sich also nicht. Bereits beim Anlegen des formalen Kriteriums von 2 Prozent der Zielpopulation müsste es in der Bundesrepublik Deutschland bei aktuell ca. 2.400.000 Migrantenkindern etwa 48.000 Hochbegabte geben.
Thomas Trautmann fragt in diesem Zusammenhang, wo sich jene Begabten befinden, die Wissenschaft kaum wahrnimmt. Sind tatsächlich die schulischen Leistungen von Kindern mit einer Migrationsgeschichte schlechter? Sind Erkennungsraster außer Betrieb? Oder werden bei ihnen andere Kriterien angelegt als bei jenen aus deutschen Familien, so dass sie bei der Noten- oder der Empfehlungsvergabe benachteiligt werden? (vgl. Trautmann 2014, S. 41)
Studien, die etwas über zehn Jahre zurück liegen zeigten, dass Kinder mit Migrationserfahrung deutlich seltener eine Gymnasialempfehlung erhalten als Kinder ohne Wanderungsgeschichte (z.B. Bos et al. 2004). Inzwischen scheinen sich hier Veränderungen zum Positiven anzubahnen.
Aktuellere Studien zur Verwendung unterschiedlichen Bezugsnormen bei der Beurteilung von Migranten sind, so konstatiert Cornelia Gresch (2012), nicht bekannt. Es gibt sogar Hinweise darauf, dass Lehrpersonen gerade bei schlechten Schülern häufiger eine individuelle Bezugsnorm verwenden (vgl. Köller 2005). Sofern dies auch Kinder mit einer Migrationsgeschichte betrifft, werden sie möglicherweise sogar besser beurteilt als vergleichbare Mitschüler ohne Einwanderungskontext.
Sprietsma (2009) zeigt sozusagen als Gegenfolie, dass geprägte Erwartungen dazu führen, dass Lehrkräfte ein und denselben Aufsatz schlechter bewerten, wenn sie annehmen, dass er von einem Kind mit türkischem Migrationshintergrund geschrieben wurde. Wenn mit der Migrationsgeschichte partiell solche Stereotype wie „leistungsschwach", „zappelig" oder „unmotiviert" verbunden werden, kann ein solcher Vorgang leicht in Leistungsabwertung münden. Interessant ist, dass solche Erwartungseffekte sich sowohl bewusst, als auch unbewusst in Beurteilungen niederschlagen.

Vertiefende Fragen und Aufgaben:

- Diskutieren Sie die Überlegung des Psychologen Walter Mischel (2015 „Der Marshmellow-Test"): Wir wissen heute, dass Gene bei Menschen durch Umweltfaktoren angeschaltet und vererbt werden können ... Genaktivität und Umwelten lassen sich nicht voneinander trennen. Was bedeutet das für Ihre Auffassung von Begabungsausprägung?
- Untersuchen Sie zusätzlich Determinanten der Umwelt und deren mögliche Auswirkungen auf individuelle Begabungsausprägungen.

- Suchen Sie in den vorgestellten Begabungsmodellen „Öffnungen" zur Erklärung der hier zur Diskussion gestellten Zusammenhänge und Verbindungen.
- Untersuchen Sie die Einflüsse der verschiedenen Lebenswelten (Eltern, Peers, Schule, Medien) eines Ihnen bekannten Heranwachsenden miteinander. Welches der Hochbegabungsmodelle erklärt diese unverwechselbare Begabungskonstellation am genauesten?

Was Sie sonst noch lesen können:

- Gladwell, Malcolm (2009). Überflieger – Warum manche Menschen erfolgreich sind und andere nicht. Campus Verlag Frankfurt
- Fischer, Christian;Weigand, Gabriele (Hrsg.) (2014). Schule der Vielfalt. Inklusive Begabungs- und Begabtenförderung. Journal für begabtenförderung. Für eine begabungsfreundliche Lernkultur[59] 2/2014. Innsbruck: Studienverlag
- Kelle, Helga; Tervooren, Anja (2008). Kindliche Entwicklung zwischen Heterogenität und Standardisierung - Eine Einleitung. In: Kelle, Helga; Tervooren, Anja (Hrsg.). Ganz normale Kinder. Heterogenität und Standardisierung kindlicher Entwicklung. Weinheim: Juventa, S. 7–14
- Amos, Karin (2012). Die Rolle öffentlicher Erziehung in Spaltungs- und Vereinheitlichungsprozessen der Bevölkerung: das Beispiel des US-amerikanischen Urban Ghetto. In: Tertium Comparationis. Journal für International und Interkulturell Vergleichende Erziehungswissenschaft. Vol. 18, Nr. 1/2012, S.128-148

---

[59] Unter einer begabungsfreundlichen Lernkultur – vielfach synonym gebraucht als begabungfreundliches Klima – wird meinst eine ganze Reihe formeller und informeller Maßnahmen gebündelt. Neben nicht näher spezifizierten Faktoren, wie der Berücksichtigung:
- der besonderen Leistungsfähigkeit,
- der Interessenvielfalt,
- der Ganzheitlichkeit und Ausgleich von asynchroner Entwicklung,
- sozialer Bedürfnisse,
- besonderer kommunikativer und logisch-mathematischer Voraussetzungen

werden der grundsätzliche Aufbau einer Fragekultur, die Förderung der Kreativität inklusive und exklusive das kreative Arbeiten mit Medien, eine flexible Unterrichtsgestaltung, die Motivationsförderung und die Leistungsbewertung darunter subsumiert.

Begabtenpädagogik oder Sonderpädagogik?

> Gemeinsamkeiten
> sind schnell gefunden.
> An den Unterschieden
> entdeckt man ein Leben lang.
> Klaus Koch

Das Nachdenken über Zusammenhänge von Begabungs- und Sonderpädagogik hat Tradition (vgl. Kluge/Suermondt-Schlembach 1981; Ziegler 2009). Für Kluge (2002, S. 7 ff) ist Begabung jedoch kein genuin sonderpädagogisches Problem, sondern ein Wissenschafts- und Handlungsfeld mit sozialwissenschaftlichen, erziehungswissenschaftlichen, sonderpädagogischen, psychologischen und medizinischen Anteilen. Albert Ziegler hält im Zusammenhang mit einem sich hoch entwickelten Atiotops die Zusammenarbeit gut ausgebildeten Fachpersonals aus Medizin, Heil- und Sonderpädagogik und Begabtenförderung von Nöten (vgl. Ziegler 2009, S. 71).
Ursula Hoyningen-Suess (u.a. 1998) vertritt den (Schweizer) Standpunkt, dass sich Sonderpädagogik im deutschsprachigen Raum vorwiegend als Wissenschaft der Hilfe für den schwachen, kranken oder gebrechlichen Menschen versteht. Die sonderpädagogische Diskussion dreht sich fast einhellig um die Erziehung und Bildung jener Menschen, die aufgrund angeborener oder erworbener Schädigungen oder Beeinträchtigungen besonderer Hilfe bedürfen. Sie will den Fokus erweitert wissen um den Faktor Hochbegabung. Es gibt in der Tat auch hochbegabte Menschen, deren vermutete oder diagnostizierte hohe Begabungen besondere Erziehungsmaßnahmen nötig machen und somit auch hochbegabte Menschen (unter Umständen) sonderpädagogischer Betreuung bedürfen. Die Erziehung und Bildung hochbegabter Kinder und Jugendlicher ist eine sonderpädagogische Aufgabe; insbesondere das Verhältnis von Verhaltensauffälligkeit und Hochbegabung, der Zusammenhang von Lernbehinderung und hoher Begabung oder der gesellschaftlichen Integration hochbegabter Menschen. Verwiesen sei hier auf die Salamanca-Erklärung und den Aktionsrahmen zur Pädagogik für besondere Bedürfnisse (vgl. Salamanca-Erklärung 1994)
Dominik Gyseler (2003, S. 14) macht darauf aufmerksam, dass die Inkompatibilität zwischen Sonderpädagogik und dem Problemfeld Hochbegabung in der letzten Zeit produktiv aufgebrochen wurde. Ein Grund dafür ist die Substituierung des Begriffs der Behinderung als sonderpädagogischer Grundbegriff. Insbesondere die im englischsprachigen Raum verwendeten Begriffe (>spezial needs<, >spezial educational needs<) fungierten als Initialbegriffe. Im deutschsprachigen Raum werden seitdem Begrifflichkeiten wie z.B. der *sonderpädagogische Förderbedarf* (vgl. KMK 1994), die *speziellen Erziehungserfordernisse* (u.a. Speck 1996) und der *zusätzliche Förderbedarf* (vgl.

Bach 1993) zentrale Bezugskategorien in der sonderpädagogischen Theoriebildung verwendet.

Die Frage, ob hochbegabte Menschen Teil des Auftrags der schulischen Sonderpädagogik sind, hängt letztlich von der Kompatibilität beider Bestimmungen ab – des Auftrags der Sonderpädagogik und des Begriffs der Hochbegabung. Dominik Gyseler (2003) konstruiert vor diesem Hintergrund einen sonderpädagogisch relevanten Begriff der Hochbegabung.

Wenn Albert Ziegler (vgl. 2009, S. 115) darauf verweist, dass es nicht darum gehen kann dass Hochbegabte „vorgegebene" Ziele erreichen, sondern dass vielmehr Hochbegabte in die Lage versetzt werden müssen, ihrem Potential entsprechende Ziele zu verfolgen ist das ein klares Votum. Außerdem sei bildungspolitisch die Anerkennung eines speziellen Förderbedarfs mit der Zuweisung besonderer Ressourcen verbunden. Hochbegabung wird in den deutschen Empfehlungen der Kultusministerkonferenz zum sonderpädagogischen Förderbedarf (KMK 1994) nicht angesprochen, in der Schweiz jedoch wird das Konzept der Personen mit besonderen pädagogischen Bedürfnissen explizit auch auf Hochbegabte bezogen (vgl. Gyseler 2003).

Während die Förderung behinderter oder im Lernen gestörter Kinder im Zuge der aktuellen Inklusionsdebatte auch in den öffentlichen Schulen zur Selbstverständlichkeit geworden ist, wird die Förderung begabter Kinder eher vernachlässigt bis hin zur Nicht-Thematisierung (vgl. Kemena/Miller 2011, S. 130). In einer Schule der Vielfalt (vgl. hier Fischer/Weigand 2014) sollte dies jedoch unverzichtbar sein. Sonderpädagogischer Förderbedarf ist aber auch bei Kindern und Jugendlichen anzunehmen, die in ihren mannigfaltigen Bildungs-, Entwicklungs- und Lernmöglichkeiten so beeinträchtigt sind, dass sie im Unterricht der allgemeinen Schule ohne sonderpädagogische Unterstützung nicht hinreichend gefördert werden können (Drawe/Rumpier/Wachtel 2000, S. 28ff; Stöger 2009, S. 50). Daraus leitet sich ab, dass auch Hochbegabte - und nicht nur Underachiever - auf Grund ihrer Persönlichkeit und der Inkompatibilität mit aktuellen institutionellen Strukturen diese sonderpädagogische Unterstützung in variierenden Formen benötigen, diese aber u.a. auf Grund konservativer Zugriffsweisen nicht erhalten (vgl. Schaub/Baker 2012).

Letztlich gibt es deutschlandweit zwar viele Professuren für Sonderpädagogik, aber m.W.n. jedoch immer noch keine explizit denominierte für Hochbegabtenpädagogik. In Trier besteht eine Professur mit dem Schwerpunkt Hochbegabung, andere Kolleginnen und Kollegen beschäftigen sich qua Amtsverständnis unter dem Fokus der Psychologie mit der Domäne. Kluge (2002, S. 8) wies bereits am Beginn des neuen Jahrtausends darauf hin, dass das Thema „Hochbegabte" sich fast ausschließlich auf das Thema „Kognitiv-Begabte" vereinseitigt hat. Bewährt haben sich in der Sonder- wie in der Hochbegabtenpädagogik jene Modelle, die auf die Gesamtheit individueller

Bedürfnisse der einzelnen Schüler eingehen können. Während Kinder mit Lernschwierigkeiten in den Förderunterricht gehen, sammeln sich die Hochbegabten zur Gruppierung in Pluskursen etc., die durchschnittlich Begabten lernen in dieser Zeit in der Klasse weiter.

Die Sonderpädagogik ist aber durchaus auch methodisch vorbildhaft. Dort ist es unüblich, Kinder mit sonderpädagogischem Förderungsbedarf zunächst mit den Alltagsroutinen zu überfrachten, um ihnen danach individuelle Förderangebote zu machen. Im normalen Schulalltag hingegen wird gegenüber Hochbegabten oft zunächst das (für sie langweilige, weil neuheitsarme) Tagesprogramm für alle durchgezogen, ehe sie zusätzliche Aufgaben lösen dürfen.

Vertiefende Fragen und Aufgaben:
- Überlegen Sie Ihr aktuelles Verständnis von einer Pädagogik der Hochbegabung und deren Verhältnis zur Sonderpädagogik. Sammeln Sie nun im Sinne eines „advocatus diaboli" Gegenargumente Ihrer eigenen Gesinnung.
- Genie ist nahe dem Wahnsinn. Was spricht dafür, was dagegen?
- Bedarf eine konsequente Inklusion eigentlich dieser Debatte, bzw. der generellen Auseinandersetzung über den Sinn von „Sonder"pädagogik?

Was Sie sonst noch lesen können:
- Hormel, Ulrike; Scherr, Albert (2012). Diskriminierung. Wiesbaden: VS-Verlag
- Moser, Vera; Schäfer, Lea; Redlich, Hubertus (2011). Kompetenzen und Beliefs von Förderschullehrkräften in inklusiven Settings. In: Lütje-Klose, Birgit; Langer, Marie-Therese; Serke, Björn; Urban, Melanie (Hrsg.). Inklusion in Bildungsinstitutionen. Eine Herausforderung an die Heil- und Sonderpädagogik. Bad Heilbrunn: Klinkhardt, S. 143–149
- Tillmann, Klaus-Jürgen (2008). Die homogene Lerngruppe. Oder: System jagt Fiktion. In: Hans-Uwe Otto und Thomas Rauschenbach (Hrsg.). Die andere Seite der Bildung. Zum Verhältnis von formellen und informellen Bildungsprozessen. 2. Auflage. Wiesbaden: VS Verlag für Sozialwiss., S. 33–39

Auffindung von Hochbegabung

> **Kleiner Wal I**
> Es war einmal ein kleiner Wal,
> dem war die Schule eine Qual.
> Es gibt ja – mancher weiß das nicht –
> für Wale Walpflichunterricht.
> Dort herrschen Konsequenz und Strenge,
> hauptsächlich lernt man Walgesänge.
> ...
> Andrea Schomburg 2009, S. 28

Um Begabungen zu entdecken, muss empirisch zwischen mehreren Vorgehensweisen unterschieden werden. Diagnosen können als systematisch oder zufällig, empirisch reliabel oder intersubjektiv und frei flottierend oder fundiert differenziert werden. Letztendlich sollten sie valide sein und die Richtigen treffen. Zunächst sollen Vermutung, Erkennung und Ermittlung näher betrachtet werden, sie sind – zumindest im pädagogisch-didaktischen Kontext – die meistgebrauchten Vorgehensweisen. Während zwischen Vermutung und Erkennung mannigfaltige Wechselwirkungen und Unsicherheiten auf sozialer und kommunikativer Ebene existieren, sind Ermittlungsprozesse zur Identifikation - im Allgemeinen durch Tests - wissenschaftlich abgesichert.

Die große Gruppe der Intelligenztests wird aber kaum mehr isoliert eingesetzt. Als ausschließliches Identifikationsverfahren steht es in der Kritik, da fast nur kognitive Komponenten, aber kaum Momente divergenten Denkens, der Kreativität[60] sowie andere Begabungsformen erfasst werden können. Weitere Kritikpunkte sind u.a. die Auslagerung wichtiger Persönlichkeitsmerkmale aus dem Testraster, die Nichtberücksichtigung der Instabilität oder der aktuellen Befindlichkeit der Testperson, das Fehlen von Kulturunabhängigkeit, die Möglichkeit von Verfälschungsquellen und - generell für Tests - der Verzicht auf Entwicklungsdaten. Konstruktionsbedingt ist die Aussagekraft eines Intelligenztests dadurch begrenzt, dass nur Endresultate von Denk-, Lern- und Verarbeitungsprozessen erfasst werden, nicht aber der Prozess an sich. Daher können auch keine Aussagen über das Potential abgeleitet werden, sich über das augenblickliche Leistungsniveau hinaus zu steigern (vgl. Campione/Brown/Ferrara 1982, S. 392 ff).

Verfahren zur Identifikation Hochbegabter sind daher in den letzten Jahrzehnten systematisch weiterentwickelt und verfeinert worden. So gibt es kaum noch den >reinen< Intelligenztest. Vielmehr werden wohl abgestimmte Testbatterien, also wissenschaftliche Routineverfahren entwickelt, die zur

---

[60] Selbstverständlich existieren auch Testverfahren für Kreativität, so z.B. der Test zum Schöpferischen Denken – Zeichnerisch (TSD-Z) von Klaus K. Urban & Hans G. Jellen (vgl. Urban 1995)

Untersuchung eines oder mehrerer empirisch abgrenzbarer Persönlichkeitsmerkmale dienen. Sie haben das Ziel einer möglichst qualitativen Aussage über den relativen Grad der relativen Merkmalsausprägung anzugeben. Diese Merkmale werden überprüft um Validität (Gültigkeit), Reliabilität (Verlässlichkeit), Normung (Einordnung in größere Bezugssysteme) und Objektivität (Personenunabhängigkeit) zu gewährleisten. Dazu müssen ökonomische Gesichtspunkte beachtet werden – Zeit und Nutzen müssen in einem vertretbaren Verhältnis stehen.

Subjektive und objektive Ansätze

Subjektive Identifikationsansätze sind – zumindest als erste Zugänge – vielfach nötig und hilfreich. Auch Trautmann (2008 S. 35 ff) schlägt ein Muster zur Einteilung vor, welches hier etwas erweitert wird:

Subjektive Identifikationselemente:

Wahrnehmung und Vermutung
- Spontanauffaller
- Zudeutungen
- Zuweisung
- Kommunikation
- Selbstbezichtigung

Erkennung
- Wettbewerbe
- Zensuren
- Schulische Leistungen
- Lehrerinneneinschätzung
- Elterneinschätzung
- Fremdurteile
- Selbsteinschätzung
- Checklisten
- Theoriekrücken
- Selbstrepräsentation

Objektive[61] Identifikationsverfahren

Ermittlung
- Testung (Lern-, Kreativitäts-, Intelligenz- und Leistungstests)
- MeDiFa (Trautmann/Schmidt/Bichtemann 2009)
- Diagnosekonstrukte
- Identifikationprozesse

Allgemein werden Identifikationsschwerpunkte hinsichtlich bestimmter Merkmale
- des Lernens und Denkens,
- der Arbeitshaltung und der Interessen,
- des Verhaltens

gesetzt (vgl. BMBF 2001, S. 28 f.).

In praxi ist man bei der Objektivierung inzwischen dazu übergegangen, summierende und sich ergänzende Verfahren zu Pools (Testbatterien) zusammen zu fassen (z. B. Kombinationen aus Leistungstests, Lerntests als Prä- und Posttest und Kreativitätstests). Die Regel ist fast überall auch die Kombination subjektiver und objektiver Elemente - standardisierte Identifikationstechniken mit vorliegenden Erkennungselementen (Lehrerinnen- und Elterneinschätzungen, Beobachtungsbögen, Selbstzeugnissen). Da sich deren Erfahrungs- und Beobachtungsperspektiven notwendigerweise unterscheiden, kommt es allerdings darauf an, dieses Expertenwissen in einen *dialogischen Diagnostikprozess* (Quitmann 1999; 2013) zu überführen.

Probleme in der Praxis

Wie kompliziert in praxi die Zusammenhänge zwischen Vermutungs- und Erkennungsprozessen samt ihrem Scheitern sind, zeigen die folgenden Thesen:
- Kinder werden von Eltern und/oder Lehrerinnen für hochbegabt gehalten und sind es de facto nicht. Sie sind Überleister – ausgestattet mit einer durchschnittlichen Begabung, aber einem hohen schulkompatiblen Leistungsvermögen. Andere sind vielleicht klug, an-

---

[61] Wir sollten uns bewusst sein, dass bei allem Bemühen um Objektivität dennoch Intersubjektivität die Bühne beherrscht. Testerinnen haben eine Tagesform, ebenso die zu testenden Heranwachsenden. Ob die Chemie stimmt, die Sprachmelodie anschlägt oder Gestik bzw. Mimik „den Ton" trifft, gibt kein Manual vor. In Testungen unter Supervision wurden von unserer Forschungsgruppe eine Reihe von Anhaltspunkten gefunden, die subjektive Blockierer, aber auch Katalysatoren beinhaltete.

passungsfähig, strebsam und fleißig - systemkonvergent. Eine mögliche Folge ist, dass ihnen die Lehrerin besondere Aufmerksamkeit schenkt, die Kinder weiter anspornt und diese Motivation sie noch besser werden lässt. Dieser Prozess wird Overachievement genannt und wurde hier bereits vertieft.
- Kindliche Signale von Hochbegabung werden nicht oder kaum wahrgenommen. Fehldeutung und nicht anerkennendes Verhalten der Erzieher bilden eine Melange des Phänomens Ignoranz.
- Kinder werden als Hochbegabte in der Schule nicht erkannt, weil ihre aktuell entwickelten Begabungen für die Lern-, Arbeits- und Kommunikationsmuster in Schule irrelevant oder kontraproduktiv sind. Der einsetzende Kreislauf sich gegenseitig bedingender Misserfolgserlebnisse, Arbeitsverweigerung und adäquater (schlechter) Bewertung führt zu Underachievementkarrieren, wie sie hier ebenfalls bereits angedeutet wurden.
- Eltern und Lehrerinnen zweifeln zwischen Erkennung und Negierung von Hochbegabungssignalen bei einem Kind. Dieses Pendelprinzip fußt auf zwei gegenläufigen Tendenzen und einem schulischen Desiderat. Da ein hochbegabtes Kind seine Individualität auslebt, wird die Lehrerin in manchen Prozessen und/oder durch Selbstzeugnisse des Kindes aufmerksam und schreibt u. U. eine Hochbegabung zu. Da diese Effekte aber nicht in allen Fächern, Lernbereichen auftreten oder in Unterrichtsstunden zyklisch sind, verwischt sich diese Idee wieder. Der Mangel entsprechender Aus- und Fortbildungsbestandteile bei/für Lehrerinnen trägt zu diesen Erscheinungen aktiv bei (Trautmann 2008; Trautmann 2013, Römer 2015).
- Besondere Begabungen werden in der Schule oder im Elternhaus nicht erkannt, weil die Kinder ihr Potenzial - durch bildungsinaffine Milieus, lebensweltliche Defizite, einen Wanderungshintergrund oder anregungsarmes Umfeld bedingt - nicht oder nur rudimentär zeigen können.
- Kinder werden von Lehrerinnen als hochbegabt identifiziert und aktiv in die Optimierung von Lern- und Unterrichtsprozessen einbezogen. Dieser Prozesse teilhaftig werden oft Schülerinnen und Schüler, deren schulische Anpassung und Leistung augenfällig ist.
- Hochbegabte Kinder erfahren Lern- und Unterrichtsstrukturen, die ihnen Freiheiten gewähren, sowohl ihre geistigen Qualitäten auszuschöpfen, wie auch ein Repertoire von Strategien und Arbeitstechniken zu erlangen, die für schulisches Weiterlernen notwendig sind.
- Hoch begabte Kinder werden nicht als solche identifiziert, weil sie in einer Kultur der Bescheidenheit leben, familiale Wagenburgmentalitäten eine gemeinsame Arbeit verhindern oder/und Prozesse der Selbstviktimisierung eine Förderung unmöglich machen.

Josef Kraus (vgl. 1998, S. 92) fasste vor knapp zwanzig jahren grundsätzliche Aufgaben der Schule im Prozess der Identifizierung Hochbegabter zusammen. Diese gelten weitgehend auch unter aktueller Perspektive:
- Aufklärung seitens der Schule darüber, dass Begabtenförderung eine pädagogische Aufgabe, wie alle anderen ist und jedem betroffenen Kind zusteht.
- Hochbegabte kommen nicht von allein zu adäquaten Leistungen, sondern bedürfen individueller Herausforderungen und fruchtbarer Milieus.
- Lehrerqualifikation hinsichtlich des Erkennens und der Modalitäten der Förderung bedarf permanenter Aktivität.
- Bildungsberatung muss ein fester Bestanteil jeder Institution sein bzw. werden.
- Forschung in Sachen Hochbegabte, besonders Unterrichts- und Fördermodelle, die Schulen im alltäglichen Prozess pädagogischer Arbeit dienen können, muss ebenfalls forciert werden.

Darüber hinaus sollten Lehrerinnen und Lehrer grundlegende Erkenntnisse über das Lernen, deren Prozesse und Beeinträchtigungen kennen und aktualisieren. Immer neu sollte die Lehrerrolle definiert und justiert werden, besonders hinsichtlich
- der Rolle bei der Vermittlung von Informationen und Kenntnissen,
- der Organisation von Lernsituation und -prozessen,
- eines lernenden, fragenden, und hinterfragenden, genussfähigen und wertschätzenden personalen Modells,
- eines Heterogenität akzeptierenden Menschen.

Das Selbstbild eigenen Lehrerseins spielt dabei eine entscheidende Rolle. Um den interessierten Lehrpersonen einen exemplarischen Einblick zu geben, welcher Art eine Intelligenzmessung sein kann, wird der WISC IV knapp referiert. Dieser Test untersucht wesentliche Domänen der Intelligenz.

Testbeispiel – WISC-4

Die Hierarchische Struktur des WISC 4 (HAWIK-IV)[62].

Zentrales Merkmal aller Wechsler-Skalen stellt die Fokussierung auf ein hierarchisches Intelligenzmodell mit einem g-Faktor zur Kennzeichnung der allgemeinen kognitiven Leistungsfähigkeit dar (vgl. Daseking/Petermann/Petermann o.J., S. 1). Diesem Gesamtwert (G-IQ) unterlie-

---

[62] Gute Einführung in:
http://www.pearsonassessment.de/out/pictures/media/359501.pdf
(Petermann/Petermann 2011)

gen im WISC 4 (HAWIK-IV) vier als eigenständige kognitive Bereiche definierte Indizes:
- **Sprachverständnis** (Gemeinsamkeiten finden, Wortschatz-Test, Allgemeines Verständnis und dem optionalen Untertest: Allgemeines Wissen und Begriffe erkennen)

Das Sprachverständnis ist sowohl überfachlich als Instrument fachlicher Auseinandersetzung (in gesprochener und/oder geschriebener Form) als auch fachspezifisch („in Deutsch") von hoher Wichtigkeit. Dabei geht es um das sprachliche Ausdrücken von Wissen als auch um den sprachlichen Einsatz beim „lauten Denken".
- **Wahrnehmungsgebundenes Logisches Denken** (Mosaik-Test Bildkonzepte Matrizen-Test und dem optionalen Untertest: Bilder ergänzen)

Ähnlich dem Sprachverständnis ist das wahrnehmungsgebundene logische Denken in vielen Fächern hilfreich (Mathematik, Physik, Chemie, Kunst), darüber hinaus hat es aber auch fächerübergreifende Funktion, etwa beim Kombinieren, im In-Beziehung-setzen oder/und im Teil-Ganzes-Konstrukt.
- **Arbeitsgedächtnis** (Zahlen nachsprechen, Buchstaben-Zahlen-Folgen und dem optionalen Untertest: Rechnerisches Denken)

Das Arbeitsgedächtnis zeigt u.a. wie viel das Kind „auf einmal" geistig bearbeiten, wie rasch und genau es auf seine Kurzzeitspeicher zugreifen kann und welchen Umfang es sich über eine wohl definierte Zeitspanne zu merken vermag.
- **Verarbeitungsgeschwindigkeit** (Zahlen-Symbol-Test, Symbol-Suche und dem optionalen Untertest: Durchstreich-Test)

Die Verarbeitungsgeschwindigkeit ist in Schule wesentlich bei der Umsetzung der Instruktion und im Prozess der Umsetzung sowie der Nichtbeeinflussung durch externe Störungen

Man kann daher konstatieren, dass der WISC 4 (HAWIK-IV) eine Reihe der in Schule verlangten allgemeinen kognitiven Leistungsbereiche abbildet. Daher wird der Test bei entsprechend diagnostischer Notwendigkeit auch oft bei Schülerinnen und Schülern eingesetzt.

Wie muss man sich die Aufgaben der Untertests vorstellen? Ohne tiefer ins Manual hinein zu gehen sollen hier grob die Tätigkeiten der Testperson skizziert werden. Die Tests verlaufen nicht in der hier gezeigten Reihenfolge. Es wäre z.B. ungünstig, hintereinander mehrere Aufgaben zum Sprachverständnis anzubieten (dabei drohen u.a. ungewünschte Synergieeffekte, die sich auf die Validität auswirken oder die Ranschburg-Hemmung[63]). Inzwischen wird

---

[63] Die Ranschburgsche Hemmung ist eine nach dem ungarischen Psychiater Paul Ranschburg (1870–1945) benannte retroaktive (rückwirkende) Hemmung des Lernens, Behaltens und Reproduzierens (Gedächtnishemmung). Danach sollte nichts Ähnliches zu gleicher Zeit gelernt werden (z.B. nicht rechts und links gleichzeitig). Näheres u.a. bei Beuschel-Menze (2008).

auch die Rolle und Gewichtung der Konzentration bei der Lösung bestimmter Aufgaben diskutiert.
Welche Funktonen werden bei den einzelnen Untertests erfasst? Und: Was wird exemplarisch erfragt?

Sprachverarbeitung

- Gemeinsamkeiten finden (u.a. Verbales Schlussfolgern und Konzeptbildung): z.B. Was ist diesen Dingen gemeinsam: Hemd und Schuhe? – „Beides kann man anziehen" (resp. gehören zur Kleidung).

- Wortschatz-Test (u.a. Wortwissen, Begriffsbildung): Das Kind benennt aus einer vorgelegten Illustration den Bildinhalt.

- Allgemeines Verständnis (u.a. Verbales Schlussfolgern, soziales Urteil): Fragen zu sozialen bzw. lebensweltlichen Situationen, z.B. Warum brauchen wir Polizisten?

- Optional: Allgemeines Wissen (u.a. kristalline Intelligenz, Faktenwissen): z.B. Was ist ein Fossil?

- Optional: Begriffe erkennen (Verbales Abstrahieren und Schlussfolgern, Generierung von Alternativkonzepten): Das Kind benennt einen Begriff, der ihm vorher umschrieben wird.

Wahrnehmungsgebundenes Logisches Denken

- Mosaik-Test (u.a. Analyse und Synthese abstrakter visueller Stimuli Figur-Grund-Wahrnehmung): Das Kind legt mit verschiedenen zweifarbigen Würfeln Formen nach.

- Bildkonzepte (Abstraktes kategoriales Denken): Aus zwei (später drei) Bilderreihen mit je vier Bildern wählt das Kind jeweils ein Bild aus und bildet eine neue Gruppe.

- Matrizen-Test (fluide Intelligenz): Das Kind sieht eine unvollständige Vorlage und wählt aus unterschiedlichen Bildern das fehlende Teil aus.

- Optionaler Untertest (visuelle Wahrnehmung; visuelle Organisation): Bilderergänzen: z.B. Was fehlt auf diesem Bild? Ein Bild zeigt einen Fuchs mit nur einem Ohr dargestellt, ein anderes Bild zeigt eine Jacke mit nur einem Ärmel.

Arbeitsgedächtnis

- Zahlennachsprechen (u.a. Auditives Kurzzeitgedächtnis, Fertigkeit zur Reihenbildung, kognitive Flexibilität): Das Kind spricht jene Zahlen in der Reihenfolge nach, wie sie von der Testerin vorgegeben werden.

- Buchstaben-Zahlen-Folgen (u.a. Reihenfolgenbildung, mentale Rotation, auditives Kurzzeitgedächtnis): 6 – L – 1 – Z – 5 – H – 2 – W Das Kind soll die Zahlen in aufsteigender Reihenfolge und die Buchstaben in alphabetischer Reihenfolge wiedergeben: 1, 2, 5, 6 und H, L, W, Z.

- Optional: Rechnerisches Denken (u.a. mentale Rotation, Rechenfähigkeit, Konzentration): (Überprüfung der mathematischen Konzepte).

Verarbeitungsgeschwindigkeit

- Zahlen-Symbol-Test, Beispiel (u.a. kognitive Verarbeitungsgeschwindigkeit, visumotorische Koordination, Lernfähigkeit): Zu jeder Ziffer 1 2 3 4 und 5 gehört je ein bestimmtes Zeichen (sichtbar im Gitternetz). Jede der unteren Ziffern muss dem entsprechenden Symbol zugeordnet werden.

- Symbol-Suche (u.a. kognitive Verarbeitungsgeschwindigkeit und Flexibilität, visuelle Diskriminationsfähigkeit): Ein Zielsymbol ist gegeben. Das Kind vergleicht eine Gruppe von Symbolen damit.

- Optional: Durchstreich-Test (Verarbeitungsgeschwindigkeit, visuelle selektive Aufmerksamkeit): Das Kind betrachtet ein Bild und markiert dort bestimmte gesuchte Details.

Das Intelligenzmodell, welchem der WISC IV folgt, wirft (noch einmal) die Frage auf, was Intelligenz ist. In diesem Ansatz wird von der Cattell-Horn-Carroll-Theorie (CHC-Theorie, CHCModell) der kognitiven Fähigkeiten ausgegangen (vgl. hier Alfonso et al 2005). Dabei handelt es sich um ein dreistufiges, hierarchisches Modell, das Cattells (vgl. 1971) Annahme einer kristallinen und fluiden Intelligenz und die Three-Stratum-Theory von Carroll (vgl. hierzu McGrew, 2007) integriert. Das CHCModell beinhaltet zehn Faktoren, welche geeignet scheinen, die kognitiven Fähigkeiten eines Individuums recht umfassend zu beschreiben. WISC-IV kann nicht deckungsgleich auf der Basis des o.g. CHC-Modells konstruiert werden, er bildet jedoch fünf dieser zehn Faktoren ab (vgl. hier Keith et al 2006, S. 99 ff.).

Bei nahezu jeder testdiagnostischen Situation, in der eine derart umfängliche Intelligenzmessung wie beim WISC 4 (HAWIK-IV) eingesetzt wird, kommt die Frage nach anthropologisch-kulturellen und sprachlichen Differenzen auf. Petermann/Petermann (2011) richten insbesondere den Blick auf den hohen Sprachanteil des Tests, der u.a. die Frage nach der Test*fairness* des Verfahrens stellt. Um Testwerte von Kindern mit einem anderen sprachlichen und kulturellen Hintergrund angemessen interpretieren zu können ist es notwendig, sich mit dem jeweiligen Anteil an sprachlichen und kulturellen Anforderungen der einzelnen Testaufgaben auseinanderzusetzen. Dazu legte Ortiz (2004) für die WISC-IV einen Klassifikationsvorschlag vor, der die einzelnen Untertests nach dem Grad der Abhängigkeit der Aufgaben von sprachlichem und kulturellem Wissen bewertet (vgl. Flanagan/Ortiz/Alfonso 2007).

Monika Daseking und ihr Team untersuchten (2008 und später) die Wirkungen des WISC 4 (HAWIK-IV) bei Kindern mit Migrationshintergrund[64]. Die Leistungen von Kindern mit Migrationshintergrund unterscheiden sich in einigen Bereichen tatsächlich signifikant von denen gleichaltriger deutscher Kinder. Die deutlichsten Unterschiede zeigen sich in den Untertests mit den höchsten kulturellen Anforderungen bei gleichzeitig hoher Abhängigkeit von der Sprachkompetenz in der Testsprache (Daseking, Lipsius et al., 2008, S. 81 f.), also in erster Linie in den Untertests des Index Sprachverständnis. Für Vorschulkinder wurden kognitive Entwicklungsrisiken bei Migrantenkindern 2011 isoliert (vgl. Deseking; Bauer et al 2011, S. 355 f.). Letztlich hat die besuchte Schulform einen bedeutsamen Einfluss auf die Höhe der Differenzen; Kinder mit Migrationshintergrund, die eine Hauptschule besuchen, weisen die größten Testdifferenzen zu gleichaltrigen Mitschülern auf (vgl. Daseking et al o. J. S. 3)

Weitere grundsätzliche Angaben zum WISC IV:
- Die Durchführung erfordert in der Regel 50 bis 70 Minuten[65].
- Für die wahlfreien bzw. ergänzenden Untertests werden weitere 10 bis 15 Minuten benötigt.

---

[64] Aus der eigenen Testpraxis wurde ein Fall dokumentiert, in dem ein russischstämmiger, in Deutschland geboren und aufgewachsener Junge a. mit der russischen und b. der deutschen Version des HAWIK IV getestet wurde. Der Unterschied von 1,5 Standardabweichungen gibt zu denken, wenn die höchsten Differenzen im Sprachverständnis lagen (vgl. Tereshkova/Trautmann 2014, S. 26 f.)
[65] Diese Regel hat unendlich viele Ausnahmen. So hat eine Zweitklässlerin im Rahmen einer Testung 132 min konzentriert an den Aufgaben gearbeitet.

- Der Test sollte möglichst in einem Durchgang durchgeführt werden. Wenn dies (z.B. aufgrund mangelnder Konzentration) nicht realisierbar ist, ist der Abbruch möglich. Der Test sollte dann innerhalb der nächsten Woche weitergeführt werden.
- Die Durchführung sollte in einem ruhigen Raum stattfinden, in dem nur Tester und Kind anwesend sind.
- Die Protagonisten sitzen sich beim Test gegenüber.
- Der WISC IV kann (und sollte) in der vorgegebenen Reihenfolge durchgeführt werden. Es ist möglich, die Testreihenfolge zu verändern, etwa wenn das Testkind während der Anfangsaufgabe Zeichen von Blockierung zeigt etc..

Zum Abschluss seien an dieser Stelle die Test- und Fragebogenbatterie aus dem hier bereits mehrfach genannten Münchner Hochbegabtenmodell aufgeführt. Dieses „andere" Verfahren erbringt interessante Daten auf fünf Dimensionen:
Kognitive Fähigkeiten (>KFT<; Spiegelbildertest; Abwicklungen; Aufgaben aus Physik und Technik)
Kreativität (Torrance Kreativitätstest >TKT<; Verwendungstest >VWT<; Verbaler Kreativitätstest >VKT<; Fragebogen zur Kreativität >GIFT-G<, >GIFFI-S<)
Nichtkognitive Persönlichkeitsmerkmale (FB Leistungsmotivation >LM<; FB Erkenntnisstreben >FES<; FB Arbeitsverhalten >AV<; FB Kausalattribution; Interessenfragebogen)
Soziale Kompetenz (FB zur sozialen Kompetenz)
Begabungsspezifische Sozialisationsbedingungen (Familienklima-Skala >FAN<; Schulklima-Skala)
(vgl. Heller/Perleth 2007)

Vertiefende Fragen und Aufgaben:
- Welche Potenzen besitzen subjektive Identifikationsformen? Wo liegen deren Grenzen?
- Machen Sie sich selbst mit einem gängigen Test vertraut (z.B. unter www.testzentrale)
- Beweisen Sie die These: *Begabungsdiagnostik ist mehr als Intelligenzmessung.*

Was Sie sonst noch lesen können:
- Bachmann, Miriam (2013). „Ich kann abends einfach meine Gedanken nicht abschalten...". Hochbegabung – ADHS – Asperger Autismus. Über die Notwendigkeit einer genauen Diagnostik. In: Trautmann, Thomas; Manke, Wilfried (Hrsg.): Begabung – Individuum – Gesellschaft. Begabtenförderung als pädagogische und gesellschaft-

- Heinbokel, Annette (2006). Hochbegabte. Erkennen, Probleme, Lösungswege. 6. Auflage. Münster: LIT.
- Wild, Klaus-Peter (1991). Identifikation hochbegabter Schüler. Heidelberg: Asanger

Förderung Hochbegabter

Kleiner Wal (II)

...
Und was nach kurzer Zeit schon klar war,
war, dass der Wal total genial war.
Er hatte, fand sein Lehrer Stör,
das absolute Walgehör
und schrieb, befreit von aller Enge,
ganz tolle, neue Walgesänge,
die besser als die alten klingen
und die heut alle Wale singen.

Dies lehrt: das Regelschulsystem
Ist segensreich und angenehm
Für bodenständige, normale,
kurz, all die vielen Durchschnittswale,
jedoch beengend und fatal
für den total genialen Wal.

Andrea Schomburg 2009, S. 29

Hochbegabungs- oder Hochbegabtenförderung?

Geht es um die Förderung der unverwechselbaren Hochbegabung oder um die Person des bzw. der Hochbegabten[66], die eine möglichst optimale Förderung erfahren soll? Unter Hochbegabtenförderung versteht man zumeist die Unterstützung der Stärken eines Kindes, »insbesondere wenn die Gefahr besteht, dass diese Stärken ohne eine solche Hilfe verkümmern« (Feger 1988, S. 142). Ferner wird darunter in anderen Fällen das Ausgleichen der Schwächen gegenüber den Begabungsgebieten des Kindes verstanden. Hochbegabtenförderung, die diesen Namen tatsächlich verdient, setzt selbst-

---

[66] Diese grundsätzliche, nicht nur rhetorische Frage lässt sich selbstverständlich auf jedes Individuum übertragen, wenn auch ggf. nicht in dieser Schärfe.

redend eine differenzierte Identifikation voraus. Den „typischen" Hochbegabten, so wurde gezeigt, gibt es nicht. Hochbegabung ist eine vollkommen individuelle Schnittmenge aus verschiedenen Begabungspartikeln, aus motivationalen Faktoren, dem Anspruch an sich selbst, aus Denkstilen und Arbeitsstrategien. Interdependent wirken Gene, Um- und Lebenswelten und das Selbst. Und noch einmal: Wir wissen heute, dass Gene bei Menschen durch Umweltfaktoren angeschaltet und vererbt werden können. Genaktivität und Umwelten lassen sich nicht voneinander trennen (vgl. u.a. Mischel 2015)
Während viele physische Ausprägungen der Hochbegabung – so wurde gezeigt – nicht eindeutig zuzuweisen sind, gilt eine ganze Reihe von Merkmalen als notwendig (wenn auch nicht immer hinreichend). Allerdings sei einschränkend anzumerken, dass jene essenziellen Eigenschaften durchaus in aktueller Hinsicht verdeckt agieren können, sedimentiert sind und/oder nur spezifisch ausgeprägt sind. Kraus (1998, S. 91) nennt als solche beispielsweise:

- unbegrenzte Neugier,
- großes Lernbedürfnis,
- hohes Lerntempo,
- überragendes Gedächtnis,
- sehr gute Abstraktionsfähigkeit,
- große Ausdauer,
- viel Fantasie,
- außergewöhnlich selbstständiges Urteil.

Hinzu kommen u.a. ein elaborierter Umgang mit Sprache, eine ungewöhnlich rasche Informationsverarbeitung mit teilweise divergenten Resultaten und die Fähigkeit, Denkdomänen zu vernetzen (Synthese).
Gegenüber der Kreativität wird (auch von Josef Kraus selbst) einschränkt, dass der Hochbegabte nicht per se hochkreativ, der Kreative nicht per se hochbegabt sei. Pädagogisch betrachtet sollte beides (Hochbegabung und Kreativität T.T.) bei jedem einzelnen Heranwachsenden eine parallele Förderung erfahren: die intellektuelle Begabung im Sinne der Fähigkeit des konvergierenden Denkens auf die eine richtige Lösung hin und die Kreativität im Sinne der Fähigkeit des divergierenden Denkens hin zu unorthodoxen Lösungen oder zumindest ungewöhnlichen Lösungswegen.

Dies lässt die Frage nach den Prinzipien der Hochbegabtenförderung zwingend aufscheinen. Wie angedeutet wird begrifflich in der Literatur einerseits von Hochbegabungsförderung, andererseits von Hochbegabtenförderung gesprochen. Es ist kaum zu erkennen, dass sich bei der Verwendung der ersten Wortbedeutung auf *die Sache* (also die Förderung des Fähigkeitspotenzials) und bei der zweiten auf *die Person* selbst bezogen wird. Das mag vordergründig nicht wesentlich erscheinen. Bei der Durchsicht der Quellen jedoch fällt auf, dass die Vertreter der Sache oft die Person und deren soziales Umfeld aus dem Blick nehmen. Jene, welche die (werdende und wachsende) Persönlichkeit in den Fokus nehmen, denken meist die Interaktionen des Subjektes im Lernfeld mit. Dadurch werden die Spannbreiten von möglichen Entwicklungsvollzügen weiter. Damit bleibt Hochbegabtenförderung nicht isoliert als Zwei-Prozent-Förderung sondern wird synergetisch zur Förderung aller. Ein m.E. sehr gelungenes Exempel bietet Jonas Dietrich (2015; S. 113 ff.) an.

In der Hochbegabtenpädagogik muss m.E. grundsätzlich das Gesamt des lernenden Subjektes, das Kind, der Heranwachsende, Studierende, Schülerinnen und Schüler in den Blick genommen werden. Damit kann die Ebene der Fähigkeiten zugunsten einer global-lebensweltlichen Sicht auf die biopsychosozialen Prozesse des Individuums erweitert werden. Und dies ist nötig, da sowohl aus den Familien als auch den Institutionen – Kindergarten und Schule – eine Reihe von Signalen nach guten Förderstrategien ausgesandt werden.

Entwicklung des Fördergedankens

Einen Überblick über die Entwicklung der Hochbegabtenförderung in Deutschland findet man bei Annette Heinbokel (vgl. 2002; 2004; 2006; 2012). Bis Ende der 1970ger Jahre war Hochbegabung in der Bundesrepublik kein bzw. kaum ein Thema. Zu tief saßen die Erfahrungen aus Eugenik und Elitendenken, aus Lebensborn und Totalitarismus.

Untersuchungen von Michael Schmidt (1977) waren der Auslöser für die Errichtung von Sonderklassen an der Christophorusschule Braunschweig (http://www.cjd-braunschweig.de/) . Es kam zur langsamen Bewusstseinserweiterung, dass hochbegabte Kinder entsprechend ihren Bedürfnissen ebenfalls zu fördern seien. Ein weitgehend politisch und ideologisch belegter Elitebegriff hemmte jedoch zunächst eine unvoreingenommene Diskussion. Darüber hinaus prägten Vorurteile die Auffassungen:

- Hochbegabte schaffen „es sowieso" und überall.
- „Gute Gene" setzen sich durch.
- Hochbegabte stammen aus privilegierten, gut situierten Familien, um die man sich nicht kümmern brauche.
- Sie bilden eine Minderheit von zwei Prozent.
- Hochbegabung und gute Noten gehören stets zusammen. Damit ist es augenscheinlich überflüssig, sich mit Hochbegabung zu beschäftigen.

Erst häufiger werdende Belege des Scheiterns Hochbegabter in der Schule in den achtziger Jahren, theoretische Aspekte des Minderleistertums und der Abbau gesellschaftlicher Vorurteile ließen den Fokus auf die pädagogischen Fragestellungen der Hochbegabung peu a peu zu. In den Schulen selbst fehlten weiterhin konkrete Hilfen, Anregungen und Ansprechpartner, wenn ein hochbegabtes Kind entdeckt wurde. Dieser Missstand ist bis heute noch nicht vollständig behoben[67]. Nach Untersuchungen von Kurt Czerwenka (2001, S 210 f.) werden von Lehrerinnen Aspekte der Hochbegabung bestenfalls in der Lerngeschwindigkeit oder der quantitativen Erhöhung des gleichen bedient. Danach existiert auch heute noch ein Vorurteil bei Lehrerinnen und Lehrern, dass Hochbegabte sich ihre Anforderungen und Aufgaben selbst suchen würden. Heuthaler berichtet schon 2001 vom Einzelkämpferdasein von Lehrer/innen an Gymnasien, welches verbreiteter als in Grundschulen sei. Eine Vernetzung, etwa zu Schulteams, sei (noch) nicht erfolgt. Hier hat sich aus gymnasialer Perspektive, nimmt man Untersuchungen von Julia Römer (2015, S. 161; Römer/Trautmann 2015, S. 24) oder Janina Marek und ihrem Team in den Blick, inzwischen eine Menge getan (Marek/Pillath/Wesseling 2015, S. 87).

Annette Heinbokel (2002, S. 15) resümierte noch am Beginn des Jahrtausends, dass Schülerinnen und Schüler nur in Einzelfällen Lehrerinnen und Lehrer finden, die sie unterstützen. Auch hier hat sich in der Schul- und Kindergartenlandschaft viel getan (vgl. Koop et al 2010; Trautmann/Schmidt/Rönz 2009; Mönks/Oswald/Weigand 2011; Weigand/Mönks 2008).

Schule und Kindergarten sind Förderinstitutionen per se, gerade wenn der Inklusionsgedanke weit gestellt ist und Hochbegabte einschließt. Eine Schwierigkeit ergibt sich in der Differenz zwischen dem aktuellen Förderbedarf eines jeden Heranwachsenden und des schulisch-didaktischen Prinzips individuellen Lernens im sozialen Vollzug. Christine Koop warnt daher, dass die Ansprüche an Förderung aller Schülerinnen und Schüler oder/und eines bestimmten Klientels nicht reflexartig die Unzufriedenheit mit dem status quo, den materiellen Bedingungen oder der ungenügenden Qualifikation aufs Tapet rufen dürfen. Gerade die Förderung Hochbegabter ist weit unabhängiger von einer „Verfügbarkeit besonderer materieller und personeller Voraussetzungen als gemeinhin angenommen" (Koop 2010, S. 14).

Ein gezieltes Suchen nach Kindern und Jugendlichen mit besonderen Fähigkeiten und Bedürfnissen, ihre generelle Förderung und Unterstützung ist jedoch nur dann möglich, wenn es in der Gesellschaft, der Schulbehörde, dem Lehrerfortbildungsinstitut, der Schule, im Lehrerzimmer und in der Klasse, die das Kind besucht, ein Klima, eine Bereitschaft und ein Grundverständnis gibt, auch diese Form von „Besonderheit" zu akzeptieren, zu fördern und zu unterstützen.

Die Begabtenförderung in Deutschland besteht zudem in staatlich geförderten Studienzuschüssen, die von Begabtenförderwerken und Stiftungen an besonders leistungsstarke Studenten vergeben werden, meist in Form von

---

[67] Aus meiner Sicht steht ein durchgängig akzeptiertes gesellschaftliches Bewusstsein dafür noch aus, dass Hochbegabung eine Disposition für exzellente Leistungen ist, nicht aber die Leistung selbst.

Stipendien. Auch für Schüler gibt es Möglichkeiten der Begabtenförderung, vor allem Wettbewerbe, Hochbegabten- und Spezialschulen und spezialisierte Ferienlager. Es gibt verschiedene Wettbewerbe für begabte Schüler: Jugend forscht, Bundeswettbewerb Fremdsprachen, Bundeswettbewerb Mathematik, Mathematikolympiade, Chemieolympiade, Physikolympiade, Biologieolympiade, Philosophieolympiade (letztere nur für Oberstufenschüler in NRW), Bundeswettbewerb Informatik, Jugend musiziert, Adam-Ries-Wettbewerb u.v. m. (siehe hier: hilfreiche Links).

Problemfelder fehlender Hochbegabtenförderung

Durch systematische und kontinuierliche Entdeckung soll allen Kindern die Chance zu einer adäquaten Förderung ermöglicht werden. In der institutionellen Praxis blockiert es jedoch oft genau zwischen diesen Ansprüchen. Während sich viele Eltern die Hochbegabung ihrer Kinder attestieren lassen, sind die im Bildungssystem verantwortlichen Institutionen personell, inhaltlich oder strukturell nicht immer in der Lage, den Bedarf wenigstens befriedigend zu decken.
Sobald ein Kind als individuell ausgeprägte biopsychosoziale Einheit mit einer bestimmten unverwechselbaren (Hoch-)Begabungsstruktur in ein öffentlich oder privat organisiertes, variables und/oder starres bzw. (teil-)flexibles (Bildungs-)System eintritt, kann es zu Spannungs- und Polarisierungsfeldern kommen. Diese entstehen u.a.

- zwischen den elterlichen Ansprüchen auf vollständige und uneingeschränkte Förderung des eigenen Kindes und dem Auftrag der Schule, „individuelles lernen im sozialen Vollzug" zu organisieren.
- zwischen den allgemeinen Bedürfnissen und Erwartungen des Individuums „an schulische Bildung" und den Gegebenheiten, Normen und Grenzen des Systems,
- zwischen den hochflexiblen „breitbändigen" Lernsystemen und -vollzügen der Individuen und starren Lehrgängen in der „Schmalbandinstitution" (vgl. Trautmann 2014),
- zwischen der Freiheit des Denkens und den institutionell-didaktischen Vorgaben (Zeiten, Orte, Methoden, Organisationsrahmen, didaktische Instrumente, Rituale usw.),
- zwischen der aktuellen Selbstständigkeit und der Selbstständigkeit als Zielgröße des Bildungsprozesses.

Christiane Poschlad (vgl. 2013, S. 183) nennt als spezifische Schwierigkeiten hochbegabter Kinder im schulischen Systemkontakt Anderssein, Vorurteile, Ausgrenzung und Unterforderung. Martin Rosenkranz und Vivien Bichtemann bestätigen dies aus Sicht der Schuleingangsphase jedoch nicht (vgl. 2009, S. 85 f.). Bei fortgesetzter Unterforderung kann nach längerer Zeit Energieverlust, Schulverweigerung, Essstörung, und psychosomatische

Auffälligkeit entstehen, die nach mehreren Jahren im Verlust des Selbstvertrauens, dem sozialen Rückzug und Leistungsdefiziten kulminiert. Olga Graumann verweist in diesem Zusammenhang auf die bereits mehrfach erwähnte Marburger Hochbegabungsstudie (Rost), bei der sich nicht nachweisen ließ, dass die Leistungsbereitschaft Hochbegabter sinkt oder sie durch permanente Unterforderung jegliche Motivation verlieren (vgl. Graumann 2002; 109)

Berichte über Leidenskarrieren (vgl. Bachmann 2013, S. 65) gibt es viele, inzwischen aber mehren sich auch jene über erfolgreiche Förderaspekte (vgl. Nolte 2013, S. 128) und gelingende Bildungsbiografien (vgl. Trautmann/Sallee/Buller 2011 S. 166). Um aber zu zeigen, dass sich derartige Verwickelungen langsam, schleichend und mitunter ohne gravierende Pfortensignale zeigen, soll als Konkretisierung dieses Dilemmas die Frage stellvertretend ausgeführt werden: Wo liegen mögliche bis wahrscheinliche elementare Problemfelder von Kindern gegenüber dem System Schule?

- Begabte haben vor allem vor und am Schulbeginn hohe bis höchste Erwartungen an die Schule als Lernort. Sie erwarten viele neue Erkenntnisse und Lernmethoden, die ihrem eigenen Denken entsprechen. Sie sind gespannt auf Lehrmittel und -methoden und wollen, wie bisher, frei ihren hohen Lernbedürfnissen nachgehen. Schließlich freuen sich viele auf ihre Lern- und Kommunikationspartner, von denen sie sich Freundschaft und intellektuellen Austausch versprechen.

- Erfahren Kinder jedoch den täglichen Unterricht als nicht kompatibel für ihre eigenen Lern- und Denkstrukturen, werden sie zunächst versuchen, sich diesem System anzupassen (zu assimilieren). Dauernde Unterforderungserfahrungen führen jedoch Stück für Stück zu negativer Lernbereitschaft. Zunächst geht ihnen der Lernflow abhanden. Danach verändert sich der *lokus of control von innen nach außen*[68], ihr Selbstwert nimmt ab. Die Kinder versuchen dann, das System ihrer Person anzupassen. Sie verändern ihr Verhalten, fallen (negativ) auf und geraten nicht selten in schulische Beziehungsschwierigkeiten. Final kann lernbezogene Angst auftreten und das Kind verweigert im Extremfalle den Schulbesuch.

- Die soziale Integration ist nicht zwangsläufig problemfrei, da die hohen Erwartungen der Begabten an das soziale Feld enttäuscht werden können („Alles nur Babys") oder sich andere Kinder zurückziehen, ausgrenzen, mobben (Die Neunmalkluge, die Besserwisserin, der Professor ...).

---

[68] l.o.c. ist jene Kontrollüberzeugung des Individuums, die es entweder intern setzt („Ich habe den Test bestens geschafft, das liegt an mir, ich bin gut ...") oder externen Dingen zudeutet („Ich habe Glück gehabt, die Lehrperson war fair, sie hatte einen guten Tag, war gnädig ...").

- Begabte müssen im Unterricht ihr eigenes Können und ihre Könnensgrenzen entdecken können und dürfen. Dazu muss Unterricht hinreichend erstens *offen* strukturiert sein. (Ist der Lernertrag permanent untertourig, entsteht ein falsches Selbstbild, Selbstgenügsamkeit, Verödung der kognitiven Kräfte ...). Zweitens muss Unterricht *herausfordernd* sein, und zwar für jeden Lerner. Drittens muss Unterricht auch jene Phasen von *Geborgenheit* ausweisen, die eine Gruppe und jedes ihr angehörende Individuum in Lernprozessen motivational benötigt. Mareike Brümmer und Thomas Trautmann (vgl. 2016, S. 45) sehen drei klärungsbedürftige Punkte für begabungsfördernden Unterrticht. Danach muss e*rstens* geklärt werden, wo sich die individuelle ... Begabung des Lerners „zwischen" bzw. „inside" der multiplen Intelligenzen *theoretisch* verorten lässt. *Zweitens* muss *didaktisch* erfragt werden, ob es begabungsfördernden Unterricht überhaupt gibt und – wenn ja – wie er konstruiert sein muss. *Drittens* schließlich ... soll *unterrichtspraktisch* isoliert werden, wie der Lehr- und Lernprozess für jedes einzelne begabte, kreative, u.U. divergent denkende Individuum fruchtbar gemacht werden kann. Das ist viel Arbeit für eine Lehrperson und das Kollegium insgesamt.
- Aber nicht nur Unterricht selbst, auch bestimmte Lerninhalte und sogar Instruktionen können das Kind blockieren. So machen uneindeutige Lautierungen, orthografische Möglichkeitsformen und die mannigfaltigen Ausnahmen eine vordergründig logische Auffassung und Speicherung unmöglich[69].
- Lern- und Leistungsprobleme entstehen auch dann, wenn die Interessen und Lernfelder des Kindes mit denen der Schule (etwa der Lernbereiche) nicht korrelieren. Dabei muss der Heranwachsende gleichzeitig erfahren, dass seine Beiträge und Kenntnishorizonte anerkannt sind, Unterricht jedoch nicht nur auf seine Interessengebiete beschränkt bleiben darf. Dies akzeptierend zu übermitteln ist eine sensible, aber notwendige Aufgabe für Lehrer/innen.
- Eine hohe Denkgeschwindigkeit begabter Kinder korrespondiert in manchen Fällen mit lediglich durchschnittlicher oder sogar verminderter motorischer Transformation. Dazu kommen Tendenzen der Vermeidung all jener Aufgaben und Arbeiten, in denen die Kinder nicht überdurchschnittlich sind. Hier sind u. U. Schutzmechanismen,

---

[69] Autistischen Kindern Aufgaben mit dem Konjunktiv schmackhaft machen zu wollen geht immer schief. Die Deutung: „Du könntest mal ... dieses oder auch ... jenes versuchen, um zu einer Lösung zu gelangen" wird immer als „Ich muss nicht" interpretiert. Ohne auf die Möglichkeit der Verbindung von Autismus und Hochbegabung einzugehen, kann auch eine Interpretation lauten, dass *ich zwar kann ... mag, will, muss und/oder möchte nicht ...*

aber auch Prozesse der Willensschulung - einschließlich der Überwindung von Frustrationen - zu überlegen.
- Bereits mit dem Schuleintritt werden von Kindern Verhaltensweisen und Motivationen erwartet, die der Mittelschicht entsprechen (vgl. Schröder 2000, S.148). Es kann zum Milieubruch kommen und unter Umständen werden gleiche Leistungen von den Lehrpersonen nach erkennbarem Herkunftsmilieu wahrgenommen. Ähnliches gilt für die Benutzung der Bildungssprache in Schulbüchern (vgl. Rustenbach 2013).
- Dauerhafte Unterforderungen ergeben zudem oft prinzipielle Lernunlust. Das Kind läuft Gefahr, durch Faulheit dumm zu werden. Dies bezieht sich vor allem auf den Neuerwerb von Lern- und Arbeitstechniken und die Strategien ihres Vollzuges.
- Auch Testresultate sind durch Lehrpersonen nicht immer interpretierbar. Gerade Formationen mit mehreren signifikanten Unterschieden (etwa zwischen dem Sprachverständnis und dem Arbeitsgedächtnis bzw. dem wahrnehmungsgebundenen Logischen Denken und der Verarbeitungsgeschwindigkeit[70]) lassen einen Rekurs auf einen „Gesamt IQ" eigentlich nicht zu.
- Die Tatsache, dass begabte Kinder nicht in allen Lernbereichen gleich begabt, hochbegabt und/oder interessiert sind, ist für viele Lehrer/innen (nicht nur damit) schwer vorstellbar. Es besteht die Gefahr von kommunikativen Stigmatisierungen, die wiederum Vorbehalte gegen Schule nach sich ziehen können. Es beginnt eine Spirale gegenseitiger Frustrationen. Mangelnde Beachtung derartiger Anfangssignale führen meist zu „Aktivitätsverlagerungen" auf die „Hinterbühne" des Unterrichts (Zinnecker).
- Einige Begabte haben nach einer Zeit vollständige Außenseiterprobleme entwickelt, die sie im Leistungsbereich, in zwischenmenschlichen Beziehungen oder innerpsychisch zeigen (Isolation, Mobbing, Aggression oder Autoaggression, Depression). In moderaten Aus-

---

[70] Langsame Schülerinnen und Schüler „können" vielfach im Denken von Lehrpersonen nicht begabt sein, weil Hochbegabte ja eine sehr rasche Auffassungsgabe und Informationsverarbeitung haben. Dass diese Verzögerungen tatsächlich mehrdimensional im Bereich „zwischen" Aufnahme und der (gewünschten) Reaktionen liegen, erschließt sich ihnen nicht. In einem Interview („Frau T. stellt eine Aufgabe. Verfolge diese Aufgabe mit lautem Denken so lange, bis du zu arbeiten anfängst") erklärte mir ein Junge, dass er nach einer Instruktion durch die Lehrperson zunächst über deren Sprachmelodie nachdenkt und ableitet, was für eine Laune die Lehrerin heute hat. Danach prüft er, welche Satzglieder wo stehen um danach zu bedenken, wie man die Aufgabe noch synonym stellen könnte. Im folgenden prüft der Junge, wie diese Frage auf englisch, russisch und serbisch lauten würde ... usw. Es ist unschwer zu antizipieren, dass die Lehrperson, wüsste sie um solche Prozesse, fassungslos wäre.

prägungen kommt es zu definierten oder frei flottierenden Ängsten, Disziplinschwierigkeiten oder Beziehungsblockaden. Dabei ist das Problemfeld bei jedem Kind hoch individuell und somit kaum in ein System zu bringen. In vielen Fällen kommt es – etwa durch ein produktives und vertrauensvolles Zusammenwirken von Eltern und Lehrpersonen zu einer Reihe von Agreements, gegenseitigen Ermutigungen und Vermeidungsstrategien, die allen Kindern (und letztlich den Nerven der erziehungsberechtigten und Pädagogen) zugute kommen.

Vertiefende Fragen und Aufgaben:
- Vergleichen Sie Förderansätze für lernschwächere Kinder mit denen Hochbegabter. Was stellen Sie fest? Welche prinzipiellen Auswirkungen auf das Mit-Denken hat dies für Lehrerinnen und Lehrer?
- Ein Kritikpunkt an (weiterführender) Schule ist z.B. das gymnasiale Selbstverständnis. Unterricht als Verkündigungsprozesse, die Lehrperson als vielwissende und -redende Person und vorwiegend rezeptiv tätige Schülerinnen und Schüler. Erkunden Sie Möglichkeiten, solche eher starren Systeme produktiv aufzubrechen.
- Wissen und Nicht-Wissen hebt sich im Zusammenhang von Lehrpersonen und Hochbegabten mehrperspektivisch (Wissen, Können, methodische Instrumente ...) auf. Begründen Sie aus dieser Perspektive die davon unabhängig bestehende Notwendigkeit der Förderung.
- Unterforderung blockiert Lernmechanismen. Schlussfolgern Sie ausgehend von dieser These auf mögliche langfristige Gefahren in der Bildungsbiografie.

Was Sie sonst noch lesen können:
- Breidenstein, Georg (2006). Teilnahme am Unterricht: Eine ethnografische Studie zum Schülerjob. Wiesbaden: Springer VS
- Csikszentmihalyi, Mihaly (2002). Flow. Das Geheimnis des Glücks. Stuttgart: Klett-Cotta
- Maschke, Lara (2015). Am Dienstag darf man nie aufs Klo!? Oder: Ironie im Unterricht. Berlin: Logos (Individuum-Entwicklung-Institution, Bd. 1)
- Preckel, Franzis; Baudson, Tanja G. (2013). Hochbegabung: Erkennen, Verstehen, Fördern. München: C. H. Beck
- Trautmann, Thomas; Sallee, Anne; Buller, Anja (2011). Ich verstehe mehr als Bahnhof. Szenen aus der Kindheit eines hoch begabten Mädchens. München: Herbert Utz Verlag.
- Solzbacher, Claudia; Heinbokel, Annette (Hrsg.) (2002). Hochbegabte in der Schule – Identifikation und Förderung. – Münster: LIT

- Bude, Heinz (2008). Die Ausgeschlossenen. Das Ende vom Traum einer gerechten Gesellschaft. München: Hanser Verlag.

Institutionelle Förderprinzipien für Hochbegabte

„Du liebe Zeit", sagte die Ente.
„Wie kannst du nur mitten am hellen Tag schlafen?
Das kann man doch gar nicht."
„Ich weiß nicht, was du meinst", sagte die Eule.
„Ich schlafe immer am Tage."
„Das ist komisch", sagte die Ente.
„Man schläft doch in der Nacht."
„Man schläft in der Nacht sagst du?
Überhaupt nicht! Nachts ist es viel zu aufregend zum Schlafen,
wenn es richtig dunkel ist,
wenn man seine Augen weit aufmacht
und wenn man wartet, ob etwas zum Essen vorbeikommt."
„Bei dir piept's wohl", sagte die Ente.
„Das Essen kommt doch nicht vorbei.
Man muss herumschwimmen und tauchen
und immer wieder suchen, bis man was findet."
„Eine alberne Art zu essen", murmelte die Eule.
Die Ente ärgerte sich. „Das ist nicht albern, das ist normal",
sagte sie wütend.
„Bei dir piept's wohl", sagte die Eule.
„Normal ist, wenn man im Dunkeln durch den Wald schwebt.
Ganz leise ..."

Johansen, Hanna (1988). „Die Ente und die Eule"
Zürich: Verlag Nagel & Kimche

Es gibt verschiedene Fördermodelle, die in der Praxis erfolgreich angewendet werden und sich in die Bereiche Akzeleration (beschleunigtes Lernen), Enrichment (vertieftes Lernen), Compacting (Auslassen von Lernfeldern zugunsten anderer) und Grouping (Gruppierung Begabungsähnlicher in Kursen) aufteilen lassen. Mischformen lassen sich daraus mannigfaltig ableiten. Auch wenn die Notwendigkeit der Hochbegabtenförderung inzwischen von vielen staatlichen und (nicht)institutionalen Seiten anerkannt wird, fördern immer noch lediglich ein Teil von Schulen hochbegabte Schüler. Andere nutzen nur selten das gesamte Spektrum der möglichen Maßnahmen aus. Für eine erfolgreiche Förderung muss außerdem immer individuell auf den Schüler eingegangen werden, da es oftmals eine relativ große, emotional nicht unproblematische Belastung für den Schüler bedeutet, zum Beispiel eine Klasse zu überspringen, Compactingelemente anzugehen oder Sonderkurse zu besuchen. Daher sollten Fördermaßnahmen nach Möglichkeit durch begabungskundige Schulpsychologen begleitet werden.

Kritik an der Hochbegabtenförderung wird dann deutlich, wenn vermutet wird, Selektion zu betreiben und z.B. anderen Menschen, die ebenso von jener Förderung profitieren würden, diese Chance zu verwehren. Viele Institutionen, vor allem solche, deren Angebote sich an Kinder richten, betonen deswegen nahezu permanent, dass sie grundsätzlich an der Förderung aller Kinder interessiert sind, die ein besonderes Interesse an dem Programm mitbringen. Das ist durchaus gerechtfertigt, denn begabungsfördender Unterricht muss allen Kindern offnstehen und allen Kindern Entwicklungsimpulse erbringen (vgl. hier u.a. Steenbuck/Schmidt/Trautmann 2007; Steenbuck 2009, Steenbuck 2009 a; Trautmann/Schmidt/Rönz 2009).

Eine Reihe von Kritikern sehen in der gesonderten Förderung von Hochbegabten – etwa durch Grouping – das Problem, dass diese nicht lernen würden sich in der Realwelt, in der sie eine Minderheit darstellen, zurechtzufinden und kompetent agieren zu können. Weiterhin besteht auch bei der Förderung Hochbegabter, wie bei jeder intensiven Förderung, die Gefahr, dass andere essenzielle Kompetenzbereiche vernachlässigt werden. Dies können Gründe für Hochbegabte oder, bei Kindern, für deren Eltern sein, auf bestimmte Formen oder jegliche spezielle Förderung bewusst zu verzichten.

Nahezu alle begabten Kinder sind jedoch – zumindest vor und am Beginn der Schule – leistungsbereit, permanent neugierig, viele kennen bereits wichtige Basiskomponenten eigenständigen Wissenserwerbs, die meisten sind volitiv stark und mit einem positiven Selbstkonzept ausgestattet. Sie besitzen die Fähigkeit zur Automotivation, zur Vernetzung und vermögen es zunehmend, ihr Denken in adäquate Sprache umzusetzen. Der korrespondierende Kommentar einer Lehrerin macht dennoch nachdenklich: „Toll, das sind die Kinder, denen sowieso alles zufällt. Da gewinne ich Zeit, mich um meine Sorgenkinder zu kümmern." Hier haben wir wieder die Strategie des „entweder-oder". Notwendig scheint eher das Vorgehen im Sinne eines „sowohl-als-auch". Hochbegabte Kinder sind konstituierende Mitglieder heterogener Lerngruppen und benötigen ebenso *ihre* Modalitäten von Förderung (vgl. u.a. Dlugosch 2011, S. 139; Brommer 2016). Es geht um die Einlösung des Artikels 29 der Rechte des Kindes, dass deren Bildung darauf gerichtet sein muss, die Persönlichkeit, die Begabung und die geistigen und körperlichen Fähigkeiten des Kindes voll zur Entfaltung zu bringen (vgl. Rechte des Kindes 1994 o.S.). Dazu ist es u. a. nötig:

- das Bewusstsein über den ureigenen Förderbedarf Hochbegabter zu entwickeln,
- anspruchsvolle und kreative Bildungsziele (inklusive Spannung „nach oben" zu setzen,

- herausfordernde und intelektuell herausfordernde Lernprozesse zu gewährleisten,
- Materialien, Medien und Kooperationsmöglichkeiten für eigene Weiterlernprozesse zur Verfügung zu stellen,
- anregungsreiche und begabungsfördernde, wenn möglich überfachliche Lernumgebungen zu schaffen. (vgl. u.a. Brunner/Rottensteiner 2014)

Begabungsförderndes Lernen

Franz Weinert (vgl. 2000) und Olaf Steenbuck (vgl. 2009 a) verdanken wir unabhängig voneinander u.a. eine Bestimmung essenzieller Eigenschaften begabungfördernden Lernens z.B. im Unterricht. Weinert spricht in diesem Kontext von wertvollem, Olaf Steenbuck von zumutendem Lernen. John Hattie sieht im Bezug auf die Lerneffekte den Haupterfolg darin:

> ... wenn Lernende den vermittelten Stoff und die intendierten Fähigkeiten und Fertigkeiten interpretieren, aufgreifen, zurückweisen und/oder neu erfinden, wenn Lernende diesen Stoff zu anderen Aufgaben in Beziehung setzen und anwenden und wenn Lernende auf Erfolg oder auf Versagen im Lernprozess reagieren (Hattie 2013, S. 2).

Dieses wertvolle Lernen weist konstitutive (aktiv, konstruktiv, zielgerichtet, kumulativ) und fakultative Attribute (systematisch, situiert) auf und ist anstrengend und prozessual. Darüber hinaus sind antizipative Attribute (selbstständig, selbstregulierend, kooperativ, partizipativ) essenziell. Analysiert man diese Attributionen, so sind einige Ansätze in der gegenwärtigen Schullandschaft bereits angekommen (Wissenskumulation, Konstruktion), andere stehen weitgehend aus (situiertes, selbständiges, problemlösendes und selbstregulierendes Lernen, reziprokes Lehren). Wenn letztere aber in Schulen eingesetzt werden, sind hohe Lerneffekte programmiert (vgl. Hattie 2013, S. 249; 242). Es geht dabei um den Übergang von Oberflächen-Lernen (was mit dem Wissen und verstehen von Vorstellungen oder Fakten einhergeht) hin zu einem tiefen[71] und konstruierten (bzw. konzeptuellen) Verstehen, welches mit Anwenden, abstrakten Erweiterungen und allgemeinen Regeln oder Beweisen im Zusammenhang steht (vgl. hier Hattie 2013, S. 35).
Institutionen sind dann fördernd, wenn Sie dieses wertvolle Lernen kultivieren und damit inhaltlich und methodisch an die Bedürfnisse Hochbegabter andocken. Welche Möglichkeiten der Förderung werden aktuell unter die-

---

[71] John Hattie (2013, S. 359) sieht in den relationalen und elaborativen Prozessen eine Veränderung der Qualität des Denkens, welche kognitiv wesentlich anspruchsvoller sind als Oberflächen-Fragen.

sem Gesichtspunkt diskutiert? Zunächst soll eine Skizze der gegenwärtigen Förderungsprinzipien folgen, die in der Schul- und Ausbildungspraxis zunehmend anzutreffen ist.

Enrichment

Unter Enrichment versteht man allgemein die Anreicherung des Unterrichts, z.B. durch intensivere Bearbeitung oder Bereitstellung zusätzlichen Stoffes (vgl. Heinbokel 2001a, S. 79). Das Prinzip beruht auf dem Anreichern von Lebensumwelten, in verschiedenen Quellen wird es auch als vertiefendes bzw. vertieftes Lernen gefasst. Beim Enrichment handelt es sich, so Winfried Manke, um die Anreicherung der (nicht) im verbindlichen Curriculum vorgesehenen Themen und Arbeitstechniken mit vertiefenden Problemstellungen, die verschiedenartige Bearbeitungen ermöglichen und unterschiedliche Begabungen berücksichtigen (vgl. Manke 2001, S. 21). Meist bestehen Enrichmentkomponenten aus einem zum Fundamentum (Aufgaben für alle) beigefügten Additum an lehrplanvertiefender und in einigen Varianten lehrplanunabhängiger i. S. erweiternder Förderung. Eine Vorwegnahme kommenden Lernstoffs erfolgt dabei nicht. Folglich geht es nicht darum, die Schüler im vorgeschriebenen Lehrplan schneller vorankommen zu lassen, sondern um eine Vertiefung und Bereicherung des Unterrichtsangebots (vgl. hier Ey-Ehlers 2001, S. 116).
Enrichment wird in zahlreichen Unterrichtsangeboten aufgegriffen, z.B. durch das Mehrangebot an Fächern wie Philosophie, Chinesisch und Musikunterricht sowie AGs und Nachmittagsangeboten, oder innerhalb des Unterrichts – der zumindest in der Grundschule eher als offener Unterricht konzipiert ist – durch die Möglichkeit, Aufgaben intensiver oder umfangreicher zu bearbeiten, gelegentlich durch die Schaffung gleichstarker Gruppen in den unterschiedlichen Fächern (vgl. Trautmann/Schmidt/Rönz 2009).
Enrichment liegt danach die Zielstellung zugrunde, besonders begabten Schülerinnen und Schülern ein *langfristiges* Angebot zum *vertiefenden Lernen* zu bieten (Wasmann-Frahm 2012; 5). Damit ist Enrichment mehr als ein kurzes Intermezzo im Unterricht, sondern vorstrukturiert und u.U. auf eine *Präsentation* hin ausgerichtet. Solche Präsentationsmöglichkeiten sieht Trautmann (2015, S. 76) u.a. in folgenden Formen: Kursmesse, Ausstellung, Jugend forscht, Abschlussmeeting, open space, Tag der offenen Tür, Juniorakademietag, Workshop, results of Performance, Verhandlung, Lernnachmittag, Aufführung, Feier, Jahrestag, Jubiläum, gallery walk, Denkkonferenz, think tank, lebendes Portfolio, lap-book, brain & brunch, Festival u.v.m.[72]

---

[72] Darüber hinaus gibt es eine Reihe kleiner, meist schulspezifischer Enrichment-Angebote, wie z.B. das Ressourcenzimmer (ein Raum, in dem Materialien und Me-

Das bekannteste, exemplarisch immer wieder vorgestellte Beispiel für Enrichment-Programme ist nach wie vor das Drehtürmodell (Triad Revolving Door System). Joseph Renzulli suchte hochbegabte Schüler und Schülerinnen aus und gab ihnen die Möglichkeit, drei unterschiedliche Enrichment-Typen kennen zu lernen. Zum ersten Typ gehören:

> *general exploratory experiences designed to expose students to new exciting topics, ideas, and fields of knowledge that are not ordinarily covered in the regular curriculum"*, die durch *"visiting speakers, field trips, demonstrations, interest development centers, and the use of many different kinds of audiovisual materials"* angereichert werden (Renzulli 1984, S. 168).

Dieser Typ wurde mit den meisten der Teilnehmer durchgeführt.
Hochbegabte sollten jedoch auch interessante Themen außerhalb des eigentlichen Curriculum kennenlernen, wählen und sich darin vertiefen. Eine solche autarke Themenwahl für intensive und kreative Auseinandersetzung bezeichnete den zweiten Typ im *revolving* Prozess. Er wurde vom Team vorbereitet und zur Verfügung gestellt und bestand aus Methoden, Materialien und Techniken, „that are specifically designed to develop higher level thinking processes, research and reference skills, and processes related to personal and social development[73]" (Renzulli 1984, S. 168).
Projekte des Typs III sind „...individuell gewählte, realitätsnahe Problemstellungen, die mit möglichst professionellen Methoden alleine oder in einer kleinen Gruppe bearbeitet werden und vor Publikum präsentiert werden" (Vock et al 2010, S. 13).

Astrid Wasmann-Frahm (2012) stellt Grundsätze für schulische Enrichmentprozesse auf der Grundlage einer Evaluationsstudie zusammen. Danach geht es um:
- kognitive Anforderungen, die in vernetzte Zusammenhänge eingewoben sind,
- herausfordernde Problemstellungen, die fächerübergreifende Komplexität beleuchtet werden,
- anwendungsbezogene Aufgaben, die selbstwirksames Lernen fordern und fördern,
- kompetenzorientierte Herausforderungen, deren Ergebnisse auf Präsentation/Wettbewerb hin ausgerichtet sind,

---

dien für vertiefende Lernansätze bereit stehen). Auch die Kür-Kiste, eine Sammlung von Aufgaben (von Lehrepersonen und SuS entwickelt) ist ein Angebot für alle, die mit dem Pflicht-Pensum (Fundamentum) eher fertig werden.

[73] Diese Aktivitäten sollten anschließend ins reguläre Curriculum eingeflochten werden und somit als Motivationsquellen für das ‚Eindrehen' in den dritten Typ dienen.

- kreative, offene Themenstellungen, die originelle Lösungsstrategien und Reflexionsfähigkeit erfordern.

Die Prozesse sollen dabei nicht vorrangig instruktiv, sondern in hohem Maße auf entdeckende und eigenständige Lernwege ausgerichtet, deduktiv oder induktiv und mit hoher Eigenmotivation vonstatten gehen. Der zusätzliche Lehrstoff soll dabei an die Fähigkeiten und Bedürfnisse des besonders begabten Schülers anknüpfen (vgl. Mönks/Ypenburg 2012, S. 55) und ihm gleichzeitig neue Lernanreize sowie positive Motivationsschübe verschaffen (vgl. Trautmann 2008, S. 69).

Beispiele solchen Unterrichts können Arbeitsgemeinschaften, *Cluster Grouping* (Spezialgruppen), *pull-out-program* (Förderstunden) sowie Sonderklassen sein. Enrichment-Angebote sollten immer nach den individuellen Bedürfnissen und Voraussetzungen der jeweiligen Person ausgewählt werden, denn sie „sind in ihren Inhalten und Zielsetzungen sehr heterogen " (Vock et al 2010, S. 8) und eigneten sich nicht für jede Form von Hochbegabung. Schwierigkeiten bestehen nicht selten in der eingegrenzten Frustrationstoleranz Hochbegabter gegenüber Arbeitsbereichen, in denen sie nicht bzw. noch nicht exzellent sind.

Interessante Ansatzpunkte zum Weiterdenken bzw. -forschen ergeben sich aus Evaluationsstudien zum Enrichment. Ungeklärt sind danach weitgehend Erkenntnisse zur Dialektik von Freiwilligkeit und Verbindlichkeit solcher Angebote (vgl. u.a. Wasmann-Frahm 2012, S 22), Mikrostudien zur „Langeweile" in Unterricht und Enrichment oder/und Kursleiterbeurteilung auf der Individualebene (vgl. hier u.a. Marek/Pillath/Wesseling 2015, S. 104)

Klaus Urban betont, dass es beim Enrichment nicht darum geht, jenen Bereich zu fördern, in dem ein Kind über eine besondere Begabung verfügt. Zwar wird dem entsprechenden Fähigkeitsbereich besondere Aufmerksamkeit geschenkt, da das Kind hier ein besonderes Bedürfnis entwickelt hat und dieser Bereich einen bedeutsamen Teil seiner Persönlichkeit ausmacht, jedoch wäre es langfristig persönlichkeitsschädigend, wenn sich die Förderung lediglich darauf beschränkt (vgl. Urban 1996, S. 25). Aus diesem Grund erhält das hochbegabte Kind im Zuge des Enrichments ebenfalls Aufgaben, welche die weniger ausgeprägten Kenntnisse und Fähigkeitsbereiche betreffen (vgl. Trautmann 2008, S. 70).

Interessant in diesem Kontext ist das *Aptitude-treatment-interacion* (ATI) Konzept. Es besagt, dass die individuellen Fähigkeiten des einzelnen Heranwachsenden in Wechselwirkung zur gewählten Unterrichtsmethode stehen. Schulisches Enrichment hat danach insofern Auswirkungen auf das individuelle Begabungsselbstkonzept, als dass sich bei optimaler Passung von *aptitude* und *treatment* bei Hochbegabten keine Selbstwertminderung einstellt.

Nahezu jeder qualitativ anspruchsvolle Differenzierungsprozess im Unterricht hat elementare Enrichmentfunktion. Organisatorische Möglichkeiten bieten sich in jeder Unterrichtsstunde „im Kleinen" an (vgl. Trautmann 2008, S. 73; Trautmann/Schmidt/Rönz 2009;). Diese haben wiederum produktive Auswirkung auf das Differenzierungsverhalten der Lerner (vgl. hier Borgert/Trautmann/Rönz 2009, S. 28). Auch eine flexible Ausdeutung des Lehr- Lernbegriffes trägt noch ungenutzte Potenzen in sich. Letztendlich sei erwähnt, dass bestimmte Unterrichtsmethoden Elemente des Enrichments beinhalten, so die Projektmethode (vgl. u.a. Frey 2007) bzw. Unterrichtsmethoden generell (Meyer 2010). Höhere Anteile anreichernden Lernens sind jedoch nur durch die oben genannten permanent stattfindenden und flexiblen Differenzierungsmaßnahmen zu erreichen.

Prinzipiell wird Enrichment dann für Hochbegabte zu echter Herausforderung, wenn Lehrerinnen und Lehrer keine bloßen Nachvollzugsaufgaben anbieten, sondern sich von Vorgedachtem lösen. Wenn das Problem intellektuell anregend ist und/oder es sich um den Anreiz zu einer wirklich mehrdimensionalen intellektuellen Arbeit handelt, werden Hochbegabte generell motiviert. Ausgefallene Fragestellungen, seltene Themen[74], (scheinbar) absurde Problemstellungen, Fermi-Fragen oder komplexe Ableitungen von Kausalbeziehungen lassen diese Vorgehensweisen zu.

Akzeleration

Bei der Akzeleration (Beschleunigung) werden im normalen Schulalltag Wiederholungs- und Übungsphasen verkürzt oder ganz weggelassen, wenn sie nicht benötigt werden[75]. Dadurch wird einerseits dem Motivationsverlust beim hochbegabten Kind entgegengewirkt und andererseits kann so der Basislernstoff schneller durchgearbeitet werden. Bekannte Formen der äußeren Akzeleration sind das Überspringen von Klassen oder die Früheinschulung.
All diese, meist auf das (Lern)tempo bezogenen Beschleunigungsformen, gelten derzeit als effektivste Förderungsstrategien Hochbegabter. Das Prinzip beinhaltet das intensivierte Absolvieren aller obligatorischen Aufgaben, der Lehrplaninhalte etc. in jenen Bereichen, in denen sie als hochbegabt gelten. Vorteil eines solchen Vorgehens ist der Wegfall des Kritikpunktes >Zeitvergeudung<. Dazu kommt ein Lernfeld im Bereich des persönlichen Zeit- und Lernmanagements. Drittens schließlich puffert Akzeleration die vielfältigen Zugangsweisen der Kinder *zu* den Aufgaben ab (Abkürzungen

---

[74] Ein Gymnasium lässt seine Enrichmentaktivitäten extern evaluieren: Lesetipp: Trautmann, Thomas (Hrsg.) (2015*):* Begabungsförderung am Gymnasium. Enrichment am Beispiel Lernentwicklungsblatt. Berlin: Logos (Individuum-Entwicklung-Gesellschaft Bd. 2)

[75] Hinsichtlich der Lerneffekte haben Maßnahmen der Akzeleration hohe (erwünschte) Effektstärken ($d = .88$) (vgl. Hattie 2013, S. 119)

bei Denkwegen und Verfahrensfragen). Akzeleration im Unterricht bringt sehr hohe erwünschte Lerneffekte ($d = .88$) (vgl. Hattie 2013, S: 119).
Während das Enrichment als Förderungsmöglichkeit versucht, den Unterricht für begabte Kinder zu bereichern, so dass die Freude am Lernen erhalten bleibt und die Interessen der Kinder angemessen berücksichtig werden, gründen sich die Methoden der Akzeleration auf das Prinzip der Beschleunigung der schulischen Laufbahn. Diese können unterschiedliche Formen annehmen. Unter Akzeleration versteht man »jede Maßnahme, die es einer Schülerin oder einem Schüler ermöglicht, den vorgesehenen Lehrplan oder Teile davon früher zu beginnen, zu beenden oder schneller zu passieren, als es teils üblich, teils gesetzlich vorgesehen ist« (Heinbokel 2004, S. 1).
Aus biologischer, entwicklungspsychologischer und letztlich erziehungswissenschaftlicher Sicht muss unterschieden werden zwischen dem psychologischen Begriff der Akzeleration und der Akzeleration als Begriff der pädagogisch konturierten Hochbegabtenförderung. In der Entwicklungspsychologie bezeichnet man Kinder als „akzeleriert", wenn ihre biologische und psychische Entwicklung die eines durchschnittlichen Kindes im gleichen Alter übersteigen. Kinder im Alter von fünf oder sechs Jahren können in ihrem Wachstum, ihrer körperlichen und sozialen Reife um Jahre auseinander liegen. Eine frühe Einschulung oder das Überspringen von Klassen ist für ein Kind sicherlich nur dann sinnvoll, wenn „seine körperliche und sozialemotionale Entwicklung ebenfalls akzeleriert ist oder zumindest nicht hinter seinem Alter zurückbleibt" (Heinbokel 2012, S. 86)[76].
Während beim Überspringen eine komplette Klassenstufe ausgelassen wird und der Stoff vom Schüler nachgearbeitet werden muss, findet das beschleunigte Durchlaufen in klassenübergreifenden Schulen statt, in denen bspw. drei Klassenstufen (z.B. in einigen amerikanischen Schulen Klasse 5-7 oder bei Montessori Klasse 1-3 und 4-6) zusammengefasst werden und jeder Schüler den Lernstoff in seinem individuellen Tempo erfassen kann und die Klassen in der entsprechenden Geschwindigkeit durchläuft, auch rascher[77].

---

[76] Lesetipp: Heinbokel, Annette (2012). Handbuch Akzeleration. Was Hochbegabten nützt. 2. Aufl. Münster: LIT.
[77] Ein Beispiel aus unserer Begleitschule: Celine ist Zweitklässlerin und zweisprachig aufgewachsen. Sie darf in Französisch „zu den Großen" in die Klasse 5. Einige Effekte für Celine: Sie spricht besser als jede der Fünftklässler/innen, lernt aber – auf Grund ihres Entwicklungsstandes im Schriftspracherwerbsprozesses – das Schreiben und Lesen französischer Texte langsamer. Die langsame Äquilibration gibt ihr außerdem noch einen Schub beim Schriftspracherwerb in Deutsch. Aber auch die Effekte für die SuS der Klasse 5 sind nicht ohne Belang: Keine/r will sich vor „der Lütten" blamieren. Viele Schülerinnen (und Schüler) haben einen Beschützer- und Pflegeinstinkt (wieder)entdeckt. Planerisch ist eine solche Akzeleration in Celines Schule möglich, da Grundschule und weiterführende Schule auf demselben Grundstück stehen.

In der Schulpraxis kann Akzeleration durchaus auch „nebenbei" erfolgen, etwa dann, wenn Vereinbarungen zwischen den Partnern zulassen, sozusagen *gleichzeitig überall* zu sein – etwa durch Teilunterricht in einer höheren Klassenstufe oder der vorfristige Scheinerwerb begabter Gymnasiasten an der Universität im Juniorstudium (https://www.uni-hamburg.de/schule-und-uni/juniorstudium.html).

Aber das Prinzip Akzeleration ist nicht für alle Kinder und ständig günstig. Einige hochbegabte Kinder folgen in bestimmten Lebensabschnitten anderen Rhythmisierungsprozessen. In sensiblen Abschnitten der Persönlichkeitsentwicklung sind daher Beschleunigungsprozesse nicht förderlich, weil sie bestimmte Zeiträume der Sedimentierung stören würden.

Exkurs: Frühe Einschulung, Klassenstufensprung

Früheinschulung bezeichnet allgemein die Einschulung eines Kindes, das zum Einschulungstermin noch nicht das reguläre Einschulungsalter erreicht hat. Das entspricht in Hamburg der Vollendung des sechsten Lebensjahres vor dem 30. Juni (bzw. Einschulungstermin) des gleichen Kalenderjahres (Vock/Preckel/Holling 2007, S. 58). Annette Heinbokel merkt an, dass Früheinschulungen im Vergleich zu anderen Förderungsmethoden selten vorgenommen werden. Gründe dafür könnten die wenige Erfahrung mit vorzeitigen Einschulungen in der Bundesrepublik[78] und weltweit sein, oder aber auch die Angst vor der »Sonderstellung« des Kindes in einer Klasse mit ausschließlich älteren Mitschülern (Heinbokel 2004, S. 86). Bei Akzelerationsmethoden divergieren generell die Meinungen in der Hochbegabtenpädagogik. Dabei ist unklar, wie fundiert die Aussagen tatsächlich sein können. Einerseits wird Akzeleration als Methode bezeichnet, die bisweilen am meisten empirisch untersucht wurde (vgl. hier erneut Vock/Preckel/Holling 2007, S. 51), andererseits wurde gerade die Früheinschulung zu wenig über einen längeren Zeitraum erforscht, als dass man Regeln aus den bisherigen Beobachtungen ableiten könnte. Vielmehr begründen sich Aussagen auf selektiver Wahrnehmung und Erinnerung, und viele Studien wurden dafür kritisiert, nicht korrekt durchgeführt worden zu sein und ein bestimmtes Ergebnis infolge politischer oder persönlicher Glaubenssätze begünstigt zu haben In praxi werden Kinder früher eingeschult, als es für das durchschnittliche Schuleintrittsalter von sechs Jahren[79] üblich ist. In Einzelfällen beraten Kin-

---

[78] Während in den USA die Einschulung von mindestens fünf Jahren mit der geforderten Grundschulreife gegeben ist, ist die Tendenz zu einer eher späten Einschulung in Deutschland immer noch recht eindeutig.
[79] Russische Kinder werden traditionell erst mit sieben Jahren eingeschult. Zu beachten ist in diesem Zusammenhang auch die Struktur des Schulsystems und die inhaltliche Gewichtung.

dergärtnerinnen Eltern, dass dieses Kind „schleunigst" in die Schule gehöre. Eltern drängen vereinzelt auf schulische Bildung und Erziehung, weil das Kind ihnen durch seinen Wissensdrang „Angst macht" oder/und gar Lebenszeit eingespart werden soll u.v.m. Andererseits wird das Konstrukt der hinreichenden bzw. der mangelnden sozialen Reife permanent von Eltern und Erzieherinnen argumentativ pro oder kontra früher oder späterer Einschulung, für oder gegen das Überspringen von Klassen traktiert, ohne dass den Beteiligten gänzlich klar ist, was genau darunter zu verstehen ist.

Auf dem Gymnasium gibt es hingegen mehrere Kinder, die bereits Klassen übersprungen haben. In der Grundschule ist zudem durch das Prinzip der Jahrgangsübergreifenden Lerngruppen (JÜL) die Möglichkeit gegeben, dass einige Kinder in bestimmten Fächern bei der Klassenstufe über oder unter ihrer eigenen am Unterricht teilnehmen, um spezielle Stärken besser zu fördern oder das Ungleichgewicht an Stärken und Schwächen auszubalancieren (als »fachspezifische Akzeleration« bezeichnete Methode) (vgl. Heinbokel 2004; zu JÜL vgl. Köster 2015, S. 33). Nelly Nguyen (2009, S. 26) merkt an, dass diese Argumente zum Teil unbegründet wirken, zum Teil auch unwissenschaftlich sind. Sie sieht eher ideologische und politische Gründe mit dem Ziel, eine frühe Einschulung grundsätzlich zu negieren.

Gegen eine vorzeitige Einschulung werden folgende Gründe angeführt:
- Das Kind soll die Möglichkeit haben, Kind zu sein. Es soll spielen, bevor der so genannte Ernst des Lebens[80] (zu welchem Kritiker die Schulzeit anscheinend in hinreichendem Maße zählen) beginnt (vgl. hier Heinbokel 2001).
- Die frühe Einschulung sei u.a. eine Folge überehrgeiziger Eltern, die aus Prestigegründen ein Wunderkind haben wollen. Dies dient nicht dem Kindeswohl und es kann sogar in seiner Entwicklung durch ihren Leistungsanspruch geschädigt bzw. behindert werden.
- Früh eingeschulte Kinder nähmen eine Sonderstellung in ihrer jeweiligen Klasse ein. Dies sei sowohl für das Kind eine Stresssituation, in der es sich beweisen muss, als auch eine Herabsetzung der nicht so leistungsstarken, nunmehr zudem älteren Mitschüler.
- Gleichzeitig wird die reguläre, altersgerechte Einschulung als Möglichkeit verstanden, dem Kind die soziale Lernoption zu geben, sich in Verständnis und Duldsamkeit im Umgang mit weniger leistungsstarken Kindern zu vervollkommnen. Die damit entstehende Leistungshaltung zwischen Ansporn und Hilfestellung wird als produktiv angesehen.

---

[80] Damit werden mindestens zwei irritierende Dinge impliziert. Der Beginn von Schulzeit ist das Ende der Kindheit und der gleichzeitig der Beginn des ernsthaften Lebens. Beides lässt sich nicht belastbar belegen.

- Eltern und Lehrer befürchten Entwicklungsschäden, wenn das Kind den schulischen Stoff in kürzerer Zeit lernen muss „als andere". Ferner wird befürchtet, das Kind könne sozial und emotional überfordert werden.
- Schließlich ist jede Früheinschulung ein Risiko. Lehrpersonen malen Eltern in düsteren Farben, wenn das „Experiment" nicht gelingt und das Kind „ewig" am Ende der Leistungsamplitude der Klasse agiert.

Eine Reihe von Gegenüberlegungen kann die Auseinandersetzung gewichtig befördern:
- Viele begabte Schüler verstehen die Schule bis in die Sekundarstufe hinein durchaus als Spaß, während ihnen ein weiteres Jahr im Kindergarten als „Höchststrafe" vorkommt (vgl. hier Elschenbroich/Schweitzer 2007)
- Schulen, die eine Früheinschulung vornehmen, orientieren sich am Wohle des Kindes, nicht an den Wünschen der Eltern (vgl. Pinkvoß 2009).
- Da ohnehin nur sehr zögerlich früh eingeschult wird und die Zahl der Früheinschulungen über eine lange Zeit hin rückläufig war (Vock/Preckel/Holling 2007, 59), wird in den meisten Fällen stark darauf geachtet, ob eine Früheinschulung tatsächlich sinnvoll ist.
- Begabte Kinder fallen fast immer aufgrund ihrer Begabungen auf. Doch sie stören (die sie langweilenden Abschnitte des Unterrichts), dadurch, dass man sie zurückhält (vgl. Trautmann/Sallee/Buller 2011, S. 72).
- Wenn andere Kinder sich aufgrund der höheren Leistung eines einzelnen minderwertig fühlen, so ist die primäre pädagogische Aufgabe, den Kindern nahezubringen, dass alle liebenswert sind, unabhängig davon welche Leistungen sie aktuell erbringen. Kinder sollten lernen, dass eine gute Leistung bei jedem anders aussehen kann (vgl. u.a. Werner 2013, S. 44).

Eine Früheinschulung sollte tatsächlich nur dann vorgenommen werden, wenn sie aktuell und prognostisch die bessere Lösung für das betroffene Kind ist, nicht aber, wenn es sich bereits ohne eine solche Förderung gut und gesund entwickelt, sozial eingebunden und lebenszufrieden ist. Eine Förderung sollte nicht aus falschem Ehrgeiz stattfinden.

Argumente für eine vorzeitige Einschulung nutzen Befürworter der Früheinschulung argumentieren argumentativ wie folgt
- Dauerhafte Unterforderung hochbegabter Kinder könne zu Boreout-Gefühlen, sozialem Rückzug und Mangel an Selbstdisziplin (vgl. Vock/Preckel/Holling 2007, S. 53) und unter Umständen zu Lernbehinderungen beitragen (vgl. Heinbokel 2004, S. 81).

- Die größere psychosoziale Reife hochbegabter Kinder lässt sie bei ihren älteren Klassenkameraden beliebt sein (Trautmann/Sallee/Buller 2011, S. 145)
- Hochbegabte Kinder brauchen und wünschen sich Förderung. Kinder seien gerade im Grundschulalter »in hohem Maße auf die Hilfe anderer angewiesen. Sie sind in vielen Dingen nicht in der Lage, sich selber zu helfen. Bleibt die Unterstützung aus, dann besteht die Gefahr, dass das Potential verkümmert« (Feger 1988, S. 141)
- Hochbegabte Kinder zeichnen sich im Übrigen ohnehin nicht durch permanente Bestleistungen aus, sondern vielmehr durch Interesse an mehreren Dingen. „Früh einsetzende Schulzeit" kann diese mannigfaltigen Neigungen kanalisieren und zu Interessendomänen verfestigen[81].

Die für das amerikanische Schulsystem geltende, von John Feldhusen (1992, S. 46 f.) entwickelte Richtlinie für eine frühe Einschulung enthält eine Reihe diskussionswürdiger Ansätze einer grundlegenden Neubewertung der deutschen Terminregelung.
- Je jünger ein Kind in Bezug auf das übliche Einschulungsalter ist, umso höher sollte seine Begabung sein.
- Eine umfassende Diagnostik (hinsichtlich intellektueller Fähigkeiten, der Leistungsbereitschaft, der sozial-emotionalen Reife) sollte vor Schuleintritt erfolgen. Dabei sollte das Kind leistungsfähiger sein, als durchschnittliche Erstklässler.
- Auch hinsichtlich der Lesefertigkeit und des mathematischen Verständnisses sollten die Leistungen des Kindes über den durchschnittlich erwartbaren Leistungen des ersten Halbjahres der Klasse 1 liegen.
- Sozialemotional sollte das Kind keine ernsthaften Anpassungsprobleme haben (leichte Gruppeneinfügung, gewünschte Freundschaften).
- Das Kind sollte gesund sein.
- Das Kind sollte nicht von Eltern unter Leistungsdruck gesetzt worden sein. Es muss selbst in die Schule gehen wollen.
- Die aufnehmende Lehrerin muss der Früheinschulung positiv gegenüberstehen.

---

[81] Auch nach der Schulzeit neigen hochbegabte Studierende eher dazu, mehrere Studienabschlüsse erfolgreich zu Ende zu bringen und in der Zeit weiterhin ihre Hobbys und ehrenamtliche Tätigkeiten zu verfolgen, als in wenigen Semestern mit Spitzenleistungen ein Studium zu absolvieren (vgl. Mind-HSNW 2007)

- Frühe Einschulung sollte immer probeweise stattfinden. Die intellektuelle und soziale Entwicklung müsste beobachtet und mit den Eltern kommuniziert werden.
- Für das Kind und die Lehrerin sollte ein Beratungsangebot gemacht werden.
- Das früh eingeschulte Kind sollte keinen übertriebenen Erwartungen ausgesetzt werden.
- Die Entscheidung über eine frühe Einschulung muss auf Fakten, nicht auf Mythen beruhen.

Als Beispiel für ein internationales Akzelerationsmodell soll stellvertretend „Mathematically Precocious Youth" genannt werden, sozusagen die Mutter aller Juniorstudien. Es handelt sich dort um Akzelerationsmaßnahmen, d.h. die Schüler erwerben schneller Credits, mit denen sie die erfolgreiche Teilnahme an den Pflichtkursen nachweisen, und somit früher ein Universitätsstudium aufnehmen können. Seit Anfang der siebziger Jahre des vorigen Jahrhunderts sucht das *Center for Talented Youth* der Baltimore Johns Hopkins Universität mittels mathematischer Denk- und Rechenfertigkeitstests (logisch-mathematisch) begabte Jugendliche. Den Besten winken zahlreiche Fördermöglichkeiten im Rahmen der Schullaufbahn- und Schulorganisationsberatung, die bis zu Sommerakademien reichen (vgl. hier Heller/Hany 1996).

Grouping

Unter Grouping sind Maßnahmen zu verstehen, bei denen die Schülerinnen und Schüler in unterschiedlichen Klein-, Arbeits- Forschungs- oder Präsentationsgruppen aufgliedert werden. Die unterschiedlichen Kommunikationsnetze und divergenten Denk- und Arbeitsformen befördern eigene Überlegungsqualitäten.
Grundlage dieses Prinzips sind Überlegungen, Kinder so zu gruppieren, dass sie in diesem konkreten sozialen Verband optimale, entwicklungsfördernde Lern-, Arbeits- und (damit) Sozialisationsbedingungen finden. Damit ist nicht nur die Möglichkeit des gemeinsamen Lernens (etwa in Hochbegabtenklassen) gemeint. Die Bildung leistungsähnlicher Lerngruppen ist ebenso alt wie umstritten. Schule versucht seit der Einführung der Jahrgangsklassen, ähnliche Entwicklungsverläufe zu bündeln, wiewohl bereits Forschungen von Ilse Lichtenstein-Rother (1969, S. 23 ff.) Entwicklungsunterschiede von bis zu 3 Jahren in Schulanfängerklassen konstatierten.
Andererseits kann Schule den Vorwurf der Vereinheitlichung auf dem kleinsten Nenner widerlegen, wenn sie Hochbegabten zumindest partiell die Möglichkeit der Gruppierung „unter sich" einräumt. Das Zusammenarbeiten und Miteinanderdenken hochbegabter Kinder schafft bei ihnen nicht nur die

Horizonterweiterung im kognitiven Sinn, sondern stellt eine auch sozial hoch einzuschätzende Möglichkeit dar[82]. Es geht dabei weniger um eine *corporate identity*, sondern um das gegenseitige Erfahren biografischer Details und die Erkenntnis, dass das oft erlebte Anders-Sein in diesem Kontext aufgehoben ist. Eine ausschließliche und zementierte Gruppierung Hochbegabter ist aus mehreren Gründen problematisch. Keine Hochbegabungsausprägung ist wie die Andere. Sprachlich hoch begabte Heranwachsende mit intrapersonal begabten Grüblern zu gruppieren, kann – etwa bei motivierenden Aufgabenformaten oder einem interessanten methodischen Settig – ohne weiteres gelingen. Die Gruppierung per se und „ohne alles" ist jedoch hoch problematisch. Es ist z.B. nicht gewährleistet, dass eine Gruppe Hochbegabter auch hinreichend sozial miteinander umgehen kann. Hochbegabte unter sich können u. U. die Bezüge zur Realwelt verlieren oder sich akommunikativ in einem Paralleluniversum verlieren. Gegen die Tendenz ausschließlich separierter Förderung gibt es in Deutschland erhebliche Widerstände. Sie stellt jedoch einen gangbaren Weg neben vielen anderen Facetten der Förderung dar.

Selbst integrierende oder inklusiv ausgerichtete Schul- und Unterrichtskonzepte lassen Gruppierungen in vielfältigen Ausprägungen zu. Neben der Clusterbildung Hochbegabter in regulären Klassen seien hier aktuelle oder permanente Kleingruppen und/oder Mastergroups genannt, die in üblichen Unterrichtsverläufen wirken können. Franzis Preckel und ihr Team hat mit dem Projekt PULLS Fähigkeitsgruppierungen hochbegabter Gymnasiasten untersucht, um u.a. leistungsassoziierte Persönlichkeitsmerkmale näher zu erfassen (vgl. Preckel/Stumpf/Schneider 2015, S. 106).

(Nicht nur) Daraus folgt: Hochbegabte unterscheiden sich wie alle Kinder höchst individuell in ihrem Vermögen, sich selbst in einer Gruppe reflektierend einzuschätzen. Grouping verfolgt auch die Absicht, soziale Grunderfahrungen zu vermitteln, wie z.B. ein abgrenzbares Selbst- und Fremdbild, realitätsgerechte Attribuierungen, Ambiguitätstoleranz sowie die Empathieentwicklung voran zu treiben.

Organisationsformen sind u. a. Tagesklassen (Stern-Tage; Differenzierungskurse, Think-Tanks), gemeinsame Hauptfächer in einem sonst integrierenden Schulkonzept (Brecht-Schule Hamburg) oder – projektgebunden - pull-out-groups. Auch adjunct programs, bei denen Hochbegabte einem bestimmten Arbeitsspektrum außerhalb der Lernzeit in der Schule nachgehen, dienen als wichtige Motivationsbewahrung. Individualisierungsansätze, wie eigene Spezialklassen für Hochbegabte, bei denen keine Beschleunigung erfolgt, in denen aber weitere Fächer und Vertiefungen angeboten werden, existieren

---

[82] Die Einrichtung von Förderklassen hat, so John Hattie, keine negativen oder differenziellen sozialen Effekte. Die prinzipiellen Effektstärken liegen jedoch lediglich im Bereich der so genannten Schulbesuchseffekt ($d = .30$).

ebenfalls (Europagymnasium in Bayern mit 4 Fremdsprachen, Brecht-Grundschule Hamburg mit Chinesisch usw.).

Compacting

Unter Compacting sind allgemein Maßnahmen zu verstehen, die eine kritische Lehrplananalyse umfassen. die es SuS ermöglichen, bereits Bekanntes und Gefestigtes auszulassen und stattdessen neue, erweiterte Aspekte des Kanons zu beginnen (vgl. Römer/Trautmann 2015, S. 258). Begabte und hoch begabte Kinder und Jugendliche arbeiten im Unterrticht nicht zwangsläufig rascher als ihre Klassenkameraden. Durch ihre schnelle Informationsverarbeitung und ihr bereits hohes Informationslevel lernen und vernetzen sie aber schneller und brauchen deshalb weniger umfängliche Einführungs- , Erlern- und Übungszeit als andere.
Compacting ist somit ein systematisches Verfahren, bei dem der Basislehrplan „geliftet" wird und frei werdende Zeit zum intensiven Studium von „Interessantem" frei wird. Das klingt zunächst verwirrend, unter Umständen ist das etwas komplizierte Procedere auch ein Grund, dass dieses Förderprinzip nicht oder nur halbherzig in einer Reihe von ansonsten solide fördernden Schulen implementiert ist. Der Hintergrund: Begabte und hochbegabte Kinder sind meist schwer für Übungsformate oder/und Routinen zu begeistern. Das liegt daran, dass sie sowohl den „Stoff" als auch die methodische Systematik bereits beherrschen. Im Normalfall (und bei unintelligenten Übungspaketen) führt dies meist zwangsläufig zu Langeweile (und frappierender Weise zu korrespondierenden Flüchtigkeitsfehlern, die für Lehrpersonen mitunter „der Beweis" sind, dass das Kind die Aufgabenqualität eben „noch keineswegs" beherrscht). Im Extremfall (Dauerangebot, wenige methodische Wechsel) werden daraus Verhaltensauffälligkeiten, die meist mit Unterrichtsstörungen beginnen. Durch ein professionell konzipiertes und didaktisch sauberes Compacting des Schulstoffes werden unnötige Wiederholungsschleifen vermieden und somit der Lehr-Lern-Verlauf des Unterrichts dem aktuellen Potential des Kindes „hin zu den Zonen der nächsten Entwicklung[83]" hin angepasst.
Wie muss man sich eine *solche Straffung des Unterrichtsstoffes zur Erlangung von freier Zeit für Enrichment* vorstellen? Anhand von nun adäquaten, dem Potential des Schülers bzw. der Schülerin angepassten Aufgabestellungen kann er (und sie) geistige Arbeit verrichten, die Erträge auf einem höheren kognitiven Level erbringen, im besten Falle jene tiefen und rekonstruierten Verstehensprozesse, die John Hattie (2013, S. 34) als hoch effektiv kennzeichnet.

---

[83] Der Begriff von Lew Wygotski (2002) wird hier bewusst im Plural verwendet. Compacting berührt nicht nur einen Sektor dieser Zonen sondern simultan mehrere.

Als hilfreich hat sich in unserer wissenschaftlichen Begleitschule die partielle Anwendung von Blooms Lernzieltaxonomie erwiesen (vgl. Bloom et al 2013). Dort werden kognitive Prozesse in Etappen hierarchisch geordnet.

- **Wissen:** Einzeldaten, Hauptthemen, Gesamtthema
- **Verstehen:** Einzelinformation, Kontext, Schlussfolgern
- **Anwenden:** Informationen, Skills, Methoden, Theorien
- **Analyse:** Muster, Bestandteile, Aufbau, Bedeutungen
- **Synthese:** aus Einzelfakten bzw. Domainwissen, neue Ideen, Gesetze, Theorien, Vorhersagen, Produkte entwickeln (Kreativität)
- **Evaluation:** vergleichen, unterscheiden, bewerten, wählen, verifizieren, Gütekriterien entwickeln

Diese hierarchische Struktur kann nun als Entwicklung bei Schülerinnen und Schülern zielgerichtet wahrgenommen werden. Hier verläuft dies z.B. im Rahmen der Domäne des Anwendens so: Wer über Informationen verfügt, kann die gegebenen Problemfragen noch nicht per se beantworten. Skills und Methoden sind zwar hilfreich, werden dem Umfang der Anwendungsaufgabe aber (noch) nicht in toto gerecht. Erst der Aufbau eigener Theorien kann diese anspruchsvolle Überlegung hinreichend zu diskutablen Lösungsansätzen führen. Themen, die (bei uns) mit dem Philosophieren zusammenhängen:

Warum halten sich Katzen vermehrt in Rotkleefeldern auf? (vgl. Hausberg 2013 a)
Können Pflanzen glücklich sein?
Der Urknall ... Und dann?
Platons Höhlengleichnis

Einen weiterer gelungener Compacting-Ansatz hat Katja Krumbeck mit einem native speaker im frühen Englischunterricht der Klasse 1 dokumentiert (Krumbeck 2015, S. 34 f).

Compacting ist – so wurde gezeigt – eine individuell auf den heranwachsenden bezogene „Entrümpelung" des institutionell vorgegebenen Lehr- und Bildungsplanes[84]. Meist ist ein Test oder eine andere Form eines Leistungsnachweises dem Compactingprozess vorgeschaltet. Auch mittels Lernentwicklungsblättern (vgl. Köster/Maschke 2015, S. 81) oder Portfolioarbeit (z.B. Talentportfolio, Prozessportfolio, Interessenportfolio[85]) können Kompetenzen und Stärken jeder Schülerin und jedes Schülers recht detailliert erfasst (und letztlich eine Förderentscheidung getroffen) werden. Wichtig dabei sind der generell präferierte Lernstil, die Fähigkeitsentwicklung, Interessen und Vorhaben. Die frei werdende Zeit wird ihnen zur Verfügung ge-

---

[84] Bedauerlich in diesem Zusammenhang ist der gegenwärtige Trend, von allgemeinen (und knappen) Bildungsempfehlungen wieder zurück zu sehr konkreten und kleinteiligen Vorgabn zurück zu gehen. Offenbar traut man den Lehrpersonen wenig zu, mit Freiheit solide umzugehen.
[85] Interessenportfolio (vgl. Rachenbäumer 2009, S. 91)

stellt, um sich vertiefend ihren Interessen, einem Projekt oder/und neuen Lerndomänen zu widmen. Lehrpersonen sollten in diesem Zusammenhang unbedingt der Verlockung widerstehen, diese frei gewordene Zeit zu nutzen, den Heranwachsenden an Aufgaben zu setzen, mit denen „Schwachstellen" behoben werden sollen. Das ist a. nicht Sinn des Compactings und wird b. zweifelsfrei sehr schnell durch den Schüler selbst beendet werden.

Produktive Mischformen im Prozess der pädagogischen Praxis

Keines der Programme wird in der Lebenspraxis – absichtsvoll oder unwissentlich – isoliert angewandt. Vielmehr haben die vier Prinzipien alle einen hohen Kombinationsfaktor. Das eben beschriebene Compacting bringt - richtig verstanden – freie Zeit für Enrichment, also Vertiefung in ein interessantes Zusatzgebiet. Oder die „erarbeitete" Zeit steckt der Heranwachsende in Akzelerationsangebote, wie zum Beispiel in das Juniorstudium oder Lernentwicklungsblatt-Kurse (vgl. hier Trautmann 2015b, S. 19). Selbstverständlich gruppieren sich die SuS auch in diversen Enrichmentprozessen, etwa nach Sympathie, Arbeitsvorhaben, Präsentationsteam oder/und projektorientierter Interessenlage – partiell oder permanent?
Es kommt u.U. auch zu Compactingprozessen, wenn Kursleiter/in, Lehrperson oder SuS selbst bestimmte lernzieltaxonomische Elemente bewusst „über Bord" werfen um sich anderen vitalen Problemlagen zu widmen. Auch die Teilnahme an Enrichmentangeboten ist u.U. das Sprungbrett zu akzelerierenden Vorgängen, die gegebenenfalls später in einen Klassenstufensprung oder in einer Schnelllernerklasse „münden" können.
Alle Begabtenfördermaßnahmen sind grundsätzlich unverwechselbare Beiträge zur Herstellung, Erhaltung und Verbesserung von Lernkultur. Rolf Arnold hat sie, gemeinsam mit Ingeborg Schüßler, vor knapp zwanzig Jahren definiert als:

> (...) die Gesamtheit der Lern- und Entwicklungspotentiale, die über das Zusammenwirken der Mitglieder der Interaktions- und Kommunikationsprozessen auf unterrichtlicher, kollegialer und organisatorischer Ebene arrangiert werden. Lernkulturen sind somit in und durch Lehr-, Lern- sowie Kooperations- und Kommunikationsprozesse immer wieder aufs neue hergestellte Rahmungen, die ihren Gruppenmitgliedern spezifische Entwicklungsmöglichkeiten bieten, andere aber vorenthalten (Arnold/Schüßler 1998, S. 4).

Dieser alte, in den letzten Jahren sehr intensiv diskutierte Begriff der Lernkultur(en) stellt dabei eine Verbindung dar zwischen der im Individuum stattfindenden Tätigkeit und dem historisch gewachsenen und wandelbaren institutionalen Setting (Schule und/oder Unterricht und/oder Kurs), innerhalb dessen diese Tätigkeit stattfindet, und von dem sie inhaltlich beeinflusst wird (vgl. u.a. Kolbe et al 2008; Reh et al 2010, Altrichter/Posch 2016). Die

Grundfrage lautet also: Was kann Unterricht anbieten und was davon trifft auf die Dispositionen der Lerner, möglichst in den Zonen der nächsten Entwicklung (Wygotski 2002).

Institutionell finden sich produktive Melangierungen der Förderprinzipien Hochbegabter in praxi u.a.
- in der Pädagogik Maria Montessoris (vgl. Trautmann 2010 a, S. 255)
- bei Intensiv- und Spezialkursen
- in Arbeitsgemeinschaften und Leistungskursen
- bei der Einrichtung von Profil- und/oder Spezialklassen oder Spezialschulen
- bei der zeitweiligen Auflösung der Jahrgangsstruktur z.B. in der Projektarbeit
- im Juniorstudium oder/und universitären Vorkursen
- in Pull out Programmen

Gerhard Meyer-Willner (2001, S. 370) konstruierte ein Beispiel äußerer Differenzierung, welches für das Thema Hochbegabung durchaus relevant ist. Drei oder vier Klassen eines Jahrgangs werden zu einer Einheit zusammengefasst. In der heterogenen Phase werden die grundlegenden Lehrziele der Einheit (Fundamentum) in der Großgruppe oder im traditionellen Klassenverband vermittelt. Es folgt ein diagnostischer Test zur Bildung von drei relativ homogenen Lerngruppen, die miteinander arbeiten. Schüler, die alle Ziele erreicht haben, erlernen weitere Inhalte (Addita) in einem Zusatzkurs.
Auch flankierende Maßnahmen haben sich in diesem Zusammenhang bewährt. Die sinnvolle und sich ergänzende Wechsel*wirkung* von Lehrerinnen und fachlichen Koryphäen, die Beratertätigkeit von Experten wie auch der Einsatz Hochbegabter als kindliche Experten für Lerngruppen und speziell für Hochbegabung fortgebildete Lehrkräfte sind nur einige der Möglichkeiten. Grundsätzlich gilt, dass in den Institutionen für Bildung und Erziehung vier Essentials prinzipiellen Bestand haben müssen, um Förderung zu gewährleisten:
1. Immer wieder: Lehrpersonen, Eltern und Mitschüler müssen – entsprechend ihrem Entwicklungsstand – gegenüber der Hochbegabung sensibilisiert werden. Das Ziel ist ein grundsätzlich wertschätzender Umgang aller Subjekte miteinander.
2. Entwicklungsbesonderheiten besitzt jedes Kind. Es ist daher weder geboten, sie zu negieren, als auch sie exklusiv zu machen. Dies beinhaltet für Heranwachsende mindestens zwei wichtige Erkenntnisse – Einordnung in Gruppen und Exzellenzförderung im Besonderen.
3. Jede Beziehungsarbeit verläuft über Kommunikation. Im Problembereich Begabung haben wir es mit hoch sensiblen und feinfühligen

Parteien zu tun. Das kommunikative Repertoire ist unbedingt darauf auszurichten (vgl. Trautmann 1997; 2010).
4. Jede Hochbegabung stellt ein individuelles *Muster* der Persönlichkeit dar. Aktuell in Schulen existierende Kausalbeziehungen und hoch vernetzte Sozialstrukturen sind ebenfalls nicht in Schablonen zu pressen. Diese „unveränderliche Sicht" macht Kindern und Eltern den Umgang und Lehrpersonen die tägliche Arbeit schwer und interessant zugleich. Keinesfalls sollten kindliche Schicksale als „Fall" angesehen und schematisch „aus der Erfahrung her" behandelt werden.
5. Heterogenität als grundsätzliche Chance für neue Entwicklungsimpulse zu begreifen benötigt Respekt vor und Pflege von Verschiedenheit (vgl. Budde/Blasse/Bossen/Rißler 2015)

Exkurs: Frühe Signale

Viele Elternforen im Netz haben es sich zur Aufgabe gemacht, auf die ersten Signale von Kindern aufmerksam zu machen, die unter Umständen auf eine Hochbegabung hindeuten könnten. Es ist nicht Aufgabe dieses Bandes, diese Chatrooms zu bewerten. Tatsache ist, dass Kinder bereits früh Signale aussenden, die in ihrer Summe zumindest den Schluss zulassen, hier und da etwas genauer zu schauen und wenig(er) auf die allgemeinen Checklisten kindlichen Heranwachsens zu vertrauen. Man sollte sich jedoch hüten, grundsätzlich akzelerierend zu denken. Frühes Sprechen, rasches Laufenlernen oder zeitiges Interesse für Symbolsysteme können pars oder in summa Anzeichen für spezifische Besonderheiten im Heranwachsen sein. Sie müssen es aber nicht. Es gibt hinreichend Beispiele für „abweichendes" Verhalten, ohne dass die Forschung hinreichend belastbar Zusammenhänge zur Hochbegabung feststellen konnte. Dazu gehören geringes Schlafbedürfnis, hohe Bewegungsamplituden oder/und der Zeitpunkt der Aufnahme verbaler Kommunikation (vgl. u.a. Trautmann/Sallee/Buller 2011, S. 14 f.).
Eines aber ist unstrittig. Wenn „eine rasche und eigentümliche Informationsverarbeitung" als prominentes Merkmal von Hochbegabung gilt, ist diese bereits bei sehr jungen Kindern existent – es gilt sie jedoch zu erkennen.

Möglichkeiten der Frühförderung im Kindergarten

Es ist u.a ein Verdienst der Veröffentlichungen aus der Karg Stiftung, den Pädagogenbegriff so weit zu fassen, dass Kindergärtnerinnen, Erzieher und Kinderpflegerinnen einbezogen und aufgefordert sind, sich mit der Hochbegabung auf den frühen Stufen des Mensch-Seins auseinanderzusetzen. Das ist jedoch kein Selbstläufer. Derart junge Kinder – manche noch nicht in der

Lage, ihre eigene Koordination hinreichend zu steuern – sollen hoch begabt sein, also den Kern außergewöhnlicher Leistungsfähigkeit in sich tragen? Christine Koop konstatiert daraus resultierend eine allgemeine „Unsicherheit im Umgang mit der Thematik (vgl. Koop 2010, S. 13). Das mag tatsächlich eine Reihe von Ursachen haben. Immer noch spielt der Eliten-Gedanke im sensiblen Feld der Kleinkindpädagogik[86] einer Rolle. Auch greifen diagnostische Instrumente (noch) nicht hinreichend und letztlich kann eine frühe Etikettierung jeder Art – von lernbehindert über motorisch unsicher bis hochbegabt – auch rasch Stigmafunktion einnehmen. Das vorschulische Feld befindet sich offenkundig in einem Dilemma. Auch wenn permanent betont wird, dass Bildung vor der Geburt beginnt, hat erst das letzte Jahr im Kindergarten offenbar tatsächlich Schlüsselfunktion im Bewusstsein von Erzieherinnen und Eltern gleichermaßen, was die Transition in die Grundschule anbelangt. Dieses letzte Jahr muss damit inhaltlich, strukturell, organisatorisch und auf die Elternarbeit bezogen alles verdichten, was an Veränderungen antizipiert werden soll. Mitunter muten Hospitationen in den Einrichtungen an, als ob sich in dieser Zeitspanne bemüht wird, den Kindern alles Mögliche, viel Relevantes und manches nahezu anfangsunterrichtlich anzubieten. Welche Inhalte jedoch transportiert werden sollen ist eine Gleichung mit mehreren Unbekannten. Eltern reklamieren vorrangig kongitive Zuwächse. Phonologische Bewusstheit ist zweifellos eine wichtige Vorläuferkompetenz. Stefanie Greubel (2013) mahnt zudem Konzentrationsfähigkeit an. Wie aber steht es um das Vorab-Rechnen-und-Schreiben-üben? Dieses ist dann indifferent bis kontraproduktiv, wenn die Kinder z.B. nicht selbst ein hinreichendes Maß an Symbolverständnis mitbringen. Sauerhering (2013) möchte stattdessen ein grundlegendes Verständnis für Symbolsysteme und die Notwendigkeit eigenen Wissenserwerbs anbahnen, dem solche o.g. Vorläuferfähigkeiten untergeordnet werden müssen. Hinzu kommen soziale Kompetenzen wie Gruppenfähigkeit, die von Erzieherinnen und Grundschulpädagogen gleichermaßen als wichtig erachtet werden.
Die eben erwähnte Stefanie Greubel (2014, S. 124) resümiert in einem anderen Kontext, dass zunehmend unklar bleibt, welche tatsächlichen Fähigkeiten aus der Bandbreite an Entwicklungsbereichen Eltern und Erzie-

---

[86] Denken wir beispielsweise an den „Lebensborn", eine kriminelle Organisation, die in erster Linie den rassenpolitischen Wahnvorstellungen der Nazis diente, gegründet auf Veranlassung Heinrich Himmlers. Der "Lebensborn" sollte dafür sorgen, dass die deutschen Frauen dem "Führer" in ausreichender Zahl arischen Nachwuchs schenkten. Euthanasie und Geburtenpolitik waren im NS-Reich zwei Seiten ein und derselben Medaille. Mit dem "Lebensborn" hatte Himmler das Instrument geschaffen, um diese wirren Vorstellungen umzusetzen. Dem Ende 1935 gegründeten "Lebensborn" e.V." musste jeder SS-Führer als Mitglied angehören. Steuerzahler, Krankenkassen, das NS-Winterhilfswerk oder SS-Unternehmen finanzierten ihn (Näheres z.B. bei Volker Koop 2007).

herinnen in den Blick nehmen sollten und welche Fähigkeiten von den Lehrerinnen und Lehrern der Grundschule erwartet werden.

In dieser Melange kommen hoch begabte Kinder entweder relativ gut zurecht oder werden zunehmend problematisch. Sie agieren meist unauffällig, wenn sie mannigfaltige Möglichkeiten haben, innerhalb der vorschulischen Ökologie grenzenarm ihren Vorhaben nachzugehen bzw. interessante Angebote anzunehmen. Ein treffliches Beispiel gelingender Begabtenförderung im Kindergarten wird in Donata Elschenbroichs Film „Das Kind ist begabt" (Elschenbroich/Schweitzer 2007) gezeigt. Wenn Frühleser ein Reservoir an Büchern, Zeitschriften und Artikeln finden, mit denen sie umgehen können und Frührechner Sudoku, magische Quadrate oder Konstruktionskästen uneingeschränkt nutzen können, ist viel gewonnen. Werden solche Kinder auch noch eingesetzt, Listen zu schreiben, Rechnungen zu prüfen oder Kalkulationen anzustellen, kann dies das theoretisch angemahnte Verständnis für Symbolsysteme ebenso fördern, wie es die Kinder glücklich macht, von der Kraft der 5 oder der magischen Zahl 7 zu berichten. Vorlese-Ecken, gemeinsame Knobelrunden oder elementare philosophische Gespräche sind weitere überdenkenswerte Ansätze.

Die eben skizzierten Möglichkeitsdimensionen umfassen sowohl die Strukturqualität (Räumlichkeiten, Material wie eben beschrieben), als auch Prozess- und Orientierungsqualitäten (vgl. u.a. Tietze et al 1998). Die Orientierungsqualität ist z.B. unter anderem der im Kindergartenkollegium erarbeitete Begriff von Begabung ebenso wie das generelle Verständnis vom jungen „kleinen" Kind. Bereits diese beiden Spezifika lassen ahnen, welche unglaubliche Dimension sich für das einzelne Kind in seiner unverwechselbaren Hochbegabungskonstruktion darstellt. Wenn im erwachsenen Denken einem Vorschulkind elaborierte Schreibfähigkeit „nicht zukommt" oder die souveräne Rechenfähigkeit im Zahlenraum bis zu einer Million lediglich als das Werk „übereifriger Eltern" abgetan wird, erahnen wir die Nöte von Eltern, die täglichen Frustrationen ihrer Kinder so weit abzupuffern, dass diese am nächsten Tag wieder in die Einrichtung gehen (mögen).

Die Prozessqualität schließlich kann – hoch bereichsspezifisch oder generell domänenübergreifend eine ganze Reihe von Pufferfunktionen beinhalten. So ist eine individuelle Förderung von Literacy oder/und Numeracy eine ebenso wichtige wie herausfordernde Option für alle. Ähnlich sieht es mit musikalischen Angeboten oder Bewegungsmöglichkeiten, mit Diensten und Hilfen oder/und (bild)künstlerischen Perspektiven von Kreativität und Divergenz aus (vgl. hier Brümmer 2016, S. 110)

Spiel

Das Vorschulalter gilt allgemein als klassische Periode des Spiels. Es entsteht und „gewinnt nach und nach seine entfalteten Formen" (Elkonin 1980, S. 41). Nach Akzelerationsaspekten oder im Rahmen einer sozialen Betrachtung Hochbegabter muss sich zwangsläufig die Frage stellen: Spielen Hochbegabte wie andere Kinder auch? Zweifellos. Spielen sie anders? Dazu fehlen noch gesicherte Aussagen. Zumindest für das Bauspiel und bei Sechsjährigen haben Sonja Lee und Thomas Trautmann mit ihrer Forschungsgruppe festgestellt, dass bei 75 Prozent der beobachteten Bau-Aktionen keine Unterschiede feststellbar waren (Trautmann/Lee 2011, S. 148). Diese hochbegabten Kinder bauten genauso wie ihre durchschnittlich begabten Freunde und Freundinnen. Ein Unterschied war meist nicht auszumachen. Die verbleibenden 25 Prozent „anderen Bauens" jedoch waren so hervorstechend, dass diese der Erwähnung bedürfen. Die Spezifik des Bauens mit dem unspezifischen Material (Ankersteine) wirkte sowohl auf die Antizipation (Pläne-Schmieden), wie den Bauakt selbst (höher, umfänglicher, graziler) und schließlich das Ergebnis (kreative und ungewöhnliche Bauten) (vgl. Trautmann/Lee 2011, S. 150).

Hier seien lediglich einige Aspekte einer begabungsförderlichen Spielbegleitung angedeutet. Der wichtigste ist, das Kind mit anderen Kindern (oder eben allein) spielen zu lassen. Denn Spiel ist und bleibt zunächst die Sache des Kindes selbst. Aber gewünschtes Mitspiel kann divergentes Denken (Querdenken) beim Kind manifestieren. Die Rollenzuweisung im Puppenspiel mutwillig aufzubrechen kann ebenso ein Impuls sein wie die „Aufhebung" der Schwerkraft im Bauspiel (Stütztechniken, Römische Brücke). Auch die exakte Detailerfassung hochbegabter Spielerinnen und Spieler lässt sie beispielsweise bei Rollen- oder Sujetspielen bestimmte Abläufe reproduzieren. Diese Sicherheit im Wiedergeben versetzt sie eher in die Lage, Prozesse neu auszugestalten, kreativ zu erweitern oder mit einer Hülle aus Phantasie zu umgeben. Mitunter haben diese Kinder ganze Baupläne im Kopf – auch im übertragenen Sinne als Regieplan oder Drehbuch für eine Spielszene.

Gerade weil Kinder ihr Spiel ernsthaft und gefühlsbetont spielen, ist der pädagogische Wert für die Trias aus „Ich-Entwicklung", Übung (Körper, Sprache, Mimik, Gestik etc.) und Disziplin (vgl. Chateau 1976) eminent. Übung macht den Meister auch hier. Erfolg fokussiert eindeutig auf die Ich-Stärke. Auf der anderen Seite muss spielerischer Misserfolg real verarbeitet werden, was in jedem Fall Selbstdisziplin erfordert.

Im gemeinschaftlichen Spiel vereinigen sich die Ziele der Kinder – etwa bei einem allseits akzeptierten Vorhaben („Wir bauen das Brandenburger Tor"). Dabei werden mikroskopisch sowohl Zuneigung und Zusammenarbeit entstehen, als auch fruchtbare Konkurrenz und die bewusste Abgrenzung voneinander (vgl. Traut 2011, S. 110). (Nicht nur) Hochbegabte benötigen diese

Mixtur aus Zusammenarbeit und Rivalität. Von besonderem Interesse ist für diese Kinder aber die Möglichkeit, durch Spiel ungehemmt ihren eigenen Ideen nachspüren zu können, so abweichend sie vom allgemeinen Spielverständnis Erwachsener auch sind oder/und tatsächlich von Mitspielerinnen ad hoc verstanden werden.

Im Spiel verändern Kinder ihre Wirklichkeiten. Das eigene Da-Sein wird nach seinen Erlebnissen, Erfahrungen, Vorstellungen und Träumen neu kombiniert, geprüft und gewogen. Es entwickelt damit seine Fantasie weiter. Genau dies aber ist der Ansatz, über Grenzen hinaus zu denken und Neue Kombinationen zu (er)finden. Eine ganze Reihe von Ansätzen lassen sich im Kindergarten fortführen, sei es über Fantasiereisen, kinderliterarische Angebote oder elementare Ansätze des Nachdenkens über die Welt.

Letztlich sind hochbegabte Kinder nicht nur vollkommen in die Spiel-Gruppe integriert, sondern führten diese oft sogar klug. Dieser soziale Aspekt im Spiel ist deshalb wesentlich, weil sich damit eine ganze Reihe von Möglichkeiten der Selbstwahrnehmung und der frühen Konsolidierung des Selbst ergeben. Die dabei wirkenden kommunikativen Strukturen lassen die Variabilität von Intelligenzen deutlich werden. Der elaboriert argumentierende Spieler trifft auf den strukturell perfekt denkenden, aber schweigsamen Logiker, der fasziniert ist vom Raum erkundenden Kinästhetiker.

Was kommt der Kindergärtnerin[87] in diesen Prozessen zu? Friedrich Fröbel bringt es in seiner eigentümlichen Sprache auf den Punkt: „Genug lässt man dem Kinde die möglichste Freiheit der Darstellung; die Erfahrung geht nur deutend zur Seite." (vgl. Fröbel 1982, S. 88). In einem seiner Briefe an Gräfin Brunszvick stellt er zudem fest, dass „ ... die Menschenwelt schaffend sich [dem Kinde] darstelle und [es diese] schauend in sich aufnehme, aus der Einheit die Mannigfaltigkeit entwickle und für jede Mannigfaltigkeit die Einheit wieder finden lerne" (Fröbel 1944, S. 28). Fröbel verlangt von Müttern, Kinderpflegerinnen, Kindergärtnerinnen sowie Volks- und Landschullehrern das Kind in seinem Spielverhalten verstehen zu lernen, die Bedeutung des Spiels für seine Entwicklung zu erfahren und gemeinsam mit dem Kind sich auf sein Spiel einzulassen, jedoch unter Akzeptanz der sozialen Dimension: Das Kind spielt am liebsten mit anderen Kindern. „ ... des Kindes liebsten Spielgenosse ist ja wieder das sich ganz hingebende, eingehende Kind ..." (Fröbel 1982, S. 156).

---

[87] Der Autor benutzt bewusst den traditionellen Begriff weil er sich im gleichen Zusammenhang auf Friedrich Fröbel bezieht.

Angebote

Angebote[88] im Kindergarten sollen Kindern Lernanregungen geben und sie für unterschiedliche Bereiche der sie umgebenden Welt interessieren. Zu diesem Prozess des Kompetenzerwerbs sind für junge Kinder nach Rainer Jaszus et al. (2008) konkrete Handlungen nötig. Deshalb formuliert die Erzieherin Ziele für ihre geplanten Angebote und Aktivitäten, in welchen die erwünschten konkreten Handlungen sichtbar werden sollen. Mit der Umsetzung dieser Ziele wird somit gewährleistet, dass die Kompetenzen der Kinder erweitert werden. Hingegen vertritt Martin Textor (vgl. 2013) die Auffassung, dass Kinder die weitaus meisten Lernerfahrungen im Verlauf eines Projektes machen. Im Prozess findet die Erweiterung kognitiver, emotionaler, motorischer und sozialer Kompetenzen statt. Das Ergebnis eines Projekts ist eher zweitrangig - oder wie eine Erzieherin sagte: „Der Prozess der Entwicklung zur Ergebnis hin ist wichtiger als das Ergebnis selbst". Erzieherinnen müssen dabei nicht allwissend sein. Was sie jedoch professionell beherrschen müssen ist, einen Impuls in die Gruppe hinein zu bringen – ein neues Spiel, ein Quiz, einen Spaziergang, Bücher. Hochbegabte Kinder – wie andere Kinder auch – nehmen sich aus dem Angebot heraus, was sie benötigen. Bedarf es einer Anleitung, werden sich die meisten bemerkbar machen. Somit fällt der Erzieherin eine weitere Aufgabe zu: Sie ist im besten Falle eine kräftige Quelle von Herausforderungen und Geborgenheit zugleich. Das verlangt neben Flexibilität und Aufgeschlossenheit durchaus auch ein starkes Gemüt.

---

[88] Angebot ist ein eher unschärferer Begriff als der ebenfalls auf Friedrich Fröbel zurückgehende Terminus der „Beschäftigung". Offenbar konnte dieser tradierte Begriff 1990 nicht übernommen werden, da er im Kindergarten der DDR ideologisch belegt war. Dort wurde die Beschäftigung als "didaktisch-methodisch aufbereiteter, altersgemäßer Lehr- und Lernprozeß" (sic!) unter der "Führung der Kindergärtnerin" zur "Vermittlung und Aneignung von Wissen, Können und Verhalten" auf der Grundlage der jeweils gültigen Programme (vgl. PROGRAMM 1987, S. 51) gefasst. Das vorschulische Lernen in der Beschäftigung besaß eigene Sachgebiete (Bekanntmachen der Kinder mit der Natur, Kinderliteratur, Musik Bekanntmachen der Kinder mit der Gesellschaft usw.), die mit eigenen Strukturelementen verwoben sind. In praxi setzt dies einerseits ein umfangreiches Allgemeinwissen der Kindergärtnerin voraus, welches andererseits mit pädagogischem Geschick all jenes in kindgemäßer, interessanter und mit Tätigkeiten unterlegter Art und Weise umsetzen sollte. Die Beschäftigung war damit ein "Unterrichtsprozeß (sic!), ... in dem die Erzieherin systematisch geordnetes Wissen und Können nach didaktischen Gesichtspunkten vermittelt, das von den Kindern in einem organisierten Lernprozeß anzueignen ist" (vgl. Krecker 1986, S. 452). Auch Kritik wurde laut: Diese sich entwickelnden, fast unterrichtsmäßigen Beschäftigungen waren, so Lothar Klingberg, hochaufgelöste "künstliche Gebilde" (vgl. Klingberg 1987, S. 81). Aktuell wird der Beschäftigungsbegriff jedoch wieder zunehmend verwendet (vgl. Thiessen 2010).

Siraj-Blatchford und Moriarty (2010, S. 89) sehen in der Vermittlung stets eine angemessene Interaktion mit dem Lernenden unter Einbezug verschiedener Strategien, die das Lernen ermöglichen. Sie unterscheiden hier starke oder schwache Initiative der Kindergärtnerin.

Besonders bei hochbegabten Kindern ist von vorn herein ins Kalkül zu ziehen, dass sich diese bereits längere Zeit eigenaktiv um Kenntnisse und Zusammenhänge bemüht haben und somit kompetent in Management des eigenen Wissenserwerbs sind. Sie können selbst stark die Initiative ergreifen und wissbegierig forschen. Setzt die Kindergärtnerin hingegen eine ähnlich starken initiativen Impuls kann dieser freudvoll angenommen werden ... oder nicht (Trautmann/Sallee/Buller 2011, S. 25). Hier treffen tatsächliche Selbstbildungsprozesse (vgl. Schäfer 2011) und externe Anregungen (vgl. hier u.a. Fthenakis 2003, S. 22 f.) in einem Spannungsfeld aufeinander, welches für jedes Kind stetig neu bestimmt werden muss. Auch wenn über kindliches Wahlverhalten bei Lernkontexten im Vorschulalter noch kaum gesicherte empirische Daten vorliegen darf vorausgesetzt werden, dass sich die Jungen und Mädchen dort aufhalten, wo ihnen ein hohes Maß an Wohlbefinden zukommt.

Durch unterschiedliche frühpädagogische Ansätze, welche als Basis unterschiedliche Erziehungsphilosophien, Werte, Annahmen über das Lernen, die Entwicklungen von Kindern, Instruktionsstile und Curricula mit sich bringen, gibt es eine Reihe von Möglichkeiten, die spielorientiert sein können – es jedoch für hoch begabte Vorschulkinder nicht zwingend sein müssen. Eine Reihe von ihnen gibt sich mit großem intrinsischen Ernst, ergebnisorientiert und durchaus methodisch-selbstdidaktisierend ihrer Lernarbeit hin. Für den Kindgergarten machen Siraj-Blatchford und Moriarty (2010, S. 91 f.) einen interessanten Vorschlag für die Lern-Interaktionen im Angebot:

Strukturierter Ansatz: Der Erziehende steht im Zentrum und das Kind hat kaum Möglichkeiten zur eigenen Initiative. Hierbei spricht man von einer festen Struktur und die Ziele des Curriculums sind klar formuliert. Man sollte diesen Ansatz auch im Kontext hoch begabter Kinder nicht geringschätzen. Ein Großteil liebt Input, wenn er an der (zugegebener Maßen) hohen Schwelle (Zone) der nächsten Entwicklung (vgl. Wygotski 2002) andockt. Unter Umständen könnte ein solcher Diskurs von anderen Kindern abgelehnt werden. Holger Brandes merkt dazu an, dass sich für hoch begabte Kinder die Chancen, sich in Kleingruppen zu integrieren dann erhöhen, wenn sie die Möglichkeit haben, sich Kindern anzuschließen, die auf Grund von Begabung oder Alter ein ähnliches Entwicklungsniveau aufweisen (vgl. Brandes 2010, S. 149).

Offener Ansatz: Bei diesem Ansatz hat das Kind eine größere Wahlfreiheit zwischen unterschiedlichen Lernangeboten und wird vom Erziehenden unterstützt. Hierbei basieren die Vorgehensweisen, so wie die Angebote trotzdem auf vorstrukturierten pädagogischen Vorgaben und spezifischen curricularen Zielsetzungen. Hier zielt der Fokus eher auf das Zur-Verfügungstellen von Medien oder/und Materialien, nicht zu vergessen die adäquate Instruktion bzw. eine Prozessbegleitung.

Kindzentrierter Ansatz: Dieser Ansatz widmet sich allen Bedürfnissen des Kindes und der Erziehende gibt sich dem Kind in all seinen Interessen und Wünschen hin. Die Selbstständigkeit sowie Kreativität werden hierbei intensiv gefördert. Eine solche „Einzelbehandlung" kann sowohl sehr erwünscht, in gleichem Maße aber auch abgelehnt werden. Hier muss die Kindergärtnerin situativ empathisch agieren (hervorragendes Beispiel in Elschenbroich/Schweitzer 2007). Bereits junge Kinder oszillieren aber sehr genau aus, ob sie der Interaktion beitreten können. Bei offenen Gruppenräumen und verschiedenen Angeboten können sowohl Einzelinteraktionen als auch spontane bzw. geplante Gruppierungseffekte gut ermöglicht werden. Wenn Möglichkeiten hinzukommen, individuell Neues zu erkunden und interessanten Fragen nachzugehen (und damit u.U. andere zu interessieren) äquilibriert das Spannungsfeld produktiv – einer steckt die andere an. Erzieherinnen sollten solche primären Formen des Groupings gelassen und ermutigend begleiten, aber nie die Partner bestimmen wollen.
Kindergärtnerinnen sollten gelassen bei ihren begabten Kindern einige amplitudisch höhere Verhaltensweisen antizipieren, als es andere Heranwachsende praktizieren. Genannt seien u.a. die Intensität der Kommunikation (zwischen ununterbrochenem Redefluss und schweigsamer Grübelei), individuelle Sprach- und/oder Bewegungskonzepte (außerhalb oder innerhalb von Rollenmustern, wie Roboter etc.), ungewöhnliche Biorhythmen (Aktiva und Passiva, Wachheit, Müdigkeit, Länge der Belastungsphasen usw.), außergewöhnliche Wahrnehmungsleistungen, akute Entwicklungssprünge. Die einzelne Erzieherin muss konstatieren können, dass es zwischen Kindern unglaubliche Entwicklungsunterschiede nach „oben" und nach „unten" und dazu „seitwärts" gibt, dies mit dem Team kommunizieren und gemeinsam nach Entwicklungsansätzen suchen. Zuvor jedoch müssen alle (Leitung, Erzieherteam, Köchin Hausmeister) das Bewusstsein entwickelt haben, dass es *solche* Kinder nicht nur in Büchern, sondern realiter in der eigenen Einrichtung gibt. Sie müssen anerkennen, dass ein junges Kind in diesem Bereich und in jenem Feld ein umfänglicheres Wissen besitzt als viele Erwachsene bzw. sie selbst. Dafür jedoch sind Kindergärtnerinnen professionelle Pädagogen – ausgestattet mit didaktischen, diagnostischen und methodischen Kompetenzen. Ihr Job ist es, Entwicklungen sorgsam zu begleiten, zu diagnostizieren und prognostizieren zu können. So kann z.B. Dyskalkulie, beginnende Hyperaktivität oder soziale Isolation erfasst werden und einem Minderleister prä statu nascendi Hilfen zugedacht werden (vertiefend u.a. in Trautmann 2011, S. 24 ff.).

Frühes Schreiben und Lesen

Das frühe Interesse und die zeitig einsetzende intensive Beschäftigung mit Symbolen und Symbolsysteme ist eine belastbare Determinante von Hochbegabung (vgl. Trautmann 1999, S. 180). Das heißt aber auch: Nicht jedes hochbegabte Kind ist Frühleser und nicht alle Frühleser sind hoch begabt. Was aber sind Frühleser und -schreiber bzw. Frühreichner?
Renate Valtin hat in den neunziger Jahren des vorigen Jahrhunderts eine Stufenskala zum Schriftspracherwerb vorgelegt (vgl. Valtin 1993, S. 72). Frühleser tun nicht, „als ob" sie lesen würden, greifen nicht mechanistisch Schrift „ab" oder rekonstruieren „erratend" keine Gedächtnisinhalte. Diese Kinder agieren auf den Stufen 5 und 6 dieser Valtin-Skala. Sie lesen fortgeschritten unter Einbezug größerer Einheiten oder/und lesen mittels inzwischen automatisierter Worterkennung und Hypothesenbildung sinnerfassend. Gekoppelt ist dies meist mit dem Erfragen neuer – nunmehr erlesener – Inhalte. Im Gegensatz zu landläufigen Meinungen stellt Trautmann fest, dass die Eltern meist nichts von dieser Kompetenz ahnen oder sehr zurückhaltend damit umgehen (vgl. 1999, S. 190).
Frühschreiberkompetenz lässt sich ebenfalls in einer entsprechenden Stufenskala abbilden. Während die ersten Versuche „Kritzelphase" bzw. „Phase des Malens willkürlicher Buchstabenfolgen" genannt werden, befinden sich vorschulische Frühschreiber in den Kompetenzstufen der phonetischen Umschrift unter erster Verwendung orthographischer Muster bzw. der bereits entwickelten Rechtschreibfähigkeit (vgl. Valtin 1993, S. 72).
Generelle Voraussetzungen für den frühen Schriftspracherwerb sind kognitive Basisfunktionen, die individuelle Sprachentwicklung und als Medium aktiver Sprachumgang und naiver Erfahrungsgewinn mit bzw. an Schrift. Hier stehen wiederum individuelle Selbstbildungsprozesse (vgl. Schäfer 2011) im Raum, über die es noch keine empirischen Daten gibt.
Im Kingergarten sollten grundsätzliche Möglichkeiten des aktiven Umgangs mit Schrift, Sprache und Ziffern und korrespondierenden Symbolen bestehen. Allein das Zur-Verfügung-stellen von Schreibmaterial, Computerschreibprogrammen oder/und Wandzeitungen eröffnet jenen Kindern mit Interesse die Möglichkeit der Aktivität. Beobachtbare Fähigkeiten in lautanalytischen und lautsynthetischen Bereichen bei bestimmten Kindern können die Erzieherinnen anregen, Sprachspiele, Schnellsprechverse oder andere Angebote in die Gruppe zu tragen.
Alle Entwicklung wird durch mannigfaltige Um- und Irrwege begleitet. Erste (falsche) Symbolübungen der Kinder sollten daher nicht verbessert werden. Modelle, Schaubilder oder Tutorensysteme bewirken viel mehr, als es eine Berichtigung des spiegelverkehrten Buchstabenbildes je vermag[89].

---

[89] Für Interessierte:
http://www.talente-ooe.at/fileadmin/user.../Fruehleser_und_Fruehrechner.pdf

Vertiefende Fragen und Aufgaben:
- Entwickeln Sie aus der Lernzieltaxonomie von Benjamin Bloom eine Reihe von Ankerpunkten eines Compactingprozesses.
- Welche Form der Förderung ist aus Ihrer Sicht im gegenwärtigen förderalen Schulsystem in Deutschland am kompliziertesten zu realisieren? Begründen Sie dieses näher.
- Entdecken Sie elementare Elemente von Enrichment in ihrem eigenen differenzierten Unterricht. Notieren Sie diese über eine Woche und stellen Sie diese im Kollegium vor.
- Wägen Sie ab: können all diese Förderprinzipien nicht allen Kindern angeboten werden? Was spricht dafür, was dagegen? Und – welche institutionellen Hindernisse gälte es abzubauen?

Was Sie sonst noch lesen können:
- Schick, Hella (2012). Schulische Förderung intellektueller Hochbegabung. In: Fischer, C.; Fischer-Ontrup, C.; Käpnick, F.; Mönks, F.J.; Scheerer, H; Solzbacher, C. (Hrsg.). Individuelle Förderung multipler Begabungen. Allgemeine Forder- und Förderkonzepte (S. 337-350). Münster: Lit.
- Solzbacher, Claudia; Weigand, Gabriele; Schreiber, Petra (Hrsg.) (2015). Begabungsförderung kontrovers? Konzepte im Spiegel der Inklusion. Weinheim u. Basel: Beltz.
- Trautmann, Thomas (Hrsg.) (2015). Begabungsförderung am Gymnasium. Enrichment am Beispiel Lernentwicklungsblatt. Berlin: Logos (Individuum-Entwicklung- Institution Bd. 2)
- Neubauer, Aljoscha; Stern, Edith (2007). Lernen macht intelligent. Warum Begabung gefördert werden muss. München: DVA Verlag.
- Helmke, Andreas (2012). Unterrichtsqualität und Lehrerprofessionalität: Diagnose, Evaluation und Verbesserung des Unterrichts. 4. Aufl. Seelze: Klett-Kallmeyer
- Montessori, Maria (1966). Über die Bildung des Menschen. Freiburg: Herder
- Burow, Olaf Axel (2016). Unterricht als Kreatives Feld. In: Journal für LehrerInnenbildung Heft1, 2016. S. 49-54

http://www.forum.klugekinder.at › Allgemeines zu Hochbegabung › IQ-Tests

Schule und Hochbegabung

> «Ich selber», fuhr Fräulein Honig fort,
> «möchte euch soviel wie möglich beibringen,
> solange ihr in meiner Klasse seid.
> Ich weiß nämlich, dass das für euch
> die Dinge später leichter machen wird.
> Ich erwarte zum Beispiel,
> dass jeder bis zum Wochenende das
> Einmalzwei auswendig lernt.
> In einem Jahr könnt ihr dann hoffentlich
> das ganze Einmaleins bis zum Einmalzwölf.
> Wenn ihr das schafft, wird es euch ganz
> ungeheuer weiterbringen.
> Also, hat einer von euch zufällig
> schon das Einmalzwei gelernt?»
> Matilda meldete sich. Sie war die einzige.
>
> Roald Dahl (1997). Mathilda. Reinbek: Rowohlt

Ein Vorurteil in der Kennzeichnung Hochbegabter ist, dass diese sich permanent und selbständig aus den Umwelten holen, was sie für ihre aktuelle Entwicklung brauchen. Das kann sein, muss es jedoch nicht.
Allerdings ist die Institution Schule mit einer sehr eigenen Ökologie ausgestattet, bei der neben Freiheiten zur Inhaltsauswahl oder Offene Lernräume auch durch einengende Regeln, mangelnde unterrichtliche Freiheitsgrade und/oder asymmetrische Kommunikationsstrukturen Blockierungen oder Verwerfungen entstehen können. Eine solch falsche Atmosphäre, die auf Dauer keine förderliche Entwicklung zulässt, ist letztlich für alle fatal – nicht nur für Hochbegabte. Daher soll in den nächsten Abschnitten die Potenzen der Institution Schule zusammengestellt werden.

Schule als ökologisches System

Die Systemtheorie unterscheidet zwischen technischen, biologischen und sozialen Systemen. Soziale Systeme sind – ähnlich biologischer Systeme und im Gegensatz zu den meisten technischen Systemen – durch Rückkopplung und Entwicklung geprägt. Im Gegensatz zu ihnen machen sich jedoch darin Menschen Gedanken. Soziale Systeme müssen erstens einen inneren Sinn haben (Kommescher/Witschi vgl. 1992, S. 27 nennen es „Daseinsgrund"). Den hat Schule unbestritten – sowohl im gesellschaftlichen als auch im familial-persönlichen Kontext. *Zweitens* bedarf ein System bestimmter innerer Strukturen. Das können Aufbau- und Ablauforganisation sein aber auch Determinanden schulischer, außerschulischer, personaler, formaler und informeller Abläufe. Auch dies trifft für Schule unzweifelhaft zu – wenn auch in ganz und gar heterogener Ausprägung. Denn in die Schule kommen Kinder mit einer eigenen vorschulischen Ökologie, sie waren zu Hause oder im Kindergarten oder – wie in Hamburg – in einer Vorschule. Sie wohnen mit Mama oder Papa oder mit beiden zusammen (oder nicht), haben x Geschwister (oder nicht), sind mit ganz eigenen sozioökonomischen Verhältnissen ausgestattet usw. usf. (sehr gute Zusammenstellung bei Brommer 2016). Drittens schließlich bedarf das System relevanter Umwelten und Beziehungen zu diesen. Das betrifft die *Regeln sozial-ökologischer Systeme*. Derartige Regeln sind entweder offiziell oder inoffiziell (so genannte heimliche Lehrpläne vgl. u.a. Zinnecker 1975). Auf dieser Grundlage entstehen, im Sinne des Konstruktivismus, innerhalb des Systems gemeinsame Deutungen. Das kann ebenso eine Fachdiskussion sein wie das generelle Bewusstsein, was Lehrpersonen oder Schülerinnen und Schülern „in der Schule zukommt". In Modellen wie Schule besteht aber auch die Gefahr von Deutungskollisionen. So können sprachliche Disproportionen, Gruppendynamiken oder fehlende Lernanregungen das System ebenso stören wie die Verletzung hierarchischer Ordnung oder/und der Maskierungsprozesse (vgl. hier u.a. Jackson 1975).

Viertens ist jedes sozialökologische System permanent in Entwicklung begriffen. Entwicklung kann dabei sowohl Fortschritt und Stabilisierung aber auch Stagnation und auch Retardation bedeuten. Letztlich kann aber auch eine Grenze erreicht werden, ab der sich das System verändert oder gar auflöst. Das System von Schule als Teil gesamtgesellschaftlicher Prozesse ist – begründet durch seinen hohen institutionellen Anteil – relativ robust gegenüber raschen Veränderungen.

Teilkomponenten des ökologischen Systems „*Schule*" nötigen bereits einem Schulanfänger bestimmte Anforderungen auf, welche einen Schwellencharakter darstellen, den das Kind durch Entwicklungsaufgaben bewältigen kann (vgl. hier Trautmann/Brommer 2016, S. 71 f.). Innerhalb dieser Teilkomponente, müssen mindestens drei die Schule betreffende Aspekte beachtet werden, nämlich das „*Schulsystem als Ganzes*", die „*allgemeinen Anforderungen*" wie beispielsweise Lehrpläne und die „*speziellen Unterrichtsbedingungen*" einzelner Klassen.

Das „*Schulsystem*" in der Bundesrepublik, sieht zunächst – Berlin und Brandenburg einmal ausgenommen – eine vierjährige Grundschule für Kinder ab einem Alter von 5-7 Jahren vor. Hierbei können sich jedoch die individuellen Schulkonzepte einzelner Schulen bereits unterscheiden. So gibt es neben dem standardisierten Unterrichtskonzept, auch Jahrgangsklassen, Inklusions- oder Intergrationsklassen, sowie Konzepte der Waldorf-, Montessori- oder Jena-Plan-Schulen. Die Art des Schulsystems beeinflusst mit seiner Anforderung die Höhe der Anforderungsschwellen für Kinder und beeinflusst somit den biografischen Schulstart wesentlich. Entgegengesetzt an dieser Stelle anzuführen ist aber auch, dass nicht nur das Schulsystem selbst für die Höhe der Anforderungsschwelle verantwortlich sein kann, sondern akute Verschlechterungen der Lernumwelten oder Entwicklungsbedingungen von Kindern ebenfalls als ökologisch bedeutsame Einflussfaktoren in Betracht gezogen werden müssen.

Der zweite Aspekt, die so genannten *„allgemeinen schulischen Anforderungen"*, hat ebenfalls Einfluss auf die Höhe der Anforderungsschwellen. Sie sind z.B. in Form von Lehrplänen, und offiziellen Richtlinien festgehalten. Diese beinhalten wiederum direkt und indirekt bestimmte Lernziele, Stoffpläne, Unterrichtsgestaltungen und Leistungsbeurteilungen (vgl. hier beispielhaft Nickel/Schmidt-Denter 1991, S.215). Jene können von Bundesland zu Bundesland unterschiedlich ausgeprägt sein und sogar – in den Modalitäten der Ausdeutung und Umsetzung – von Schule zu Schule variieren. Am unverwechselbarsten (und damit am einflussreichsten sind jedoch die *„speziellen Unterrichtsbedingungen"* welche innerhalb des Schulsystems auf Basis der allgemeinen schulischen Anforderungen durch die einzelne Lehrkraft umgesetzt werden. Lehrkräfte sollten hinsichtlich der Unterrichtsebene dafür sorgen, dass den heterogenen Voraussetzungen innerhalb einer Klasse, einer Lerngruppe etc. Lernanschlussmöglichkeiten in Form von Erfahrung-, Festigungs- und Übungsfeldern gegeben wird. Erfolgversprechend ist zudem eine positive Atmosphäre, welche durch grundsätzlich positive Lehrer-Schüler- sowie Schüler-Schüler-Beziehungen geprägt ist. Solche Unterrichtsbedingungen nehmen dann vor allem Einfluss auf die Leistungsbereitschaft, die Lernfreude und den Lernerfolg der Schülerinnen und Schüler.

Bezüglich des Eintritts hochbegabter Kinder in das ökologische System Schule ist in manchen Fällen eine (schul-)psychologische Überprüfung der individuellen Begabung zu empfehlen, Manchmal, so mahnen Heinz Holling et al. ist sie auch unerlässlich, zum Beispiel bei:

- einschneidenden organisatorischen Maßnahmen wie beim Überspringen, einem Schulwechsel, der Wahl einer weiterführenden Schule, wenn noch Zweifel an der Ausprägung der Begabung bestehen;
- einem unsicheren Urteil von Lehrpersonen, divergenten Einschätzungen zwischen Elternhaus und Schule, gipfelnd in dem Wunsch, dem Kind gerecht zu werden;
- deutlich abweichender Einschätzung durch verschiedene Lehrkräfte;
- Leistungsschwäche oder -versagen, bei Motivations- oder Verhaltensproblemen, die überraschen, weil sie sich nicht in den Gesamteindruck des Kindes einfügen;
- stark angepassten Schülerinnen und Schülern, die sich sehr zurückhalten (dies ist insbesondere bei Mädchen häufiger der Fall) (vgl. hier Holling/Preckel et al 2015, S. 113).

Begabungsfördernde Institution Schule?

Wozu ist Schule da? Neben vielen Aufgaben hat Unterricht – und zwar qualitativ bester, quantitativ hinreichender sowie didaktisch konturierter – das Primat. Wie „guter Unterricht" auszusehen hat, wissen wir aus einer ganzen Reihe von Untersuchungen[90].
Individuell unterschiedliche Begabungsvoraussetzungen und Lernbedürfnisse erfordern grundsätzlich differenzierte schulische Curricula und Instruktionsstrategien. Dieses Postulat, so argumentiert Kurt A. Heller (2002), basiert auf der theoretischen Annahme, dass zwischen den kognitiven Lernvoraussetzungen (aptitudes) der Schülerpersönlichkeit einerseits und der sozialen Lernumwelt der Schule bzw. der Unterrichtsmethode (treatment) andererseits spezifische Wechselwirkungen bestehen (Aptitude-Treatment-Interaction Modell). Das bedeutet, nicht alle Unterrichtsmethoden und didaktischen Konzepte sind gleichermaßen für alle Schüler geeignet.
Olaf Steenbuck (2009, S. 220) verlangt bei der Konstruktion von Lehr-Lern-Konzepten „für alle" von Lehrpersonen zusätzlich eine Ebene didaktischer Reflexion und Konstruktion, die der Manifestation der allgemeinen Gütekriterien von Unterricht noch zugrunde liegt. Korrespondierende Fragestellungen wären hier u.a.: Welche handlungs- bzw. interaktionstheoretischen Zusammenhänge, die hier im Detail eine Rolle spielen und unterrichtliche Interaktionen produktiv machen, existieren überhaupt? Gibt es spezielle Kommunikationsprozesse, welche Rolle(n) spielen Raum, Zeit und Medien? Wie ist das Verhältnis von „Grundlegender Bildung" (in der Grundschule) und „Bildung in toto"? Eine durchaus hilfreiche Begriffsbestimmung „Grundlegender Bildung", bezeichnet diese allgemein als den Anfang der Allgemeinbildung. Damit dürfte bereits ersichtlich werden, dass die Bildungsprozesse in der Grundschule in der Kontinuität des Allgemeinbildungsauftrags der Sekundarstufen stehen. Die Anschlussfähigkeit der Grundschulbildung an die weiteren Schulstufen soll gewährleistet sein, oder wie Gudjons es ausdrückt: Die Grundschule muss mit „gravierenden Widersprüchen ihres Selbstverständnisses und ihrer gesellschaftlichen Funktion fertig werden: Sie steht nämlich in dem Konflikt, einerseits allen Kindern Lebens- und Erfahrungsraum zu sein und andererseits zugleich besondere Kinder für das Gymnasium auszulesen und auf dessen besondere Anforderungen vorzubereiten" (Gudjons, 2008, S. 282). Im Mittelpunkt dieser mehrdimensionalen Prozesse agiert die Lehrperson. Daraus folgt eine Reihe von Aufgabenfeldern für begabungsfördernde Schulentwicklung insgesamt und speziell für professionell agierende Lehrpersonen

---

[90] Für Interessierte u.a. Brophy 1986, Meyer 2004, Helmke 2012, für begabungsfördernden Mathematikunterricht der Grundschule Werner 2013, für ästhetisch-divergente Aspekte von Grundschulunterricht z.B. Brümmer/Trautmann 2016)

- Vordringliche Aufgabe der Lehrpersonen muss es sein, die individuellen Begabungen der Schülerinnen und Schüler wahrzunehmen, anzuerkennen, zu deuten und im eigenen Unterricht ebenso individuell zu fördern. Ihr fachliches Know-how und eine zunehmende didaktisch-methodische Meisterschaft können Ansätze zu Fördermaßnahmen (Enrichment, Compacting und/oder der Mut zur Akzeleration) erbringen.
- Der permanente Austausch innerhalb des Kollegiums über die gemeinsamen Vorstellungen von Merkmalen (Hoch-)Begabter in der eigenen Einrichtung (!) – inklusive eines vom Kollegium getragenen Hochbegabungsbegriffs – kann solide zu einer verlässlichen Identifizierung beitragen.
- Das Kollegium muss für sich selbst klären, dass Schülerinnen und Schüler über höchst individuelle Begabungsstrukturen verfügen, die nicht, nur zum Teil, interessen- bzw. fachspezifisch, partiell-modal, domänengeleitet oder in ganzer Breite unterrichtliche Performanzqualität entwickeln. Letzteres ist allerdings eher die Ausnahme als die Regel.
- Förderung von unterrichtlichem Enrichment als Anreicherung hat viele Facetten (Wahlpflichtkurse, außerschulische Lernangebote, Arbeitsgemeinschaften und Projektwochen) und kann mit Elementen der Akzeleration gekoppelt werden (Klassenstufensprünge, zeitweiliges Aufrücken in höhere Klassenstufen, Juniorstudium, Einrichtung von D-Zug-Klassen usw.).
- Ein Mittel, um Schulentwicklung hinsichtlich Begabtenförderung voranzutreiben ist die Nutzung von Compacting. Effekte sind sowohl notweniger intensiver Austausch zwischen Lehrenden und Lernern, als auch ein verbindlicher Lernvertrag und die fortlaufende formative Evaluation[91] (vgl. hier Hattie 2013, S. 215) des Prozesses bzw. der Ergebnisse.
- Ein fundiertes theoretisches, didaktisches und methodisches Wissen über die Grundbegriffe, Modelle von Hochbegabung sowie ihrer Identifikationsformen und Fördermaßnahmen scheint zwingend notwendig für den Umgang mit begabten Heranwachsenden.
- Die Ausdifferenzierung der Begriffe Begabung, Talent, (multiple) Intelligenz(en), Begabung, Hochbegabung inklusive ihrer Merkmalsnennung und den korrespondierenden Methoden sollte grundsätzlich im schulinternen Methodencurriculum fixiert werden.
- Das Finden und Vorstellen angemessener individueller Förderansätze sollte nicht nur auf die einzelne Schule beschränkt bleiben sondern öffentlich und diskursiv erfolgen.

---

[91] Dieses Vorgehen erbringt hohe Lerneffektstärken (vgl. Hattie 2013, S. 215).

- Julia Römers (vgl. 2014) brisante Studie zeigt ein grundsätzliches Verständnis von Begabung bei gymnasialen Lehrpersonen. Jedoch werden (schwerer zu erkennende) Persönlichkeits- oder/und Verhaltensmerkmale (Prädikatoren, Moderatoren) wie beispielsweise Motivlagen, Stressbewältigung, aktuelle oder bereits habitualisierte Lern- und Arbeitsstrategien, (Prüfungs-)Angst oder divergente Kontrollüberzeugungen nicht als für Begabung relevant gekennzeichnet.
- Wilfried Manke (2013, S. 207) sieht die grundsätzliche Verantwortung für Begabungsentfaltung bei den Lehrpersonen „Die begabungs- und talentfördernde Schule braucht zu allererst begabungs- und talentfördernde Lehrkräfte." (vertiefend siehe auch Römer/Trautmann 2015, S. 259).

Eine begabungsfördernde Schule macht letztlich auch schlau, wenn auch nicht immer und nicht unter allen Umständen. Entscheidend ist stets die Qualität der unterrichtlichen Förder-Angebote. Dies fällt unter den Verantwortungsbereich der Lehrperson im Rahmen der schulischen Gesamtökologie. Aljoscha Neubauer und Elsbeth Stern berichten, dass die Quantität und Qualität des Schulbesuchs bei den nicht-geteilten Einflüssen eine große Rolle spielen. Wer länger (und mit weniger Unterbrechungen) in die Schule geht und dort Unterricht höherer Qualität erhält, dessen Intelligenz wird besser gefördert. Ein genetischer Einfluss von 50% würde für die Umwelteinflüsse sogar so viel Spielraum zulassen, dass der IQ – ausgehend von einem genetischen IQ – im Bereich von +/- 21 Punkten variieren könnte. So würde ein Kind mit einem (hypothetisch angenommenen), genetischen IQ' von 115 bei sehr schlechter Förderung vielleicht nur einen IQ von ca. 95, bei optimaler Förderung aber einen von 135 erzielen (vgl. Neubauer/Stern, 2007).

Was resultiert daraus für die Begabungsförderung in der Schule? Zwei Postulate werden aktuell dazu diskutiert. Es gilt, bei der Zielgruppe primär *die individuellen Lernbedürfnisse zu finden und zu bedienen und zweitens effektive Lernumwelten bereit zu stellen.* Das hohe Lerntempo begabter Kinder fordert permanent eine kompakte und gleichzeitig reichhaltige Unterrichtsplanung, um dem zum Teil deutlich über den Unterricht hinausreichendes Vorwissen Hochbegabter hohe fachliche Kompetenz zuzumuten. Gleichzeitig geht es um die Gewährleistung aktiver Auseinandersetzung mit den Inhalten und Methoden selbstständigen Wissenserwerbs. Problematisch ist und bleibt daher der Begriff der Wissensvermittlung, die viele Lehrerinnen und Lehrer in der Schule (noch) für sich selbst reklamieren. Verkündigungsszenarien und schülerseitig hoch rezeptive Arbeitsphasen sind ähnlich problematisch wie Lehrerinnen-Lehrer-Selbstbilder als „vielwissende Person", der eine Gruppe naiver Heranwachsender gegenübersitzt, die dem Pädagogen am Munde hängt. Wissensvermittlung muss daher (nicht nur) in der Interaktion mit Hochbegabten wesentlich weiter gefasst werden. John Hattie 2013,

S. 2) versteht darunter u.a. einen langsamen, schritt- und stoßweisen Prozess, in denen Lernende den Stoff, die intendierten Fähigkeiten und Fertigkeiten interpretieren, aufgreifen, drehen und wenden und mit ihren biografischen Erfahrungen in Bezug setzen. Ernst Hany (2002, S. 3) versteht darunter auch: Zweifel nähren, Fragen stellen lernen, über Methoden reflektieren, die Grenzen des Wissens ertasten, über Werte und Ziele diskutieren. So entsteht Bildung, und wie könnte man sie besser erwerben, als in der kooperativen Problemlösung mit einer begeisterten Lehrerin, einem begeisterten Lehrer? Der Autor betont aber auch, dass begabte Schülerinnen und Schüler nicht immer so lernwillig und angepasst sind, wie man sie in Jahresberichten von Schulen und auf Wettbewerben präsentiert. Sie können ungemein kritisch sein, wenn Lehrkräfte und Schule sie nicht ernst nehmen und ihnen zu wenig bieten.

Lehrer von Spezialklassen ächzen oft unter der Last an zusätzlicher Unterrichtsvorbereitung, die ihre wissenshungrigen Schüler ihnen abverlangen. Begabte Schüler schwanken immer wieder zwischen Leistungsstolz und Versagensängsten und leiden unter der Konkurrenz und Isolation, die sie selbst immer wieder brauchen. Sie sind oft ausgeprägte Persönlichkeiten mit Ecken und Kanten, deren Kreativität ihnen nicht zu viel Anpassung erlaubt. Seien wir ehrlich: Nicht alle Lehrkräfte kommen mit ihnen zurecht, und nur wenige tragen wirklich zu ihrer Förderung bei. Aber nichts wäre fragwürdiger als ausgebildete Lehrkräfte ersetzen zu wollen durch Laien, und seien sie aufgrund eigener Passion als „verkannte Wunderkinder" noch so mitfühlend. Wir brauchen auch keine neue Schule. Denn Begabungsförderung gehört zum Wesen von Schule schlechthin. Versteht man unter Begabung die individuelle Fähigkeit und Bereitschaft zur Leistung, so bedeutet Begabungsförderung in erster Linie die Anregung von Denkprozessen, die Bereitstellung von Wissen, die Stimulierung von Lernfreude und die Anerkennung von Leistung. (Hany 2002, S. 3)

Andere, damit im Zusammenhang stehende Aspekte können wie folgt skizziert werden:

- Eine Identifizierung von Begabungen erfolgt unterrichtsbegleitend innerhalb der existierenden Lernangebote und im Prozess des Lernens selbst.
- In den Identifikationsprozess fließen mannigfaltige Kriterien ein (u.a. bisher genutzte Lernangebote, bisherige Entfaltungsmöglichkeiten, Erträge aus Kursen und AG's, das Votum unterschiedlicher Fachlehrer und des Schulpsychologen).
- Die individuellen Begabungsmerkmale und die Angebotskriterien werden in allen Maßnahmen fortlaufend auf ihre Gültigkeit überprüft und entsprechend angepasst (u.a. durch Lernentwicklungsblätter, Talentportfolios). Die Leistungsanforderungen steigen mit jedem höheren Kursangebot. Einflüsse auf das Lernen durch kulturell-

anthropologische Gegebenheiten, sowie Geschlechter- und Altersunterschiede werden berücksichtigt.
- Die Befähigung und Beurteilung eines Schülers sollte stets durch ein umfängliches Diagnoseprofil (z.B. MeDiFa), nicht durch ein einzelnes Testergebnis (IQ oder Note) erfolgen (vgl. Trautmann/Schmidt/Bichtemann 2009, S. 301).
- Der Schüler wird in den erzieherischen Entscheidungsprozess einbezogen, insbesondere da er Subjekt seiner persönlichen Entwicklung und seines Leben ist.
- Aus inklusiver Sicht kann die Identifikation von Begabungen auch zwischen Schularten und -stufen stattfinden (vgl. Rastede/Calvert/Schreiber 2015, S. 191)

Die Auffassungen & Wünsche der Lehrerinnen

> Wer alles erklärt
> ist ein schlechter Lehrer
> Sprichwort

Erinnern wir uns noch einmal an Leonard Lucitos Definition von Hochbegabten: Hochbegabt sind danach jene Schüler, deren potentielle intellektuelle Fähigkeiten sowohl im produktiven als auch im kritisch bewertenden Denken ein derartig hohes Niveau haben, dass begründet zu vermuten ist, dass sie diejenigen sind, die in der Zukunft Probleme lösen, Innovationen einführen und die Kultur kritisch bewerten, wenn sie adäquate Bedingungen der Erziehung erhalten (Lucito 1964, S. 184). Diese Bestimmung ist für den Schulalltag recht unscharf. Wer indiziert eigentlich das hohe Niveau – jede Lehrperson für sich oder die Gesamtlehrerkonferenz? Ist diese Vermutung diagnostischer oder zufälliger Natur? Ist also die diagnostisch erfahrene Kollegin im Vorteil? Und am Wesentlichsten: Was geschieht, wenn die Potenz nicht als Performanz „ans Licht" kommt? Und warum kommt sie nicht zutage? Liegt es – ökosystemisch betrachtet – an meinem Lehrangebot, an den Medien, der Klasse (big-fish-little-pond-Effekt[92]), der (u.U. fehlenden) Eigenmotivation, den gewählten Schwerpunkten, dem vorhandenen didaktischen Instrumentarium oder letztlich an der Schule „per se"?
Erfreulicher Weise hat Lucito seinen Ansatz hinsichtlich der Denkoperationen selbst konkretisiert. Diese fünf Ansätze entsprechen den Wünschen der

---

[92] Der big-fish-little-pond-Effekt (Großer-Fisch-kleiner-Teich-Effekt) ist ein Resultat der Selbstkonzeptforschung. Er beschreibt das Absinken des Fähigkeitsselbstkonzeptes eines definierten Individuums in einer Gruppe von Individuen mit allesamt höheren Fähigkeiten. Auch der Umkehreffekt ist nachweisbar und wesentlich z.B. für Hochbegabte. Stets der Beste zu sein kann – etwa nach Schul- oder Klassenwechsel – rasch den Effekt haben, sich am Ende der Leistungsskala zu befinden.

Lehrpersonen. Gleichzeitig sind sie die Quelle von Irritation (u.a. weil die Ausführung divergent, ohne Maß und Form oder auf anderen Interessenfeldern stattfindet):

1. **Erkenntnis bzw. Kognition** – Damit ist u.a. gemeint, Probleme zu entdecken bzw. wiederzuentdecken, Aufgabenstellungen zu verstehen und (Lern)Impulse aufzunehmen. Bei Fortbildungen bejahen nahezu 100 Prozent der Lehrpersonen diese Denkoperationen der SUS als gewünscht oder sehr gewünscht (vgl. Römer 2015, S. 166).

2. **Gedächtnis** (Behalten des Erkannten, Abrufbarkeit). Hohe Gedächtnisleistungen werden von Lehrerseite her stets gewünscht. Sie sind aber nicht automatisiert. Das bedeutet, die SuS reagieren sozusagen nie direkt auf das Stichwort oder antizipieren, was die Lehrperson aktuell hören möchte (um Bestätigung für das „Durchgenommen-haben" zu erhalten oder um den Fortgang des Erkenntnisprozesses zu kontrollieren). Gleichzeitig ist eine hohe Gedächtnisleistung dann kontraproduktiv, wenn sich Lehrpersonen widersprechen oder ein hochbegabter Schüler andere, u.U. divergente Informationen deklariert.

3. **divergente Produktion und/oder divergentes Denken** – Hochbegabte (aber nicht nur jene) mögen möglichst vielfältige, verschiedene, auch „quer gedachte" Antworten. Manche Lehrer auch. Die Einschränkung ist tatsächlich evident. Denn quer gedachte Argumente machen zwar die Sachlage spannend. Schulischer Unterricht aber folgt einem Zeitrahmen und ist strukturiert (zumindest sollte er es sein). Beides behindert sich jedoch. Ich halte es für einen Fehler, Hartmut Hentigs Mahnung – Zeit in Schule zu verlieren, heißt Zeit zu gewinnen – zyklisch der Überfrachtung von Unterricht zu opfern (vgl. 2009, S. 50). Letztlich wissen auch Schülerinnen und Schüler dass ihre Produkte von Lehrpersonen niemals objektiv zur Kenntnis genommen (und bewertet) werden. Kreative Lösungen zu fordern und diese später auf Grund ihrer Ungewöhnlichkeit zu kritisieren (bzw. sie dem Gespött der Klasse preiszugeben) machen hoch Begabte nur einmal mit[93].

4. **konvergente Produktion und/oder konvergentes Denken** – Die Entäußerung solcherart richtiger, konventioneller, eindeutiger Antworten ist meist synchron mit der Planung des Unterrichtsverlaufs und daher sehr gewünscht. Kollisionen ergeben sich a. aus der akzelerierten konvergenten Antwort, wenn etwa am Stundenanfang der (erst kollektiv zu erarbeitende) Stundenertrag „verraten" wird, b. kann sich durch die konvergente (aber nicht geforderte) Reaktion auf eine rhetorisch gemeinte (aber vom Schüler nicht als

---

[93] Es gibt auch Begabungsausprägungen, die gar nicht anders können als ihre ungewöhnliche Lösung zu fertigen – teils mit fatalen Folgen für die Bildungsbiografie.

solche erkannte) Eingangsfrage unerwünschter Erkenntnisfortschritt ergeben.

5. **Bewertung** – John Hattie (2013, S. 206) ermittelt gegenüber dem Feedback eine hohe erwünschte Wirkung auf/für Lerneffekte. Entscheidet sich die Lehrperson nach bestimmten Kriterien zu bewerten (und macht sie diese auch vorher den SuS bekannt) wird kaum ein Heranwachsender davon nicht profitieren. Werden zudem Entscheidungen (etwa im Klassenrat) demokratisch getroffen bzw. kompetente Urteile über Güte, Richtigkeit oder Geeignetheit gefällt und hinreichend wertschätzend übermittelt, ist das hoch entwicklungsfördern. Wenn dazu die Lehrperson auch noch klar kommuniziert, so ist dieser hoch erwünschte Lerneffekt ($d = .75$) eine gute Kopplung zum Inhalt (Hattie 2013, S: 150).

Diese Denkoperationen und -effekte aus der Handlungs- und Produktionsorientierung von Unterricht können Lehrpersonen jeden Tag und in fast allen Stoffeinheiten bemerken. Beides: Erkenntnis und Gedächtnis sind dabei wesentliche Voraussetzungen für die beiden Arten der Produktion von Ideen bzw. Handlungen und für die Bewertung von Denkoperationen anderer (etwa durch Kommunikation, Diskurs etc.).

Annette Heinbokel (2002, S. 11 f.) hat vor knapp 15 Jahren in einer Stichprobe weitere Wünsche und Forderungen von Lehrerinnen und Lehrern im Hinblick auf das Problemfeld Hochbegabung ermittelt. Einiges ist hier produktiv in Bewegung geraten. Ernüchtert muss jedoch auch festgestellt werden, dass manche immer noch Aktualität besitzen – trotz der umfänglichen Aktivitäten von Ministerien und Einrichtungen der Lehrerfortbildung[94].

- Fortbildung: Es fehlt (immer noch) Basiswissen. Die vielfältigen Bezüge der Ausprägung von individueller Hochbegabung und (Minder-) Leistung sind nicht bekannt. Hier scheinen sich das eigene biografisch-didaktische Weltbild der Lehrperson und die Tatsache, dass Begabungen auch „schulinkompatibel" sein können, erkenntnishemmend auszuwirken.
- Informationsfluss: Dieser ist unerlässlich, um bei Betroffenen, in den Lebenswelten und der Öffentlichkeit Verständnis, Akzeptanz und Sensibilisierung zu schaffen bzw. zu erhöhen. Eine spannungsarme Kommunikation, etwa mit Eltern, ist dafür Voraussetzung.
- Spezielle Beratungslehrer/innen: Gewünscht werden permanent eingesetzte, klare und kompetente Ansprechpartner/innen. Zunehmend

---

[94] Das mag von Bundesland zu Bundesland variieren. Der Autor ist bei der Recherche zu diesem Buch jedoch immer wieder auf jene Aspekte gestoßen, die – selbst im Anschluss an Fachtagungen, Fortbildungen und Workshops – von kompetenten Lehrpersonen geäußert und evaluiert wurden. Sie wurden daher an dieser Stelle erweitert.

scheinen informierte Kolleginnen im Sinne wissender Multiplikatorinnen verfügbar.
- Begabungsverständnis: Gewünscht wird ein permanenter Fortbildungsstrang zum Thema, der final in einem – ins Leitbild der Schule oder ins schulinterne Curriculum fixierten – konsensfähigen Begabungsverständnis mündet (vgl. Römer 2015)
- Identifikation und Diagnose. Hier wird eine grundsätzliche und umfassende Kenntniserweiterung gewünscht, die sowohl den Prozess als auch die Instrumente einbezieht. In der Lehrerausbildung sind solche Modulstrukturen noch nicht Standard[95].
- Angeregt werden Netzwerke zwischen Lehrerinnen, Eltern, Psychologen und vor allem den unterschiedlichen Schulformen. Hier sind eine Reihe von Bundesländern auf gutem Weg[96].
- Geworben wird um Verständnis, Akzeptanz und Sensibilisierung gegenüber der Zielgruppe. Im Prozess der Inklusion wird diese Pädagogik der Achtsamkeit zweifellos fortschreiten (vgl. Iwers-Stelljes 2008).
- Gefordert werden Stundenentlastungen und Zusatzstunden im Prozess der differenzierten Arbeit mit Hochbegabten.

Thomas Trautmann (2010, S. 114 f.) sieht im Wunsch vieler Lehrerinnen nach einer veränderten Kommunikation ebenfalls Ansätze für eine veränderte Begabtenarbeit. Diese betrifft sowohl den Unterricht als auch den Kontakt zur Elternschaft. Das macht es notwendig, die Erwartungen von Eltern – als ebenfalls sehr heterogener Gruppe – kurz ins Auge zu fassen.

Die Erwartungen der Eltern[97]

Wer eines Beweises bedarf, dass der elterliche Einfluss auf den Schulbesuch, ja die ganze Bildungsbiografie hoch ist, der lese Biografien oder halte sich an empirische Daten. John Hattie misst nach der Untersuchung von 716 Studien (11 Metaanalysen) der Elternunterstützung beim Lernen hohe erwünschte Effektstärken zu (d = .51) (vgl. Hattie 2013, S. 82).

---

[95] Diagnostik ist m.E. ein unverzichtbarer Bestandteil einer profunden Lehrerausbildung. Gegenwärtig wird eine systematische Diagnostikausbildung jedoch lediglich im Lehramt Sonderschule verfolgt.
[96] Für Interessierte z.B.: http://li.hamburg.de/schulberatung-netzwerke/2858648/artikel-schulnetzwerke/
http://li.hamburg.de/beratung/2858776/schulberatung/
[97] Als ich (TT) 2001 nach Hamburg berufen wurde, hatte ein wohlmeinender Kollege beiläufig einen Ratschlag zur Hand: »In Hamburg sollte man es sich als Lehrperson, Funktionär oder Bildungspolitiker nie mit den Eltern verderben.« Die Erfahrung der Richtigkeit dieser Einschätzung mussten seitdem in der Tat mehrere Schulsenator/innen leidvoll machen.

Selbstverständlich sind die Motivlagen elterlichen Interesses ähnlich heterogen wie die Elternschaft selbst. So berichten Preckel/Stumpf/Schneider (2015, S. 115) über elterliche Erwartungen an die Beschulung ihrer (begabten) Kinder. Im Vordergrund standen dabei die begabungsbezogene Förderung und die soziale Integration des Kindes. Viele Eltern waren mit der schulischen Situation ihres Kindes zufrieden.

Offenbar ist das Verhältnis von Elternhaus und Schule inzwischen besser als sein Ruf. Grund dafür mag einerseits die gute Arbeit vieler Schulen sein. Andererseits wird offenkundig gute Elternarbeit betrieben, die den Erwartungen nach guter, solider und vor allem individueller (Begabungs-) Förderung entspricht.

Elternarbeit kann dabei als jener Prozess gefasst werden, das verfassungsmäßig garantierte, durch die Institution selbst gewünschte und geachtete Portfolio von Mitwirkungs- und Mitgestaltungsmöglichkeiten der Erziehungsberechtigten produktiv mit Leben zu füllen (Trautmann 2009 a, S. 43). Wenn diese *Elternarbeit* in hohem Maße Gelingensstatus hat, muss sie:

- *im Rahmen einer demokratischen Kommunikationskultur erfolgen.* Es kann nicht darum gehen, Eltern zu belehren oder die Lehrperson als Feindbild per se zu betrachten. Das ›Miteinander reden‹ muss eher dem Informationsaustausch und der Fortentwicklung der Partnerschaft zum Wohle des Kindes dienen als dem Zurückhalten von Informationen und/oder dem Ausschluss dieser voneinander. Dies ist gerade bei Begabungsentwicklung wesentlich. Informationen, z.B. über Frühschreiber- oder -rechnerqualitäten sind ähnlich essenziell wie über Interessen, Neigungen und Spezialgebiete. Unter Umständen kann im Unterricht oder in zusätzlichen Angeboten darauf Bezug genommen werden.
- *auf der Grundlage des gemeinsamen Erziehungsauftrages basieren.* Jede lebensweltliche Instanz ist Experte für Kinder. Eltern sind es, weil sie ihr Wichtigstes zwar zeitweise den Lehrpersonen anvertrauen, unbeschadet dessen ihr Kind aber am besten kennen. Lehrerinnen und Lehrer sind staatlich geprüfte Profis in Erziehung und Bildung und arbeiten kindzugewandt als Mittler zwischen Kind und Welt. Dieses Grundverständnis kann helfen, das Kind mittels „kühler Systeme" (Mischel 2015) zu begleiten. Überlegt und auf die Sache bezogen sind die Erträge ungleich höher als wenn immer neu die Claims abgesteckt werden müssen, wer denn hier nun „Expertenwissen" besitzt.
- *als Ziel ein gemeinsames Arbeits- und Verantwortungsbündnis fokussieren.* Ein gegenseitiges Ausspielen oder Buhlen um die Sympathie des Kindes nützt niemandem, schadet aber flächendeckend. (Nicht nur) Begabte Kinder verstehen es zudem, unklare Positionen oder/und widerstreitende Parteien für ihre eigenen Zwecke auszuspielen

- *eine sinnstiftende Orientierung und Prozessentwicklung beinhalten.* So wie Lehrpersonen erleben müssen, dass ihre Tipps und Hinweise auf fruchtbaren Boden fallen, müssen Eltern die Erfahrung machen, dass ihr Rat und ihre Mitarbeit gewünscht und gewürdigt wird. Das kann formell und informell erfolgen. Eltern können letztlich auch Enrichmentkurse innerhalb des schulischen Curriculums anbieten (vgl. hier Marek/Pillath/Wesseling 2015, S. 87)
- *Sach- und Beziehungsebenen sowohl trennen können als auch zielführend zu verbinden wissen.* Dass zwischen einzelnen Personen die Chemie nicht stimmt, ist eine Sache. Eine andere ist es, miteinander dennoch zu versuchen, Schulentwicklung voranzutreiben.

Björn Gödelt und Christiane Leidel (2015, S. 179) haben innerhalb eines Enrichmentprojektes Eltern nach der Erwartung hinsichtlich der Begabtenförderung ihres Kindes gefragt. Sie kommen zum Resultat, dass über Formen der Begabtenförderung zwischen den Schülerinnen und Schülern und ihren Eltern substanziell eingehend kommuniziert wird. Die Eltern nehmen Anteil, besonders an gelingenden Kursen (vgl. 2015, S. 180). Hinzu kommen andererseits Ängste, die Kinder können „den anderen Stoff" im normalen Unterrichtsprozess nicht schaffen. Auch die Auffassung, die Enrichment-Förderung müsse nachhaltig sein, wird oft entäußert. Eltern wünschen sich zudem die feste Implementierung von Enrichmentkursen ins Schulsystem, kleinere Gruppen und thematische Auswahlmöglichkeiten. Die Autoren führen dies auf die intensiven Gespräche *über* die Angebote *nach* deren Durchführung zurück (vgl. Gödelt/Leidel 2015, S. 189).

Schülerinnen und Schüler als Betroffene

Welche Lehrpersonen wünschen sich eigentlich Hochbegabte selbst? Christoph Perleth und Volker Runow haben 2010 in einer lesenswerten Studie genau diese Frage gestellt (Perleth/Runow 2010, S. 16 ff). Auch die Erträge eines vom „Netzwerk Begabung" Hamburg initiierten Schülerkongresses[98] (vgl. Manke/Quitmann 2009, S. 3) zeigen eine Reihe von spezifischen Forderungen, welche die Schulen täglich *erleiden* bzw. *genießen*. Eine der Conclusionen erscheint mir (TT) besonders gut für eine prinzipielle Diskussion geeignet. Danach wissen besonders und hoch begabte Schülerinnen und Schüler am besten, mit welchen Problemen und mit welchen Chancen sie sich auseinander zu setzen haben. Sie sind Experten ihrer eigenen Sache.

---

[98] Der bundesweit erste Schüler-Kongress zur Begabten- und Begabungsförderung mit dem Titel: „Wir machen Schule schlau – Begabung versus Schule? Schule versus Begabung? fand vom 4.-6. September 2009 in Hamburg auf dem Gelände der Helmut-Schmidt-Universität Hamburg statt.

Ohne Kenntnisnahme der Motive und Wünsche dieser Kinder und Jugendlichen greift Begabtenförderung ins Leere. Da empirisch inzwischen belastbar davon ausgegangen werden kann, dass begabungsfördernder Unterricht allen Schülerinnen und Schülern zugute kommt (vgl. hier u.a. Steenbuck 2009a; Steenbuck/Schmidt/Trautmann 2007), muss hier eine grundsätzliche didaktische Weichenstellung vorgenommen werden.

Besonders und hoch begabte Schülerinnen und Schüler wünschen sich weiterhin ein höheres Demokratieniveau an ihrer Schule. Die „alte" pädagogische und bildungspolitische Diskussion zur Schülerpartizipation muss danach stärker als bisher in den Diskurs der Begabungs- und Begabtenförderung eingebracht werden. Erfreulich, dass diese Neukonstruktion bereits in Gang gekommen ist, wie Arbeiten zur elementaren Partizipation im Kindergarten zeigen (vgl. u.a. Hansen/Knauer/Sturzenhecker 2011)

Die Kongressteilnehmer/innen machten ebenfalls deutlich, dass viele Formen des „gewöhnlichen" Schullernens in traditionellen Strukturen (Stichworte: 45-Minuten-Takt, überwiegende Altershomogenität, Lehrerzentrierung und sokratisch-fragend-entwickelnder Unterricht[99]) mit ihren Fähigkeiten, Lernbedürfnissen und Lernstrategien[100] kollidieren und somit überdacht werden sollten. Ein dritter Ertrag der Tagung scheint mir ein bisher recht vernachlässigter Aspekt. Die hoch begabten Jugendlichen äußerten fast unisono, keine bzw. nur geringe Wertschätzung für ihre besonderen Begabungen zu erhalten. Sie äußern weiterhin, dass zu viele Lehrkräfte und Schulleitungen sich nicht wirklich für sie interessieren[101]. Viele üben unmotiviert ihren Beruf aus und agieren – was Pädagogik im allgemeinen und Begabtenförderung im besonderen betrifft – häufig „lustlos bis inkompetent" (vgl.

---

[99] Dieser oft euphemistisch genannte Dialog mit dem Lerner ist in praxi eher ein vermeintlicher. Von der Lehrperson fragend-entwickelnd-vorstrukturiert, kann sich die Lernerseite hier nur wenig einbringen. Ist der Lerner z.B. hoch begabt, mit einem exzellenten Sprachcode und hoch auflösender logischer Wahrnehmung ausgestattet, kippt dieser Dialog rasch. Die Lehrperson wird ihn nach ein, zwei Elaborationen vermutlich stoppen und einen Methodenwechsel arrangieren. Dem Lerner bleibt das Bewusstsein, dass seine Mitgestaltung unerwünscht ist.

[100] Ein aktuelles Beispiel aus unserer Beratungsarbeit betrifft einen Gymnasiasten, der allgemein als sprachlich und logisch-mathematisch hochbegabt und schulisch hoch leistend gleichermaßen beschrieben werden kann. In einem einzigen Fach – Latein – agiert er jedoch im Prozentrang 33. Im Verlaufe der biografischen Rekonstruktion stellte sich heraus, dass die Lehrperson ein anderes System des Latein-Lernens vorschrieb und keine variierenden Lernwege zuließ. Das vorgeschriebene System kollidierte mit dem sich entwickelnden Sprach-Lern-System des Jungen. Der Erkenntnisprozess und die Eigeninitiative rissen danach ab. Die persönlichen Differenzen beider taten ein Übriges. Inzwischen kultivierte der Junge fachisoliert lernbezogene Ängste.

[101] Dagegen steht die Tatsache, dass sich Heranwachsende innerhalb des Systems eher machtlos fühlen und sich zu selten trauen, ihre Interessen zu vertreten; an die partizipatorische Kompetenz der Gremien glauben sie nicht (mehr).

Manke/Quitmann 2009, S. 3). Diese Überlegung dockt an die Forderung an, sich innerhalb des Lehrerkollegiums einen konsenfähigen Begabungsbegriff zu erarbeiten

Werfen wir nun noch einen Blick auf die Mikroebene. Marek et al (2015, S. 226) haben im Rahmen einer empirischen Untersuchung am Gymnasium das grundsätzliche Lernerverständnis hinsichtlich des Begabungsbegriffs untersucht. Damit im Zusammenhang standen Fragen nach einem Förderansatz in Schule.

Separierende Maßnahmen (106)	LEBL	40	Herausforderungen	5
	Kurse	27	Material	5
	Förderunterricht / Kurse	17	Unterstützen der Mitschüler	4
	Programme	5	Besuch höherer Klassenstufen	4
	Unterricht unter Begabten	5	Selbstbestimmtes Lernen	4
	AG's	4	Umgehen von Langeweile	4
	Förderunterricht / Kurse	4	Begabung ausleben lassen	3
	Projekte	3	Gute Fachlehrer	3
	Forderklassen	1	Begabte Schüler selbst fragen	3
Fördern		30	Ausflüge / Exkursionen	3
Fordern		29	Mehr freie Zeit gewähren	3
Handlungsbereich Aufgaben (22)	Anspruchsvollere Aufgaben	11	Unterricht verändern	2
	Zusätzliche Aufgaben	8	Gespräche mit Lehrern / Eltern	2
	Neue Aufgaben	2	Weitere Beschäftigung / Aktivitäten im Begabungsbereich	1
	Spezielle Aufgaben	1	Motivieren	1
Neue Themen / Horizonterweiterung		11	Mut machen	1
Wettbewerbe		8	Klasse überspringen	1
Spezielle Schulen		7	Wünsche berücksichtigen	1
Hilfe & Tipps		7	Weiß nicht	1
Gar nicht		6	Nicht möglich	1

Begabungsunterstützung in der Schule 8/10 (Pillath 2014, S. 78)

Die obige Tabelle zeigt Lerneraussagen der Klassenstufen 8 und 10. Wir sehen sowohl separierende als auch integrativ zu bewerkstelligende Förderansätze. In einer spiegelgleichen Befragung[102] kommt Janina Marek in den Klassenstufen 7 und 9 zu diesen Resultaten:

---

[102] Die korrespondierende Fragestellung lautete für beide Kohorten: Wie könnte die Schule ihn (die begabte Person TT) und seine Begabung unterstützen? (vgl. Marekt/Pillath/Trautmann 2015, S. 226)

LEBL-Programm	34	Horizonterweiternde Kurse	4
Schwierigere Aufgaben	17	Fachspezifische Förderung	4
Kurse	15	Begabung ausleben lassen	4
Fördern	12	Interessen berücksichtigen	4
Mehr Aufgaben	11	Materialien aushändigen	3
Begabungsspezifische Kurse	10	Anerkennung	3
Forderunterricht	10	Hochbegabten-Schule	3
Freiwilliger Kursbesuch	9	Weiß nicht	3
Begabungsspezifische Förderung	8	Unterricht über Regelunterricht hinaus	2
Herausforderungen schaffen	7	Mehr Förderprogramme	2
Wunsch nach Förderung berücksichtigen	6	Schwäche fördern	2
Gar nicht	6	Einteilung in fachspezifische Leistungsklassen	1
Isolierter Unterricht nach Begabten	6	Lerntipps	1
Keine Äußerung	5	Lehrergespräche	1
Begabung herausfinden	5	Interesse wecken	1
Klasse überspringen	5	Gruppenarbeit unter Begabten	1
Förderunterricht	5	Begabungsspezifische Klassen	1
Hilfestellung bei Mitschülern	5	Besuch höherer Klassen	1
Teilnahme an Wettbewerben	4	Weiter unterrichten	1
Verantwortung zusprechen	4	Diagnostik durch Tests	1

Begabungsunterstützung in der Schule 7/9 (Marek 2014, S. 58)

Während nahezu alle Förderungsprinzipien benannt werden sind dennoch Unterschiede in der Gewichtung zu sehen. Selbstredend stehen die eigens erlebten und an der Einrichtung angebotenen Formen im Bewusstsein ganz oben. Viele allgemeinmenschliche, kommunikative und sozial determinierte Aspekte sind den Lernern offenbar von großer Wichtigkeit (und durch kompetente und engagierte Lehrpersonen ebenso offenkundig ohne Mehrbelastung einlösbar). Es scheint notwendig, sich auch künftig in der Begabungsdiskussion eindringlich der Frage zu widmen, was die Betroffenen selbst bewegt.

Lerneffekte: Konsequenzen für „die Schule"

> In every art
> it is good to have a master
> George Herbert

Leitideen einer begabungsfördernden Schule sind u.a. Wertschätzung, Tätigkeitsorientierung und reversible Kommunikation. Lehrerinnen und Lehrer müssen Begabungen suchen, erkennen, ansprechen und anerkennen. Dazu sind mindestens fünf Voraussetzungen für Schule und die darin wirkenden Subjekte anzuerkennen.

1. Das Bewusstsein, dass Heranwachsende bereits individuell durchaus ausgeformte Begabungen besitzen und daran arbeiten, sie weiter auszuformen.
2. Lehrerinnen und Lehrer sind solide in der Lage, Begabungen zu identifizieren und begabungsgerechte Lernumgebungen zu schaffen, die gleichzeitig Geborgenheit, Herausforderungen und Offenheit erzeugen. Dazu steht ihnen ein Netzwerk von Helfern, Informationen und Ansprechpartnern zur Seite, inklusive einem soliden Fortbildungs- oder/und Hospitationsangebot.
3. Menschen mit verschiedenen Begabungen können sich – etwa in einer Lerngruppe, einer Arbeitsgemeinschaft oder einem Leistungskurs – unterstützen, ergänzen und voneinander profitieren oder/und miteinander partizipieren. Grundlage dazu ist ein grundsätzlich wertschätzendes Verhalten aller.
4. Es bedarf eines neuen Verständnisses bezüglich dessen, auf welcher Basis Lehrerinnen und hoch begabte Schüler in der Schule agieren und was in diesen Prozessen *beiden Subjekten zukommt*. Dies betrifft sowohl die Rollen von Lehrenden und Lernenden als auch die Akzeptanz unterschiedlicher Formen der Informationsverarbeitung (z.B. Lernerautonomie, Akzeptanz von Um- und Irrwegen als wertvolle Aspekte des Erkenntnisprozesses usw.).
5. Schule als Institution perpetuiert mitunter noch ein Ideal, welches über einhundert Jahre alt ist. Sie geht von festen Mittelschichtbedingungen aus, die heute so nicht mehr existieren. Die Bildungssprache (auch die der Lehrbücher) und die Zeittaktung (statt der Rythmisierung) sind ähnlich problematisch und müssen reformiert werden.

Diese grundsätzlichen Überlegungen bedürfen einer Vorgehensweise auf der *Schulebene*. Wie können schulorganisatorische, personelle und gruppenspezifische Prozesse gestaltet werden, dass Begabungsförderung hinreichend gewährleistet ist? Dazu gehört es, auf mehreren *schulstrukturell-organisatorischen* Ebenen neue Blickwinkel zu schaffen. Das Augenmerk gehört z.B.

- auf die Schaffung elastischer individueller Schuldurchläufe (z.B. flexible Schuleingangsphase, Verweildauer in Lernpools, Überspringen von Klassenstufen, Dispensation),
- auf die gleichberechtigte Existenz von Jahrgangsklassen und altersgemischten Lerngruppen, auf die pädagogische und didaktische Konzepte jeweils oder immersiv zugeschnitten sind,
- auf den grundsätzlichen und fortlaufenden Erwerb diagnostischer Kompetenzen durch die Lehrerinnen und Lehrer, beginnend im Studium,
- auf die konzeptionelle Sicherung und Erweiterung von Lernlandschaften und -orten (u.a. Bibliothek, Schulgarten, Computerräume, Projektwochen und -tage, Exkursionen, Expertenforen, Wochenabschlussfeiern, Präsentationen).
- auf grundsätzliche Überlegungen, wie eine Kultur des Wohlbefindens an Schulen zu treffen ist (vgl. u.a. Müller 2011).

Solche schulisch-strukturellen Veränderungen schlagen in ihrer Konsequenz bis auf den *Unterricht* durch. Nötig sind danach:

- vielfältigste Inhalte und Förderbereiche (auch nicht direkt mit schulischem Primat), in denen Heranwachsende differenziert und zunehmend autonom gesteuert lernen und weiterlernen können,
- die Entwicklung von auf die Einzelperson zugeschnittenen Arbeits- und Lernplänen, Ziel- und Leistungsvereinbarungen, die jedoch keinen lediglich formalen Charakter tragen, sondern die den Bedürfnissen der Schülerinnen und Schüler und dem Selbstverständnis der Institution entsprechen (und von ihnen selbst gewünscht werden),
- extern und binnendifferenzierte Lernangebote im Unterricht auf der Grundlage einer kontinuierlichen diagnostischen Evaluation und einer permanenten Kommunikation zwischen Lernenden und den Lernbegleitern (vgl. hier Kunath 2014). Dazu gehört auch die wechselseitige Akzeptanz variierender Inhalte und/oder Methoden. Indikatoren sind die Ergebnisse, die Aktivität und das Maß leistungsfördernden Wohlbefindens,
- die Bereitstellung vielfältiger Lernmedien und -materialien für den eigenständigen Wissenserwerb. Der Einsatz divergierender Beweisführungen und innovatives Verhalten ist durch Lehrerinnen und Lehrer als positiv stimulierend zu würdigen,
- Aufgaben mit individuellem Spielraum und individuell angemessenen Leistungsanforderungen (bis an die Leistungsgrenzen) zu stellen (vgl. auch BMBF 2015).

Die individuelle Vielfalt und Ausprägung von Begabungen erfordert – wie gezeigt – die Schaffung verschiedenartiger pädagogischer Rahmen. Daher soll an dieser Stelle eine Reihe übergreifender Unterrichtsansätze unter dem Aspekt der schulischen Begabungsförderung diskutiert werden.

Differenzierung

> Nicht jedem Kind eine Aufgabe,
> sondern jedem Kind
> seine Aufgabe
> Maria Montessori

Differenzierung ist eine Antwort auf die Heterogenität von Kindern. Da auch die Gruppe der Hochbegabten eine höchst heterogene ist, scheint Differenzierung auch ein probates Mittel der Begabungsförderung zu sein – u.U. jenes, *womit alles beginnt.* Angemerkt sei in diesem Kontext, dass in erfolgreichen PISA-Ländern (u.a. Schweden, Norwegen, Finnland, Kanada) sowohl grunschulisch als auch in der Sekundarstufe 1 ein für alle gemeinsamer Unterricht veranstaltet wird. Der wiederum muss tatsächlich so organisiert werden, dass jeder Lerner etwas davon hat. Was also ist Differenzierung und wie kann sie für Hochbegabte nutzbar gemacht werden?

Differenzierung (Gliederung) leitet sich ab von „make a difference" - eine Unterscheidung (zu) treffen. Sie beinhaltet unterschiedliche inhaltliche und/oder didaktische und/oder organisatorische Formen der Unterscheidung spezifischer Bildungsprozesse, der Abstufung von Lernangeboten, Lernumfang und -ausdehnung etc. – und dies alles aus der Kenntnis und Perspektive von (erkannten und/oder erwartbaren) Entwicklungsunterschieden heraus. Mitunter werden Differenzierung und Integration gleichgesetzt und verkürzend auf die Sozialformen bezogen (vgl. Wellenreuther 2009, S. 73; Bräu 2007, S. 181).

Differenzierung ist didaktisch gesehen ein Sammelname für all jene Maßnahmen, mit deren Hilfe im Unterricht der Schule den unterschiedlichen Fähigkeiten und Neigungen der heterogenen Schülerschaft und den vielfältigen Anforderungen im Rahmen des gesellschaftlichen Auftrags der Institution gleichermaßen gerecht werden sollen. Prozessual ist sie ein Portfolio zum variierenden Vorgehen in der Aufbereitung, Darbietung und Bearbeitung von Lerninhalten. Differenzierung ist hinsichtlich der im Fokus stehenden Lerngruppe(n) kriteriengeleitet (Interessen, Begabungen, Kenntnisse, Fähigkeiten, Einstellungen, Alter, Geschlecht, Religionszugehörigkeit, Verhaltensweisen...). Kompetent in (die Unterrichts-) Szene gesetzte differenzierende Maßnahmen münden in eine individuelle Förderung mit dem übergreifenden Ziel, das Lernpotential des Heranwachsenden umfassend zu entwickeln.

Beispiele schulischer (institutioneller) Differenzierungen sind beispielsweise die Schularten[103], Teile der (vor)schulischen Ökologie (Bundesland; Einzugsgebiet, korrespondierende Vorschulangebote usw.) und nicht zuletzt das Profil der Schule. Die äußere Differenzierung zeigt sich u.a. in Klassen oder

---

[103] inklusive der Integrierten Gesamtschulen

JÜL[104], Leistungsgruppen, Bekenntnisunterricht (katholisch, evangelisch, Ethik) oder geteilter Fremdsprachenunterricht. *Äußere Differenzierung* ist weiterhin die fachbezogene Leistungsdifferenzierung (beispielsweise über Niveaustufendifferenzierung, Fundamentum-Additummodelle; „FEGA" *F*ortgeschrittene - *E*rweiterung - *G*rund - *A*nschlussgruppierungen usw.).

Mit innerer Differenzierung werden alle Subgruppierungen innerhalb eines Lernverbandes[105] gefasst. Darüber hinaus gehören dazu methodische und/oder mediale Hilfen (Computer-Programme, Folien, Arbeitsblätter, stille Zeit, Tutorien, Kür-Kisten, Entdeckerräume usw.). Die innere Differenzierung nach den individuellen Lernvoraussetzungen kann u.a. umfassen: Kommunikationsformen, Lernstile, Lerntempi, Lernbereitschaft, Strategiewahl, Lerninteressen und -inhalte, Schwierigkeitsanspruch, Zielanspruch, Abstraktionsgrad usw.). Hinsichtlich der Lerneffekte ist die innere – von John Hattie „interne" genannt, scheinbar nicht sehr ertragreich. Mit $d = .16$ ist die Effektstärke gering und pendelt zwischen Entwicklungs- und Schulbesuchseffekten. Lassen wir uns jedoch davon nicht täuschen – es gibt eine Reihe von Erträgen jenseits der Lerneffektebene. Die Zusammenarbeit mit einer Partnerin, die gemeinsame Kommunikation in Kleingruppen ($d = .49$) und schließlich das diesen Prozessen inhärente reziproke Lehren[106] ($d = .74$) (beides von Hattie 2013, S. 113 und S. 242 mit sehr hohen Effektstärken etikettiert) sind Merkmale in diesen vielschichtigen Prozessen differenziert ablaufenden Unterrichts.

Letztendlich geht es – wie oft falsch verstanden – in Differenzierungsmaßnahmen nicht um rein quantitative Differenzen (*viel* schreiben versus *wenig* schreiben), sondern um Aufbau und den Erhalt von Lernkultur. In diesem Zusammenhang wird oft von der Differenzierung „als Werkzeug" gesprochen Sie ist die Summe der methodischdidaktischen Unterrichtsprinzipien mit allen Maßnahmen, um Ungleiche ungleich zu unterrichten. Die beiden flankierenden Unterrichtsprinzipien Individualisierung und Inklusion lenken sowohl den Fokus auf jeden einzelnen Lerner mit ihren spezifischen Begabungen und Lernbedingungen und letztlich auf die Teilhabe in der Gemeinschaft.

Kathrin Rachenbäumer (2009, S. 72) unterscheidet integrative Differenzierungsformen und im Gegensatz dazu die Aufgabendifferenzierung durch den Lehrer/die Lehrerin. Im Ersteren geht es um die Form des Unterrichts, wie sie zum Beispiel von Falko Peschel für die Grundschule beschrieben wird. Dieser Offene Unterricht ermöglicht die Förderung und Forderung nicht nur der (Hoch-)Begabten[107], sondern prinzipiell aller Kinder und ist somit eine

---

[104] Jahrgangsübergreifende Lerngruppen, Kurs- und Stammgruppenarbeit
[105] Variierung der Lehrziele, Inhalte, der Lehr- und Lernmethoden, der Lernhilfen und Lernzeiten samt (unterstützenden) schulorganisatorischen Maßnahmen.
[106] Schülerinnen und Schüler lehren lernend Schülerinnen und Schüler usw.
[107] Unsere eigene Forschung hat gezeigt, dass Offener Unterricht nicht per se begabungsfördernd ist (vgl. Schmeckel 2009). Innerhalb der sehr selbstverantworteten

Möglichkeit, der Heterogenität der Kinder in besonderem Maße Rechnung zu tragen (vgl. Peschel 2008).

Bei der lehrerpräferierten Differenzierung hingegen können nach einer Leistungsstanddiagnose den Leistungen der Kinder entsprechende Aufgaben vergeben werden. Dies geschieht zum Beispiel in Form von individuellen Arbeits- oder Wochenplänen, aber auch schlichte ‚Zusatzangebote', die begabte Schülerinnen und Schüler nach der Bewältigung des normalen Unterrichtsstoffs fordern und fördern sollen.

Neurobiologisch kommt es beim Lernen darauf an, diese individuellen Eingangskanäle derart zu stimulieren, dass das Kind dauerhafte, vernetzte Strukturen aufbauen kann. Daher stellen sowohl Übungs- und Festigungsprozesse, als auch die Neukombination von Sinneseindrücken derzeit wichtige Differenzierungsmöglichkeiten dar. Wichtig dafür sind sowohl das Arbeitsgedächtnis als auch die Fokussierung der Aufmerksamkeit (vgl. hier Spitzer 2012, S. 280)

Es lohnt sich immer wieder, sich die große Zahl interindividueller Unterschiede (zwischen Heranwachsenden bestehende Differenzen) vor Augen zu halten. Gerade unter dem Fokus der Hochbegabung bzw. der besonderen Begabungen wird die Heterogenität der:
- genetischen Potenziale und lebensweltlichen Faktoren
- sinnlichen Ansprechbarkeit und Aufnahmefähigkeiten
- Vorerfahrungen und lernbiografischen Besonderheiten
- sozialen Milieus inklusive der Unterschiede im Spracherwerb/ Sprachgebrauch und der Erziehungsstile
- häuslichen Arbeits-, Lern- und Spielbedingungen und dem dort vorherrschenden Maß an Geborgenheit
- aktuellen und bereits im Habitus verankerten Leistungsmotivation, Anstrengungsbereitschaft, Belastbarkeit und weiterer volitiver Entwicklungsverläufe
- Interessen und Bedürfnisse
- Fähigkeiten, Fertigkeiten und Defizite
- Lern- und Arbeitstempi samt Entspannungsphasen
- Gedächtnis- und Konzentrationsfähigkeit und Lerntypenkonstellation

besonders augenfällig. Aber auch eine große Zahl intraindividueller Unterschiede (Varianzen innerhalb der Persönlichkeit selbst) hat großen Einfluss auf die differenzierenden Maßnahmen und macht es den Lehrpersonen mitunter schwer, diagnostisch exakt zu determinieren. Bei Begabungsspitzen ist z.B. die Beschäftigung mit logisch-mathematischen Problemen eine exklusive und lange Zeit fesselnde Angelegenheit, während koordinative Vollzüge

---

Struktur sind jene Kinder aufgeschmissen, die (noch) hohe Defizite in der Selbstorganisation und der Selbstmotivation aufweisen (vgl. Trautmann/Schmidt /Bichtemann 2009, S. 302; Wudtke 2013, S. 16 f.)

(auf Grund dort fehlender Spitzenleistungen oder/und asynchroner Entwicklung) (noch) mit Unsicherheit behaftet sind, eine Förderung „dort" jedoch aktuell abgelehnt wird. Daher muss Differenzierung grundsätzlich ziel*in*different und/oder zieldifferent gestaltet werden.

Weitere in der Literatur unterschiedlich beschriebene Differenzierungsmaßnahmen sollen hier lediglich benannt werden:
- Differenzierung durch Variation der Stufenfolge des Unterrichts und der Lernschritte der Kinder – allgemein methodische Differenzierung genannt.
- Differenzierung durch Varianten der Sozialform (u.a. Alleinarbeit, Partnerarbeit, Gruppenarbeit, Team-Teaching, Kreisgespräch, Rollenspiel, andeutende Gebärde ...) – auch als qualitative Differenzierung bezeichnet.
- Differenzierung durch Variation der Aufgabenmenge – allgemein als quantitative Differenzierung bezeichnet.
- Differenzierung durch Wahl der Aktionsformen.
- Differenzierung durch Variation des Medien- und Materialangebotes – bezeichnet als fakultative Differenzierung.
- Differenzierung durch Variation der Leistungsbeurteilung (Ziffernnote versus Bericht versus Lehrerfeedback (vgl. Hattie 2013, S. 206)
- Differenzierung durch Variation der Hausaufgabenstellung.

Werfen wir noch einen Blick auf die Nicht-Differenzierung bzw. eine eher undifferenzierte Förderung. Beide bergen Gefahren in sich, die ebenfalls in der Schule beobachtbar sind:
- Übersättigung oder/und die Gefahr der Ranschburg-Hemmung durch täglich gleiche oder ähnliche Übungs- und Aufgabenformate,
- Förderungsgewöhnung und damit einhergehende Unterdrückung der eigenen Willenskräfte („angelernte Hilfsbedürftigkeit"),
- Erschütterung der sozialen Stellung durch punktuelle Hilfeangebote,
- Verhinderung einer sich bereits entwickelnder Selbstdifferenzierung (etwa, wenn die Erziehung der Kinder, sich ihre Lernmedien auszusuchen, abgebrochen oder ausgesetzt wird),
- Sozialer Druck, bestimmte Aufgabenstellung auf unterschiedlichem Niveau nicht angeboten zu bekommen,
- Schüler lernen dann am besten, wenn stärkenorientiert agiert wird, anstatt ihre Schwächen hervorzuheben, um von dort einen Lernprozess in Gang setzen zu wollen,
- Selbst wenn bei innerer Differenzierung alle Schüler an derselben Arbeit beteiligt werden und so Zugang zum gesamten Lehrangebot haben fallen spätestens bei der Bewertungsphase die existierenden Leistungsunterschiede auf.

Lernschwierigkeiten (nicht nur) begabter Kinder sind aber oft auch die Folge von Missverständnissen und kommunikativen Verwerfungen zwischen Kindern und Erwachsenen. Beispielsweise erwarten die Heranwachsenden von Schule und Lernen völlig andere Dinge, als Lehrerinnen aktuell anbieten (können). Andere Kinder wissen bei der (rhetorisch gemeinten) Aktivierungsfrage sofort intuitiv, wohin die Stunde „läuft" und präsentieren stolz den gesamten Stundenertrag. Was tut die Lehrpersonen nun in den verbleibenden 41 min?

Manche Erfolge und/oder Misserfolge von Differenzierungsmaßnahmen werden mitunter erst später erkennbar, da sich die Kinder ihrer neuen sinnlichen Eingangskanäle erst bewusst werden, und diese ausbauen müssen. Bei allen Lerntätigkeiten kommt es Schule allerdings auch grundsätzlich zu, primär die Vermittlung von Strategien des Lernens und der Selbstregulation zu organisieren. Dazu gehören sowohl kooperatives Lernen in Schülergruppen als auch jene eben in Rede stehenden Differenzierungs- und Individualisierungsansätze, die sich mitunter produktiv verbinden (vgl. Gayko, 2014, S. 45 f.). Darüber stehen jene Kommunikationsformen, die gemeinsames Lernen zulassen und „[...] die Basis für Veränderungsprozesse" (Unruh/Petersen 2011, S. 124) bilden. Das lernunterstützenden Klassenklima[108] ist inhärent und beruht auf dem Vertrauen in der Lerngruppe. Winter (vgl. 2003 a, S. 11) weist darauf hin, dass aber auch die Gruppe viel dazu beitragen kann, dass dieses Vertrauensklima entsteht.

Letztlich – alles braucht seine Zeit. Diese und ein großes Portfolio methodischer Vielfalt muss wirken, um mit den Schülerinnen und Schülern selbstständige, selbst gesteuerte und selbst verantwortete Formen des Lernens tatsächlich *konsequent* einzuüben, damit sie für jeden zielgerichtet nutzbar gemacht werden können. Insbesondere nach Schulartwechsel in Klasse 5[109] bekommen jene Kinder, die in der Grundschule vielfach über ihr fotografisches Gedächtnis operiert haben, mitunter Probleme. Die Texte werden umfänglicher. Wie aber wird ein Text exzerpiert? Wie gelingt das Markieren von Reizwörtern? Sind derartige Arbeitsstrategien nicht fest verankert, bekommen auch Hochbegabte Schwierigkeiten. Kommt eine eher ungenaue Einschätzung der Schüler hinzu, verharrt das Kind in diesen unbefriedigenden Lernplateaus oder/und besteht die Gefahr der zunehmender Divergenz zum Leistungsverlauf der Gruppe usw., kippt das Selbstbild und kann sich unter Umständen zu einer Underachieverkarriere ausweiten.

---

[108] Unterrichtsklima und Unterrichtsatmosphäre werden hier synonym verwendet. Bei Hilbert Meyer (2004, S. 49) hat Klassenklima eine Doppelfunktion, sie ist einmal die „kollektive Wahrnehmung von Unterricht", wobei diese durchaus individuell gebrochen wird. Gleichzeitig ist sie auch Indikator für die „Qualität der Lehrer-Schüler-Beziehungen" (vgl. ebd., S. 47).

[109] Durch die sechsjährige Grundschule in Berlin und Brandenburg sind die Umstellungen nicht so schroff. Siebentklässler haben u.a. ein gefestigtes Selbstkonzept und auch ihre Selbstmotivation ist höher.

Vertiefende Fragen und Aufgaben:

- Sie sind Lehrperson: Überprüfen Sie Ihr eigenes Differenzierungsinstrumentarium. Was stellen Sie nach der Lektüre dieses Abschnittes fest?
- Elterliche Differenzierung beginnt lange vor der Geburt des ersten Geschwisterkindes. Welche Konsequenzebenen beinhaltet dieser Ausruf einer Mutter?
- Sie sind Elternteil oder „Betroffene": Erfragen Sie mit dem Wissen aus diesem Abschnitt eine Reihe existierender Differenzierungsformen an (ihrer) Bildungseinrichtung bzw. der Ihres Kindes. Nehmen Sie sich zudem vor, in der nächsten Elternversammlung oder/und bei dem nächsten SLE-Gespräch[110] die Lehrperson darauf anzusprechen.
- Denken Sie laut über Euklids Antwort auf die Frage Ptolemaios I. nach, der ihn fragte, ob es einen Weg gäbe, Geometrie rasch zu begreifen. „Es gibt keinen königlichen Weg zum Ziel des Lernens."

Was Sie sonst noch lesen können:

- Von der Groeben, Annemarie (2008). Verschiedenheit nutzen. Besser lernen in heterogenen Lerngruppen. Berlin: Cornelsen.
- Helmke, Andreas (2015). Unterrichtsqualität und Lehrerprofessionalität. Diagnose, Evaluation und Verbesserung des Unterrichts. 6. überarbeitete Auflage. Seelze: Klett-Kallmeyer.
- Trautmann, Thomas, Brommer Jule (Hrsg.) (2016). Transitionen exemplarisch. Schulanfang, Klassenstufensprung, Schulartwechsel am Einzelfall. Berlin: Logos
- Bohl, Thorsten; Kurcharz, Dietmut (2010). Offener Unterricht heute. Konzeptionelle und didaktische Weiterentwicklung. Weinheim: Beltz.
- Paradies, Liane; Linser Hans-Jürgen (2009). Differenzieren im Unterricht. Berlin: Cornelsen, 3. Aufl.

---

[110] Schüler-Lehrer-Elterngespräch, dabei geht es um den aktuellen status quo, pädagogische Maßnahmen oder die Lernstandsentwicklung

Individualisierung

> Homines,
> dum docent,
> discunt
> Seneca

Im Prozess der Differenzierung wird individualisiert und gruppiert, exkludiert und all dies unter der wertschätzenden Ägide inklusiven Denkens. So weit die Theorie. Die Praxis hat dazu eine Reihe sehr treffender Exempel parat, die in dieser Einführung nicht alle ihren Niederschlag finden können. In diesem Sektor muss der Schule ein hohes Maß an Zugewinn bescheinigt werden, allerdings unter hoher Volatilität. Will heißen die besten Beispiele werden häufiger, aber es gibt immer noch eine Reihe von Individualisierungsverlierern.

Was müssen wir unter Individualisierung verstehen? Sie ist zunähst einmal eine notwendige Antwort auf die Heterogenität (nicht nur) in der Schulklasse. Annermarie von der Groeben (vgl. 2008) erweitert den Fokus. Wenn nämlich Schulen auf die Heterogenität ihrer Schülerinnen und Schüler antworten, kann das auf vielfältigste Art und Weise geschehen: durch Differenzierung im Unterricht, durch Wahlangebote, außerschulische Lerngelegenheiten und durch individuelle Fördermaßnahmen. Während Differenzierung sozusagen von außen an den Lerner getragen wird, stellt Individualisierung das bessere, im besten Falle optimale Eingehen auf die besonderen Fähigkeiten und Bedürfnisse der Einzelnen im Unterricht dar. Wäre diese Bestimmung überall geltende Praxis, bräuchten wir uns um eine separierte Hochbegabtenförderung keine Gedanken (mehr) zu machen. In den letzten zehn Jahren ist nämlich die schon mehrfach angesprochene traditionelle Lernkultur – unabhängig von der Förderdiskussion Hochbegabter, aber auch durch sie – sehr unter Druck geraten. In gymnasialen Kontexten dominiert die Fachlichkeit[111]. Eine fatale Folge davon scheint mir das Un-Verhältnis der Egalisierung von Verstehen und Wissen durch Lehrpersonen. Im Zuge einer Wissensexplosion, einer immer geringeren Beständigkeit und Aktualität des Wissens und gewandelter Qualifikationsanforderungen kommt es zu Paradigmenwechsel, die Rolf Arnold und Ingeborg Schüßler hier näher beschreiben:

> Es geht nicht mehr in erster Linie darum, das einzelne Individuum vorbereitend an den Wandel anzupassen, es muss vielmehr stärker darum gehen, die

---

[111] Im Studium des Lehramts für Gymnasien reduziert sich der Anteil Erziehungswissenschaft gegenüber dem der Fächer beträchtlich. Die Konsequenzen dieser fehlenden erziehungswissenschaftlichen Kompetenzen sind – innerhalb und außerhalb der Hochbegabtenbegleitung – in verschiedenen Gymnasien immer wieder zu beobachten.

qualifikatorischen Voraussetzungen für eine Wandlungsfähigkeit der Subjekte zu entwickeln und zu fördern. (Arnold/Schüßler 1998, S. 17; vertiefend auch Arnold 2008, S. 3)

Wissen als primär eher statisches („totes") aber „durch die Lehrperson abgehandeltes" Konstrukt kollidiert mit dem Verstehen als prozessuale Komponente. Letztlich ist diese Dissonanz auch der Teil des terziären Kritikpunktes, der immer noch vorherrschenden Dominanz defensiven gegenüber expansiven Lernens.

Hier setzt wieder die Problematisierung des Schulalltages für Hochbegabte an. Defensives Lernen ist für viele von ihnen eher ein Kraftakt, während sie sich mit flow in Domänen expansiver Lernmöglichkeiten tummeln. Daher muss Individualisierung (wenn sie den Namen wirklich verdient) tatsächlich dort ansetzen, wo sich die Lernstrategien der Schülerinnen und Schüler unterscheiden. Die Wende hin zum Unterricht als Angebot und dem so genannten eigenverantwortlichen Lernen[112] könnte – wird der Begriff in toto ernst genommen – tatsächlich eine Lösung hin zu einer Erhöhung der Freiheitsgrade sein. Uwe Hameyer und Kathrin Fügmann scheinen das zu bestätigen:

Eigenverantwortliches Lernen geht mit der Notwendigkeit einher, lernkompetent zu werden und individuelle, selbst gesteuerte Formen der Lern- und Wissensorganisation zu realisieren. Der Lerner ist es, der sein Lernen direkt oder indirekt steuert und seine Lernpraxis mitverantwortet. (Hameyer/Fügmann, 2009, S. 10)

Instrumente zur Unterstützung der Selbsteinschätzung und Planung solcher individueller Lernwege und –ziele gibt es eine Reihe: Kompetenzraster, Lernlandkarten, Tages- und/oder Wochenpläne, Logbücher, Pensenbücher usw. Jedoch bleiben alle diese Instrumente formal, wenn Unterricht nicht strukturell „zum Individuum hin" geöffnet wird. Denn erst mit der Reformierung von Unterrichtsstrukturen (Raum, Zeit, Curriculum, Rollenmuster, Ordnungs- und Interaktionsregeln) und -verfahren (Motivierung, Zielorientierung, Leistungsbewertung und -kontrolle, Unterrichtsplanung und situatives Management usw.) können die Schülerinnen und Schüler lernen, sich tatsächlich immer bewusster und eigenverantwortlicher *selbst* jenen Lerngegenständen anzunähern, die sie für den Fortgang ihrer eigenen Entwicklung benötigen. Zur Herstellung einer Passung muss der Heranwachsende über bestimmte Techniken verfügen, die vorab vermittelt oder autark - etwa in Selbstbildungsprozessen - erworben werden müssen (vgl. Schäfer 2003, S.10 ff).

---

[112] M.E. ein etwas irritierender Begriff. a. Lernen muss das Kind immer selbst. b. wissen wir aus der Neurobiologie, dass Gehirne gar nichts anderes können als zu lernen und c. ist der Verantwortungsbegriff recht unscharf – wird er hier juristisch, moralisch, bildungspolitisch oder didaktisch benutzt?

Die *Raumstruktur* symbolisiert Rangordnungen (vgl. Holst 2015; Tuzcu 2015) und schafft künstliche Lernbiotope. Individualisierung gestattet es Kindern, ihre Lernprozesse nach den situativen, formativen oder prozessualen Arbeitserfordernissen zu lokalisieren.

Die *Zeitstruktur* richtet sich im besten Falle konsequent an den Bedürfnissen der Subjekte aus. Normierungen der End-Zeiten fallen weg. Ebenso wie Lerninhalte müssen auch Lernzeiten individuell passgerecht sein. Ähnlich wie dies im Kindergarten exemplifiziert wird (vgl. Elschenbroich/Schweitzer 2007) muss auch Schule in der Lage sein, den Lernern solche Zeit-Passungen bereit zu stellen. Diese Zeitpassungen treffen auch in Prozessen des Groupings oder der Akzeleration mit großer Schärfe zu. Planungsdefizite verhindern die Teilnahme am Unterricht in höheren Klassenstufen. Zeitnöte sprengen Gruppen, die sich eben „zusammengerauft" haben und in die Hochleistungsphase übergehen wollen (aber nicht können) usw.

Bezüglich der *Interaktionsstruktur* kann im Hinblick auf tradierte Lehrer- und Schülerrollen nur eindeutig zugunsten einer gleichgewichtigen, möglichst authentischen Kommunikation plädiert werden (vgl. Maschke 2016, S. 72). Heinz Abels (2010) bringt hierbei sogar die Frage der Identität ins Spiel. Und der Blick in die Realität scheint ihm Recht zu geben. Passive, lethargische, (über-)angepasste und institutionell-normierte Schülerinnen und Schüler kollidieren selbstredend mit dem didaktisches Hauptprinzip Individualisierung. Aktiv lernende, agile und entdeckungsfreudige, intrinsisch motivierte und risikofreudige Kinder hingegen nutzen die gegebenen Mitwirkungsrechte in Gänze[113]. Die beherbergt eine weitere, nicht zu unterschätzende Chance. Der unselige Zusammenhang zwischen Motivations- und Disziplinproblemen (innerhalb der von Rolf Arnold 2008a, S. 24 so genannten Erzeugungsdidaktik mit ihrer Belehrungstheorie des Lernens und einem linearen Prozessverständnis von Lehrinput, welcher gleich dem Lernoutput ist) wird bei konsequent individualisiertem Unterricht produktiv aufgehoben:

- durch die grundsätzliche Bedienung des Autonomiebedürfnisses,
- durch das primäre und ungefilterte Erfahren eigener Leistungsfähigkeit und deren Grenzen,
- durch den Erfolg aus eigener Anstrengung inklusive der Um-, Irr- und Holzwege,
- durch die ungebremste Ideenfülle an realen Lernprojekten, die vorgeschlagen, aufgegriffen und verbindlich bearbeitet werden.

Zu erwähnen sind im Zusammenhang mit der Individualisierung der außerschulische Fern- und Hausunterricht. Im Zusammenhang mit der Förderung Hochbegabter wird dieser in Ansätzen seit langem diskutiert, vielfach jedoch

---

[113] Diese These ist der heute in vielen Schulen (noch) nicht vitalen Individualisierungskultur antinomisch. Dort „überleben" die Angepassten signifikant besser.

nur im Kontext der Nichtbeschulbarkeit[114]. Die Schulpflicht in Deutschland ermöglicht fast keinen der beiden Formen. Von *Fernunterricht* - distance learning - wird (besonders im englischsprachigen Raum) dann gesprochen, wenn Eltern auf Material von Fernschulen zugreifen. Umstände sind u.a. ein weit von der Schule liegender Wohnort, Reisetätigkeit, oder die Tatsache, dass im Ausland lebende Eltern möchten, dass ihr Kind einen heimatländischen Schulabschluss erhält. Von *Hausunterricht* - home schooling – ist die Rede, wenn Eltern ihre Kinder bewusst und freiwillig selber unterrichten bzw. unterrichten lassen. Der Unterricht kann mit Hilfe des Materials einer Fernschule durchgeführt werden, die Eltern können aber auch, je nach Eigeninitiative bzw. gesetzlichen Vorgaben, nach selbst entwickelten Programmen arbeiten (Heinbokel 2004 a, S. 11). Beide haben ein großes Individualisierungspotenzial, weniger auf der Seite der Vorlagen, sondern hinsichtlich der Offenheit von Kommunikation, didaktischer Zugänge, des Methodenarsenals und der Wiederholungsschleifen.

Als „Zwischenlösung" aber auch als eigenständiger Ansatz mag in diesem Zusammenhang das so genannte *Lerncoaching* dienen. Es richtet sich sowohl an Schul-Rekonvaleszenten als auch an jene Lerner, die mit ihrer Selbstorganisation, der Selbstmotivation oder/und der Prozessualität des individuellen Lernens im sozialen Vollzug (noch) überfordert sind.

> *Lerncoaching unterstützt und begleitet (...) Lernen auf vereinbarter Basis in geeigneten Lern- und Beratungssettings durch Methoden induktiver Beratung und Intervention mit dem Ziel, Aufgaben, Probleme, Situationen und Herausforderungen beim Aufbau und bei der Erweiterung von Lernkonzepten, Selbstmanagement und Wissensorganisation bewältigen zu können."*
> (Hameyer/Pallasch 2009, S. 4)

Das bedeutet einerseits einen vertrauten kommunikativ gleichgewichtigen Umgang einerseits und andererseits eine geteilte und gemeinsame Verantwortung gleichermaßen. Petersen et al (2009, S. 16) warnen daher auch, dass eine „authentische, nachhaltig befriedigende Bearbeitung und Lösung" nur dann erfolgen kann, „wenn die persönliche, individuelle Weltsicht des Coachee, dessen subjektive Konstrukte, Selbsteinschätzungen und Konnotationen als Basis für den Lerncoachingprozess verstanden und genutzt werden." Ob dass Hochbegabten ohne weiteres möglich ist, hängt von den individuellen Vorerfahrungen und der Persönlichkeit(en) ab. In der Praxis existieren Bereichte über ermutigende Ansätze (vgl. u.a. Kunath 2014; Hawener 2015).

Probleme im Prozess der Individualisierung können realiter aus falscher Einschätzung der Entwicklungsbesonderheiten Heranwachsender und den

---

[114] Für Interessierte:
http://www.dji.de/fileadmin/user_upload/bibs/229_4651_Doku_5_2005_schreiber.pdf (letzter Zugriff am 12.2. 2016)

damit im Zusammenhang stehenden unterrichtlichen Angeboten entstehen. Auch die eben erwähnte vordergründige Vermittlungsdidaktik, Probleme mit Lehrer- und Schülerrollen, sowie vorwiegend inaktiv-rezeptierend gestalteter Unterricht vermindern grundsätzlich die Einstiegs- und Vollzugsmotivation und orientieren (nicht nur) Begabte am unteren Limit eines kollektiv verorteten Leistungsvermögens.

Letztlich eine Ermutigung: Individualisierung stellt nicht das schulische Paradigma der intentionalen Gerichtetheit und des Erwerbs grundlegender Fähigkeiten und Kenntnisse in Frage. Jedoch wird darauf verzichtet, dass Lehrpersonen im Blick auf jeden Heranwachsenden von Null ausgehen (vgl. Grassmann 2011, S. 17). Gerade gelingende Akzeleration besonders bei begabten Kindern sind meist Folgen einer bereits gut funktionierenden individuellen und autonomen Zeitverwaltung durch das Kind und hervorragend korrespondierender inhaltlicher Verarbeitungsqualitäten.

Vertiefende Fragen und Aufgaben:
- Wo sehen Sie die aktuellen Grenzen von Individualisierung vor dem Hintergrund des deutschen Schulsystems?
- Individualisierung und Gruppierung bilden die Pole eines dialektischen Spannungsfeldes. Sammeln Sie Situationen, in denen gruppiert werden muss. Begründen Sie in diesem Zusammenhang die Notwendigkeit von Gruppenfähigkeit (nicht nur Hochbegabter).
- Diskutieren Sie ein vernünftiges Verhältnis von Individualisierung, Differenzierung und Phasen gleichschrittigen Lernens in der Gruppe.
- Benennen Sie die gewichtigen Hindernisse einer gelingenden Individualisierung. Gehen Sie vom System über die Institution, das Kollegium (der Lehrpersonen und der Kinder) bis hin zum Individuum.

Was Sie sonst noch lesen können:
- Klaffke, Thomas (2009). Rückmeldungen für selbstgesteuertes Lernen geben. Ein Beobachtungsbogen für Formen des Offenen Unterrichts. In: Lernende Schule 12 (2009) 46/47, Schulleitungsbeilage, S. 1-4
- Inckemann, Elke (2014). Binnendifferenzierung – Individualisierung – adaptiver Unterricht. In: Einsiedler, W.; Götz, M.; Hartinger, A.; Heinzel, F.; Kahlert, J.; Sandfuchs, U. (Hrsg.). Handbuch Grundschulpädagogik und Grundschuldidaktik, 4. Aufl. Stuttgart: UTB, S. 374-384
- Krammer, Kathrin (2009). Individuelle Lernunterstützung in Schülerarbeitsphasen. Münster: Waxmann.
- Bohl, Thorsten; Kleinknecht, Marc (2010). Lernumgebung und Aufgabenkultur im Unterricht. In: Bohl, Thorsten et al (Hrsg.). Handbuch Schulentwicklung. Stuttgart: UTB, S. 363-369

- Götz, Thomas (Hrsg.) (2011). Emotion, Motivation und selbstreguliertes Lernen, Paderborn

Offener Unterricht

> Alte und neue Weisheit
> mischen sich ausgezeichnet.
> Brecht (Der kaukasische Kreidekreis)

Vorab: Geht es wiederum lediglich um Lerneffekte, so hat der hier bereits mehrfach erwähnte John Hattie mit seiner Studie „Visible learning" den "Offenen Unterricht", bei ihm "open versus traditional classes" (Offenen gegenüber traditionellem Unterricht) genannt, recht schlecht aussehen lassen. Mit einer Effektstärke von $d = .01$ schadet er nicht, nützt aber auch nichts (vgl. Hattie 2013, S. 105). Dieser Befund hat medial[115], in der Schulpädagogik, besonders aber in der Grundschulpädagogik[116] kurzzeitig für helles Entsetzen gesorgt, das sich jedoch rasch legte. Hatties Analyse beruht auf 315 Studien (vier anglo-amerikanische Metastudien, die aus den siebziger Jahren des vorigen Jahrhunderts stammen) und die Anzahl der Effekte beträgt 333. Das rückt die Tatsache, dass er Offenen Unterricht als einen eigenen Einzelfaktor in seine Studie aufgenommen hat, in ein anderes Licht. Er stellt dabei selbst fest, dass die Praktizierung eines Offenen Unterrichts „an sich" keinerlei Aussagen bzgl. einer Veränderung (positiv oder negativ) zulässt. Sabine Schmeckel hat 2009 eine umfängliche Untersuchung des Offenen Unterricht in einer Schule analysiert und festgestellt, dass – sowohl in den Selbstbildern der Lehrenden und der Lernenden höchst differenzierte Vorstellungen von Offenheit des Unterricht determinieren. „Den" Offenen Unterricht scheint es daher nicht zu geben. Unabhängig davon sind Partikel und Bestandteile des offenen Unterrichts selbst bei Hattie mit hohen Effektstärken nominiert worden, etwa Enrichmentangebote ($d = .39$), das Lehrerfeedback ($d = .73$), problemlösender Unterricht ($d = .61$) sowie das vertrauensvolle Verhältnis zwischen Lehrperson und Lerner ($d = .72$). Alle diese, eng mit der Begabtenförderung zusammenhängenden Aspekte fließen in die

---

[115] Über die Rolle der Medien wurden bereits Aussagen gemacht. Problematisch sind tatsächlich Beiträge, in denen sich Verkürzungen (Abbreviaturen) mit übersichtlicher Fachkompezenz der Autor/in und flotter Headline-Journalismus vermischt. Kein auch noch so liberales Blatt ist davor gefeit. Die ZEIT titelte dann auch recht zeitnah: „Ich bin superwichtig! Kleine Klassen bringen nichts, offener Unterricht auch nicht. Entscheidend ist: Der Lehrer, die Lehrerin." (Spiewak 2013)

[116] Im Gegensatz zur Sekundarstufe I (und vor allem II) arbeiten eine Reihe von Grundschulen nach dem Konzept Offenen Unterrichts – und in summa sehr erfolgreich.

letztendliche Bewertung des Konzeptes mit ein, können aber – so wie es Hattie isoliert darstellte – nur als problematisch[117] etikettiert werden.

Was ist Offener Unterricht? Er ist zunächst ein Sammelbegriff für unterschiedliche pädagogische und didaktische Reformansätze (auf inhaltlicher, methodischer und organisatorischer Ebene) mit dem Ziel eines veränderten Umgangs mit dem Kind auf der Grundlage eines veränderten Lernbegriffes – im Gegensatz zum traditionellen *Lehr*-Lernkontext der Schule. Lernen, so das Konzept des Offenen Unterrichts, lebt von der aktiven Teilnahme des Lerners beim Aufbau neuer Sinnstrukturen. Es ist selbstbestimmt, sprachlich vermittelt und sozial bedeutsam. Es vollzieht sich ganzheitlich, ist auf konkrete Gegenstände und Situationen bezogen und zweckgerichtet. Auf Erwin Schwartz (1997, S. 146) geht die Kennzeichnung der Öffnungstendenzen zurück, die auch im Kontext der Hochbegabtenförderung von hoher Relevanz ist:

- *Öffnung zum Kind hin.* Damit werden die Subjektposition des Lernenden, seine Selbststeuerungskraft und die Fähigkeit, Unterricht mitentscheiden, mitbestimmen und mitverantworten zu können anerkannt.
- *Öffnung zur Gruppe.* Das Miteinander der Heranwachsenden muss für Unterricht, für Lernende und Lehrperson als eine das Lernen aktiv bereichernde Komponente produktiv gemacht werden.
- *Öffnung zum Nahraum des Gemeinwesens.* Schülerinnen und Schülern darf die künstliche Lern-Welt im Klassenzimmer nicht unter Ausschluss von Um- und Lebensweltzusammenhängen und/oder konträr kindlicher Sichtweisen durchaus zugemutet werden.

Falko Peschel (vgl. 2013, S. 1) unterstreicht, dass Offener Unterricht gerade die individuellen Lebensumstände der Lerner ebenso betont, wie Entwicklungsstände und -stufen des einzelnen Kindes. Sowohl sei Akzeleration eingebaut, denn jeder kann auf seinem Niveau arbeiten, als auch werde besonderer Förderbedarf berücksichtigt. Viele Begabte besitzen bereits in der frühen Kindheit eine exzellente Sinnstruktur, in die sie neue Erkenntnisse, Daten und Zusammenhänge zu ihren bestehenden neuronalen Clustern beifügen können. Das Konzept Offenen Unterrichts erlaubt es ihnen, danach unproblematisch(er), autonom jenen Fragen nachzugehen, die für das Subjekt bedeutsam sind. Diese können auch weit „vor" den Erkenntnishorizonten der anderen sein. Im besten Falle wird das in statu nascendi kommuniziert (vgl. Trautmann/Schmidt/Rönz 2009)

---

[117] Das betrifft sowohl die Konzeptentwicklung (vgl. Peschel 2003; Bohl/Kuchartz 2010) als auch die theoretische Verortung (vgl. Brügelmann/Brinkmann 2008). Letztlich fußt diese isolierte Darstellung u.U. auf der Einstellung von John Hattie zum Konstruktivismus.

Gerade eine für den Offenen Unterricht wesentliche grundsätzlich wertschätzende Lehrperson-Schüler-Beziehung inklusive der Nicht-Etikettierung (sehr hohe Effektstärke von $d = .61$ - vgl. Hattie 2013, S. 149) ermutigt alle Lerner, vermutlich aber besonders Begabte. Korrespondierende Effekte wie ein positives Selbstkonzept, die Reduktion oder Löschung lernbezogener Angst und eine habitualisierte Lernmotivation (hohe erwünschte Effektstärke $d = .48$ – vgl. Hattie 2013, S. 57) fallen ebenso ins Gewicht. Kommunikativ kann so im Verlauf der produktiven Lernauseinandersetzung, einzeln oder in der Gruppe, sprachlicher Austausch vollzogen werden – über Inhalte, die Methoden eigenständiger oder kollektiver Wissenserweiterung und deren Präsentation. Eine weitere Leitidee offenen Unterrichts ist es, Schule nicht als Kunst- und Schonraum zu begreifen, sondern die gesamte Umgebung des Kindes als potenzielle Lernanlässe zu nutzen. Eine solche Passung von Lernmethoden und Lernstilen erbringt rhythmisiertes, selbstreguliertes Lernen und intelligentes Üben u. A. durch reziprokes Lehren (hohe Effektstärken $d = .74$ – vgl. Hattie 2013, S. 242).

Die Konzepte des offenen Unterrichts werden fortlaufend evaluiert. Es besteht eine hohe Dichte an theoretischen und praktischen Beiträgen (vgl. u.a. Eichler/Schumacher 2015, S. 8; Giest 2015, S. 5 f.; Jürgens 2012, S. 6; Leitz/Jünger 2010, S. 11, Wagner 2014, 31 f.). Auch dieser fachliche Diskurs trägt zur Fortschreibung des Konzeptes bei und lässt Variationen zu.

Offener Unterricht wurde in der Vergangenheit fälschlicherweise oft ungeschützt dem Begriff des Frontalunterricht entgegen gesetzt. Auch das Antonym *geschlossener Unterricht* wurde vereinzelt in dieser Dieskussion gebraucht. Inzwischen hat sich der Terminus *traditioneller Unterricht* eingebürgert. Der bereits erwähnte Rolf Arnold macht den wesentlichen Unterschied deutlich, wenn er für den traditionellen Unterricht einen Wandel von der Erzeugungsdidaktik – mittels Belehrung des Lerners, einem linearen Prozessverständnis von Lehrinput = Lernoutput und einem fremd organisierten Wissenserwerb hin zu einer Ermöglichungsdidaktik (vgl. Arnold/Schüßler 2003) mittels Aneignung durch den Lerner mittels eines nicht-linearen, vernetzten Prozessverständnisses fordert. In einem solchen Offenen Unterricht steht der Lernoutput in Wechselwirkungsverhältnis zu vielfältigen Umweltbedingungen, gestattet eine situativ-flexible Unterrichtsplanung in der Schüler-Lernprojekte mittels operativem Denken realisiert werden können (vgl. Arnold 2008 a, S. 4). Diese Forderungen sind nicht neu. Tatsächlich beruht der Offene Unterricht auf einer Reihe von Reformansätzen[118] und vereinigt in sich Anleihen, Ideen und Elemente u.a.:

- der Projektmethode (vgl. Frey 2007)

---

[118] Für Interessierte: Herwig Blankertz, Herwig (1982). Die Geschichte der Pädagogik. Weinheim u. Basel: Beltz

- der Jenaplanpädagogik (vgl. Petersen 2014)
- der Arbeitsschulpädagogik (vgl. Kerschensteiner 1971)
- dem spielorientierten Lernen und dem Lernen im Spiel (vgl. Fröbel 1951; Winnicot 1973)
- der Montessori-Pädagogik mit dem Ansatz, vom Kinde her (zu) denken (vgl. Montessori 1967)
- der Phänomenologie (vgl. Wagenschein 1976)
- der z.B. in der Reggio-Pädagogik verankerten Erziehung durch die Gruppe (vgl. Reggio-Children 1998)
- der Erziehung des Erziehers (vgl. Makarenko 1988)

Aus der Heterogenität der Kinder erwachsen für Lehrerinnen und Lehrer höchste Individualisierungs- und Differenzierungsanforderungen, die von ihnen nicht hinreichend zu leisten sind. Eine Lösung unter anderen ist die Selbstdifferenzierung des Schülers. Sie ist - in den Prozessen offen gestalteten Unterrichts - leichter (durch den Lerner selbst) handhabbar als andere, z.B. externe Differenzierungsmodelle: Die Pädagogen planen auf der Grundlage ihrer kontinuierlichen unmittelbaren Kontakte und den aktuellen Lernverläufen mit den Kindern das entsprechende Aufgabenmaterial vor. Das bedeutet jedoch nicht, ein Konvolut „irgend welcher" Arbeitsblätter anzubieten. Im besten Falle werden die Kinder dazu erzogen, sich aus dem großen, aber gut geschnittenen Angebot selbst das auszusuchen, was sie für ihr Lernen „in der Zone der nächsten Entwicklung" (Wygotski) brauchen. Diese Kontur ist die Grundidee von offenen Lernformen wie:

- *Freiarbeit* (Unterrichtsabschnitte, in denen nach einem individuellem Plan überfachlich oder faschspezifisch gearbeitet wird),
- *Tagesplanarbeit* (Vorgabe von Aufgaben für den Schultag/den Unterrichtsabschnitt. Die Kinder planen und arbeiten in selbst gewählter Reihenfolge und im gesteckten Zeitrahmen des Tages),
- *Wochenplanarbeit* (Bei vorgegebenem Aufgabenpool planen und bearbeiten Kinder selbstständig die Reihenfolge und den Umfang der Aufträge im vorgegebenen Zeitraum einer Woche).

Korrespondierend können in diesen Arbeitsformen Regeln und Rituale eingeschoben werden, um auf die Spezifik der Lerngruppe zu reagieren - z.B. *Stille Zeit* (Kommunikationseinschränkung am Beginn einer Freiarbeits-/Wochenplanstruktur mit dem Ziel, dass sich jeder der Strukturierung seiner Aufgabe ohne Störung zuwenden kann).

In der Kennzeichnung offenen Unterrichts lassen sich mannigfaltig Ansätze impliziter Begabungsförderung erkennen.

- *Vielfältige Gelegenheiten zu selbstbestimmten Tätigsein* – dem von Begabten oft geäußerten Wunsch nach ungebremster, nicht von äußeren Zwängen geleiteten bzw. gedeckelten Aktivität wird hier entsprochen. Gleichzeitig müssen alle Schülerinnen und Schüler die in

der Klasse vereinbarten Rahmenregeln beachten. Dies schützt vor ausufernden Diskussionen einerseits bzw. vor Beliebigkeit andererseits.
- *Gemeinsames Helfen, Beraten, Auseinandersetzen und Metakommunizieren* – Gruppenprozesse sind immer an konkrete Kommunikation in bestimmten Strukturen gebunden. Begabte erfahren den Wert ihrer Arbeit sowohl in den präsentierten Ergebnissen, wie auch in den Lernprozessen selbst erst in der Kommunikation. Ansprechbarkeit innerhalb der Arbeit, das Aushandeln von Selbsttätigkeit und Teamarbeit und die Möglichkeit, Gelerntes lehrend, korrigierend oder erweiternd weiter zu geben, sind weitere Potenzen. Letztlich ist das Sprechen über Gesprochenes – die Metakommunikation – ein interessantes Lernfeld für Hoch- und Normbegabte gleichermaßen, sich in andere hinein zu versetzen, Denkwege zu begreifen und Verhaltensweisen zu deuten. Dieses Eindeutigmachen primär uneindeutiger Situationen durch Sprache gilt als ein Grundpfeiler sozialer Erziehung (vgl. Trautmann/Lee 2011, S. 144).
- *Begrenzte Freiheit eigene Zielsetzungen unabhängig von Erwachsenen zu realisieren* – Das Spannungsverhältnis von Freiheit und Gebundenheit ist in vielen traditionellen Unterrichtsabläufen stark zugunsten verpflichtender Handlungen verschoben. Offener Unterricht lässt Schülerinnen und Schüler an die Sache frei – unter dem Einhaltungsgebot allgemeiner Rahmenregeln.
- *Bewusst strukturierte Wechsel von individuellen Lernphasen und gemeinsamer, sowie angeleiteter Arbeit* – praktizierte Methoden des Erwerbs von Wissen, den Aufbau des Könnens, das Entdecken, das Fragen und das Problemlösen durch vielfältige Tätigkeiten (herstellend, symbolisch, darstellend, sozial usw.) können sich ergänzend eingesetzt werden. Das damit geforderte Bewusstsein der Kinder für das eigene Lernen lässt z.B. die Heranführung Begabter an notwendige Routinehandlungen (Ergebniskontrolle, Fixierung von Erkenntnissen) ebenso zu, wie das gemeinsame Beraten von Lern- und Arbeitsvollzügen im Plenum.
- *Erziehung durch Einsichtshandeln* – Grundlage ist die schrittweise Bewusstseinserweiterung, das eigene Tun (Lernen) als sinnstiftend und lebensweltlich einsetzbar zu erleben. Hinsichtlich der Begabtenförderung kann dies die eigene Anreicherung des Lernstoffs >für andere< oder sich selbst sein. Auch die Erkenntnisse hinsichtlich sozialer Regeln und lernmethodischer Reserven sind für viele Begabte ein essenzieller Erfahrungsgewinn.

Der konzeptionelle Verdienst Wulf Wallrabensteins (1991, S. 170) besteht in der Synthese von zehn Gütekriterien, denen Offener Unterricht grundsätzlich

genügen muss. Die eben aufgezählten Förderungsaspekte spiegeln sich hier in ganz eigentümlicher Weise wider:
1. *Methodenvielfalt* - Welche Anzahl und Mannigfaltigkeit enthält das Methodenportfolio der Lehrer/in? Und welche Methoden werden von den Lernenden als hilf- und erkenntnisreich empfunden?
2. *Freiräume* - Reales Vorhandensein von Freiräumen im Unterricht, die zur Vertiefung, Erweiterung, Anwendung, zum spielerischen, selbständigen, entdeckenden Lernen genutzt werden können? Dazu gehören auch die Großformen Wochenplanarbeit, Freie Arbeit, Klein-, Mittel und Großprojekte, Projektwochen, -tage?
3. *Umgangsformen* - Diese umfassen einen prinzipiell wertschätzenden Umgang miteinander, weiterhin gegenseitig einzuhaltende Regeln, Mediation, sprachliche Konfliktbearbeitung, Lob, Humor, Ermutigung, Trost.
4. *Selbstständigkeit* - Haben Schülerinnen und Schüler aktive Rollen bei der Steuerung von Lernprozessen inne? Existieren praktikable Helfersysteme? Nutzen Kinder Angebote nach den verbindlichen Lerntätigkeiten?
5. *Lernberatung* - Ist der Unterricht förderorientiert? Welchen Stellenwert haben Fehler in Lernprozess? Besitzen Lehrerinnen Diagnosekompetenz? Gibt es Lernberatung durch Schüler und Lehrer/in?
6. *Öffnung zur Umwelt* - Bietet der Unterricht direkte Umwelterfahrungen? Lernorte? Experten? Exkursionen?
7. *Sprachkultur* - Ist die direkte Kopplung von Sprache an Sinneserfahrungen gegeben? Existiert eine unverwechselbare Sprach- und Schriftkultur? Handlungs- und Produktionsorientierung?
8. *Lehrerrolle* - Wird Beziehungsarbeit gepflegt? Welche Qualität haben Lehrerfragen? Instrumente zur Krisenintervention? Geduld, Gelassenheit? Innere Zwänge?
9. *Akzeptanz des Unterrichts* - Wird Unterricht als gemeinsame Arbeit verstanden? Zeitmanagement? Erfahren Kinder Unterricht und Persönlichkeit der Lehrerin als positiven Zusammenhang?
10. *Lernumgebung* - Handlungsorientierte Materialien und Medien? Differenzierungsmaterial zum vertiefenden Arbeiten?

Die Kritikansätze am Offenen Unterricht sind – jenseits der angeblich indifferenten Effektstärken – vielfach in einem falschen Grundverständnis des Ansatzes begründet. Sie bestehen vor allem:
- in der Gleichsetzung freier Arbeitsphasen mit Inaktivität und Desinteresse durch Kinder und Lehrpersonen,
- in den Problemen der Lehrerinnen und Lehrer mit ihrem grundsätzlichen Unterrichtsverständnis und dem darin inhärenten Rollenwechsel,

- in mangelnder oder fehlender Vorbereitung der Lernangebote (Offener Unterricht bedeutet keinesfalls: „Mal überlegen ... was machen wir denn heute?")
- in der realen Mehrbelastung zwischen Lernberatung, Beobachtung, Classroom-Management und Vorbereitung/Nachbereitung,
- im Mangel an gegenseitiger Wertschätzung zwischen allen an Unterricht Beteiligten, Differenzen in der Schulorganisation usw.

Vertiefende Fragen und Aufgaben:
- Welche Chancen und Hemmnisse sehen Sie bei der Einführung Offener Unterrichtsformen?
- Ganz biografisch und individuell: Welche Rahmenregeln sind für Sie persönlich im (Offenen) Unterricht unbedingt erforderlich und unverhandelbar?
- Überprüfen Sie in Ihrem Kollegium die Qualität des aktuell veranstalteten Unterrichts an den oben genannten Kriterien. Diskutieren Sie miteinander die Ergebnisse. Legen Sie Wert auf die Darstellung des gelingenden Unterrichts.

Was Sie sonst noch lesen können:

- Wallrabenstein, Wulf (1991). Offene Schule – offener Unterricht. Reinbek: Rowohlt
- Peschel, Falko (2006). Offener Unterricht in der Evaluation Teil 1 + 2 - Idee, Realität, Perspektive und ein praxiserprobtes Konzept, 2. Aufl. Hohengehren: Schneider
- Jürgens, Eiko (2004). Die „neue" Reformpädagogik und Bewegung Offener Unterricht – Theorie, Praxis und Forschungslage. 6. Aufl. Sankt Augustin: Academia Verlag
- Bohl, Thorsten (2005). Prüfen und Bewerten im Offenen Unterricht. 3. überarbeitete Auflage. Weinheim und Basel: Beltz

Altersmischung

> Wie die Alten sungen,
> zwitschern bald die Jungen
> Volksmund

Vorab: Auch die Altersmischung erfährt in der auf Lerneffekte abzielenden Studie von John Hattie (2013, S. 109 f.) eine Würdigung mit geringer Effektstärke im Bereich von $d = .04$. Ich wiederhole hier nicht die kritischen

Einwände[119] sondern gebe zu bedenken, dass – wie in den mehrdimensionalen Lernprozessen innerhalb des Offenen Unterrichts – eine ganze Reihe korrespondierender Abläufe mit hohen Effektstärken qusi inkludiert ist. Gerade diese sind bei der Betrachtung der begabungsförderlichen Potenzen angezeigt.

Hinter dem Begriff der Altersmischung verbirgt sich tatsächlich die Zusammenlegung zweier oder mehrerer Jahrgänge zu einer Schulklasse, zu einem festen Stamm oder einer zeitlich festgelegten Lerngruppe (erw. nach Laging 1999, S. 1). Es geht um die produktive Auflösung des Systems der Jahrgangsstufen. Zunächst können bei externer Vorgabe von Klassengrößen rein formal jahrgangsübergreifende Lerngruppen gebildet werden. Hier ist eher die Rede von jenen „multiage" Klassen, die aus pädagogischer und didaktischer Überzeugung zusammengesetzt werden (vgl. hier Veenmann 1997, S. 263). Die Begriffe Jahrgangsmischung, Altersmischung, Jahrgangsheterogenität und Altersheterogenität werden oft synonym verwendet (vgl. Fischer 2008, S. 4). Korrespondierender didaktischer Begriff ist der jahrgangsübergreifende Unterricht. Zumindest in der Grundschule sind in Deutschland innovative Reformen in Gang gekommen was JÜL betrifft. Dies zeigen Ergebnisse im internationalen Vergleich und Fallbeispiele gelungener Begabtenintegration gleichermaßen (vgl. Bos et al. 2003). Tendenziell zeigt das lernen in jahrgangsübergreifenden Strukturen neutrale bis günstige Effekte bzgl. Schülerleistungen. Es wirkt sich vor allem dann günstig us, wenn Lehrperson Erfahrung mitbringt und sozusagen routiniert die Gruppe und das lernen managt. Letzlich haben JÜL-Gruppen positive Effekte vor allem auch für „Risikokinder" (vgl. hier u.a. Eckerth/Hanke 2009; Gölitz 2008; Götz 2006; Renner 2008; Wagener/Kucharz 2007). Da nach Schulte-Markwort extreme Hochbegabung ein Risiko für Entwicklung darstellt, kann dies ein Fingerzeig für Erträge sein (vgl. Wüsthof 2006, S. 23). Auch im Hinblick auf das soziale Lernen zigen sich günstige Effekte bezüglich der kindlichen Lernfreude, der Anstrengungsbereitschaft und insgesamt das schulisches Wohlbefinden. Eine ganze Reihe unterrichtsbezogener Interaktionen und Helfersituationen verfestigen sich über die „Jahrgangsgrenzen" hinweg" auf „hohem Niveau" (vgl. hier Wagener/Kucharz 2007, S. 154;

---

[119] Leider fehlt bei John Hattie (2013) eine direkte Angabe über die Breite der jeweils gemessenen Verteilungen in den jeweiligen Tabellen. Oft wird ein Standardfehler angegeben; aber dieser sagt zunächst nur etwas darüber aus, wie sicher man sich beim geschätzten Erwartungswert ist. Auch geht die Varianz der empirischen Studien in den Meta-Analysen durch die Mittelwertbildung bei der Kalkulation von Effektstärken verloren. Hattie nivelliert diese durch Mittelwertbildung mehrerer Effektstärken final völlig. Drittens schließlich macht Hattie selbst auf die mannigfaltigen, nicht synonymen Bezeichnungen aufmerksam (vgl. 2013, S. 109).

Wagener 2014). Thomas Trautmann (vgl. 2011 a, S. 93) resümiert auch eher mehrperspektivisch, was die Kontur von Altersmischung auszeichnet:

- Altersmischung »an sich« lässt sich kaum qualitativ kennzeichnen, sondern bedarf stets eines Blicks auf den Gegenstand und die Methoden.
- Jahrgangsklassen sind selbstredend ebenfalls altersgemischt, spreizt sich doch der Geburtstermin der Kinder über fast ein ganzes Jahr (mit Wiederholern in der ersten Klasse sogar weit darüber hinaus über ein Alter von 5 bis 8 Jahren).
- Drittens scheinen unterschiedliche Kinder auch höchst verschiedenartig mit dem Lernen zurecht zu kommen.
- Jahrgangsmischung scheint nicht gleich Jahrgangsmischung zu sein, sondern viele Modellansätze in sich zu vereinen.
- Fünftens schließlich sollte Altersmischung nicht ad hoc als grundsätzlich das Wesen von Schule verändernd verstanden werden. Von manchen als Heilsbringer per se verklärt, taugt sie für andere noch nicht einmal zum wirklichen Reformansatz.

Für die Hochbegabtenpädagogik sind Prozesse der Altersmischung aus verschiedenen Gründen interessant. Zunächst soll jedoch auf die Entstehung schulischen Unterrichts in Klassenstufenform reflektiert werden.

Exkurs: Die Idee der Jahrgangsklasse

Die Idee der Klassenstufen geht auf Jan Amos Komensky (Comenius) zurück. Seine Forderung nach Gruppierung der Kinder hinsichtlich ihres Alters war zunächst pragmatisch zu sehen.

> *Der Präceptor muss es in allen Stücken halten wie ein Officier, der seine Übungen nicht mit jedem Recruten einzeln durchnimmt ...damit der Präceptor dies kann, dürfen erstens die Schulen nur einmal im Jahr beginnen. - zweitens muss alles, was getan werden soll, so geordnet sein, dass jedes Jahr, jeder Monat, jeder Tag und sogar jede Stunde ein eigenes Pensum hat, wodurch alle gleichzeitig durchs Ziel geführt werden ...." (Comenius 1954, S. 122).*

Die Vision Komenskys bestand in der Forderung nach Bildung für alle Kinder des Volkes. Seine sozialen Erziehungsziele waren auf die Großgruppe gerichtet, auf das Lernen als *individueller Vorgang* im sozialen Vollzug. Seine revolutionäre Idee, die gleichzeitig eine illusionäre Hoffnung beinhaltete, bestand im Glauben, Menschen sollen zu gleichen Zielen in Bildung und Erziehung geführt und begleitet werden - und dies gleichzeitig, gemeinsam und zu identischen Zielen (vgl. hier auch Burk 1996, S. 11; Burk 2007,

S. 29). Diesem Bestreben sei im Kontext der Hochbegabung schon einmal zur Prophylaxe die Warnung Paul F. Brandweins entgegen gesetzt, dass nichts „ungerechter ist, als die gleiche Behandlung Ungleicher".
Die Jahrgangsklasse lebt heute in der überwältigenden Mehrheit deutscher Schulen. Sie existiert, weil Ziele und Inhalte über Jahrzehnte darauf abgestimmt wurden und Schule sich damit eingerichtet hat.

Vorteilsaspekte des Unterrichtens in Jahrgangsklassen sind u.a.:

- Lehrerinnen können konstatieren, Stoff bearbeitet zu haben - etwas als „*behandelt*" abzusetzen bzw. aufzugreifen
- Soziale Kontrolle der meisten Lernerinnen und Lerner
- Selbstillusion einer Kohorte leistungsähnlicher Kinder
- Geordnete Transportabilität von Inhalten durch gleichschrittiges Lernen. Lernen im Gleichschritt bezieht sich auf die Annahme, dass institutionalisiertes Lernen in der Regel in der Form einer parallelen Gleichschaltung der individuellen Lernprozesse geschehen kann bzw. muss (vgl. Arnold 2008 a, S. 24f.)
- Ermöglichung gleich- und ähnlichschrittigen Lehrens (vgl. hier Arnold/Schüßler 2003)
- Vielfalt didaktischer Konzepte

Nachteilsaspekte sind u.a.:

- Die Individualität der Kinder (Aufmerksamkeitsspanne, Interessen, Bedürfnisse, kognitive Eingangskanäle, sinnliche Erfahrungshorizonte usw.) welche nicht hinreichend bedient wird
- Die Lehr-Lernfalle. Diese Trennung von Lehren und Lernen beinhaltet u.a. die problematischen Konnotationen, wer lehrt, lernt nicht und: Lehren ist eine zwangsläufige Bedingung von Lernen. Darauf ist es zurückzuführen, dass wir in den Bildungssystemen der modernen Gesellschaft eher Belehrungs- als Lernkulturen antreffen (vgl. Arnold 2008 a, S. 24f.)
- Die Heterogenität der Gruppe
- Individuelle Lernbedürfnisse
- Lernen als *höchst individuelle, systemisch vernetzte Verhaltensänderung* kann nur erschwert stattfinden

Mit der Auflösung der Vision einer wie auch immer gearteten Entwicklungsgleichheit muss sich Schule nicht nur im Zusammenhang mit der Hochbegabtenförderung immer wieder fragen lassen, ob sie alle Potenzen kindlichen Lernens bedient.

Zunächst soll daher – um den Ansatz der Altersmischung verstehen zu können – auf die „allgemeine" Zusammensetzung einer Lerngruppe – nämlich als Jahrgangsklasse – geschaut werden.

Schulisches Lernen in altersgemischten Gruppen

> *... dan könnens vileicht nit vil lernen, so lernens doch stiller sizen und fassen immer mählich den catechismus mit...*

Vor 415 Jahren sah die Güstrow'sche Schulordnung von 1602 den Unterrichtsbesuch von Kleinkindern eher pragmatisch. Erst später erbrachten altersgemischte Lerngruppenbildungen im 19. Jahrhundert und in reformpädagogischen Konzepten in der ersten und zweiten Hälfte des 20. Jahrhunderts deren sachlich-strukturelle Konstituierung. Der massive Geburteneinbruch nach 1990 in den neuen Ländern führte zu Überlegungen, Kinder unterschiedlichen Alters – etwa in zersiedelten Gebieten - miteinander und voneinander lernen zu lassen. Um heute Altersmischung in der Schule einzurichten, bedarf es mindestens zweier Fragestellungen:
1. Aus welchen Gründen im Kontext der Schulentwicklung sollen Schülerinnen und Schüler altersgemischt lernen und arbeiten?
2. In welchen Traditionslinien steht das Vorhaben? (Gibt es Leit- und Vorbilder, Orientierungsmuster in der Literatur oder der schulischen Nachbarschaft? Ist dieses Modell in seinem Scheitern beschrieben worden? Wo ist Hilfe aus Behörde, Wissenschaft und Praxis?) Dies beinhaltet zudem zwingend den Erfahrungsaustausch mit Schulen, die altersgemischte Arbeit praktizieren, die sich bereits von mancher Illusion verabschiedeten aber deren Engagiertheit, deren Ideen und Reformwillen Mut machen wird, den Anfang zu wagen.

Einige Gründe „dafür" sollen aus der Sicht begabungsfördernden Lernens skizziert werden.
1. Miteinander agieren – Voneinander lernen.
Immer dort, wo Kinder mit- und voneinander lernen können - also in hinreichend offenen Strukturen, wird es eine Hilfs- und Begleitqualität geben. Treffen jüngere Hochbegabte auf ältere Normbegabte, so wird in Schule das Phänomen der Lebensweltbezüge produktiv nachgestellt – der ältere Freund, die ältere Freundin. Dazu kommen *Potenzen* der vielfältigen sozialen Bezüge zwischen Jungen und Mädchen, Kleinen und Großen, von Begabungsspitzen und Universalisten. Altersgemischtes Arbeiten schafft Zeit für einander - für Kinder und Lehrerinnen gleichermaßen. In diesen veränderten Zeitrhythmen kann an einer interessanten Sache gearbeitet werden. Interesse und die Bearbeitung entsprechender Inhalte ist eine Kategorie grundlegender Bildung, die in der *Verständigung über die Welt* mündet. Dazu gehört die

Fähigkeit, ein Thema für sich selbst zu entdecken, andere zu inspirieren und schließlich gemeinsam eine Aufgabe zu bearbeiten. Das ist mehr als das eindimensionale Helfe bzw. Hilfen erhalten[120]. Die vielfältigen Zusammenhänge von Individuum und Gruppe bedingen, dass jedes Kind *seinen* Platz findet. Dazu muss jeder:

2. Seinen Platz finden
Im Zusammen-Agieren von Gruppen unterschiedlichen Alters wirkt sich Heterogenität produktiv aus. Dies geschieht dann, wenn spezielle didaktische Felder, klare Umgangsformen und Helfersysteme zur Verfügung stehen. Untersuchungen stellten fest, dass gruppenkonformes Fortschreiten nach gemeinsamem Schulbeginn häufig Ursache frühen Schulversagens, *ungleicher Chancen* und primären Schulfrustes sind (vgl. u.a. Largo 2009; Wagener 2014 a; De Boer et al. 2007). Lernvoraussetzungen und Lernanforderungen klaffen immer stärker auseinander. Hochbegabte als Indikatoren exzellenter Selbstlernqualitäten werden ausgebremst. Im Pendeln durch Aufgabenebenen kann in altersgemischten Gruppen grenzenlos gearbeitet werden. Schleiermachers Forderung einer eigentümlichen Entwicklung wird hier Wirklichkeit - das im Kern unverfügbare Wesen Kind kann seine unverwechselbare Entwicklung nehmen[121].

3. Teamfähig werden
Während Gruppenfähigkeit in der frühen Kindheit mit Spiel- und Interaktionsfähigkeit gleichgesetzt wird, ist Teamfähigkeit zielgerichtet und ergebnisbezogen. Über das Miteinander-Agieren hinaus ergeben sich Sozialbeziehungen höherer Art. In altersgemischten Lerngruppen lassen sich fünf Qualitäten erkennen:
    a. Die Kinder können vielfältige Sozialkontakte zu älteren, gleichaltrigen und jüngeren Kindern nutzen, pflegen und ausbauen.

---

[120] Viele Hochbegabte können mehr als ihre gleichaltrigen Mitschüler und Mitschülerinnen. Lehrpersonen reagieren auf diesen Fakt meist mit der Bitte, anderen Kindern zu helfen. Ständig Hilfe geben zu müssen, ist ebenso anregend wie aufregend – entmutigt aber auf Dauer ebenso, wie es das eigene Könnenslevel und die Leistungswahrnehmung verzerren kann (vgl. Trautmann 2011, S. 101).

[121] Im Jahrgangsunterricht beklagen Hochbegabte mitunter fehlende Motivationsimpulse durch »Klügere« bzw. »Kreativere« oder zumindest eine Begegnung auf Augenhöhe, die ein gemeinsames oder konkurrierendes Abtauchen in fantastische Denk- und Lernwelten in Aussicht stellen (vgl. Trautmann 2011, S. 102). Dies muss durch die einfache Umwandlung in eine altersgemischte Stammgruppe per se nicht anders werden. Es geht grundsätzlich um die Veränderung kommunikativer Strukturen in Klassenräumen und Lernumgebungen.

b. Kommunikative und kooperative Einzelaktivitäten erzeugen in Altersmischung ein prinzipiell verändertes Gruppen- und Schulklima (vgl. hier Klaas 2013)
c. Kinder lernen Gemeinsamkeiten kennen, üben sich im sozialen Umgang und partizipieren an den unterschiedlichen Denk- und Herangehensweisen jedes einzelnen.
d. Schülerinnen und Schüler können sich in der Geborgenheit der Gesamtgruppe in der Auseinandersetzung üben.
e. Kinder bauen sich einen Handlungs- und Organisationsrahmen jenseits von Unterricht und Schule auf, der umfänglicher ist, als traditionelle Kindernetze.

Hochbegabte können in diesen vielfältigen Teambildungs- und Festigungsprozessen sowohl von ihrer meist ausgeprägten sozialen Sensibilität Gebrauch machen als auch diese lernen. Eher eigensinnige, dissoziative oder wenig sozialisierte Kinder[122] können an unterschiedlichen Mustern partizipieren und erfolgreiche Strukturen übernehmen.

4. Lernen durch Lehren und Lehren durch Lernen
Ein Paradigma der Pädagogik sagt aus, dass Gelerntes sich am ehesten festigt, wenn man mit anderen darüber in Kommunikation tritt. Diese kann belehrend, erklärend, diskursiv oder vermittelnd sein. Alle diese Möglichkeiten können Kinder altersgemischter Gruppen nutzen, da ein großes Hindernis der Lehr-Lernkommunikation wegfällt. Altersmischung muss mit geöffneten Unterrichtsphasen gekoppelt sein. Bei all diesen Vorgehensweisen ist die Veränderung des Status bei den Schülerinnen und Schülern Programm - *„Jüngerer – Älterer"* und nach Wechsel wieder *„Jüngster"* im neuen Verbund zu sein, ist eine bereits von *Makarenko* in den zwanziger Jahren des vorigen Jahrhunderts in seiner Gorki-Kolonie kultivierte Modalität der Umkopplung von Führungsaufgaben gezeigt worden. Damit besteht auch kaum die Gefahr, dass sich hoch begabte Kinder von vorn herein von unterrichtlichen Aktivitäten abkoppeln, weil sie alles bereits wissen. Mindestens drei Gründe sprechen dafür. Erstens sind die ausgewählten Lehrplaninhalte überfachlich und auf die Anforderungen mehrerer Jahre hin konstruiert. Zweitens muss der Unterricht bei Altersmischung so offen sein, damit die unterschiedlichsten Lernansätze der heterogenen Schülerschaft auch realiter Berücksichtigung finden. Drittens schließlich tritt hier wirklich Flexibilisierung der individuellen Förderung ein, indem die Lehrperson dort Impulse

---

[122] Petermann et al. (2008, S. 116) erwähnt in diesem Zusammenhang, dass soziale und emotionale Kompetenzen als Schutzfaktor für die Ausbildung von Verhaltensauffälligkeiten, wie aggressives Verhalten, Delinquenz und Substanzmissbrauch, im Kindes- und Jugendalter dienen. Ferner beschreibt die Autoren, dass der frühe Schulerfolg und die Schulleistung entscheidend vom sozial- emotionalen Entwicklungsstand der Kinder abhängen.

gibt, wo sie konkret hingehören – und nicht coram publico bzw. allgemein über die Köpfe der Lernenden hinweg (vgl. hier Trautmann 2011 a, S. 104). Das Lernen hochbegabter Kinder in altersgemischten Lerngruppen bedient die z.B. von James T. Webb geforderten realen Möglichkeiten für ein hoch flexibles Lerntempo im Schulalltag.

- ➢ Frühe(re) Einschulung (in einer Stammgruppe mit wenig Problemen möglich, da bereits Altersmischung besteht und pro Turnus lediglich ein Drittel neuer Kinder hinzu kommen) Dies macht zusätzlich Einschulungen im Schuljahr denkbar.
- ➢ Überspringen von Klassen (durch deren Auflösung in Stammgruppen realistisch, weil das Kind im Sozialverband bleibt).
- ➢ Kurse auf höherer Ebene (implizit möglich, zusätzlich besteht die Möglichkeit des Drehtür-Enrichments).
- ➢ Kompaktkurse (etwa durch Teilnahme an Projekten anderer Stammkurse oder Besuch von Lehrveranstaltungen in höheren Klassenstufen).
- ➢ gleitender Fortschritt in der eigen Gruppe und gleichzeitige Teilnahme in einer anderen (durch Pendeln zwischen den Anforderungslevels).
- ➢ Erwerb von Scheinen durch Prüfungen (entfällt, wenn man nur an die Grundschule denkt. Im gymnasialen Feld kann dies durch Teilnahme am Juniorstudium geschehen. Die „neue" altersgemischte Gruppe ist dann das Seminar).

Modalitäten der Altersmischung
Bezüglich einer empfehlenswerten Form der Altersmischung gibt es höchst unterschiedliche Auffassungen. In der Praxis der Grundschule gibt es u.a. Modelle der gemeinsamen Arbeit:
- Klassenstufen 1- 4
- Vorschüler + Klassenstufe 1 + Klassenstufe 2, sowie Klassenstufen 3 und 4
- Erst-, Zweit- und Drittklässler im Stamm, Viertklässler als Kurs

Strukturell kann Altersmischung erfolgen in:
- festen und teilflexiblen Stammgruppen,
- jahrgangsübergreifenden Projekten,
- Lernwerkstatt- bzw. Stationsarbeit mit variierenden, altersinhomogenen Gruppen,
- jahrgangsübergreifendes Arbeiten unter jahrgangsbezogenen Strukturen

Kritik an der Altersmischung

Abschließend seien kritische Ansätze knapp angerissen, die – meist schulpolitisch – in die Argumentation über Strukturen und deren Veränderungen eingebracht werden. Altersmischung heute ist keine Rückkehr zur *Zwergenschule*. Das Modell der aktuellen Altersmischung, etwa in Form der *kleinen Grundschule* folgt nicht dem im 19. Jahrhundert existierenden Schultyp. Dessen Merkmale, wie ausschließlich frontale Arbeit, belehrende Kommunikation, unrhythmisierte Eintönigkeit, inaffine Repräsentationsformen und weitgehend rezeptive Schülertätigkeiten, fehlen. Organisation von Unterricht und Schule folgt gänzlich anderen Mustern. Auch wird *der Unterricht nicht schlechter*. Aus verschiedensten Untersuchungen kann dies ausgeschlossen werden (Hanke 2007; Helbig 2008; Kuchartz/Wagener 2007). Anders gesagt Man kann diesen Unterricht tatsächlich ruhigen Gewissens praktizieren, wenn er hinreichend offen ist und das notwendige Potenzial an Regeln, Umgangsformen, Kommunikation und Inhalten aufweist. Auch die Devise: *Nur noch Altersmischung* steht weder schulpolitisch noch didaktisch auf der Agenda. Lernen in altersgemischten Gruppen steht gleich berechtigt *neben* dem Lernen in Jahrgangsklassen. Die spezifischen Chancen, die umfänglichen Aufgaben im Unterricht stehen in einem Spannungsfeld zu den Möglichkeiten des Kollegiums, der einzelnen Lehrerin, flankierender Beratungshilfen und den rechtlichen Rahmenbedingungen. Hinsichtlich der Begabtenförderung hat sie jedoch ein unverwechselbares Reservoir an Möglichkeiten.

Vertiefende Fragen und Aufgaben:

- Stellen Sie Ängste und Befürchtungen von Lehrpersonen gegenüber dem altersgemischten Unterricht zusammen. Diskutieren Sie danach mögliche Argumentationsansätze zur eventuellen Zerstreuung dieser.
- Welche Probleme auf sozialer und fachlicher Ebene kann ein (hochbegabtes) Kind bekommen, wenn es aus einer Klasse in eine altersgemischte Lerngruppe kommt und umgekehrt?
- *„Wir haben kein Materialproblem, sondern ein Handlungsproblem"*, so der Psychologe und Erziehungswissenschaftler Andreas Helmke im Hinblick auf die Professionalierung von Lehrkräften für den Unterricht. Klären Sie das Verhältnis von Materialangebot und Lehrerprofessionalität für die Kontur des altersgemischten Lernens.

Was Sie sonst noch lesen können:

- Eckerth, Melanie; Hanke, Petra (2009). Jahrgangsübergreifender Unterricht: Ein Überblick. Zeitschrift für Grundschulforschung, 2, S. 7-19

- Laging, Ralf (Hrsg.) (1999). Altersgemischtes Lernen in der Schule. Baltmannsweiler: Schneider (Grundlagen der Schulpädagogik Bd. 28)
- De Boer, Heike; Burk, Karlheinz; Heinzel, Friederike (2007). Zur (Wieder-) Entdeckung der Altersmischung. In: De Boer, Heike; Burk, Karlheinz; Heinzel, Friederike (Hrsg.). Lehren und Lernen in jahrgangsgemischten Klassen. Frankfurt am Main: Grundschulverband – Arbeitskreis Grundschule e.V.
- Kucharz, Dietmut/Wagener, Matthea (2007). Jahrgangsübergreifendes Lernen. Eine empirische Studie zu Lernen, Leistung und Interaktion von Kindern in der Schuleingangsphase. Baltmannsweiler: Schneider
- Lang, Eva; Grittner, Frauke; Rehle, Cornelia; Hartinger, Andreas (2009). Das Heterogenitätsverständnis von Lehrkräften im jahrgangsgemischten Unterricht der Grundschule. In: Hagedorn, J., Schurt, V., Steber, C. & Waburg, W. (Hrsg.). Ethnizität, Geschlecht, Familie und Schule. Heterogenität als erziehungswissenschaftliche Herausforderung . Wiesbaden: VS Verlag. S. 315-331

Spezielle didaktische Möglichkeiten in der Schule

> Die wirklich großen Geister
> haben alle die Schule
> nicht gebraucht
> Wilhelm Quante

Nach den prinzipiellen Untersuchungen schulischer Möglichkeiten sollen im Folgenden ausgewählte Ansätze dargestellt werden, die grundsätzlich dazu geeignet sind, Begabungen zu fördern. Diese Ansätze können prinzipiell in didaktischen Prozessen wirken, aber auch additiv angeboten werden.

Philosophieren mit Kindern und Jugendlichen (PmKJ)[123]

> You can´t have your cake
> and eat it.
> Englisches Sprichwort

Die „eigentliche" Philosophie befasst sich allgemein mit wichtigen Sinnfragen menschlichen Daseins. Immanuel Kant strukturiert diese in erkenntnistheoretische (Was kann ich wissen?), ethische (Was soll ich tun?), metaphysische (Was darf ich hoffen?) und anthropologische Fragestellungen (Was ist der Mensch?). Das Philosophieren mit Kindern und Jugendlichen greift solche und andere grundlegenden Fragen aus verschiedenen Bereichen auf: moralisch-ethische, naturwissenschaftliche, geschichtliche etc. In den letzten zwanzig Jahren hat das Philosophieren mit Kindern und Jugendlichen auch in eine Reihe von Unterrichtsfächern Einzug gehalten[124]. Auch das Philosophieren als Unterrichtsprinzip (vgl. Auzinger 2010; Bauer 2008) hat sich inzwischen etabliert. Quasi lässt sich Unterricht philosophisch fermentieren und damit anregender machen für die Kinder. Seine Inhalte können mit dieser Grundhaltung ohne jeden zusätzlichen Zeitaufwand vertieft und erweitert werden. Erklären weicht dem Klären und gleichzeitig wird das gegenseitige Interesse der Kinder aneinander stärker – der Frager und die Antwortende

---

[123] Für Interessenten:
http://www.unesco.de/philosophieren_mit_kindern.html
http://www.kinderphilosophie.ch/
http://www.philosophieren-mit-kindern-hamburg.de/

[124] Im Hamburger Rahmenlehrplan 2003 wurde das Philosophieren oder gemeinsame Nachdenken mit Kindern als ein Unterrichtsprinzip an den Grundschulen etabliert, „um alle Fächer und Lernbereiche um eine Dimension der Nachdenklichkeit zu bereichern" (Schreier/Michalik 2006, S. 62). Beim Philosophieren mit Kindern als Unterrichtsprinzip wird Raum und Zeit für neue Zugänge, für Verknüpfungen zwischen den Gegenständen gegeben.

denken miteinander nach. Das vorrangige Ziel ist darin zu sehen, eine Nachdenklichkeit als Haltung zu etablieren und die Kinder anzuregen, sich mit ihrer Lebenswelt und den konkreten Inhalten des Unterrichts auseinanderzusetzen (Schreier/Michalik 2006, S. 62). Barbara Brüning (vgl. 2001, S. 18) führt ebenfalls an, dass der grundschulische Lehrplan für diese Altersstufe vielfältige Möglichkeiten zum Philosophieren bietet.

Kristina Calvert betont in diesem Zusammenhang jedoch, dass es von den Bedürfnissen der Kinder abhängig gemacht werden müsse, welche dieser Fragen in das Zentrum des Philosophierens gestellt wird (vgl. Calvert 2002; 22). Hößle und Michalik (2005) betonen den Schwerpunkt Philosophieren als Unterrichtsprinzip als Erweiterung des Philosophierens im Rahmen eines eigenständigen Unterrichtsfaches, wie es auf der Sekundarstufe des Gymnasiums üblich ist. Potenzen liegen im Philosophieren mit Kindern und Jugendlichen als integraler Bestandteil des (Fach-) Unterrichts, das zu einer Vertiefung und Bereicherung der Auseinandersetzung mit Sachwissen beitragen soll und auch im Dienste allgemeiner pädagogischer Zielsetzungen steht (vgl. Michalik/Wittkowske 2010).

Beim Philosophieren mit Kindern *über die Natur* - einen sich ebenfalls etablierten Zweig des PmKJ in Schule – werden Kinder dazu angehalten über die Phänomene der Biologie nachzudenken, und so der Biologie und ihrer Methodik näher zu kommen (guter Überblick in Calvert/Hausberg 2011). Sich der Biologie auf dem Wege des Selber Denkens, vom Anderen her Denkens und des Weiterdenkens zu nähern, den philosophischen Dreischritt (vgl. Calvert 2008, S. 20) zu gehen. In PhiNa werden Kinder dazu ermuntert, über Naturphänomene zu staunen und Fragen zu formulieren, die in unterschiedlicher Weise erforscht werden können. [...] Calvert und Nevers (vgl. 2008) gehen dabei davon aus, dass die gleichen sprachlich-analytischen Fähigkeiten, die für erfolgreichen naturwissenschaftlichen Unterricht wichtig sind, auch durch Philosophieren trainiert werden können. Für Freese (2002, S. 78) ergibt sich daraus die Notwendigkeit, die Schülerinnen und Schüler dazu zu befähigen und zu motivieren, „durch eigenes Nachdenken sich der Unstimmigkeiten, Lücken und Begrenztheit ihres Wissens bewusst zu werden, weiter zufragen und zu erkennen, wie wenig sie wissen".

Ausgangspunkt soll das „Grundrecht des hochbegabten Kindes (..) auf das Fragenstellen" (Ahl 2011, S. 5) sein, das primär dem Wundern und Staunen entspringt. Dem ist noch hinzuzufügen, dass dieses Grundrecht nicht nur dem hochbegabten Kind zuerkannt werden darf, sondern allen Kindern eingeräumt werden muss. Auch in den Fähigkeiten wie Skepsis zu entwickeln und zu artikulieren, eine Vielfalt von Perspektiven einzunehmen, abzuwägen und zu bewerten, eigenen Gedanken und Ideen nachzugehen, auch wenn sie nicht dem Standard entsprechen, wird die Manifestation intellektueller Begabungen gesehen. Diese Fähigkeiten werden in den gängigen Varianten von Unterricht nicht sonderlich gestärkt und brauchen Bedingungen für ihre Entwicklung (vgl. Lampert 2009, S. 15, 77).

Die Kinderphilosophie, aus der amerikanischen Tradition der „Philosophie für Kinder" (P4C – Philosophy for children) entstanden, hat inzwischen einen eigenen Wissenschaftskanon der zu vermittelnden philosophischen Inhalte entwickelt. Dieser Kanon stellt die Fähigkeitsentwicklung, in logisch-diskursiven Begriffen zu denken, in den Vordergrund des Philosophierens (vgl. Calvert 2003, S. 12; Bauer 2008, S. 74). Dabei geht es darum, mittels des analytischen und des kreativen Denkens die synthetischen Denkfähigkeiten der Kinder auszubilden. Während das zu behandelnde Problem durch das analytische Denken in kleine Einheiten wie bspw. Begriffe, Argumente und Informationen zerlegt wird, meint das kreative Denken eine Kombination dieser einzelnen Bausteine zu neuen Ideen, Argumenten und Meinungen. Das synthetische Denken stellt schließlich die Kombination beider Denkbewegungen dar (vgl. Calvert 2004, S.18; Hausberg 2013 a). Diese Entwicklung von Denkfähigkeiten bestimmt im besten Falle letztlich auch, wonach sich die Zielsetzungen im Unterricht ausrichten. Unterschieden werden theoretisch philosophische und außerphilosophische Ziele, die in praxi jedoch kaum ausdeterminiert werden können. Bei Ersterem steht die Ausbildung philosophischer Urteilsfähigkeit durch synthetisches Denken und die Entwicklung einer Dialoggemeinschaft *communty of inquiry* (Lipman et al. 1980) im Vordergrund der Lernprozesse. Als außerphilosophisches Ziel wird z.B. die Entwicklung interkultureller Kompetenz genannt und auf die Befähigung zur eigenen Lebensgestaltung mit dem Schwerpunkt der Entwicklung von Konfliktlösungsfähigkeiten antizipiert.

In Deutschland hat sich inzwischen im Unterschied zur philosophy *for* children der Ansatz des Philosophierens *mit* Kindern und Jugendlichen (PmKJ) entwickelt. Barbara Brünings theoretischer und inzwischen weiter ausdifferenzierter Ansatz (vgl. Brüning 1990; 21 ff; Brüning 2004) des „Philosophierens mit Kindern" folgt der Überzeugung, dass Kinder bereits im Grundschulalter die kognitiven Fähigkeiten besitzen, die das gemeinsame Philosophieren mit ihnen ermöglicht. Philosophieren beginnt dann, wenn Kinder in einem Dialog über einen Gegenstand von allgemeiner Bedeutung reflektieren und dabei die philosophischen Grundstrukturen (Er)klären, Begründen und Infragestellen realisieren, die stets interdependent (in gegenseitiger Durchdringung) auftreten. Methodisch ist das sokratische Gespräch als zentrale Theorie zu nennen, das sich an der Mäeutik (Hebammenkunst für Argumente T.T.) des platonischen Sokrates orientiert. Trautmann 2005 betont den induktiven Charakter dieser Reflexionsprozesse, d.h. das Gespräch bezieht sich auf durchaus „schwierige Fragen", die sich nicht mit ja oder nein beantworten lassen, sondern vielmehr verschiedene Deutungsmöglichkeiten anbieten, die mit gedanklicher und sprachlicher Klarheit dargestellt werden können (vgl. auch Hausberg 2013 a). Als Grundlage dieser Klarheit dient die Auseinandersetzung mit Begriffen (verschiedene Formen der Begriffsexplikation), die auf ihre Bedeutung hin überprüft werden. Meinungen werden hinsichtlich ihrer Gründe überprüft und helfen, das Nachdenken in kleinen Schritten zu entwickeln. Hoch begabte Kinder erkennen meist rascher, dass es auf bestimmte Fragen tatsächlich keine eineindeutigen Antworten geben kann. Sie werden daher sowohl substanziell (an der Sache) grübeln als auch versuchen auf einer Metaebene nachzudenken (etwa, warum grundsätzlich alles in Zweifel zu ziehen sei). Für Lehrpersonen ergibt sich dabei eine Gratwanderung. Sie müssen sowohl moderieren als sich auch grundsätzlich zurück halten, um die Gruppe nicht zu dominieren.

Zentraler Ansatz des von Kristina und Charles Calvert (vgl. Calvert/Calvert 2001, S. 9, weiterhin Calvert 2008), entwickelten philosophiedidaktischen Ansatzes ist es, dem kreativen Denken - das bisher, ebenso wie das analytische Denken, lediglich als ein Mittel zum Zweck gesehen wurde, um die Kinder zum synthetischen Denken zu führen - eine eigenständige Rolle zukommen zu lassen. Basis ist u.a. die Philosophie der symbolischen Formen (Cassirer 1973; Langer 1984), nach der das Philosophieren *neben* dem logischen und begrifflichen Denken auch mythische und ästhetische Formen beinhaltet. Diese können u.a. in Bildern, Symbolen und Metaphern zum Ausdruck kommen. Die Berücksichtigung solcher Formen divergierenden Denkens, die mehrdeutige (präsentative) Begriffe und Vorstellungen zulässt, erweitert die Verengung des Philosophierens auf die eindeutige (diskursive) Begriffsarbeit. Kerstin Michalik (2013, S. 640; 2015, S. 177) betont die damit geschaffenen vielfältigen eigenen Ausdrucksmöglichkeiten kindlichen-philosophischen Denkens.

Die Kinder sprechen, schreiben, malen oder spielen individuell und in der Gruppe entsprechend dem Dreischritt aus eigenem Denken - Miteinanderdenken – Weiterdenken. Es geht nicht darum, endgültige Antworten im Sinne der Synthese, die „eine" Wahrheit zu finden und/oder sich auf das beste Argument zu einigen. Stattdessen wird anerkannt, dass jedes Subjekt seine eigene Wahrheit besitzt. Die thematische Orientierung ergibt sich dabei stets aus einer philosophisch relevanten Frage, die den Anstoß zum Denken liefert (vgl. Calvert 2003, S. 11 f.). Das in der Folge angestrebte „offene Deuten von Deutungen" besitzt mehrere Vorteile:

- Alle Teilnehmer sind gleichzeitig Fragende, Wissende und Ahnende, die erst im Austausch zu einer Konstruktion von aktueller „Wahrheit" zum Konsens[125] gelangen.
- Lehrpersonen können nicht aus ihrem Erfahrungsvorsprung schöpfen und den Kindern ihre Imperative übermitteln. Damit verbunden

---

[125] Gegenwärtig existieren vier Wahrheitstheorien. Die konstruktivistische Theorie einer „Konstruktion von Wahrheit innerhalb sozialer Prozesse" ist gegenwärtig die am meisten diskutierte (vgl. Caysa 1997; Trautmann/Trautmann 2016). Die argumentativ geforderten *Verhandlungen mit Kindern* treffen ebenfalls den Kern der Konsenstheorie. Danach ist Wahrheit jene durch Konsens von (kindlichen) Experten festgestellte Sichtweise (vgl. hier Habermas 1984, S. 130).

ist eine völlig neue Rolle im Unterrichtsprozess, die zunächst ebenfalls Lernprozessen unterworfen ist.
- Kindern wird keine einseitige Denkschulung zugemutet. Besondern hochbegabten Kindern wird damit eine fremdverordnete Enge im Denken abgenommen.

Philosophieren mit Kindern und Jugendlichen ist somit ein logisch-argumentativer und kreativer Prozess (vgl. Calvert 2003, S. 11), der bei den Fähigkeiten der Schüler ansetzt:
- eigenständig und vernetzt zu denken und zu variieren,
- sich auf Denkprozesse anderer einzulassen und diese zu verfolgen,
- sich in das Denken anderer hineinzuversetzen und empathisch zu (re)agieren,
- das eigene Denken auf Widersprüche hin zu überprüfen, Positionen zu verteidigen und diese gegebenenfalls zu korrigieren.

Begabte Kinder können in diesen Prozessen ihre Neugier, die Fähigkeiten des Wunderns und das Verlangen nach Orientierung in der Welt ausleben, bewusst zu grübeln (intrapersonale Intelligenz), ihre eventuell vorhandene sprachliche Eloquenz und die Logik der Gedankenführung erproben und erweitern, sowie die allgemeinen Regeln einer vernünftigen Kommunikation trainieren.

Beim Philosophieren mit Kindern geht es zunächst darum, den Heranwachsenden zu ermöglichen, eigene Gedanken und Vorstellungen zu philosophisch relevanten Themen sprachlich oder/und bildkünstlerisch auszudrücken. Damit einher geht die Einübung und Festigung von Sozialkompetenz. Der Austausch der Gedanken in der Gruppe führt nicht nur zu einem besseren Kennenlernen des anderen, sondern auch zu einem insgesamt toleranteren Umgang miteinander (vgl. Hausberg 2013 a). Beim Philosophieren mit Jugendlichen kann auf der Grundlage gelesener Werke das gemeinsame Nachdenken über ethisch konturierte Begriffe und Prozesse erfolgen (vgl. Marsal 2007, S. 61). Dabei lassen sich unschwer Beziehungen zu anderen Gebieten knüpfen und Querverbindungen herstellen, so z.B. das Verhältnis Mensch – Schöpfung, Glück, Freundschaft – sogar Begabung (etwa in Hermann Hesses *Glasperlenspiel* – vgl. Hesse 1987, S. 112 f.).

Bei der Analyse der Methoden des Philosophierens unterscheidet man zwischen:
- dem philosophischen Gespräch,
- dem „lauten Denken" nach bestimmten Regeln (Trautmann 2010, S. 91),
- dem Zeichnen von Bildern und Anfertigen eigener Texte,
- dem musischen Philosophieren (vgl. hier Dietrich 2015, S. 79),
- den spielerischen Elementen,
- produktive Mischformen der o.g. Methoden.

Eine Reihe von Autorinnen (Köchel 2005, Höger 2007; Völzer 2008) hat in einer Untersuchung die Förderungsmöglichkeiten hochbegabter Kinder am Beispiel des Philosophierens mit Kindern herausgestellt. Karin Auzinger (2010) tat dies aus österreichischer Sicht. Sie kommt zu einer ganzen Reihe interessanter Ergebnisse, die für eine generelle Neubewertung der Unterrichtskommunikation stehen können:

- Das philosophische Gespräch benötigt eine Atmosphäre gegenseitiger Akzeptanz, in der jeder seine Gedanken ausformulieren kann. Dabei spüren die Schülerinnen und Schüler, dass ihre Gedanken und Meinungen zum Thema erwünscht sind und dass sie Kritik äußern dürfen, ohne dass sie übel genommen wird. Sie haben darüber hinaus das Recht, Fragen zu stellen, um die Antworten gemeinsam zu suchen. Unter der Bedingung der gegenseitigen Wertschätzung gilt es, sich Klarheit (nicht unbedingt Klärung) über ein philosophisch relevantes Thema zu verschaffen.
- Der jeweilige Gesprächsleiter wertet die Aussagen der Kinder nicht, sondern moderiert zurückhaltend bzw. gibt Impulse – er bezieht Gedanken aufeinander, gibt Strukturierungshilfen und offeriert sie den Schülern zum weiteren Bedenken. Weiterhin ermuntert er die Kinder, die eigene Meinung zu begründen, um sie für die anderen nachvollziehbar zu machen. Ansonsten befolgt der Gesprächleiter die sokratische Gesprächsregel, sich zurück zu halten.
- Um auf eine philosophische Frage neben eindeutigen ebenfalls mehrdeutige Formulierungen akzeptieren zu können, kommt der Rolle des Moderators bzw. Gesprächsleiters eine ganz besondere Funktion zu. Im Sinne einer sich sukzessive aufbauenden Erkenntnis (inklusive progressiver als auch retardierender Schwingungen) stellt er offene Fragen, die der Erhellung und Weiterentwicklung des Themas dienlich sind. Es geht nicht darum, lediglich eine Antwort zu provozieren, sondern möglichst zu neuen Fragen anzuregen.
- Wesentliche Voraussetzung ist dabei, dass die Äußerungen der Gesprächsteilnehmer ihren wirklichen aktuellen Überzeugungen entsprechen. Keiner soll eine Meinung vertreten, von der er nicht tatsächlich überzeugt ist. Für Hochbegabte bedeutet dies eine Erleichterung seitens ihres mitunter sehr konservativen Wahrheitsverständnisses und ihrer ethischen Überzeugungen. Die Kinder nehmen einen geäußerten Standpunkt in ihr fluides Denken auf und prüfen ihn schrittweise auf seine Gültigkeit hinsichtlich des zu erörternden Problems.
- Durch das damit einhergehende Weiterdenken entwickelt sich ein gemeinsames Gespräch, in dem nicht auf einen Konsens hin gearbeitet wird. Vielmehr wird implizit vorausgesetzt, dass stets mehr als eine Wahrheit existiert und ein Konsens somit nicht angestrebt werden kann (vgl. Lampert 2009; Ahl 2011). Für viele Heranwachsende

ist das eine völlig neue Erfahrung, die erst einmal der Verarbeitung bedarf.
- Auf diese Weise kommt das Gespräch dem symbolischen Philosophieren entgegen, orientiert es sich doch an der Prämisse, nach immer weiteren Deutungen von Deutungen zu suchen.
- Weitere Ansätze können z.B. durch Fabeln, das szenische Interpretieren bzw. Symbole initiiert werden.
- Auch das Theologisieren (vgl. Hößle 2005, S. 36) und das musische Philosophieren mit Kindern (vgl. Dietrich 2015, S. 113 f.) hat sich in diesem Zusammenhang bewährt.

Eigene Bilder und Texte sind im Verständnis dieser Ansätze adäquate philosophische Ausdrucksformen. Da hochbegabte Kinder einerseits über erstaunliche kognitive Vernetzungen und nicht selten auch divergente Denkformen verfügen, kommt ihnen die Freiheit des Ausdrucks entgegen. Sie werden nicht in Muster und Schablonen gedrängt, können sich nicht selten ihr Ausdrucksmittel wählen und verlieren sich nicht in Routinearbeiten. Gleichzeitig reizt die Aufgabe zur Vervollkommnung mitunter vernachlässigter kulturtechnischer Basiselemente (Rechtschreibung, innere Form, Textstruktur usw.). Letztendlich sind Willensbildung und Perspektivenerweiterung geboten. Es gilt, die eigenen Vorstellungen und Deutungen konzentriert zu Papier zu bringen. Somit sind die drei Schwerpunkte des Philosophierens mit Kindern in diesen Prozessen inhärent. Es findet tatsächlich moralische Erziehung statt, Logik als wirksames Denktraining und Verstandesschulung wird elementar aufgebaut und erhält sich durch Gebrauch die Freude an Erkenntnis (vgl. u.a. Bins 2003, Enders 2002; Pfeifer 2003).
Die besonders begabten Kinder verspüren in erhöhtem Maße den Drang in sich zu verstehen. Sie fragen, suchen und staunen immer wieder neu, wollen die Welt erfahren und suchen nach Antworten. Da diese Kinder kognitiv sehr schnell imstande sind, sich Sachwissen anzueignen, ist für sie darüber hinaus ein Denkraum wichtig, in dem sie ihre eigenen Gedanken zu Themen wie bspw. „Was ist Wahrheit?" oder „Was bedeutet Tod?" entfalten können (vgl. Calvert 2003, 2008; Calvert/Nevers 2011). Insbesondere hochbegabte Kinder haben ein - von der Schule zumeist nur unzureichend gestilltes, intensives Bedürfnis danach, tiefer über grundlegende Fragen des Daseins nachzudenken (vgl. Trautmann/Sallee/Buller 2011, S. 134). Die gegenseitige Ergänzung ist offenkundig: Schule hilft mittels methodisch-didaktisch aufbereiteter Informationen und Arbeitsweisen dabei, Kindern zu erklären, wie die Dinge in ihrer direkten wahrnehmbaren Umgebung funktionieren. Im Gegensatz dazu setzt das Philosophieren mit Kindern bei den Fragen der Kinder an, die darüber hinaus die Bedeutung der Dinge betreffen.

Vertiefende Fragen und Aufgaben:

- Informieren Sie sich über das Wesen des sokratischen Gesprächs. Welche Möglichkeiten und Grenzen des Einsatzes räumen Sie ihm im täglich veranstalteten „normalen" Unterricht ein?
- Sie sind Lehrperson: Untersuchen Sie über eine Woche die philosophierelevanten Ansätze Ihrer Unterrichtsinhalte in einer Klassenstufe nach.
- „Philosophieren mit Kinder und Jugendlichen zeigt den Kindern eine andere, reichere Welt als der herkömmliche Sach- und Fachunterricht". Sammeln Sie fünf Argumente für diese Aussage.
- Wie ist das bei Ihnen: Können Sie mit dem Bewusstsein für ungeklärtes bzw. Unerklärliches leben? Wie?

Was Sie sonst noch lesen können:

- Schreier, Helmut; Michalik, Kerstin (2006). Wie wäre es, einen Frosch zu küssen? Braunschweig: Westermann Schulbuch
- Bauer, Rudolf (2008). Philosophieren mit Kindern: Verändertes Fragen und Nachdenken. In: Hartinger, A. (Hrsg.). Veränderte Kindheit. Konsequenzen für die Lehrerbildung. Bad Heilbrunn: Klinkhardt, S. 69-80
- Hößle, Corinna; Michalik, Kerstin (2005). Philosophieren mit Kindern. Baltmannsweiler: Schneider
- Dietrich, Jonas (2015). Musisches Philosophieren mit Kindern in der Grundschule. Dresden: Thelem
- Michalik, Kerstin (2015). Philosophische Gespräche mit Kindern als Medium für Bildungsprozesse im Sachunterricht. In: Fischer, Hans-Joachim; Giest, Hartmut; Michalik, Kerstin (Hrsg.). Bildung im und durch Sachunterricht. Bad Heilbrunn, S. 175-182

Projektlernen

>Jeder ist ein Genie!
>Aber wenn Du einen Fisch danach beurteilst,
>ob er auf einen Baum klettern kann,
>wird er sein ganzes Leben glauben,
>dass er dumm ist.
>Albert Einstein

In seinem Werk Demokratie und Erziehung plädiert John Dewey für eine Curriculumentwicklung, die sich an der Praxis orientiert. Er erwähnt die

Projektmethode (vgl. Dewey 1916/1964). Hartmut von Hentig (1973, S. 28) bezeichnet Projektunterricht als „vorausgeworfenes Wagnis". Die Erziehungswissenschaft und Pädagogik im deutschsprachigen Raum benutzen viele Begriffe, welche eine ganze Reihe unterrichtlicher oder freizeitpädagogischer Aktivitäten bezeichnet. Neben Projektunterricht wird u.a. von projektartigem Unterricht, Projekten, Projektorientierung, Unterrichtsprojekten, projektiven Ansätzen u.v.m. gesprochen.

Das grundsätzliche Interesse an den theoretischen Grundlagen des Projektlernens sind – glaubt man den Veröffentlichungen zum Thema – nicht zurück gegangen. Dagmar Hänsels Grundlagenwerk (2010, S.17) betont dennoch, dass keine befriedigende Antwort darauf gefunden wurde, was Projektunterricht eigentlich ist. Sie beklagt die kontur- und folgenlose Vorstellung eines abstrakten Unterrichtsideals und ein diffuses Veränderungsprinzip. Zugleich und damit verknüpft hat eine Verengung der Projektidee zum Problem der Unterrichtsmethode stattgefunden. Auf die Frage, was Projektunterricht ist, finden sich in aktuellen pädagogischen Texten zwei Typen von Antworten. Es werden Merkmalkataloge aufgestellt bzw. spezifische Komponenten andererseits herausgearbeitet, die für Projektunterricht als typisch gelten. Herbert Gudjons (1984, 262 f.; auch 2008 a, S. 7 f.) nennt als zentrale Merkmale des Projektunterrichts:

- einen Situationsbezug
- die Orientierung an den Interessen der Beteiligten
- Gesellschaftliche Praxisrelevanz
- die zielgerichtete Projektplanung
- den Einbezug vieler Sinne
- Aspekte sozialen Lernens
- Interdisziplinarität

Dabei sind die Merkmale eine eher einkreisende Beschreibung und nicht an die exakte Einhaltung gebunden. Diese und andere, teils abweichende Merkmalkataloge (u.a. Flechsig 1975; Beyer 1976; Struck 1980; Pütt 1982; Loos 2004; Sauer 2014) erlauben zwar eine Orientierung, sind aber für Antworten, ob Unterricht tatsächlich als *Projekt*unterricht bezeichnet werden kann, nicht zielführend. Das Fach Projektunterricht[126] hingegen wurde von der CJD-Schule Königswinter TT) speziell für hochbegabte und leistungsstarke Schüler/innen entwickelt, um das individuelle, selbständige und kreative Arbeiten auch im geistes- und gesellschaftswissenschaftlichen sowie künstlerisch-musischen Bereich zu fördern. Hier können die Schüler/innen allein, zu zweit und in kleineren Gruppen an Vertiefungen über den sonstigen Unterricht hinaus arbeiten, eigenständig eine längere Arbeit anfertigen, ein fächerübergreifendes Projekt erarbeiten oder Ähnliches. Die Themen-

---

[126] http://www.cjd-koenigswinter.de/das-cjd-koenigswinter/hochbegabtenfoerderung/sekundarstufe-i/forschen-und-projektunterricht/ (letzter Zugriff am 01.01.2016)

schwerpunkte werden in der Regel selbst gewählt, gehen aus dem Unterricht hervor oder sind auf Wettbewerbe bezogen. Insgesamt soll dabei eine große Bandbreite ermöglicht werden (vgl. CJD Königswinter 2016).

Karl Frey (vgl. 2007) hat immer wieder eine *Typisierung der Projektmethode* vorgenommen. Sie ist in seinem Verständnis „eine Form der lernenden Betätigung, die bildend wirkt" (vgl. Frey 2007, S. 13). Er unterscheidet grundsätzlich sieben Komponenten, die in toto einen idealen Projektablauf darstellen:

1. Projektinitiative
2. Auseinandersetzung mit der Projektinitiative (Projektskizze)
3. Gemeinsame Entwicklung des Betätigungsgebietes (Projektplan)
4. Projektdurchführung
5. Beendigung des Projekts

Zwischen diesen fünf grundsätzlichen Modulen bewegen sich:

6. Fixpunkte
7. Metainteraktionen

Projektunterricht lebt damit von der Korrespondenz mit herkömmlichen Elementen des Lehrgangslernens. Es wird damit kein prinzipieller Verzicht auf den Schulalltag, einen Stundenplan und/oder den Fachunterricht erwogen. Im Gegensatz zu einer „methodischen Eintagsfliege" muss Projektunterricht eine ernstzunehmende pädagogische Entscheidung sein. Projektunterricht lässt sich, so Dagmar Hänsel (2010, S. 33) inhaltlich bestimmen als Unterricht, in dem Lehrer und Schüler ein echtes Problem in gemeinsamer Anstrengung und in planvoll handelnder Auseinandersetzung mit der Wirklichkeit zu lösen suchen, und zwar besser als dies in Schule und Gesellschaft üblicherweise geschieht. Genau hierin aber liegt ein weiterer wichtiger Ansatzpunkte für Begabungsförderung. Dafür kann ein, wie beim CJD, „überfachliches Fach" geschaffen werden. Aber auch Zusatzangebote im Kontext von Enrichment (Lernbüro, Atelier, Experimentierräume) initiieren einen Projektunterricht, in welchem u.a. ein methodisches Vorgehen und damit die Technik des Lernens vermittelt wird. Grundsätzliche Fragen von Strukturierung: „Wie gehe ich an die komplexe, unübersichtliche Sache heran?" können ebenso thematisiert werden wie der materialisierte Lernertrag: „Wie entsteht dieses Produkt eigentlich?"

Olga Graumann hat sich ebenfalls mit diesem planvollen Handeln Deweyscher Lesart auseinandergesetzt (vgl. Graumann 2002, S. 156). Weitere interessante Ansätze sind bei Gerhard Wöll (2011) zu finden. Danach muss der Schüler bzw. die Schülerin

- eine wirkliche, für den Erwerb von Erfahrung geeignete Sachlage vor sich haben, eine Tätigkeit, an der er/sie um ihrer selbst willen interessiert ist.
- in dieser Sachlage ein echtes Problem für ihn selbst ersehen, welches zum eigenständigen Denken anregt.

- das nötige Wissen besitzen und die notwendigen Beobachtungen anstellen, um die Sachlage/das Problem zu behandeln. Weiterhin müssen Daten zur Verfügung stehen, die für die Behandlung bestimmter Schwierigkeiten notwendig sind.
- mögliche Lösungen suchen. Dabei ist er/sie verpflichtet, diese in geordneter Weise zu entwickeln und sich weitgehend selbstständig damit auseinander zu setzen.
- die Gelegenheit und die Möglichkeit haben, seine Gedanken durch praktische Anwendung zu erproben, ihren Sinn zu klären und ihren Wert selbständig zu entdecken. Das heißt auch, eigenes Tun zu reflektieren.

Während in der meist künstlichen, von den lebensweltlichen Realitäten getrennten Atmosphäre des Unterrichts, meist vorgedachte, vorkonzipierte und didaktisch aufbereitete Probleme und Lösungswege unter Aufsicht exerziert werden, kann bei der Bewältigung eines „echten" Projektes auch das Divergente Fuß fassen. Mareike Brümmer (vgl. 2016, S. 75 f.) isoliert dies an mehreren treffenden Beispielen und zeigt, dass es keine Schnellstraßen des Wissens gibt.

Heranwachsenden müssen selbst Umfang, Inhalte, Gegenstände und Instrumente des Projektes ausloten, kommunizieren und für sich (immer wieder neu) festlegen. Diese werden meist über die Kontur des „selbständigen Handeln" definiert, eine Schlüsselkompetenz, die den Einzelnen in die Lage versetzen, sein Leben durch eigenständiges Kontrollieren der Lebens- und Arbeitsbedingungen auf verantwortungsvolle und sinnvolle Weise zu gestalten.

Da vielen Projekten in der Schule das Qualitätsmerkmal der Authentizität fehlt, kommt es dort oft zu Brüchen im Projektverlauf (vgl. Emer/Lenzen 2002). So geht die Projektinitiative vielfach einseitig von den Lehrerinnen aus - das Thema wird den Heranwachsenden sozusagen aufgesetzt (vgl. Gudjons 2014). Vielfach fällt die Auseinandersetzung ebenfalls weg, denn auch hier bestehen schon festgelegte Kür-Pflicht-Programme bzw. die feste Vorstellung, woran gearbeitet werden soll und was aktuell (noch) nicht geht. Spätestens hier steigen begabte Kinder aus, weil sie die Fortsetzung des Unterrichts mit anderen Mitteln erkennen oder sie beginnen einen zähen Kampf um ihren Beitrag bei der gemeinsamen Entwicklung des Betätigungsgebietes. Dabei entwickeln sie oft eigene Projektpläne, welche die Zeit- und Materialressourcen der Klassen bzw. Schule oft sprengen. Fehlende Wertschätzung derartiger Partizipationsversuche tun ihr Übriges, um Hochbegabte weiter zu isolieren.

Im Gegensatz dazu steht die antizipierte Schlüsselkompetenz der produktiven Interaktion in heterogenen Gruppen. Dies heißt für den Lerner, im gesamten Projektverlauf mit anderen gut auszukommen, zusammenzuarbeiten und Konflikte handhaben und lösen zu können. Nicht nur für Hochbegabte bedeutet das langfristig Gewinn. Alle Menschen müssen tatsächlich lernen, wie man in Gruppen und sozialen Rangordnungen mitarbeitet und agiert, deren Mitglieder aus verschiedenen sozialen Verhältnissen kommen und wie man letztlich mit Unterschieden und Gegensätzen produktiv umgeht. Mehr noch: Projekte zu entwickeln, zu bearbeiten und zu handhaben bedeutet auch, seine eigenen Rechte (gleichberechtigtes Mittun), Interessen (Präsentation), Grenzen (ein-Ende-finden) und Bedürfnisse (saubere Trennung zum Informativen usw.) zu verteidigen und zu behaupten. Letztlich wird dies der Frage von effektiver Teilhabe an allen vitalen Lebensbereichen zugeordnet - der am Lern- und Arbeitsplatz, im persönlichen und familiären Leben und der Gemeinschaft mit den Peers und letztlich im eigens zu verantworteten Leben als mündiger Bürger.

Bei richtiger Gestaltung dieser Initiierungsprozesse erbringt also die handelnde Auseinandersetzung mit der Wirklichkeit (und ihren Widrigkeiten) allen Beteiligten (und somit auch Hochbegabten) einen Einblick in die Kooperationsprozesse arbeitsteiliger Gesellschaften einschließlich der Notwendigkeit adäquater kommunikativer Prozesse. Das Verlassen didaktischer Königswege, die Überschreitung der Unterrichtsgrenzen öffnet den Blick zu unterschiedlichen Lernorten ebenso, wie der Prozess selbst sublim erzieht. Einordnen und führen, Arbeit abgeben und Aufträge übernehmen, quer denken (können) und Beschlossenes umsetzen sind nur einige Kategorien jener pädagogischen Spannungsfelder im planvollen Handeln, die von den beteiligten Subjekten immer neu austariert werden müssen.
Die Projektdurchführung schließlich steuert ebenfalls exzellente erzieherische Momente bei der integrativen Förderung Hochbegabter bei. Die Notwendigkeit dauerhaften Engagements relativiert die oft sprunghaften Interessenrochaden. Teilbereiche, die eine intensivere Beschäftigung mit Spezialfragen verlangen, finden Adressaten. Die Lust, materielle Ergebnisse in eloquenter Form zu präsentieren, ist ihnen ebenso möglich, wie die gefundene Problemlösung (für alle) an der Wirklichkeit überprüfbar wird. Letztlich können Lehrerinnen und Lehrer die Vielfalt handlungsbezogener Formen der Problemauseinandersetzung in ihren Projektgruppen beobachten und sowohl Impulse für die in den Fixpunkten nötige Reflexion und/oder Korrektur fixieren, als auch die Lern- und Arbeitsqualitäten der einzelnen Kinder zielgerichtet wahrnehmen und für Lerndokumentationen nutzen.

Vertiefende Fragen und Aufgaben:

- Bedenken Sie typische soziale Lernfelder Begabter in Projektprozessen. Welche Kollisionen zu den Themenfeldern können auftreten?
- Jedes Projekt muss als Ziel (mindestens) ein „materielles Ergebnis" aufweisen können. Begründen Sie diese Notwendigkeit eines Projektes im Hinblick auf den Alltagsunterricht.

- Herbert Gudjons spricht 2008 vom Projektunterricht als ein „Thema zwischen Ignoranz und Inflation". Begründen Sie diese Amplitude.

Was Sie sonst noch lesen können:

- Sauer, Michael (Hrsg.) (2014). Spurensucher. Ein Praxisbuch für historische Projektarbeit. Hamburg: edition Körber
- Apel, Hans-Jürgen; Knoll, Michael (2001). Aus Projekten lernen. Grundlegung und Anregungen. München: Oldenbourg
- Gudjons, Herbert (2008). Projektunterricht. Ein Thema zwischen Ignoranz und Inflation. In: PÄDAGOGIK, 60 (2), S. 6-10
- Gudjons, Herbert (2014). Handlungsorientiert lehren und lernen. Schüleraktivierung – Selbsttätigkeit – Projektarbeit. Bad Heilbrunn: Verlag Julius Klinkhardt
- Wöll, Gerhard (2011). Handeln: Lernen durch Erfahrung. Handlungsorientierung und Projektunterricht. Baltmannsweiler: Schneider
- Wischer Beate (2007). Heterogenität als komplexe Anforderung an das Lehrerhandeln. Eine kritische Betrachtung schulpädagogischer Erwartungen. In: Boller, S., Rosowski, E.; Stroot, T. (Hrsg.). Heterogenität in Schule und Unterricht.Weinheim: Beltz, S. 32-41

Portfolioarbeit

Leere Beutel klingen nicht
Sprichwort

Ein erweiterter Lernbegriff erfordert auch ein Überdenken und die Veränderung traditioneller Bewertungsformen. Projektlernen, die Öffnung von Unterricht und Altersmischung machen die einfache Ziffernbewertung schwer. Die vielfältigen Kompetenzen der Heranwachsenden lassen sich darüber hinaus kaum in einfachen Zensuren oder dürftigen Lern- und Entwicklungsberichten fair und aussagekräftig abbilden. Hinzu kommt, dass Kompetenz keine manifeste Größe ist sondern eine latente Entwicklungsvariable darstellt. Angemerkt sei, dass gerade Hochbegabte mit einem unausgeglichenen Profil manchen Bewertungsmaßstab in dieser Hinsicht sprengen.

Schülerinnen und Schüler, die entdeckend, forschend und weitgehend selbstorganisiert im Rahmen von Lernwerkstätten, Wochenplänen und Freiarbeit lernen und persönlich bedeutsame Themen bearbeiten können durch Portfolios ihre Entwicklung illustrieren. Ihnen kommt zugute, dass sie damit vielfältige Ausdrucksmöglichkeiten nutzen (können). Die dialogische Reflexion des Arbeitsprozesses und der Arbeitsergebnisse durch den Schüler selbst soll der Leitfrage im Portfolioprozess dienen: Wie kann das Gesamt der Entwicklung des Lerners angemessen dargestellt werden? Und: Welche individuell hilfreichen Kommentare zur Qualität der Prozesse und der Ergebnisse werden abgegeben? (vgl. hier u.a. Häcker 2005, S. 15; Eckhardt 2005, Brunner et al 2006)

Die Heranwachsenden wollen nämlich nicht lediglich bewertet werden, sondern diese Bewertung auch verstehend akzeptieren (lernen). Lehrerinnen und Lehrer wollen vielfach die Leistung von Schülerinnen und Schülern nicht nur einstufen, sondern mit ihnen darüber kommunizieren – ein hilfreiches Feedback geben[127]. Im Zusammenhang mit Hochbegabung müssen die Lehrpersonen oft einerseits exzellente Leistungen in bestimmten Teilbereichen und andererseits manches Defizit simultan kommunizieren. In reformorientierten Schulen wurden seit langer Zeit Methoden entwickelt, welche die Unterschiede zwischen (aktueller) Zensierung und (globaler) Bewertung klar konturierten und differenzierten. Lerntagebücher (vgl. hier Winter 2007, S. 111 f.) wurden eingesetzt, die Entwicklungen dokumentieren, Rückmeldungen geben, sowie zur Selbstbewertung und Lernreflexion anregen. Die Präsentation von (Projekt)Arbeiten coram publico ist ebenfalls eine Möglichkeit veränderter Leistungsbewertung. Darüber hinaus hat sich in der letzten Zeit das Portfolioprinzip durchgesetzt, welches – gut gemacht – die individuellen Kompetenzen samt Entwicklung eines Kindes unverwechselbar nachstellt. Das Portfolio ist somit die materielle Dokumentation eigener und kollektiv erbrachter Leistungen und erworbener Kompetenzen. Diese Definition umfasst damit die Notwendigkeit eines weiten Leistungsbegriffs und gibt die Möglichkeit, schulische Resultate mit den in entdidaktisierten Feldern erbrachten Resultaten zu koppeln.

Ein Portfolio ist weiterhin eine zweck- und zielgerichtete und systematische Sammlung bzw. Auswahl von Arbeiten, welche die individuellen Bemühungen, Fortschritte und Leistungen der/des Lernenden in einem oder mehreren Lernbereichen darstellt und reflektiert (vgl. Häcker 2007). Portfolio bezeichnet gleichzeitig eine Zusammenstellung von Dokumenten, die einen Lernprozess, einen Ausschnitt aus der oder gar die ganze Lernbiographie eines Individuums beschreiben bzw. dokumentieren. Und: Portfolios stehen für eine neue Lernkultur, die selbständiges Arbeiten und die Umsetzung eigener Ideen in den Mittelpunkt stellt und im besten Falle die Eigeninitiative der Schülerinnen und Schüler weckt bzw. erhält (Brunner et al. 2006).

Andreas Müller (vgl. 2005, S. 113 f.) unterscheidet drei Typen von Portfolios: Arbeitsportfolio, Beurteilungsportfolio und Präsentationsportfolio[128].

---

[127] Bei dem in diesem Band ebenso vielfach zitierten wie (konstruktiv) kritisierten John Hattie bezüglich der Lerneffekte als höchst erwünschte Effektstärke mit $d = .73$ ausgezeichnet (vgl. 2013, S. 206)

[128] In praxi existieren eine Reihe weiterer Bestimmungen nach unterschiedlichen Kriterien: Vorzeigeportfolio, Beurteilungsportfolio, Sprachenportfolio, Entwicklungsportfolio, themenerschließendes Portfolio, Präsentationsportfolio usw. usf. Eine Dokumentation in toto würde den Umfang des Bandes sprengen.

Das *Arbeitsportfolio* dient der Lerndiagnose. Er ist einem Container vergleichbar und fällt sich in einer bestimmten Zeitspanne mit Arbeiten des Lerners und „zeigt" die Stärken und Schwächen des Lerners auf.

Ein *Beurteilungsportfolio* ist eher formal wird nach curricularen Gesichtspunkten angelegt. Darin wird dokumentiert, was ein Schüler bzw. eine Schülerin innerhalb eines wohl definierten Inhaltsbereichs gelernt hat. Das bedeutet für den Lerner von vorn herein Informationen über Ziel- und Qualitätsmerkmale.

Präsentationsportfolios sind eine selbst zusammengestellte Auswahl der exzellenten Arbeiten des Lerners. Die Eigenverantwortung reicht hier von der Inhaltsauswahl bis zur Qualität der Melange.

Portfolios halten also sowohl fest, was das Kind gelernt hat, aber auch wie es seine Lernaufgaben angeht, wie es denkt, fragt, sich vergewissert, analysiert, etwas produziert und wie es sich mit anderen intellektuell, emotional und sozial auseinander setzt (vgl. hier Pircher 2004, S. 15). Damit wird das Portfolio zu einer zweckgerichteten, strukturierten Sammlung ausgewählter, kommentierter Arbeiten, die sich ständig vervollkommnet und welche das Kind an bestimmten Fixpunkten im Prozess seiner Bemühungen präsentiert. Damit ist die wesentlichste Zielstellung der Portfolioarbeit hinreichend bestimmt: Es geht um die Erhöhung der (Selbst-)Reflexivität der Schülerinnen und Schüler, der wichtige Kompetenzen vorstehen: Eigenverantwortung und Selbststeuerung im Lernen sowie Selbstbeurteilung der Qualität eigener Leistungen.

Begabte und hochbegabte Kinder können mit dem Einsatz des Portfolios langfristig ein abgrenzbares Selbstbild ihres eigenen Vermögens aufbauen. Gerade bei Begabungsspitzen zeigt die Sammlung sowohl die Kompetenzen, als auch jene Bereiche auf, in denen eine Norm- oder Unterrepräsentation besteht. Die Arbeit mit einem Portfolio gibt Kindern generell Anstöße zur Lernreflexion, befähigt das Kind jedoch allmählich und entwicklungsgemäß an der Beurteilung der eigenen Arbeitsprodukte teilzunehmen. Der individuelle Gewinn von Kompetenzen lässt sich somit zeitlich und inhaltlich verfolgen. Die Dokumente im Portfolio können durch Lehrerinnen und Lehrer (etwa in der Grundschule), aber auch vom Kind selbst zunehmend eingelegt werden. Die Auswahl und Neustrukturierung sollte immer stärker den Heranwachsenden übertragen werden, wobei ihnen Hilfen und Leistungsraster zur Kenntnis gegeben bzw. gemeinsam erarbeitet werden müssen. Letztendlich gibt das Portfolio hinreichend Auskunft über die Qualität und Wirksamkeit der didaktischen Maßnahmen in der Klasse, ist also auch ein Maßstab für Lehrpersonen. Mittels des Portfolios wird jedoch nicht nur auf der Sachebene des Themas etwas gelernt, sondern auch auf der methodischen. Die eigenverantwortliche und selbständige Arbeit verlangt Quellenarbeit, lernmethodisches Geschick bei der Zusammenstellung, strukturelles (Ordnungs-)Denken, kreative Gestaltungskunst, Kommentierungsfähigkeiten und letztlich Selbstreflexion (vgl. Brunner 2005).

Will sich also die Forderung nach Begabungsförderung nicht weiterhin in Parolen erschöpfen, so ist der Raum für ihre Lernwege, Talente und Interessen, ihr unterschiedliches Entwicklungstempo und letztlich die kulturellen Erfahrungen Maßstab dafür. Die Individualisierung der Lernpläne (deren teilweisen Rückbau wir aktuell bereits wieder erleben) erhält im Prinzip des Portfolios eine durchaus adäquate Bewertungsform. Nicht die auf eine Performanz toten Wissens fixierte Ziffernnotengebung steht im Vordergrund, sondern die prozessuale Lernentwicklung. Der Blick richtet sich auf das, was das Kind kann, wie es lernt und wo es zusätzlich Hilfe braucht. Dieser wert- und entwicklungsorientierte Ansatz hilft letztlich nachdrücklich, das Lernen in der Schule freudvoll und leistungsoffen zu machen.

Welche Inhalte können Portfolios aufweisen?
- Ausgewählte Texte, die über den Entwicklungsverlauf im Schriftspracherwerb Aussagen zulassen,
- Texte aus dem Bereich des kreativen Schreibens, Produkte von Schreibwerkstätten, Schreibexperimente usw. bzw. Ergebnisse aus dem produktionsorientierten Literaturunterricht,
- Textsorten, die im Zusammenhang mit dem Spielen mit Sprache entstanden sind,
- Sachtexte, Rechercheergebnisse, Reportagen, Interviews (z.B. aus dem schulischen Bereich, aber auch von familialen Erlebnissen und dem Freundeskreis),
- eigene Bücher bzw. Artikel aus/für die Klassenkorrespondenz, Vorlagen für Erörterungen, Protokolle von Klassenräten, Versuchen und Projekten,
- mathematische Berechnungen, Zahlenmauern, Sachaufgaben, eigens erfundene mathematische Texte, Geometriearbeiten,
- Leistungstest, Kontrollen, Hausaufgaben, Zusatzarbeiten,
- Beurteilungen, Klassenkorrespondenz, Kreativarbeiten,
- Zeichnungen, Skizzen, Skulpturen, Fotos, Vorstudien zum „Original"
- Worturteile von Lehrerinnen, Beschreibungen von Mitschülern, Steckbriefe, Ich-Texte, Selbstaussagen,
- Material aus philosophisch-ethischen Lernschwerpunkten (Traumreisen, Skizzen, Mitschnitte aus sokratischen Gesprächen, philosophische Axiome),
- Lernbeurteilungen, Selbstkundgaben, Belobigungen, Sozialeinschätzungen etc.,
- Ergebnisse aus Arbeitsgemeinschaften, Förderkursen und Zirkeln,

- Beurteilungen von außerschulischen Einrichtungen (Musikschule, Sportverein, Feuerwehr usw.),
- häusliche Arbeitsergebnisse, Puzzle, kreative Spielideen, Selbstbeschreibungen, Zeichenarbeiten, Denksportaufgaben, Konstruktionen etc.

Aus der genannten (zweifellos unvollständigen) Auswahl wird ersichtlich, dass es bei der Portfoliozusammenstellung nicht ausschließlich um „Papiere" geht, sondern tatsächlich um vielfältigste Formen materieller Ergebnisse mit unterschiedlichsten Konturen. Visualisierungen, Tondokumente, Filme, Datenspeicher etc. – die ganze Palette der Dokumentationsarten steht den Beteiligten zur Nutzung und Einbeziehung in die Bewertung offen.
Ergebnisse der aktuellen Lernforschung zeigen letztlich, dass Leistungsfeststellungen das Lernen direkt und indirekt sowohl aktuell als auch habituell (verfestigt) beeinflussen (vgl. Spitzer 2007). Positive Auswirkungen auf das Lernen können erzielt werden, wenn das pädagogisch-didaktische Konzept und die Form der Leistungsbeurteilung aufeinander abgestimmt sind, sowie einsichtig vermittelt und fair kommuniziert werden. Das Portfolioprinzip ermöglicht eine weitgehend gerechte, leistungs- und förderorientierte Beurteilung, die individuelle Voraussetzungen, unterschiedliche Lernwege und vielfältige Interessen der Schülerinnen und Schüler berücksichtigt. Doch erst der Eigenanteil bei der Zusammenstellung, Präsentation und letztlich Auseinandersetzung mit den Qualitätskriterien, und Leistung erbringt die notwendige und längst überfällige Mitverantwortung für das eigene Lernen. Aufgabe der Lehrenden ist die Gewähr einer immanenten, nicht abreißenden Kommunikation über Lernerfahrungen und -fortschritte, die Vermittlung der Portfoliokriterien und periodische Portfoliogespräche. Da die Schülerinnen und Schüler, die Lehrpersonen, sowie die Eltern für die Portfoliogestaltung gemeinsam verantwortlich sind, besteht von allen Seiten Interesse an regelmäßigen Gesprächen, transparenten Lernzielen und klaren Bewertungskriterien. Die regelmäßig stattfindenden Portfoliogespräche haben daher die Aufgabe:
- Lernziele permanent individuell zu konkretisieren,
- Arbeiten zu besprechen, auszuwählen und zu kommentieren. Ziel ist es, die Auswahl der Portfolioinhalte zunehmend dem Kind zu übertragen. Dazu jedoch muss es sich ein „inneres" Bewertungsraster aneignen, welches mit Kompetenzen zur Selbstevaluation einhergeht,
- Reflexionen über das eigene Lernen anzustoßen,
- einen Zusammenhang herzustellen zwischen Lernleistung, materiellen Ergebnissen und der damit zusammenhängenden Metakommunikation,
- den Lerner in seinem Tun manifest zu ermutigen

Vertiefende Fragen und Aufgaben:

- Führen Sie selbst eine Woche lang ein Portfolio.
- Sie sind Lehrperson: Regen Sie in Ihrer Klasse an, gelungene Arbeiten in einen Ordner zu legen. Überlegen Sie mit den Schülerinnen und Schülern einige geeignete Auswahl- und Ordnungsprinzipien.
- Denken Sie nach: Welche Ihrer eigenen Lebens-Leistungen katalogisieren Sie nach dem Portfolioprinzip? Welche Erfahrungen mach(t)en Sie dabei?

Was Sie sonst noch lesen können:

- Shores, Elizabeth F.; Grace, Cathy (2005). Das Portfolio-Buch für Kindergarten und Grundschule. Mülheim: Verlag an der Ruhr
- Easley, Shirley-Dale; Mitchell, Kay (2004). Arbeiten mit Portfolios. Schüler fordern, fördern und fair beurteilen. Mülheim: Verlag an der Ruhr
- Rihm, Thomas (2006). Täuschen oder vertrauen? Hinweise für einen kritischen Umgang mit Portfolios. In: Brunner, I.; Häcker, T.; Winter, F. (Hrsg.). Das Handbuch Portfolioarbeit. Konzepte, Anregungen, Erfahrungen aus Schule und Lehrerbildung. Seelze: Kallmeyer, S. 53-59
- Winter, Felix (2003). Person – Prozess – Produkt. Das Portfolio und der Zusammenhang der Aufgaben. In: Friedrich Jahresheft 2003 Seelze, S. 78-81
- Hecker, Ulrich (2004). Vom Wert der Mühe – gesammelte Lernspuren im Portfolio. In: Bartnitzky, Horst; Speck-Hamdan, Angelika (Hrsg.), Leistungen der Kinder wahrnehmen – würdigen – fördern. Frankfurt a.M.: AKG, S. 88-99

Kommunikation

> Gesagt ist noch nicht gehört.
> Gehört ist noch nicht verstanden.
> Verstanden ist noch nicht einverstanden.
> Einverstanden ist noch nicht gemacht.
> Gemacht ist noch nicht richtig gemacht.
> Ein Zettel am Brett im Lehrerzimmer

In der Schule findet individuelles Lernen im sozialen Vollzug statt. Entscheidend dabei sind die dort wirkenden Kommunikationsstrukturen. Deren Zulassen bzw. Unterbinden hat entscheidenden Anteil für die Güte von Unterricht (Trautmann 1997; Kühl/Schmidt 2009; Maschke 2015, Brommer 2016). Alle Definitionen zur sprachlichen Interaktion betonen, dass diese über viele unterschiedliche Kanäle verläuft, also keine eindimensionale, sondern eine erweiterte Mitteilung ist. Kommunikation ist in diesem allgemeinen Bezug definiert als Medium der Manifestation menschlicher Beziehungen. Man kann sie auch als alle aus dem menschlichen Verhalten hervorgehenden (erweiterten) Mitteilungen (Watzlwaick et al. 1993) näher fassen. In der Praxis der Schule bedeutet dies z. B. miteinander zu reden oder *nicht* miteinander zu reden. Beides sind Kommunikationsstrukturen, die nicht nur für die Beteiligten bedeutsam sind, sondern auch durch die Umwelt sensibel aufgenommen wird. Aber ebenso das „aneinander vorbeireden" gehört zum schulischen Alltag, wie die Überredung anderer, etwa im Unterrichts- oder Hilfskontext. Ein weiteres kommunikatives Spannungsfeld ist der Informationsaustausch versus deren Zurückhalten. Die damit im Zusammenhang stehenden Gruppenbildungen (Clique, Geflecht, Peer-Group, Gesellschaft etc.) besitzen äußerste Brisanz, gerade im Zusammenhang mit der Hochbegabung. Denken wir an bestimmte Sprachcodes, die Außenstehende mangels Insiderinformationen ganz oder in großen Teilen von dieser Kommunikation ausschließen. Hier ist es der oft elaborierte Sprache des hochbegabten Kindes, der sich mit dem der Gruppe nicht hinreichend passgerecht verhält. Da es das Kind jedoch meist (noch) nicht vermag, sich auf ein anderes Sprachniveau zu begeben, droht Ausgeschlossensein. Diese Absonderung produziert wiederum Unsicherheitsgefühle, die durchaus in aggressives Verhalten oder Selbstisolation münden können. Lehrerinnen und Lehrer können durch ihre Kommunikation derartige Prozesse vermindern oder potenzieren. *Strokes* verbaler Natur (z.B. „Spitzen", Sarkasmus, Ignoranz, Bloßstellung) können bei Schülern jedoch durchaus in körperliche Formen eskalieren (u.a. Mobbing, Bedrohung, Gruppenkeile, Abreibung, Platzhirschkämpfe).

Inzwischen wissen wir tatsächlich, dass Kommunikation das A und O guter sozialer Beziehungen ist – oder auch schlechter. Hilbert Meyer (2010) hat guten Unterricht empirisch belastbar skizziert, welcher u.a. auf gleichgewichtiger Kommunikation basiert. John Hattie (2013) hat isoliert, dass (kommunikativ vermitteltes) Feedback unglaubliche Lerneffekte beinhaltet. Andreas Helmke (2007; 2012, 2014) zeigt in seinem unterrichtlichen Angebot-Nutzungsmodell den Wert des kommunikativen Miteinanders. Letztlich weiß (fast) jede Lehrperson mindestens zwei Dinge aus Erfahrung: Der Ton macht die Musik und erst wenn wir die Frage gestellt haben (und die Antwort hören) wissen wir, ob und inwieweit beide – Frage und Antwort – sinnstiftend waren.

Lara Maschke (2015) bringt mit der Ironie ein Element von Kommunikation in die theoretische und praktische Diskussion, von dem man lange glaubte, er sei „abgestempelt". Nahezu alle Modelle der Kommunikation gehen von mehren Ebenen aus – der Sach- und der Beziehungsebene. Ironie spielt sich weitgehend auf Letzterer ab. Insofern gibt es, so Maschke „schlechte" und „gute" Ironie (vgl. 2015, S. 93). Die „Schlechte" vergiftet das soziale Klima und gehört somit tatsächlich nicht in Schule. In Vergessenheit geriet wohl das Nachdenken über positive Wirkungen von Ironie als Sprachspiel, Umkehrung, Verdrehung und Neukomposition von Informationen. Diese Impulse gelten allesamt als höchst entwicklungsfördernd für die Ausbildung (nicht nur) der linguistischen Intelligenz. Sprachlich empathische Hochbegabte werden einen mit wertschätzend-anspornender Ironie durchsetzten Unterricht ebenso mögen, wie die Lehrperson, die dieses anbietet – so Lara Maschkes Fazit[129].

Nicht zuletzt ist Kommunikation immer mit dem Aussenden körpersprachlicher Signale verbunden. Diese können eindeutig, aber auch mehrdeutig (und damit für den Empfänger verwirrend) sein. Letzteres scheint für Lehrerinnen und Lehrer wiederum bedeutungsvoll, da eine Vielzahl uneindeutiger Zeichen selbst Erwachsene verwirrt. Schülern wird damit ein Unmaß an Entschlüsselung zugemutet, so dass diese daher aus dem Dechiffrierungsprogramm aussteigen und sich nicht selten benehmen, wie sie wollen. Die Mehrdeutigkeit der Signale berühren Sach-, Beziehungs-, Selbstkundgabe- oder Appelebenen, und zwar nicht nur von Lehrern (Schulz v. Thun 2010). Schüler agieren sehr deutlich auf der Appellebene, wenn sie im Unterricht woanders „hinwollen" als der Lehrer (vgl. Trautmann 2012 a, S. 6).

Der Wert einer weitgehend symmetrischen (gleichgewichtigen) Kommunikation in der Schule wird dann sichtbar, wenn deren ganze Bandbreite zur Verbesserung der Außenbeziehungen - zur sozialen Erziehung – Anwendung findet.

- Metakommunikation, das Sprechen über Gesprochenes, klärt uneindeutige Signale und macht Handlungen und Sprachhandlungen nachvollziehbar. Hochbegabte benötigen nicht selten eine derartige Versprachlichung, um anderen ihre eigenen Denk- und Handlungsmuster nahe zu bringen bzw. fremde Denk- und Handlungsvollzüge zu begreifen.
- Beratung und Klärungsgespräche (Mediation[130]), die eine sich verfestigende Differenz in der Gruppe isoliert und klären hilft.
- Berücksichtigung von Sach- und Beziehungskonstellationen zeigen den Unterschied zwischen Gesagtem und Gemeintem.
- Gespräche mit heilendem Charakter (Hans Zullinger[131]) gehören zu den Möglichkeiten von Lehrerinnen und Lehrern, gegenüber gekränkten Kindern aktuell hilfreich zu agieren.

---

[129] Die Autorin interessiert sich dabei aber nicht nur für unterrichtspraktische Gegebenheiten. Vielmehr arbeitet sie zunächst eine geeignete Arbeitsdefinition heraus und entdeckt die Spannbreite, mit der Philosophen, Philologen, Sprach- und Kommunikationswissenschafter/innen den Begriff der Ironie inhaltlich und merkmalsspezifisch belegen.

[130] Für Interessierte: Krenner, Andreas (2011). Peer-Mediation. Konfliktregelung und Streitschlichtung in der Schule. Hamburg: Diplomica

Beides - spontanes und ritualisiertes Reden - hat in der Pädagogik außerordentlich wichtige Funktionen. Kindern und Jugendlichen soll damit das Sprechen über Sachverhalte, Personen, Probleme oder gar das Selbst (Schore 2009; 2012) ermöglicht werden. Gleichzeitig wird Gedachtes sprachlich vermittelt. In der Schule müssen Möglichkeiten, Räume und Vollzüge zum derartigen Kommunizieren geschaffen werden, denn die Entwicklung vollzieht sich nicht im Selbstlauf.

Da sich Sach- und Beziehungsebene der Kommunikation nicht trennen lassen, bedarf die Lehrer-Schüler-Interaktion ständiger Indikatoren. Diese sollten prüfen, inwieweit tatsächlich Sachebenen dominieren bzw. die Beziehungsebenen wertschätzend gehalten werden. Die primäre Frage ist dabei: Wie steht es um die entsprechende Kompetenz[132] bei Lehrpersonen?

Kommunikative Kompetenz meint allgemein das Fähigkeitsprofil und die Bereitschaft, komplexe kommunikative Situationen sowohl zu verstehen und aktiv zu gestalten. Hierzu gehört es u.a., eigene Absichten und Bedürfnisse sowie die der Kommunikationspartner wahrzunehmen, zu analysieren, verstehend zu deuten und darzustellen. In der Schule finden sich in diesen durchaus mehrschichtigen Prozessen oft drei Problembereiche:

1. Sprachliche Entgleisungen von Schülern kommen – sehen wir einmal von affektierten Äußerungen in hohen Erregungszuständen ab – nicht „von ungefähr", sondern haben meist eine lebensweltliche Genese, sind lange (eher stumm) gewachsen und treten durch Auslöser in eine neue sprachliche Qualität ein.
2. Schülerinnen und Schüler haben eigene lebensweltlich verortete Gesprächskulturen[133]. Sie proben kommunikative Riten abseits der Erwachsenen und verbinden diese mit eigenen Wendungen und Strukturen[134]. Dies kann zu Spannungen mit jenen führen.
3. Lehreräußerungen sind ebenfalls fehlerbehaftet (Trautmann 1997).

Ein wichtiges Prinzip der kommunikativen Einbindung ist die positive Aktivierung der Gruppe „im Gespräch". Dies wird in der Schule dann gewährleistet, wenn die Strukturen dort hinreichend offen sind. Grüppchenbildung ist grundsätzlich normal, kann aber von Lehrerinnen sublim gesteuert wer-

---

[131] Für Interessierte: Zullinger, Hans (1952). "Heilende Kräfte im kindlichen Spiel", Stuttgart: Klett
[132] Für Interessierte: Hartig, Johannes (2008). Kompetenzen als Ergebnisse von Bildungsprozessen. In: Bundesministerium für Bildung und Forschung (Hrsg.). Kompetenzerfassung in pädagogischen Handlungsfeldern. Theorien, Konzepte und Methoden
[133] Für Interessierte z.B.: Wiese, Heike (2012). Kiezdeutsch. Ein neuer Dialekt entsteht. 2., durchgesehene Auflage. München: C.H. Beck
[134] Für Interessierte: Frühwald, Wolfgang (2010). Wieviel Sprache brauchen wir? Berlin University Press

den. Hochbegabte als Individuen können dann in einer Klasse Fuß fassen, wenn ihnen auf unterschiedlichen Ebenen bekannte positive Signale entgegen gebracht werden.

Ruhe und Stetigkeit – allgemein als gegenseitige Berechenbarkeit definiert – im Umgang miteinander, klare Handlungskorridore, letzteres nicht zu verwechseln mit Einförmigkeit, verhelfen Heranwachsenden zu stabilen sozialkommunikativen Grundkonstellationen. Alle, nicht nur Hochbegabte können ihre Einzigartigkeit in der Gemeinsamkeit maßhaltend ausleben, ohne unmittelbar als exklusiv, andersartig oder exotisch zu gelten. Das Prinzip vom „Leben und leben lassen" kann dort Wirklichkeit werden, wenn die Kommunikation gleichgewichtig und grundsätzlich wertschätzend ist. Erste Untersuchungen zum Wohlbefinden in Schulen zeigen das deutlich (guter Überblick bei Edlinger/Hascher 2009, S. 105 ff).

Nicht außer Acht gelassen werden darf jedoch die Tatsache, dass Schule lediglich nur ein Teil kindlichen Lebens ist. Wenn daher Schülerinnen und Schüler im Prozess wertschätzender Kommunikation zunächst zurückhaltend oder emotional-zweifelnd (oder noch nicht automatisch, nicht unwillkürlich, eher unvollkommen oder gar ablehnend) auf angebotene Rituale reagieren, ist dies oft den Erfahrungen aus anderen Lebenswelten geschuldet. Nicht zu vergessen sind hier die vielen individuellen Persönlichkeitsbesonderheiten Hochbegabter, die von der Lehrerin gar nicht alle situativ zu antizipieren (geistig vorwegzunehmen) sind.

Vielen Heranwachsenden (auch Hochbegabten) reicht es in der Schule bereits aus, wenn die Lehrperson ihnen Kompetenzen in der Ausführung zugesteht und sie hernach „in Ruhe machen lasst". Sie dürfen etwas tun und trachten durchaus danach, dies gut zu erledigen. Das Qualität tatsächlich mehrperspektivisch (und letztlich Verhandlungssache) ist, darf als Lerngegenstand gelten.

Manchem Hochbegabten reicht diese Zuteilung von Verantwortung jedoch nicht aus. Deren Trachten reicht vom Aufstellen umfänglicher Vermutungen, über die Konstruktion eigener Theorien bis zur begründeten Hypothese – meist unter Missachtung zeitlicher order curricularer Vorgaben. Dieses „eingebaute Enrichment" verlangt Fingerspitzengefühl und das Abwägen individueller Bedürfnisse und dem Wohlbefinden der Gruppe. Der Mut von Lehrerinnen, trotz eigener Zeitbeschränkung und drohenden Lehrplanhorizonten solche und andere Freiheitsgrade zu initiieren, wird meist durch erstaunliche Erfahrungen im Leistungs- und Gruppenbereich belohnt[135]. Damit sind nicht nur exzellente Sprachbeiträge gemeint, die man bei vielen Hochbegabten voraussetzen darf, sondern interne Klärungen, Absprachen, Verhandlungen und letztlich kommunikative Instrumentensicherheit. Sekundär wirkt sich aus, dass dauernde Unterforderung, partielle bzw. prinzipielle Lernunlust,

---

[135] Erinnert sei noch einmal an den bereits erwähnten Satz von Hartmut von Hentig, dass Zeit in der Schule zu verlieren ... heißt, Zeit ... zu gewinnen.

sowie soziale Isolation bei diesen unterrichtlichen Neukonstruktionen kaum mehr vorkommt.

Es bedarf noch eines gründlichen Neudenkens im curricularen, wie auch im exekutiven Bereich, um Schule konsequent zu derartigen Lernlaboren aufzuwerten. Für das schulische Miteinander von Lehrerinnen und (nicht nur) hochbegabten Schülern nun bedeutet dies u.a.:

- die Varianzbreite der Formen von Kommunikation (gerade auch in unterrichtsfreien Sphären) zu akzeptieren und gemeinsam zu erkunden,
- Schüler und Schülerinnen permanent zu allseits akzeptabler unterrichtlicher Kommunikation aufzufordern und ihnen Grenzen informeller Sprachstrukturen aufzuzeigen,
- als Lehrperson beide Sprach- und Ausdrucksformen (zumindest partiell) zu kennen,
- Kommunikation immer wieder neu auf die Bedürfnisse der an Schule Beteiligten abzustimmen und somit allseits akzeptierte Kollusionen (kommunikative Beziehungsmuster) aufzubauen.

Innerhalb der täglich tausendfach stattfindenden guten pädagogischen Arbeit gibt es jedoch auch eine ganze Reihe Sprach- und Sprechfehler von Lehrpersonen, denen durch den Wechsel der Methode, des Ansatzes, des pädagogischen Selbstverständnisses oder einer Supervision begegnet werden. Welche grundsätzlichen kommunikativen Fehler sind noch beobachtbar?

- Lehrer spielen eine Rolle, die ihr eigentliches *Selbst* konterkariert. Diese fehlende Authentizität macht den (nicht nur) kommunikativen Umgang schwer bis unmöglich (vgl. u.a. Maschke 2016, S. 65).
- Lehrer benutzen kommunikative Elemente, die (durchaus unabsichtlich) unverständlich sind oder feindselig wirken. Projektionen[136], also emotional belegte Typisierungen von Individuen samt korrespondierender Behandlung kommen ebenfalls vor, insbesondere in höheren Klassen.
- Lehrer und Schüler emotionalisieren sich in bestimmten kommunikativen Situationen auf ein unkontrollierbares Niveau. Hier gilt die Frage, wer der kommunikative Profi qua Amt ist?

---

[136] Sigmund Freud verstand unter Projektion einen Abwehrmechanismus, der die eigenen, unerträglichen Gefühle, Phantasien und Wünsche einem anderen Menschen oder Objekt zuschreibt und sie dort stellvertretend verfolgt und/oder bekämpft. Bei Carl Gustav Jung sind Projektionen Zuschreibungen eigener, in der Psyche angelegten so genannter Archetypen auf andere Menschen oder Objekte.

- Lehrer fragen falsch oder unverständlich. Thomas Trautmann[137] (2010, S. 108 - 142) hat eine lange Reihe von Fragefehlern aufgelistet und analysiert, die allesamt für fragend-entwickelnden Unterricht gelten können. Diese sollen hier mit Rücksicht auf den Umfang des Buches unerwähnt bleiben.
- Lehrer verengen freie Arbeitsphasen durch kommunikative Vorgaben künstlich und mitunter ohne Not. Solche „blinden Flecken" können u.a. durch kollegiale Unterrichtsreflexion (KUR) thematisiert werden (vgl. Böttcher/Spethmann 2010, S. 24 ff; Spethmann 2013, S. 23 ff)
- Lehrer favorisieren Sprachweisen, die den Aufnahmeformen bzw. -kapazitäten der Heranwachsenden nicht entsprechen (vgl. u.a. Buhren 2011). Das gilt für infantilisierende (verkindlichende) und schwülstig-methaphorische Formen gleichermaßen. Auch hier kann kollegiale Unterrichtsreflexion das Selbstbild verändern. KUR kann sogar in der schulischen Eingangsphase eingesetzt werden (vgl. Wilde/Schwenke 2010, S. 25 f.)
- Lehrer agieren – vorwiegend in der Sekundarstufe I und II – zwar als „Fachmenschen", können ihr (meist großes) Wissen jedoch nicht kommunikatorisch bzw. didaktisch transformieren. Eine Schwierigkeit in der gymnasialen Lehrerausbildung wurde in diesem Zusammenhang bereits angedeutet.
- Lehrer werden persönlich beleidigend (vgl. Trautmann 1997; Brommer 2016, S. 104 f.).

Vertiefende Fragen und Aufgaben:

- Lassen Sie sich in ihrer Familie einen Tag lang kommunikativ untersuchen. Welche Füllwörter, welche Phrasen, welcher Satzbau ist Ihnen eigen? Sprechen Sie mit ihren Familienmitgliedern darüber „was stört".
- Hospitieren Sie bei einer Kollegin/einem Kollegen Ihres Vertrauens. Geben Sie ihr/ihm anschließend ein begründetes, wertschätzendes Feedback seiner sprachlichen und kommunikativen Kompetenz „als Momentaufnahme". Lassen Sie bei nächster Gelegenheit dasselbe in Ihrem Unterricht zu.
- Sammeln Sie in Ihrem Kollegium kommunikative Killerphrasen und *Türöffner*wendungen - auch öffentlich als Aushang im Lehrerzimmer.

---

[137] Für Interessierte: Trautmann, Thomas (2010). Interviews mit Kindern. Grundlagen, Techniken, Besonderheiten, Beispiele. 1 Aufl., Wiesbaden: VS Verlag für Sozialwissenschaften

- Initiieren Sie – als Elternvertreter oder als Lehrperson – die Bereicherung des innerschulischen Curriculums um die Position. „Allgemeine formelle Kommunikation in der Schule".

Was Sie sonst noch lesen können:

- Rosenbusch, Heinz S. (2008). Das Ungesagte beachten - nonverbale Kommunikation als Führungsinstrument. PraxisWissen SchulLeitung. Basiswissen und Arbeitshilfen zu den zentralen Handlungsfeldern der Schulleitung. München: Wolters Kluwer
- Schulz von Thun, Friedemann (2010). Miteinander reden. Störungen und Klärungen. 48. Auflage. Reinbek: Rowohlt
- Trautmann, Thomas (1997). Wie redest du denn mit mir ... - Kommunikation im Grundschulbereich. Baltmannsweiler: Schneider
- Vogel, Ines C. (Hrsg.) (2013). Kommunikation in der Schule. Bad Heilbrunn/Stuttgart: Klinkhardt UTB
- Grönwoldt, Peter (2003). Erfolgslehrer. Stuttgart: Klett-Cotta
- Rosenberg, Marshall B. (2010). Gewaltfreie Kommunikation. 9. Aufl. Paderborn: Junfermann

Beratung von Hochbegabten (inklusive Umfeldberatung)

> Oft schlägt Erwartung fehl
> und dann zumeist,
> wo sie gewissen Beistand uns verheißt,
> und wird erfüllt
> wo Hoffnung längst erkaltet,
> wo Glaube schwand und die Verzweiflung waltet.
> Shakespeare (Ende gut, alles gut)

Vorab: Miteinander statt übereinander

In diesem Band wurde bereits mehrfach angemerkt, dass eine direkte Kommunikation zwischen den Beteiligten – seien es Kinder, Lehrpersonen, Eltern, Wissenschaftler und Coaches – immer hilfreicher ist, als ein „Nichtmiteinander-sprechen (Schulz von Thun 2010) oder die Zwischenschaltung von Medien. Der Blick auf Tagungen, Kongresse, Elternforen und die Themen der Lehrerfortbildung lassen die Prognose zu, dass sich in dieser Beziehung tatsächlich viel tut. Wir alle brauchen Beratung. Die Wissenschaft benötigt die kasuistische Ebene, um mittels der Fallbeispiele ihre Modelle auf Gültigkeit hin zu überprüfen. Lehrpersonen benötigen Rat, um ihre didaktische Meisterschaft tatsächlich ausspielen zu können. Heranwachsende müssen gestärkt werden, um aus ihrer Disposition tatsächlich Exzellenz zu performen und Eltern müssen sich vergewissern können, das jenes, was um sie herum vorgeht, tatsächlich „Normalität" ist. Insofern ist die Überschrift etwas irreleitend – es geht nicht nur um die Isolierte Beratung hochbegabter Menschen, es geht ebenso dringend um die Beratung des Umfeldes.
Bereits 1958 betonte Lewis Terman die Bedeutung der Beratung als ein notwendiges Muss für die Ermutigung von Talenten auf allen Ebenen (vgl. Terman 1958, S. 19). Mehrfach wurde bereits in diesem Buch darauf hingewiesen, dass eine sorgfältige, achtsame Beratung und Begleitung weder entbehrlich ist noch sporadisch, punktuell, sondern in einem kontinuierlichen Prozess erfolgen muss. Nachfolgend sollen anhand der Vorschläge von Barbara Feger und Tania Prado (1999) und der mehrdimensionalen diagnostischen Fallberatung (vgl. Trautmann/Schmidt/Bichtemann 2009, S. 282 ff) auf einige Schwerpunkte der Hochbegabtenberatung eingegangen werden.

Vorschulalter

Elementar im extrauterinen Frühjahr und gesicherter im Vorschulalter ist Hochbegabung häufig schon wahrnehmbar bzw. auch zielgerichtet zu erkennen (vgl. Trautmann/Sallee/Buller 2011, S. 13). Die Problemlagen sind oft

Unwissenheit oder Unsicherheit vieler Eltern darüber, was ihr Kind umtreibt und/oder ob und wie es gefördert werden soll. Im Umgang mit Geschwistern bzw. in einer größeren Gruppe von Gleichaltrigen in der Tagesstätte, wird sehr oft der Entwicklungsvorsprung und die abweichende Kommunikation deutlich, der zu Bedenken bei den Eltern und zu einer Isolation des Kindes führen kann. Gerade unter diesem Aspekt ist der Vorschulbereich der Indikator künftiger Weichenstellungen. Feger und Prado empfehlen, die Kinder nicht in separate Förderkurse zu schicken, sondern sie in Alltagssituationen permanent zu ermuntern. Worin müssen Eltern, interessierte Erzieher und Kindergärtnerinnen antizipativ beraten werden? In unserem Umfeld machen wir auf der Grundlage des Mikado-Denkmodells (vgl. u.a. Trautmann/Brommer 2016) auf Merkmale von frühkindlicher Hochbegabung aufmerksam und versuchen, die Beteiligten zu sensibilisieren und zur Achtsamkeit (vgl. Iwers-Stelljes 2008) anzuregen.

- Intensive Kommunikation: Neugeborene und Kleinstkinder fixieren sehr rasch und ausdauernd ihre nähere Umwelt, bleiben länger an Personen oder/und Gegenständen „hängen" und nutzen ihre Möglichkeiten der Interaktion intensiv (soziales Lächeln, Stirnrunzeln, Perspektivdrehung ‚Kopf-schief-legen', Greif- bzw. Ziehbewegungen, Laute usw.).
- Individuelle Bewegungskonzepte: greifen, aufstehen, hochziehen vollziehen sich sehr rasch oder hoch verzögert. Divergente Übungsformen sind erkennbar.
- Individuelle Laut- und Sprachkonzepte, mitunter dissoziative Entwicklung von Sprache und koordinierter Bewegung.
- Außergewöhnliche Wahrnehmungsleitungen: Geräusche, Gerüche, Bewegungen, Musik, Rhythmen, aktuelle Veränderungen im bekannten Rahmen werden unverwechselbar kommuniziert (Blickfixierung, Aufmerken, Stutzen, Lächeln, Zeigbewegungen, korrespondierende Geräusche, Protest, Abwehrbewegungen etc.).
- Ungewöhnliche Schlaf- und Wachrhythmen: Agilität und Ruhephasen wechseln unberechenbar, kein Zusammenhang von Hochbegabung uns Schlaflänge.
- Individuelle Entwicklungssprünge (vgl. Trautmann/Sallee/Buller 2011).

Die Beratung der Eltern muss einerseits Erklärungen der kindlichen Entwicklung als eine Chance und Herausforderung umfassen. Andererseits muss eine solche Entwicklung als „nicht ungewöhnlich" gekennzeichnet werden. Keinesfalls sollten Eltern den Fortschritt ihrer Kinder zu bremsen versuchen oder dem Kind Anreize zu weiterer Welterkundung verwehren. Es gibt nichts, was dem Kind „noch nicht zusteht" (sehen wir einmal von Messer, Gabel, Schere, Licht ... ab). Unabdingbar ist es auch, den Eltern Hinweise zu

den zu erwartenden Argumentationsqualitäten zu geben, auf die starken Autarkiebestrebungen und das hohe Durchsetzungsvermögen zu verweisen.
An der Zeit des Besuches im Kindergarten gibt es ebenfalls neue Domänen der Beratung, beispielsweise hinsichtlich:

- neuer sozialer Kontakte. Diese müssen per se nicht zwangsläufig entwicklungsfördernd sein, können zu Überforderung und sogar kurzzeitig zu Retardationen (Zurückfallen in überwundene Entwicklungabschnitte) wie Einnässen, Lallen etc führen.
- neuer Lebenswelteinflüsse. Die Eingewöhnung in eine Gruppe – seien es gleichaltrige oder Kinder unterschiedlichen Alters – verbraucht und bündelt stets Energie. Mitunter sind hoch begabte Kinder erst einmal abseitig, verzichten auf Spieleinladungen und beobachten. Hier beginnen Ablehnung oder Manipulation.
- neuartiger Anregungen. Jede Kita hat ein Reservoir an Materialien und Medien. Viele Hochbegabte arbeiten sich ungestört in kleinen oder großen Tranchen durch diese Materialien hindurch, teils ohne Außenkontakte (vgl. Elschenbroich/Schweitzer 2007).
- familialer Transformationen. Das Kind bringt Neuheiten und Geschehnisse vom Kindergarten nach Hause mit. Das ist sowohl ein Kommuniaktionsanlass als auch ein latenter Konfliktherd, da das Kind kreativ viel vom (sozial Gelernten) mitbringt.

Grundschulalter

Bei Kindern im Grundschulalter sind es hinsichtlich möglicher Beratungsfelder zunächst Fragen der Einschulung und der sich daraus ergebenden Konsequenzen für das Kind (vgl. Brommer 2016, S. 124). Dabei sollten die Bedürfnisse und möglichen Probleme festgestellt und beraten werden. Wichtig ist eine möglichst frühe Erkennung der individuellen Begabungsmerkmale und potenzieller Fähigkeiten bzw. Defizite. Aber auch Lehrerinnen und Lehrern muss beratend geholfen werden, sowohl die persönlichen und familiären Probleme der Schüler zu verstehen als auch die Unterrichtsangebote auf die neuen Lernbedürfnisse auszurichten.
Viele Eltern, aber auch die Kinder selbst benötigen in der Schuleingangsphase zwischen dem letzten Halbjahr vor der Einschulung und dem Ende der Klasse 2 primär emotionale Unterstützung. Der Beratungsbedarf, so unsere Erfahrungen, kulminiert meist in Klasse 2. In Klasse 1 lassen sich hochbegabte Kinder, oft mit der Statuserhöhung Schulkind ausgestattet, auf das Lesen- und Schreibenlernen, auf Größen und Mengen und die Phänomene der Welt ein, wiewohl sie selbst freilich oft bereits Formeln wälzen, Tagebuch schreiben oder sich um das Absterben von Korallenriffen sorgen. Erst wenn sie erfahren, dass Unterricht und Schule immer weiter *so* fort fährt, werden manche apathisch, andere aufsässig, die dritten engagieren sich auf

der Hinterbühne (Goffman 2012) des Unterrichts andere bekommen Neurosen bzw. deren Eltern gleich mit.

Beratung hat dann die Aufgabe, entstehende Konfliktfelder zu bearbeiten und gemeinsam nach günstigen Bedingungen für Lernen und Entwicklung zu suchen. Dabei sollen die Subjekte der Entwicklung – die Schülerinnen und Schüler nicht ausgenommen werden. Gespräche mit ihnen dienen der Bestandsaufnahme ebenso wie als Anregung für prinzipielle oder pragmatische Veränderungsansätze (vgl. Trautmann/Schmidt/Bichtemann 2009, S. 287). Da es sich in diesem Kontext um junge Kinder handelt, müssen deren - sich im Aufbau befindlichen - Selbstkonzepte positiv bekräftigt werden. Neid, Unverständnis der Umgebung, aber auch die Enttäuschung über die Schulwirklichkeit können das Selbstkonzept negativ beeinflussen. Feger und Prado nennen dies eine Spirale der Enttäuschungen (vgl. Feger/Prado 1998, S. 85 ff).

Mittel- und Oberstufe

In der Mittel- und Oberstufe muss die Beratung Hochbegabter, ihrer Eltern und Lehrpersonen begleitend mit dem Ziel fortgesetzt werden, spezifische Problemfelder, die mit der Adoleszenz verbunden sind, zu klären (vgl. u.a. Webb 2012). Da Hochbegabte die kommunikative Klärung inzwischen als hilfreiches Instrument angenommen haben, kann dadurch auch hinsichtlich der Entdeckung und Entwicklung neuer Interessen und fachspezifischer Neigungen Wirkung erzielt werden (vgl. Wittmann/Holling 2001). Im Oberstufenbereich kommen Aspekte der weiteren Lebensplanung hinzu, die den Aufbau, Entwicklung und Prüfung eines realistischen Selbstkonzepts beinhalten. Aufgrund dessen können zukünftige Aktivitäten, sowie weit reichende Lebensentscheidungen geplant werden. Ein noch relativ unbeachteter Bereich bildet das Mentoring zwischen Hochbegabten, gleich welchen Alters. Es verfolgt mehrere Ziele, sowohl den Austausch spezifischer Erfahrungen und Probleme, als auch die gegenseitige Stützung, die Partizipation an Wissen und Können und schließlich die Kommunikation als Schneeballprinzip (vgl. hier z.B. Wagner 2009, S. 165).

Als Schwerpunkte der Beratung Hochbegabter gelten Schulversagen oder mangelnde schulische Leistung trotz diagnostizierter Hochbegabung, Hilfen bei der Wahl zwischen mehreren Alternativen (z.B. Schullaufbahnentscheidung, Schwerpunktbildung etc.) und Probleme in der sozialen Anpassung. Nach einer älteren Untersuchung von Keller (1992) kommt es dabei zu folgenden Kategorien bei den Beratungsanlässen: Lern- und Leistungsstörungen (50%), Entscheidungsprobleme (30%) und Verhaltensprobleme (20%). Feger/Prado (1999) differenzieren aus ihrer eigenen Beratungserfahrung noch weiter:

- Diskrepanz zwischen Begabung und Leistung

- Unterforderung
- Wahl zwischen mehreren Alternativen bzw. dem Wunsch nach relevanten Informationen (z.B. Überspringen, vorzeitige Einschulung)
- Soziale Isolierung
- Auseinandersetzungen mit Lehrern
- Schwierigkeiten, bessere Leistung eines anderen zu ertragen
- Einseitig interessierte Kinder (die durchaus nicht einseitig begabt sind), sowie die vielseitig Begabten, die zu einer starken Verzettelung neigen (konturiert als Elternproblem)

Elbing und Heller (1996, S. 57 ff) dokumentieren die Beratungsanlässe an der Begabungspsychologischen Beratungsstelle in München unter genderspezifischen Gesichtspunkten und im Kontext unterschiedlicher Beratungszeiträume. Im Beratungsklientel zwischen 1988 – 1991 (n= 103m/33w) stellte sich die Rangfolge so dar:

Jungen
1. Suche nach Fördermöglichkeiten
2. Schulische Leistungsprobleme
3. Hochbegabungsdiagnose
4. Langeweile in der Schule
5. Ärztliche Überweisung
6. Überspringen von Klassen
7. Verhaltensprobleme

Mädchen
1. Suche nach Fördermöglichkeiten
2. Hochbegabungsdiagnose
3. Erziehungsberatung
4. Überspringen von Klassen
5. Schulische Leistungsprobleme
6. Langeweile in der Schule
7. Ärztliche Überweisung

Im Zeitraum von 1992 – 1994 (n= 57m/22w)

Jungen
1. Probleme im Sozialverhalten
2. Hochbegabungsdiagnose
3. Unterforderung, Langeweile
4. Suche nach Förderungsmöglichkeiten
5. Laufbahnentscheidung, frühe Einschulung
6. Verhaltensprobleme
7. Aggressives Verhalten

Mädchen
1. Hochbegabungsdiagnose
2. Suche nach Fördermöglichkeiten
3. Probleme im Sozialverhalten
4. Unterforderung, Langeweile
5. Laufbahnentscheidung, frühe Einschulung
6. Gutachten
7. Erziehungsberatung

Eine ähnlich differenzierte Analyse ist nicht recherchierbar. Gute Daten liefert die Zusammenstellung der Karg-Stiftung[138]. Es kann jedoch davon ausgegangen werden, dass sich die Schwerpunkte nicht wesentlich verändert haben. Koop und Preckel (2015, S. 9) zeigen die Beratungshäufigkeit von Jungen und Mädchen mit 3 : 1 an. Die häufigsten diagnostischen Fragestellungen sind Förderung (Schullaufbahn, Fördermöglichkeiten, vermutete Unterforderung, Leistungsabfall) und Verhaltensauffälligkeiten bzw. Probleme im Sozialverhalten.

Nahezu alle Autoren kommen zum Fazit, dass das Spektrum begabungsspezifischer Beratungsanlässe weitgehend identische Probleme beinhaltet, sowie die Nachfragestruktur durch die Spezifik des Beratungsangebots mit beeinflusst wird. Den Grundbedürfnissen der Adressaten der Hochbegabtenberatung müsse daher durch differenzierte Angebote Rechnung getragen werden. Hochbegabtenberatung wird in einem erweiterten Verständnis als integratives Element individueller Jugendhilfe begriffen. Letztlich ist neben der zweifelsfrei unabdingbaren psychologischen Beratung Hochbegabter auch die pädagogische Beratung grundsätzlich im Auge zu behalten (vgl. hier besonders Arnold/Jacob/Großgasteiger 2015, S. 19 f.).

Eltern

Im Beratungsfeld Eltern nennen Barbara Feger und Tania Prado bereits 1999 drei wesentliche Aufgabenbereiche die in nahezu unveränderter Aktualität auch heute noch Bedeutung besitzen (vgl. Gödelt/Leidel 2015, S. 187; Cressole 2014, S. 47 f)

- Minimierung belastender elterlicher Unsicherheit: Wichtige Fragen lauten: Ist das Verhalten des Kindes „normal"? (Wie) sollen die Eltern das Kind fördern? Wie können Eltern etwas über Hochbegabte, Förderung und Erziehungsmaßnahmen erfahren? Auch in Zeiten des Internets ist die Varianzbreite der Meinungen und Auffassungen hoch. Viele Eltern wollen jedoch nicht „irgend eine" Meinung sondern eine von Autoritäten (vgl. Cressole 2014, S. 60)
- Kooperation zwischen Schule und Elternhaus: In der Vergangenheit waren eher Schuldzuweisungen die Regel. Inzwischen hat sich eine differenzierte Sichtweise durchgesetzt. Eltern begreifen zunehmend die Vielzahl der Aufgaben und Schwierigkeiten der Lehrerinnen und Lehrer. Eine regelmäßige Kommunikation mit der Schule muss gepflegt und mit dem Kind über sein Fortkommen in der Schule gesprochen werden.

---

[138] Für Interessierte: Karg Heft 8, Psychologische Beratung im Feld Hochbegabung. Frankfurt a.M.: Karg Stiftung 2015

- Konkrete Handlungsvorschläge: Unterstützung und Organisation von Fördermaßnahmen, speziell außerhalb der Schule, aber bei Bedarf auch im didaktischen Bereich des Unterrichts.

Helmut Quitmann (1999, S. 9) wies vor Zeiten ebenfalls darauf hin, dass nicht primär das Kind, sondern die Erwachsenen - Eltern und Lehrer/innen - Beratung benötigen. Diese Meinung wird auch aktuell wieder diskutiert (vgl. Arnold/Jacob/Großgasteiger 2015, S. 23). Es komme danach häufig vor, dass Eltern und Lehrkräfte etwas Verschiedenes sehen bzw. unterschiedliche Vorstellungen darüber haben, ob ein Kind besonders begabt ist bzw. welche Maßnamen tatsächlich ergriffen werden sollten (vgl. hier auch Römer/Trautmann 2015, S. 244). Diese *zwei Wahrheiten* innerhalb der großen Kompetenz bei Eltern und Lehrkräften gleichermaßen, stellen den Berater bzw. die Beraterin vor gewaltige Aufgaben. Hohe Fach- und Sachkompetenz einerseits und eine geringe Frustrationskompetenz andererseits Bedürfen nicht nur Beratungs- sondern auch Mediationsqualitäten (vgl. hier auch Trautmann/Sallee/Buller 2011, S. 165). Helmut Quitmann regt daher an:
- in einen offenen Dialog miteinander einzutreten und herauszufinden, in welchen Sichtweisen sie übereinstimmen und wo ihre Meinungen auseinander gehen (vgl. 2013, S. 37),
- jene Bereiche auszuklammern, wo sich unterschiedliche Meinungen sedimentieren und statt dessen
- das gemeinsame Handeln auf jene Bereiche zu konzentrieren, wo Übereinstimmung besteht, verbindliche Vereinbarungen zu treffen, Laufzeiten zu vereinbaren und Termine zur Fortsetzung des Dialogs zu vereinbaren (vgl. Quitmann 2013, S. 34).

Lehrerinnen und Lehrer

Im Gegensatz zu den primär Betroffenen besitzt die allgemeine Beratung von Lehrerinnen und Lehrern zunächst eine informierende Funktion – zumindest so lange, bis der/die erste Hochbegabte in dieser oder jener Klasse sitzt. In den letzten Jahren kam es in Folge des steigenden Bedarfs zu einem Ausbau der Hilfsangebote für Eltern hoch begabter Kinder, konstatiert das Bundesministerium für Bildung und Forschung (vgl. BMBF 2015, S. 58). Neben einer Vielzahl kommerzieller Institute beraten staatliche und institutionell angebundene Anlaufstellen kostenlos zu Fragestellungen der Diagnostik und Förderung von Hochbegabung. Dazu zählen Schulämter, schul- oder beratungspsychologische Dienste, die Beratungsstellen besondere Begabungen, Universitäten und Hochschulen, Familienberatungsstellen in unterschiedlicher Trägerschaft, die Gesellschaft für das hochbegabte Kind (GdhK), Elterninitiativen und Selbsthilfegruppen. Viele dieser Beratungsstellen haben sich inzwischen auf besondere Beratungsfragen hinsichtlich der Hochbegabung spezialisiert. Primär ist immer noch der Aufklärungsbedarf über die Existenz dieser Entwicklungsverläufe. Neben einem zu erwartenden besseren Verständnis Hochbegabter kann deren Identifikation und Förderung positiv forciert werden. Inzwischen sehen viele Pädagogen die Anregungs- und Aufregungspotenziale hochbegabter Kinder für die Eltern und für sie selber – in und außerhalb des Unterrichts.

Eine wichtige Aufgabe von Beratungsstellen ist es, Lehrpersonen bei der Erarbeitung von Maßnahmen für individuelle Hilfe zu unterstützen sowie weitere Materialien und Anregungen zur Hochbegabten-Didaktik und zur Unterrichtsgestaltung, die eine integrierte Förderung ermöglichen, anzubieten. Primär dafür ist Wissen über Hochbegabung, ihre Entstehung und Erkennung. *Kernfragen können u.a. sein:* Welche Formen werden unterschieden und wie wirken diese sich konkret auf meinen (Fach-)Unterricht aus? Welche Formen der Beobachtung und Dokumentation können helfen, Vermutungen hinreichend abzusichern oder systematisch aufzubereiten? Auch Wissen darüber, wie und worüber man mit Eltern besonders begabter Kindern sprechen kann und sollte ist ebenso hilfreich, Kenntnisse darüber, wie die Lehrperson sich selbst kompetent(er) machen kann bzw. welche Anlaufstellen es im Umfeld dafür gibt.

Die Broschüre des Bundesministeriums teilt das Beratungswissen von Lehrpersonen in zwei Kategorien ein:

Kindspezifisches Handlungs- und Interaktionswissen: Welche Bedürfnisse haben besonders begabte Kinder und wie integriert man diese adäquat in den Gruppenalltag? Wie motiviert man ein bestimmtes Kind, seine Ideen vorzutragen oder zu sich zu stehen?

Didaktisches Planungs- und Handlungswissen: Welche spezifischen Fördermöglichkeiten, Inhalte, Aktivitäten, Themen und Materialien werden von Kindern mit besonderen Begabungen gerne genutzt und eignen sich für den Einsatz in der gesamten Kindergartengruppe (vgl. BMBF 2015, S. 74)?

Klar scheint, dass es keine Standardberatung geben kann, sondern immer individuell auf die Vielzahl der Anlässe, die Unterschiedlichkeit der Ausprägungen und individuelle Vollzüge eingegangen werden muss. Wesentliche Beratungsstrategien sind u. a.:

- Situationsanalysen bzw. die Klärung von Fragestellungen,
- Beginnende Fallanalysen durch erzählte Genese,
- Direkte oder indirekte Bearbeitung aktueller Problemstellungen
- Synthese bzw. Eingrenzung der Fragestellung, und dort wiederum:
  - ➢ Hauptgegenstand der Beratung
  - ➢ Modalitäten und Personalien der Beratung
  - ➢ Suche nach geeigneten Maßnahmen
  - ➢ Detailplanung und Durchführung
  - ➢ Bewertung des Vorgehens und Kontrolle

Die Einstellung aller pädagogischen Fachkräfte zum Heranwachsenden selbst - ob hochbegabt oder nicht - scheint in diesen Prozessen das A und O zu sein. Das Ziel bleibt anspruchsvoll: Die Integration Hochbegabter ist jenseits aller bildungspolitischen Beteuerungen eine fundamentale Angelegenheit aller Beteiligter und nicht zu oktroyieren. Integrationsbestrebungen sind aber nur dann sinnvoll und wirklich auch im Interesse des einzelnen Kindes, wenn sie begleitet werden von grundsätzlich binnendifferenzierender und individualisierender Unterrichtsarbeit, damit das Recht jedes Kindes auf seine Möglichkeiten, Fähigkeiten und Bedürfnisse entsprechende Erziehung zur Geltung kommt. Das lässt sich allerdings ohne substanzielle zusätzliche Ressourcen finanzieller, personeller, räumlicher und materieller Art kaum verwirklichen; eine Lektion, die viele Bildungspolitiker noch lernen oder zumindest festigen müssen.

Wir sind erst dann tatsächlich eine inklusive Gesellschaft, wenn alle Mechanismen wie Kompetenzraster, learning stories oder individuelle Entwicklungsgespräche, wie sie an einigen Schulen bereits umgesetzt werden für die Beratung auch genutzt werden - lernbegleitende Diagnostik an allen Schulen inklusive. Mit den damit abgebildeten Entwicklungsprozessen können Lehrkräfte und alle anderen Bezugspersonen von Kindern und Jugendlichen arbeiten – didaktisch und lernberatend gleichermaßen. Nicht zuletzt müssten Schulen voneinander lernen. Damit meine ich (TT) nicht das Herausstellen von Leuchtturmschulen, sondern eine beratende Vernetzung von lernenden Schulen, die gemeinsam wertschätzend an ihrer eigenen Entwicklung arbeiten und sich verändern.

Bei näherer Betrachung ist es ein – gewiss etwas betagter – Grundsatz aus der Ökologie, der als Folie der gegenwärtigen Prozesse dienen kann. „Global denken – lokal handeln" bezog sich auf Erderwärmung einerseits und das Meiden FCKW-haltiger Spray und die Mülltrennung andererseits. Wenn wir die Inklusion als „das Globale" von heute denken, müssen wir als lokales Agieren grundsätzliche Wertschätzung, Wohlbefinden und Partizipation aller konsequent handelbar gestalten. Das bedarf jedoch der Engegiertheit aller Seiten. Denn die Vorurteile von gestern dürfen nicht zu den Nachteilen von heute werden.

Vertiefende Fragen und Aufgaben:

- Beratung erfordert Auftragsfreiheit. Was bedeutet dies für die Hochbegabtenberatung?
- Sie sind Lehrperson: Welche wichtigsten Strategien besitzen Sie, um eine Situation kommunikativ zu entschärfen? Und: Sehen ihre Gesprächsgegner dies ebenso?
- Welche Argumente würden Sie in der Beratung eines testversessenen Elternpaares wählen?

- Nehmen Sie noch einmal das Vier-Ohren-Modell (Schulz v. Thun 2010) zur Hand. Auf welchem Ohr hören Sie besonders eindrücklich? Welche Konsequenzen hat das – für Sie, für Ihre Familie – für die Schülerinnen und Schüler ihrer Klasse(n)?

Was Sie sonst noch lesen können:

- Wagner, Angelika C., Kosuch, Renate; Iwers-Stelljes, Telse A. (2016). Introvision. Problemen gelassen ins Auge schauen. Eine Einführung. Stuttgart: Kohlhammer
- Iwers-Stelljes, Telse A. (2008). Gelassen und handlungsfähig. Bad Heilbrunn: Klinkhardt
- Trautmann, Thomas; Brommer Jule (Hrsg.) (2016). Transitionen exemplarisch. Schulanfang, Klassenstufensprung, Schulartwechsel am Einzelfall. Berlin: Logos
- Elschenbroich, Donata (2001). Weltwissen der Siebenjährigen. München: Kunstmann
- Wischer, Beate (2007). Heterogenität als komplexe Anforderung an das Lehrerhandeln. Eine kritische Betrachtung schulpädagogischer Erwartungen. In: Boller, S., Rosowski, E.; Stroot, T. (Hrsg.). Heterogenität in Schule und Unterricht. Weinheim: Beltz, S. 32-41

Literatur

> Wenn ein Buch
> Und ein Kopf zusammenstoßen
> Und es klingt hohl, ist es allemal das Buch?
> G. C. Lichtenberg

Alvarez, Christiane (2006). Hochbegabung: Tipps für den Umgang mit fast normalen Kindern. München: dtv

Anderski, Christa (2003). Begabte Kinder hoch begaben. Düsseldorf: Alein-Verlag

Arnold, Dietrich; Jacob, André; Großgasteier, Iris (2015). Erziehungsberatung (auch) für Hochbegabte. In: Karg Heft 8, Psychologische Beratung im Feld Hochbegabung. Frankfurt a.M.: Karg Stiftung, S. 19-26

Arnold, Rolf; Schüßler, Ingeborg (1998). Wandel der Lernkulturen. Ideen und Bausteine für ein lebendiges Lernen. Darmstadt: Wiss. Buchgesellschaft

Arnold, Rolf; Schüßler, Ingeborg (Hrsg.) (2003). Ermöglichungsdidaktik. Baltmannsweiler: Schneider

Abels, Heinz (2010). Identität. Über die Entstehung des Gedankens, dass der Mensch ein Individuum ist, den nicht leicht zu verwirklichenden Anspruch auf Individualität und die Tatsache, dass Identität in Zeiten der Individualisierung von der Hand in den Mund lebt. 2., überarbeitete und erweiterte Aufl. Wiesbaden: VS Verlag für Sozialwissenschaften

Ahl, Ingmar (2011). Vorwort. In: Calvert, Kristina; Hausberg, Anna K. (Hrsg.) PHINA. Philosophieren mit Kindern über die Natur. Hohengehren: Schneider

Aissen-Crewett, Meike (1998). Der Ausbruch aus dem Ghetto der rational-logischen Intelligenz: Howard Gardners Öffnung zur Vielfalt der Intelligenzen – Chance und Herausforderung für die Pädagogik. In: Aissen-Crewett, Meike (Hrsg.). Multiple Intelligenzen. Chance und Herausforderung für die Pädagogik. Potsdam: Inst. für Grundschulpädagogik, S. 45-68

Alfonso, Vincent C.; Flanagan, Dawn P.; Radwan, Suzan (2005). The Impact of the Cattell-Horn-Carroll Theory on Test Development and Interpretation of Cognitive and Academic Abilities. In: Flanagan, Dawn P. (Ed); Harrison, Patti L. (Ed), (2005). Contemporary Intellectual Assessment: Theories, Tests, and Issues. New York, NY: Guilford Press, pp 185-202

Allemann-Ghionda, Cristina; Auernheimer, Georg; Grabbe, Helga; Krämer, Angelika (2006). Beobachtung und Beurteilung in soziokulturell und sprachlich heterogenen Klassen – Die Kompetenzen der Lehrpersonen. Zeitschrift für Pädagogik (Beiheft 51), S. 250–266

Alsaker, Françoise D. (2003). Quälgeister und ihre Opfer. Bern: Huber

Altrichter, Herbert; Posch, Peter (2016). Lehrerinnen und Lehrer erforschen ihren Unterricht. Unterrichtsentwicklung und Unterrichtsevaluation durch Aktionsforschung. 5. Aufl. Bad Heilbrunn: Klinkhardt

Altstötter-Gleich, Christine; Bergemann, Niels (2006). Testgüte einer deutschsprachigen Version der Mehrdimensionalen Perfektionismus Skala von Frost, Marten, Lahrat und Rosenblate (MPS-F). In: Diagnostica, 2006, 52, S. 108-115

Apel, Hans-Jürgen; Knoll, Michael (2001). Aus Projekten lernen. Grundlegung und Anregungen. München: Oldenbourg

Armstrong, Thomas (1994). Multiple Intelligences in the Classroom. Alexandria, Va.: ASCD

Arnold, Rolf (2008). Lernkulturwandel – Veränderungen und Bedingungen von Lehren und Lernen. In: Schulleitung heute, Heft 5, 2008, S. 2-4

Arnold, Rolf (2008 a). Leadership und Lernkulturwandel. In: I. Studienbrief SM 0110. DISC Kaiserslautern 2008, S. 24f

Autorengruppe Bildungsberichterstattung (2012). Bildung in Deutschland 2008. Ein indikatorgestützter Bericht mit einer Analyse zur kulturellen Bildung im Lebenslauf. Bielefeld: Bertelsmann

Auzinger, Karin (2010). ‚Philosophieren mit Kindern' als Unterrichtsprinzip. Möglichkeiten der Umsetzung als integrative Begabungsförderung für Kinder im Grundschulalter. Masterthesis. Department für interaktive Medien und Bildungstechnologien Krems: Donau-Universität

Bach, Heinz (1993). Zusätzlicher Förderbedarf. Begriff und Begründung von zusätzlichem Förderbedarf eines Kindes in der Schule. Vierteljahresschrift für Heilpädagogik und ihre Nachbargebiete, 2, 137-143

Bachmann, Miriam (2013). „Ich kann abends einfach meine Gedanken nicht abschalten...". Hochbegabung – ADHS – Asperger Autismus. Über die Notwendigkeit einer genauen Diagnostik. In: Trautmann, Thomas; Manke, Wilfried (Hrsg.). Begabung – Individuum – Gesellschaft. Begabtenförderung als pädagogische und gesellschaftliche Herausforderung. Weinheim und Basel: Beltz Juventa, S. 65-77

Balasch, Udo; Brüning, Barbara; Trautmann, Thomas (Hrsg.) (2014). Ethik 4 Schülerbuch. Berlin: Cornelsen

Barth, Gernot; Kemper, Herwart; Protz, Siegfried (1997). Veränderte Schulwirklichkeit. Dritter Zwischenbericht zum Schulversuch „Jenaplan-Initiative Weimar". Erfurt: PHE

Barth, Peter (2001). Didaktische Ansätze multimedialen Lernens in der Schule. In: Richter, Karin; Trautmann, Thomas (Hrsg.). Kindsein in der Mediengesellschaft. Interdisziplinäre Annäherungen. Weinheim: Deutscher Studien Verlag

Bastian, Hans-Günther (1997). Beeinflusst intensive Musikerziehung die Entwicklung von Kindern? In: Musikforum H. 86, Juni 1997

Bauer, Rudolf (2008). Philosophieren mit Kindern: Verändertes Fragen und Nachdenken. In: Hartinger, Andreas (Hrsg.). Veränderte Kindheit. Konsequenzen für die Lehrerbildung. Bad Heilbrunn: Klinkhardt. S. 69-80

Baudson, Tanja Gabriele (2010). Furor peticus oder chemische Imbalance? Wie sich rauschhafte Zustände auf Kreativität auswirken. In: Rosenzweig, Rainer (Hrsg.). Geistesblitz und Neuronendonner. Intuition, Kreativität und Phantasie. Paderborn: mentis-Verlag, S. 61-90

Baum, Susan (1990). Gifted but learning disabled: A puzzling paradox. The Council for Exceptional Children. USA: Eric Digest Ec-90

Baum, Susan; Owen, Steven (2004). To be gifted and learning disabled. Mansfield, CT: Creative Learning Press

Baumann, Nicola; Gebker, Stefanie; Kuhl, Julius (2010). Hochbegabung und Selbststeuerung: Ein Schlüssel für die Umsetzung von Begabung in Leistung. In: Preckel, Francis; Schneider, Wolfgang; Holling, Heinz (Hrsg.). Diagnostik von Hochbegabung. Göttingen: Hogrefe, S. 141-167

Baurmann, Jürgen (1998). Freiarbeit im Fremdsprachenunterricht In: Jung, Udo O.H. (Hrsg.). Praktische Handreichungen für Fremdsprachenlehrer. 2. Aufl. Frankfurt a.M. u.a.: Lang, S. 64-70

Beuschel-Menze, Hertha (2008). Das Ranschburg-Phänomen, die Ähnlichkeitshemmung oder Nichts Neues von Herrn Huber. In: http://www.aol-verlag.de/aol2001/ 200_service/200_download/ i101.pdf (letzter Zugriff am 22.02. 2016)

Beyer, Klaus (1976). Pädagogikunterricht. Eine Konzeption. Stuttgart, Berlin, Köln, Mainz: Kohlhammer

Bickler, Daniela (2008). Freie Lernorte – Raum für mehr. Ergebnis und Erfahrungsbericht der medien-pädagogischen Begleitung. Bonn: Schulen ans Netz e. V.

Binet, Alfred (1906). Le développement de l'intelligence chez les enfants. In: Année Psychologique, 14

Binet, Alfred; Simon, Theodore (1916). The Development of Intelligence in Children. Arno Press.

Bins, Lebrecht (2003). Erfolgsstrategie Moral. Das neue Erziehungs- und Bildungskonzept. Berlin: Logos

Borchert, Johann (Hrsg.) (2000). Handbuch der sonderpädagogischen Psychologie. – Göttingen, Bern, Toronto, Seattle: Hogrefe

Bloom, Benjamin S.; Engelhart, Max D.; Furst, Edward J.; Hill, William H.; Krathwohl, David R. (2013). Taxonomy of educational objectives: the classification of educational goals. Handbook I: Cognitive Domain. New York: Shortmans, Green

(BMBF). Bundesministerium für Bildung und Forschung (Hrsg.) (2015). Begabte Kinder finden und fördern. Ein Wegweiser für Eltern, Erzieherinnen und Erzieher, Lehrerinnen und Lehrer. Berlin: BMBF

Bohl, Thorsten; Kuchartz, Dietmut (2010). Offener Unterricht heute. Weinheim und Basel: Beltz

Boller, Sebastian; Rosowski, Elke; Stroot, Thea (Hrsg.) (2007). Heterogenität in Schule und Unterricht. Handlungsansätze zum pädagogischen Umgang mit Vielfalt. Weinheim: Beltz

Borgert, Stephanie; Trautmann, Thomas; Rönz, Constanze (2009). Differenzierungsfähigkeiten von Grundschulkindern am Beispiel erster Klassen. In: Trautmann, Thomas; Schmidt, Sonja; Rönz, Constanze (Hrsg.). Mittendrin und stets dabei. Begabungsfördernder Unterricht und wissenschaftliche Begleitung: Empirische Ergebnisse: Baltmannsweiler: Schneider, Bd. 2, S. 28-46

Bos, Wilfried; Lankes, Eva-Maria; Prenzel, Manfred; Schwippert, Knut; Walther, Gerd; Valtin, Renate (Hrsg.) (2003). Erste Ergebnisse aus IGLU. Schülerleistungen am Ende der vierten Jahrgangsstufe im internationalen Vergleich. Münster, New York, München, Berlin: Waxmann

Bos, Wilfried; Voss, Andrea; Lankes, Eva-Maria; Schwippert, Knut; Thiel, Oliver; Valtin, Renate (2004). Schullaufbahnempfehlungen von Lehrkräften für Kinder am Ende der vierten Jahrgangsstufe. In: Bos, Wilfried et al. (Hrsg.). IGLU: Einige Länder der Bundesrepublik Deutschland im nationalen und internationalen Vergleich. Münster: Waxmann, S. 191-228

Böttcher, Vanessa; Spethmann, Eckhard (2010). Gemeinsam über Unterricht nachdenken - Kollegiale Unterrichtsreflexion lernen. In: Zeitschrift PÄDAGOGIK, Heft 1/2010. S. 24-27

Brackmann, Andrea (2007). Ganz normal hochbegabt - Leben als hochbegabter Erwachsener. Stuttgart: Klett-Cotta

Brand, Gregor (o.J.).Schlafen hochbegabte Kinder länger als durchschnittlich begabte? Zum Schlafbedürfnis hochbegabter Kinder und zur Hochbegabtenidentifikation allgemein. Verfügbar unter: http://djaco. bildung.Hessen.de/schule/allgemeines/begabung/begabung_hochbegabung/Sleep.pdf (letzter Zugriff am 20.1.2016)

Brandes, Holger (2008). Selbstbildung in Kindergruppen Die Konstruktion sozialer Beziehungen. München: Reinhardt

Brandes, Holger (2010). Lernen in der Kindergruppe. Peerinteraktionen und Gruppenprozesse von Klein- und Vorschulkindern. In: Koop, Christine; Schenker, Ina; Müller, Götz; Welzien, Simone und die Karg-Stiftung (Hrsg.) (2010). Begabung wagen. Ein Handbuch für den Umgang mit Hochbegabung in Kindertagesstätten. Berlin und Weimar: das netz, S. 141-152

Brecht-Schulen Hamburg (Hrsg.) (2003). Unterrichtskonzeption der Privaten Brecht-Grundschule. Hamburg Ms.

Bräu, Karin (2007). Die Betreuung der Schüler im individualisierenden Unterricht der Sekundarstufe. Strategien und Handlungsmuster der Lehrenden. In: Rabenstein, K./Reh, S. (Hrsg.). Kooperatives und selbstständiges Arbeiten von Schülern. Zur Qualitätsentwicklung von Unterricht. Wiesbaden: VS Verlag, S. 173-195

Braun, Karl-Heinz (2006). Ziele institutioneller Entwicklung der Schule in der „zweiten Moderne". In Thomas Rihm (Hrsg.). Schulentwicklung. Vom Subjektstandpunkt ausgehen... Wiesbaden: VS-Verlag, S. 183-212

Brommer, Jule (2016). Fares im Modell. In: Trautmann, Thomas; Brommer, Jule (Hrsg.).. Transitionen exemplarisch. Schulanfang, Klassenstufensprung, Schulartwechsel am Einzelfall. Berlin: Logos. S. 111-134

Bronfenbrenner, Uri (1981). Die Ökologie der menschlichen Entwicklung. Natürliche und geplante Experimente. Stuttgart: Klett-Cotta

Brophy, Jerome; Good Thomas L. (1986). Chapter 12 „Reacher Behavior and Student Achievment." In: Wittrock, Merlin C. (Ed.). Handbook of Research on Teaching. New York: Macmillan. S. 328-375

Brümmer, Mareike (2016). Von kreativen Personen, Sichtbarem und Überraschungen - Ergebnisse der empirischen Untersuchung. In: Brümmer, Mareike; Trautmann, Thomas (Hrsg.). Vom Sichtbar Werden – sichtbar sein. Divergentes Denken als Element ästhetischer Erfahrung und deren Verarbeitung im begabungsfördernden Unterricht. Berlin: Logos, S. 84-138

Brümmer, Mareike; Trautmann, Thomas (2016). Vom Sichtbar Werden – sichtbar sein. Divergentes Denken als Element ästhetischer Erfahrung und deren Verarbeitung im begabungsfördernden Unterricht. Berlin: Logos

Brüning, Barbara (1990). Mit dem Kompass durch das Labyrinth der Welt, Bad Münder: Leibniz-Bücherwarte

Brüning, Barbara (2004). Philosophieren in der Grundschule - Methoden und internationale Bilanz. In Müller, H.-J. (Hrsg.). Denken als didaktische Zielkompetenz. Philosophieren mit Kindern in der Grundschule (S. 32-41). Baltmannsweiler: Schneider

Brunner, Ilse (2005). Portfolios als Hilfe zum nachhaltigen Lernen, online-Seminar „Portfolio im RU" Studienbrief

Brunner, Ilse; Häcker, Thomas; Winter, Felix (Hrsg.) (2006). Das Handbuch Portfolioarbeit. Konzepte, Anregungen, Erfahrungen aus Schule und Lehrerbildung. Seelze: Kallmeyer

Brunner, Ilse; Rottensteiner, Erika (2014). Mit multiplen Intelligenzen Begabungen fördern und Kompetenzen entwickeln. Hohengehren: Schneider

Bundesministerium für Bildung und Forschung (BMBF; Hrsg.) (2001). Begabte Kinder finden und fördern. Ein Ratgeber für Eltern und Lehrer. Bonn

Budde, Jürgen; Hummrich, Merle (2013). Reflexive Inklusion. In: Zeitschrift für inklusion.online.net 4/2013. Unter: http://www.inklusion-online.net/index.php/inklusion-online/article/view/193/199 (letzter Zugriff 22.2.2016)

Budde, Jürgen; Blasse, Nina; Bossen, Andrea; Rißler, Georg (Hrsg.) (2015). Heterogenitätsforschung. Empirische und theoretische Perspektiven. Weinheim u. Basel: Beltz Juventa

Buhren, Claus G. (2011). Kollegiale Hospitation. Verfahren, Methoden und Beispiele aus der Praxis. Köln: Carl Link

Burk, Karlheinz (Hrsg.) (1996). Jahrgangsübergreifendes Lernen in der Grundschule. Frankfurt a.M.: Arbeitskreis Grundschule (Mehr gestalten als verwalten 12)

Burk, Karlheinz; Mangelsdorf, Marei; Schoeler, Udo (1998). Die neue Schuleingangsstufe. Weinheim u. Basel: Beltz

Burk, Karlheinz (2007). Schulklasse und Jahrgangsprinzip. In: De Boer, Heike; Burk, Karlheinz; Heinzel, Friederike (Hrsg.). Lehren und Lernen in jahrgangsgemischten Klassen. Frankfurt am Main: Grundschulverband – Arbeitskreis Grundschule e.V., S. 18-31

Burow, Olaf Axel (2016). Unterricht als Kreatives Feld. In: Journal für LehrerInnenbildung Heft1, 2016. S. 49-54

Busby, Keith A.; Pivik, R. Terry (1983). Sleep patterns in children of superior intelligence. In: Journal of Child Psychology and Psychiatry and Allied Disciplines, 24, S. 587 - 600

Calvert, Charles; Calvert, Kristina (2001). Philosophieren mit Fabeln. – Heinsberg: Dieck

Calvert, Kristina (2000). Mit Metaphern philosophieren. Sprachlich-präsentative Symbole beim Philosophieren mit Kindern in der Grundschule. München: kopaed

Calvert, Kristina (2002). Gelb und Rosa. Mit Kindern über Zufall und Absicht philosophieren. In: Grundschule, 35(2002)10, S. 22-24

Calvert, Kristina (2003). Philosophieren mit Kindern – PmK – in der integrativen Begabtenförderung. In: Behörde für Bildung und Sport/Beratungsstelle besondere Begabungen (Hrsg.). Philosophieren mit Kindern – Erfahrungsberichte aus der Praxis. Hamburg: BbB, S. 11 -13

Calvert, Kristina (2004). Philosophieren mit Kindern und Freundesuchgeräte. – In: Journal für Begabtenförderung. - 4. Jg., Heft 2. – Innsbruck: Studienverlag. S. 14-20.

Calvert, Kristina (2008). Kreatives Philosophieren mit Kindern. Angst und Mut. Seelze-Velber: Kallmeyer, S. 20

Calvert, Kristina; Nevers, Patricia (2008). PhiNa - Kinder philosophieren über die Natur. In: Fischer, C., Mönks, Westphal, F. J., & U. (Hrsg.). Individuelle Förderung. Begabungen entfalten - Persönlichkeit entwickeln: Fachbezogene Forder- und Förderkonzepte. Münster: LIT

Campione, Joseph C.; Brown, Ann L.; Ferrara, Roberta A. (1983). Mental retardation and Intelligence. In: Sternberg, R. J. (Ed.). Handbook of human intelligence Cambridge: Cambridge University Press, S. 392-490

Carroll, John B. (1993). Human Cognitive Abilities. A Survey of factor-analysis studies. New York: Cambridge University Press

Cassirer, Ernst (1973). Philosophie der symbolischen Formen. Teil 1: Die Sprache. 6. Aufl. Darmstadt: Wissenschaftliche Buchgesellschaft

Cattell, Raymond B. (1948). Concepts and methods in the measurement of group syntality, In: Psychological Review, 55, S. 48-63

Cattell, Raymond B. (1971). Abilities: Their Structure, growth and action. Boston: Houghton Mifflin

Caysa, Volker (Hrsg.) (1997). Auf der Suche nach dem Citoyen. Berlin/New York/Wien: Peter Lang

Chan, David W. (2010). Perfectionism Among Chinese Gifted and Nongifted Students in Hong Kong: The Use of the Revised Almost Perfect Scale. In: Journal for the Education of the Gifted, 2010, Vol. 34, No. 1, S. 68-98

Chan, David W. (2012). Life Satisfaction, Happiness, and the Growth Mindest of Healthy and Unhealthy Perfectionists Among Hong Kong Chinese Gifted Students. In: Roeper Review, 2012, Vol.34, No. 4, S. 224-233

Chateau, Jean (1976). Das Spiel des Kindes. Natur und Disziplin des Spielens nach dem dritten Lebensjahr. Paderborn: Ferdinand Schöningh Verlag

CJD Königswinter (2016). Selbstdarstellung auf der Schulhomepage. Verfügba. In: http://www.cjd-koenigswinter.de/das-cjd-koenigswinter/ hochbegabtenfoerderung/sekundarstufe-i/forschen-und-projektunterricht/ (letzter Zugriff am 01.01. 2016)

Clark, Barbara (1992). Growing up gifted. New York: Merill

Comenius, Jan Amos (1957). Ahrenbeck, H.(Hrsg). Große Didaktik. Berlin Ost.: Volk u. Wissen

Cressole, Claudine C. (2014). (Hoch-)Begabung aus Elternsicht – eine netzbasierte Analyse von Problemfeldern. Schriftliche Hausarbeit im Rahmen der Ersten Staatsprüfung für das Lehramt in der Grund- und Mittelstufe. Hamburg: UHH

Cropley, Arthur (2001). Kreativität und Kreativitätsförderung. In: Rost, Detlef H. (Hrsg.). Handwörterbuch Pädagogische Psychologie. Weinheim: Beltz, S. 366-373

Cropley, Arthur J.; Reuter, Martin (2010). Kreativität und Kreativitätsförderung. In: Rost, Detlef H. (Hrsg.). Handwörterbuch Pädagogische Psychologie. Weinheim: Beltz, 4. Aufl., S. 402-413

Czikszentmihalyi, Mihály (1990). The domain of creativity. In: Runco, M.A.; Albert R. S. (Eds.) Theories of creativity. Newbury Park: Sage, pp. 190-212

Csikszentmihalyi, Mihály (1997). Kreativität. Wie Sie das Unmögliche schaffen und Ihre Grenzen überwinden. Stuttgart: Klett-Cotta

Csikszentmihalyi, Mihály (2002). Flow. Das Geheimnis des Glücks. Klett-Cotta, Stuttgart

Csikszentmihalyi, Mihály; Wolfe, Rustin (2000). New conceptions and research approaches to creativity: Implications of a systems perspective for creativity in education. In: Heller, K. A.; Mönks, F. J.; Sternberg, R. J.; Subotnik, R. F. (Eds.). International handbook of giftedness and talent (2nd ed.). New York, NY: Elsevier Science Publishers. S. 81-94

Czerwenka, Kurt (2001). Hochbegabung und Lehrerbildung. Ein nicht unproblematisches Verhältnis. Finden und Fördern von Begabungen. Fachtagung des Forum Bildung, 6. und 7. März 2001, Materialien 7, S. 209-212

Dahl, Roald (1997). Mathilda. Reinbek: Rowohlt

Daseking, Monika; Bauer, Anika; Knievel, Julia; Petermann, Franz; Waldmann, Hans-Christian (2011). Kognitive Entwicklungsrisiken bei zweisprachig aufwachsenden Kindern mit Migrationshintergrund im Vorschulalter. In: Praxis der Kinderpsychologie und Kinderpsychiatrie 60 (2011) 5, S. 351-368

Daseking, Monika, Lipsius, Maike, Petermann, Franz, Waldmann, Hans-Christian (2008). Differenzen im Intelligenzprofil bei Kindern mit Migrationshintergrund: Befunde zum HAWIK-IV. Kindheit und Entwicklung, 17, S. 76-89

Daseking, Monika; Petermann, Franz; Petermann, Ulrike (o.J.) HAWIK-IV: Grundlagen und Auswertungsstrategien. In: http://www.hogrefe.de/programm/media/catalog/Book/978-3-8017-2199-2_lese.pdf (letzter Zugriff am 03.02.2016)

Davis, Gary A.; Rimm, Sylvia B. (1985). Education of the gifted and talented. Englewood Cliffs, NJ: Prentice-Hall

DeBoer, Heike; Burk, Karlheinz; Heinzel, Friederike (2007). Lehren und Lernen in jahrgangsgemischten Klassen. Frankfurt am Main: Deutscher Grundschulverband

De Bono, Edward (1990). Edward de Bono's Denkschule: zu mehr Innovation und Kreativität. München: mvg

Dewey, John (1916). Democracy and education. New York: Macmillan – deutsch: (1964). Demokratie und Erziehung. Braunschweig: Westermann

Dietrich, Jonas (2015). Musisches Philosophieren in der Grundschule. Dresden: Thelem

Dixon, Felicia A.; Lapsley, Daniel K.; Hanchon, Timothy A. (2004). An Empirical Typology of Perfectionism in Gifted Adolescents. In: Gifted Children Quarterly, 2004, Vol. 48, No. 2, S. 95-106

Dlugosch, Andrea (2011). Der "Fall" der Inklusion: Divergenzen und Konvergenzen in Professionalitätsvorstellungen. In: Lütje-Klose, Birgit; Langer, Marie-Therese; Serke, Björn; Urban, Melanie (Hrsg.). Inklusion in Bildungsinstitutionen. Eine Herausforderung an die Heil- und Sonderpädagogik. Bad Heilbrunn: Klinkhardt, S. 135-142

Dollase, Rainer (2006). Die Fünfjährigen einschulen - Oder: Die Wiederbelebung einer gescheiterten Reform der 70er Jahre des vorigen Jahrhundert. In: KITA Aktuell, Ausgabe Nordrhein Westfalen, 15(2006)1, S. 11-12

Draaisma, Douve (2006). Der Profit eines Defekts: das Savantsyndrom. In: Warum das Leben schneller vergeht, wenn man älter wird – Von den Rätseln unserer Erinnerung. München: Piper

Drave, Wolfgang; Rumpler, Franz; Wachtel, Peter (Hrsg.) (2000). Empfehlungen zur sonderpädagogischen Förderung. Würzburg: Bentheim

Drews, Ursula; Schneider, Gerhard; Wallrabenstein, Wulf (2000). Einführung in die Grundschulpädagogik. Weinheim u. Basel: Beltz

Eckerth, Melanie; Hanke, Petra (2009). Jahrgangsübergreifender Unterricht: Ein Überblick. Zeitschrift für Grundschulforschung, 2, S. 7-19

Eckhardt, Silke (2005). Portfolio – ein selbstreflexives Instrument zur Begleitung von individuellen Lernwegen. Gezeigt am Beispiel einer Einheit im RU der 3. Klasse. Zweite Staatsarbeit, eingereicht beim Staatlichen Seminar für Didaktik und Lehrerausbildung Mannheim (Ms.)

Edelmann, Walter (2000). Lernpsychologie. 6., vollständig überarbeitete Aufl. Weinheim: Psychologie Verlags Union

Edgar, John; Walcroft, Erin (2002). Hilfe, ich hab einen Einstein in meiner Klasse! Mühlheim: Verlag an der Ruhr

Eichler, Wolfgang; Schumacher, Anke (2015). Aufgaben – Wege zur selbstgesteuerten Motivation. In: Grundschulunterricht Deutsch H. 2/2015. S. 8-12

Einsiedler, Wolfgang (2008). Befunde der Unterrichtsforschung und der psychologischen Forschung als Grundlagen der Didaktik des Sachunterrichts. In: Sachunterricht 2008. Abrufbar unter: http://www.wolfgang-einsiedler.de/pdf/Sachunterricht_2009.pdf (letzter Zugriff 02.02. 2016)

Einsiedler, Wolfgang; Götz, Margareta; Hacker, Hartmut; Kahlert, Joachim; Keck, Rudolf W.; Sandfuchs, Uwe (Hrsg.) (2010). Handbuch Grundschulpädagogik und Grundschuldidaktik. Bad Heilbrunn: Klinkhardt

Eisenbart, Urs (2004). Differenzieren mit Gardners 9 Intelligenzen. http://www.begabungsfoerderung.ch /pdf/tagungen/unterlagen_12/WS2_Bruehlberg/9%20Intelligenzen%20G arndners.pdf. Letzter Zugriff: 05.10.2015

Elbing, Eberhard; Heller, Kurt A. (1996). Beratungsanlässe in der Hochbegabtenberatung. Psychologie in Erziehung und Unterricht, 43, S. 57-69

Elbing, Eberhard (2000). Hochbegabte Kinder. Strategien für die Elternberatung. München: Ernst Reinhardt Verlag

Elbrandt, Jennifer (2014). „Eigentlich sind alle aus unserer Familie ein bisschen gestört". – Zum Problemfeld familialen Aufwachsens in einer Geschwisterfolge. Nachgewiesen an einer Fünftklässlerin. Masterthesis für das LA in der Primar- und Sekundarstufe I an der Fakultät Erziehungswissenschaften der Universität Hamburg. Hamburg: UHH

Elkonin, Daniel B. (1980). Psychologie des Spiels. Berlin: Volk und Wissen. (Beiträge zur Psychologie; 7)

Elschenbroich, Donata; Schweitzer, Otto (2007). Das Kind ist begabt. DVD, München: DJI Filmproduktion

Emer, Wolfgang; Lenzen, Klaus Dieter (2002). Projektunterricht gestalten – Schule verändern. Projektunterricht als Beitrag zur Schulentwicklung. Baltmannsweiler: Schneider

Enders, Susanne (2002). Moralunterricht und Lebenskunde. Bad Heilbrunn: Klinkhardt

Esser, Petra (2013). Diagnostik im pädagogischen Kontext. In: Trautmann, Thomas; Manke, Wilfried (Hrsg.). Begabung – Individuum – Gesellschaft. Begabtenförderung als pädagogische und gesellschaftliche Herausforderung. Weinheim und Basel: Beltz Juventa, S. 40-48

Ey-Ehlers, Carina (2001). Hochbegabte Kinder in der Grundschule – eine Herausforderung für die pädagogische Arbeit unter besonderer Berücksichtigung von Identifikation und Förderung. Stuttgart: ibidem.

Faust-Siehl, Gabriele; Garlichs, Ariane; Ramseger, Jörg; Schwarz, Hermann; Warm, Ute (1996). Die Zukunft beginnt in der Grundschule. Frankfurt: AKG

Feger, Barbara (1988). Hochbegabung. Bern, Stuttgart, Toronto: Huber

Feger, Barbara; Prado, Tania M. (1998). Hochbegabung: die normalste Sache der Welt. Darmstadt: Primus Verlag.

Feger, Barbara; Prado, Tania M. (1999). Beratung von Hochbegabten – Bestandsaufnahme und Perspektiven. In: Labyrinth 22(1999)59, S. 3-7

Feldhusen. Hazel (1981). Teaching Gifted, Creative and Talented Students in an Individualized Classroom, In: Gifted Child Quarterly, 25/3, S. 108-111

Feldhusen, John F. (1992). Frühe Einschulung. In: Labyrinth 19(1996)50, S. 9

Feldhusen, John F. (2005). Giftedness, talent, expertise, and creative achievement. In: Sternberg, Robert J.; Davidson, Janet E. (Eds.) (2005). Conceptions of Giftedness (2nd ed.). Cambridge: Cambridge University Press. S. 64-79

Fels, Christian (1997). Körper- oder sinnesbehinderte Hochbegabte. Zu wenige zum Unterrichten, zu viele zum Ignorieren? In: Vierteljahresschrift für Heilpädagogik und ihre Nachbargebiete, 66, S. 410-426

Fels Christian (1999). Identifizierung und Förderung Hochbegabter in den Schulen der Bundesrepublik Deutschland. Stuttgart: Haupt

Feyerer, Ewald (1998). Behindern Behinderte? Integrativer Unterricht auf der Sekundarstufe I. Innsbruck u. Wien: Studien-Verlag

Fickermann, Detlef; Weishaupt, Horst; Zedler, Peter (Hrsg.) (1998). Kleine Grundschulen in Europa. Weinheim: Beltz Deutscher Studien Verlag

Fischer, Christian (2002). Hochbegabung als schulische Herausforderung: Definition, Identifikation und Förderung von besonderen Begabungen. In: Solzbacher, Claudia; Heinbokel, Annette (Hrsg.) (2002). Hochbegabte in der Schule – Identifikation und Förderung. Münster: LIT. S. 26-43

Fischer, Christian; Mönks, Franz J.; Grindel, Esther (Hrsg.) (2004). Curriculum und Didaktik der Begabtenförderung. Münster: LIT

Fischer, Christian; Weigand, Gabriele (Hrsg.) (2014). Schule der Vielfalt. Inklusive Begabungs- und Begabtenförderung. In: Journal für begabtenförderung. Für eine begabungsfreundliche Lernkultur 2/2014. Innsbruck: Studienverlag

Fischer, Doreen (2008). Möglichkeiten und Voraussetzungen für jahrgangsübergreifenden Unterricht in der Grundschule. Eine kritische Betrachtung. Schriftliche Hausarbeit im Rahmen der Ersten Staatsprüfung für das Lehramt an der Grund- und Mittelstufe. Hamburg: UHH

Flanagan, Dawn P.; Ortiz, Samuel O.; Alfonso, Vincent C. (2007). Essentials of cross-battery assessment (2nd ed.). Hoboken, NJ: Wiley

Flechsig, Karl-Heinz (1975). Was ist ein Lernprojekt? In: Flechsig, K.-H.; Haller, D. (Hrsg.). Einführung in didaktisches Handeln. Stuttgart: Klett, S. 327-352

Flick, Uwe (2011). Das Episodische Interview. In: Oelerich, Gertrud (Hrsg.). Empirische Forschung und Soziale Arbeit. Ein Studienbuch. Wiesbaden: VS Verlag für Sozialwissenschaften. S. 273-280

Freeman, Joan (1979). Gifted Children, Lancaster: MTP

Freeman, Joan (1998). Educating the Able Office for Standards in Education (Hrsg.) London

Freese, Hans-Ludwig (1989). Kinder sind Philosophen. Weinheim; Berlin: Quadriga

Freese, Hans-Ludwig (2002). Kinder sind Philosophen. Weinheim: Beltz (Essay, 117)

Freund-Braier, Inez (2001). Hochbegabung, Hochleistung, Persönlichkeit. München, Berlin: Waxmann

Frey, Karl (2007). Die Projektmethode. Sonderausgabe Basisbibliothek Pädagogik. Weinheim: Beltz

Frey, Walter W. (1990). Schools miss out on Dyslexic Engineers. Speakout IEEE Spectrum

Fröbel, Friedrich (1944). An Gräfin Therese Brunszvick. Hrsg v. Erika Hoffmann. Berlin: Alfred Metzner Verlag

Fröbel, Friedrich (1982). Kommt, laßt uns unseren Kindern leben! Bd. I; II; III. Hrsg. v. K.-H. Günther und H. König. Berlin: Volk und Wissen

Fröbel, Friedrich (1951). Menschenerziehung" In: Fröbels ausgewählte Schriften. Hrsg. von Erika Hoffmann, und Helmut Berlin. Berlin: Küpper Verlag

Fröhlich-Gildhoff, Klaus; Kerscher-Becker, Jutta; Rieder, Sophia; von Hüls, Bianca; Hamberger, Matthias (2014). Grundschule macht stark! Resilienzförderung in der Grundschule – Prinzipien, Methoden und Evaluationsergebnisse. Freiburg: FEL Verlag

Fthenakis, Wassilios E. (2003). Zur Neukonzeptualisierung von Bildung in der frühen Kindheit. In: Fthenakis, Wassilios E. (Hrsg.). Elementarpädagogik nach PISA. Freiburg im Breisgau, S. 18-37

Führer, Uta; Osterheld, Monika (1999). Einseitige Auffassungen über Hochbegabte. In: Labyrinth 22(1999). S. 22

Furnham, Adrian (2009). The Validity of a New, Self-report Measure of Multiple Intelligence. In: Current Psychology. Bd. 28, Nr. 4, 2009, S. 225–239

Gagné, Francoys (1985). Giftedness and talent: Reexamining a reexamination of the definitions. In: Gifted Child Quarterly, 29, S. 103-112.

Gagné, Francoys (1993). Constructs and models pertaining to exceptional human abilities. In: Heller, K.A. Mönks, F. J.; Sternberg, R. J.; Subotnik, R. F. (Hrsg.). International handbook of research and development of giftedness and talent. Oxford: Pergamond, S. 69-87

Gagné, Francoys (2000). Understanding the Complex Choreography of Talent Development Through DMGT-Based Analysis. In: Heller, K. A.; Mönks, F. J.; Sternberg, R. J.; Subotnik, R. F. (Hrsg.). International Handbook of Giftedness and Talent. (2. Aufl.) Oxford: Elsevier

Gagné, Francoys (2005). From gifts to talents: The DGMT as a developmental model. In: Sternberg, Robert J.; Davidson, Janet E. (Eds.) (2005). Conceptions of Giftedness (2nd ed.). Cambridge: Cambridge University Press, pp. 98-119

Gagné, Francoys (o.J.). From Gifts to Talents: The DMGT as a Developmental Model. In: Sternberg, Robert J.; Davidson, Janet E. (Eds.) (2005). Conceptions of Giftedness. 2. Aufl. eBook: Cambridge University Press, pp. 98-119 (Erste Auflage 1986, in Teilen mehrfach überarbeitet, daher o.J.)

Galaburda, Albert M. (1984). Orton Dyslexia Society Tape No.30, 1984

Galaburda, Albert M. (1990). Neuroscience Issues. In: Dyslexia: Research Update. (Orton Dyslexia Society Conference, 1990)

Galaburda, Albert M. (1999). Developmental dyslexia: a multilevel syndrome. In: Dyslexia, 5, pp. 183-191.

Gardner, Howard (1985). "Frames of mind": The theory of multiple intelligneces. New York: Basic Books

Gardner, Howard (1987). The theory of multiple intelligences. In: Annals of Dyslexia, 37, S. 19-35

Gardner, Howard (1991). Frames of mind. The Theory of Multiple Intelligences. New York: Basic Books

Gardner, Howard (1993). Der ungeschulte Kopf. 2. Aufl. Stuttgart: Klett-Cotta

Gardner, Howard (2002). Intelligenzen. Die Vielfalt des menschlichen Geistes, Klett-Cotta, Stuttgart

Gardner, Howard (2005). Abschied vom IQ. Die Rahmen-Theorie der vielfachen Intelligenzen. 4. Aufl. Stuttgart: Klett-Cotta

Gartner, Alan; Lipsky, Dorothy Kerzner (1999). Disability, human rights, and education: The United States. In: Amstrong, F.; Barton, L. (Eds.). Disability, human rights, and education: Cross cultural perspectives. Philadelphia: Open University Press, pp. 100-118

Gayko, Friederike Luise (2014). Zur Qualität kooperativen Lernens im individualisierten Unterricht – eine Stichprobe einer zweiten Klasse der Max-Brauer-Schule Hamburg. Masterthesis für das LA der Primar- und Sekundarstufe. Hamburg: UHH

Geschwind, Norman; Galaburda, Albert M. (1985). Cerebral lateralization, biological mechanisms, associations, and pathology: III. A hypothesis and a program for research. In: Archives of Neurology 42, 1985, pp. 634-654

Giest, Hartmut (2014). Gute Aufgaben. In: Grundschulunterricht Sachunterricht H. 4/2014. S. 4-8

Gigerenzer, Gerd; Goldstein, Daniel G. (1996). Reasoning the Fast and Frugal Way: Models of Bounded Rationality. Psychological Review, 103(4), S. 650-669

Giger, Matthias (2009). Termans Kinder – Erkenntnisse aus der Langzeitstudie. In: SwissGifted, 2(2009)2, S. 73-78

Gödelt, Björn; Leidel, Christiane (2015). Elternfeedback – begründet positiv. In: Trautmann, Thomas (Hrsg.) Begabungsförderung am Gymnasium. Enrichment am Beispiel Lernentwicklungsblatt. Berlin: Logos. S. 179-189

Goffman, Erving (2012). Wir alle spielen Theater. Die Selbstdarstellung im Alltag. 11. Aufl., München: Piper

Goleman, Daniel (1997). EQ. Emotionale Intelligenz. 2., Aufl. München: dtv

Gölitz, Dietmar (2008). Profitieren Kinder mit kognitiven Entwicklungsrisiken von jahrgangsgemischtem Schulanfangsunterricht? Dissertation. Georg-August-Universität zu Göttingen (Ms.)

Goodenough, Florence L. (1926). Measurement of intelligence by drawings. Chicago: World Book Company

Götz, Margareta (2006). Unterrichtsgestaltung in der jahrgangsgemischten Schuleingangsstufe. In: Hinz, Renate; Schumacher, Bianca (Hrsg.). Auf den Anfang kommt es an. Kompetenzen entwickeln – Kompetenzen stärken. Wiesbaden: VS-Verlag, S. 199-207

Grassmann, Marianne; Klunter, Martina; Köhler, Egon; Mirwald, Elke; Raudies, Monika; Thiel, Oliver (2002). Mathematische Kompetenzen von Schulanfängern. Potsdam: UB (Potsdamer Studien zur Grundschulforschung Heft 30)

Grassmann, Marianne (2007). Bereits im Studium auf die Förderung leistungsstarker Kinder vorbereiten?! Forschung – Lehre – Praxis in einem Münsteraner Projekt. In: Filler, Andreas; Kaufmann, Sabine (Hrsg.). Kinder fördern – Kinder fordern, Festschrift für Jens Holger Lorenz zum 60. Geburtstag. Hildesheim: Franzbecker

Grassmann, Marianne (2011). Schulanfänger wissen viel - auch über die Größe Geld!? In: Grundschule Mathematik, 8 (2011) 28, S. 16-19

Graumann, Olga (2002). Gemeinsamer Unterricht in heterogenen Gruppen. Von lernbehindert bis hochbegabt. Bad Heilbrunn: Klinkhardt

Gresch, Cornelia (2012). Der Übergang in die Sekundarstufe I. Leistungsbeurteilung, Bildungsaspiration und rechtlicher Kontext bei Kindern mit Migrationshintergrund. Wiesbaden: Springer VS

Greubel, Stefanie (2013). Transition from daycare to elementary school: Individual and systemic challenges to children, their parents and pedagogues in their role as actors of a developmental process. In: First International Congress of Educational Sciences and Development. Santander, Spain, 8.-11. October 2013

Greubel, Stefanie (2014). Reifungsprozesse und Transitionskompetenz: Der Übergang vom Kindergarten in die Grundschule. In: Research on Steiner Education (RoSE). Volume 5 Number 2, pp. 120-129

Griebel, Wilfried; Niesel, Renate (2003). Die Bewältigung des Übergangs vom Kindergarten in die Grundschule. In: Fthenakis, Wassilios E. (Hrsg.) Elementarpädagogik nach PISA. Freiburg: Herder

Grigorenko, Elena L. (2000). Heritability and intelligence. In: Sternberg, R. J. (Hrsg.). Handbook of intelligence. Cambridge: Cambridge University Press.

Grotberg, Edith H. (2011). Anleitung zur Förderung der Resilienz von Kindern – Stärkung des Charakters. Ein Manual für die Praxis der Resilienzförderung. In: Zander, M. (Hrsg.). Handbuch Resilienzförderung. Wiesbaden: VS, S. 51-101

Grubar, Jeab Claude (1985). Sleep and mental efficiency. In: Freeman, Joan (Hrsg.). The psychology of gifted children. Chichester: Wiley

Gudjons, Herbert (1984). Was ist Projektunterricht? Begriff – Merkmale – Abgrenzungen. In: WPB 36 (1984). S. 260-266

Gudjons, Herbert (1997). Didaktik zum Anfassen. Lehrer/in-Persönlichkeit und lebendiger Unterricht. Bad Heilbrunn: Klinkhardt

Gudjons, Herbert (2000). Handlungsorientiertes Lehren und Lernen. Schüleraktivierung – Selbsttätigkeit – Projektarbeit. 6. Aufl. Bad Heilbrunn: Klinkhardt

Gudjons, Herbert (2008). Pädagogisches Grundwissen. 10. Aufl. Bad Heilbrunn: Julius Klinkhardt.

Gudjons, Herbert (2008 a). Projektunterricht. Ein Thema zwischen Ignoranz und Inflation. In: PÄDAGOGIK, 60 (2), S. 6-10.

Gudjons, Herbert (2014). Handlungsorientiert lehren und lernen. Schüleraktivierung – Selbsttätigkeit – Projektarbeit. Bad Heilbrunn: Verlag Julius Klinkhardt.

Guilford, Joy Paul (1967). The nature of human intelligence. New York: McGraw-Hill

Guevara Méndez, Laura (2013). Transition aus Kindersicht – zur Prozessualität von Übergängen – nachgewiesen am Beispiel einer weiblichen Zweitklässlerin. Masterthesis im Studiengang LA für die Primar- und Sekundarstufe. Hamburg: UHH

Guevara Méndez, Laura; Trautmann, Thomas (2016). Klassenstufensprung? oder? doch? nicht? Ungeplante Transition in statu nascendi. In: Trautmann, Thomas; Brommer, Jule (Hrsg.) (2016). Transitionen exemplarisch. Schulanfang, Klassenstufensprung, Schulartwechsel am Einzelfall. Berlin: Logos. S. 111-187 (i.Dr.)

Guignard, Jaques-Henri; Jaquet, Anne-Yvonne; Lubart, Todd I. (2012). Perfectionism and Anxiety: A Paradox in Intellectual Giftedness? In: PLoS ONE, 2012, Vol. 7, No. 7, S. 1-6

Guilford, Joy Paul (1967). The nature of human intelligence. New York: McGraw-Hill. w.p.

Gutiérrez, Roberto; Slavin, Robert E. (1992). Achievement effects of the nongraded elementary school: A best evidence synthesis. In: Review of Educational Research, 62, S. 333-376

Gyseler, Dominik (2003). Hochbegabte als Thema der Schulischen Sonderpädagogik. Dissertationsschrift an der Philosophischen Fakultät der Universität Zürich.

Habermas, Jürgen (1984). Wahrheitstheorien. In: ders.: Vorstudien und Ergänzungen zur Theorie des kommunikativen Handelns. Frankfurt a.M.: Suhrkamp, Frankfurt, S. 127-183

Häcker, Thomas (2005). Mit der Portfoliomethode den Unterricht verändern. In: Pädagogik 3/2005, S. 13-18

Häcker, Thomas (2006). Portfolio: ein Entwicklungsinstrument für selbstbestimmtes Lernen. Baltmannsweiler: Schneider

Häcker, Thomas (2007). Portfolio, ein Medium im Spannungsfeld zwischen Optimierung und Humanisierung des Lernens. In: Gläser-Zikuda, M.; Hascher, T. (Hrsg.). Lernprozesse dokumentieren, reflektieren und beurteilen. Lerntagebuch und Portfolio in Bildungsforschung und Bildungspraxis. Bad Heilbrunn: Klinkhardt, S. 63-85

Hagelgans, Heike (2014). Zwischen schulischen Welten: zur individuellen Förderung von Underachievern im Schulalltag. Eine schulartübergreifende Studie zu Möglichkeiten und Grenzen schulischen Enrichments. Habiliationsschrift. Fakultät für Erziehungswissenschaft. Hamburg: UHH

Hameyer, Uwe; Fügmann, Michaela (2009). Sich selbst steuern. In: Lernende Schule, Heft 45, 12 (2009) 45, S. 10-11

Hameyer, Uwe; Pallasch, Waldemar (2009). Beratung als Lernhilfe. In: Lernende Schule, 12 (2009) Heft 45. S. 4

Hanke, Petra (2007). Jahrgangsübergreifender Unterricht in der Grundschule. Konzepte, Befunde und Forschungsperspektiven. In: deBoer, H., Burk, K. & Heinzel, F. (Hrsg.). Lehren und Lernen in jahrgangsgemischten Klassen. Frankfurt a. M.: Arbeitskreis Grundschule, S. 309-324

Hänsel, Dagmar (Hrsg.) (2010). Das Projektbuch Grundschule. 4. Aufl. Weinheim und Basel: Beltz

Hansen, Rüdiger; Knauer, Raingart; Sturzenhecker, Benedikt (2011). Partizipation in Kindertageseinrichtungen. Weimar und Berlin: das netz

Hany, Ernst (2002) Begabtenförderung – was ist Schule sonst? In: Labyrinth 25(2002)72, S. 3-4

Harder: Bettina (2009). Twice exeptional – in zweifacher Hinsicht außergewöhnlich: Hochbegabte mit Lern-, Aufmerksamkeits-, Wahrnehmungsstörungen oder Autismus. In: Heilpädagogik online 2/2009. S. 1-89. Verfügbar unter: http://www.lbfh.uni-erlangen.de/bettina% 20harder %20-%20twice%20exceptional.pdf (letzter Zugriff am 02.02.2016)

Harris, Thomas (1997). Ich bin o.k, Du bist o.k. Einführung in die Transaktionsanalyse. Reinbek: Rowohlt

Hartmann, Berthold (1896). Analyse des kindlichen Gedankenkreises als die naturgemässe Grundlage des ersten Schulunterrichts. Ein Beitrag zur Volksschulpraxis. 3., sorgfältig durchgesehene und erweiterte Aufl., Leipzig: Kesselringsche Hofbuchhandlung (E. v. Mayer)

Hascher, Tina; Edlinger, Heidrun (2009). Positive Emotionen und Wohlbefinden in der Schule - ein Überblick über Forschungszugänge und Erkenntnisse. In: Psychologie in Erziehung und Unterricht, 56 (2009) 2, S. 105-122

Haß, Frank (o.J.). Die Vielfalt der Intelligenzen - Intelligenzprofile im Englischunterricht berücksichtigen. In: Institut für angewandte Didaktik. Online verfügbar unter: https://safesearch.avira.com/#web/result?q=Frank+Ha%C3%9F+multiple+Intelligenzen&source=omnibar. Letzter Zugriff: 15.09.2015.

Hattie, John (2013). Lernen sichtbar machen. Überarbeitete deutschsprachige Ausgabe von Wolfgang Bewyl und Klaus Zierer. Baltmannsweiler: Schneider

Hausberg, Anna K. (2013). Kreatives Philosophieren mit Kindern über die Natur (PhiNa). Ein integratives Modell zur Begabungsentfaltung. In: Trautmann, Thomas; Manke, Wilfried (Hrsg.). Begabung – Individuum – Gesellschaft. Begabtenförderung als pädagogische und gesellschaftliche Herausforderung. Weinheim und Basel: Beltz Juventa, S. 182-193

Hausberg, Anna K. (2013 a). Fressen Katzen Rotklee? Kreativität beim Philosophieren mit Kindern und Jugendlichen. Marburg: Tectum

Hawener, Christine (2015). Zum Zusammenhang von Lernen und Motivation im grundschulischen Kontext – dargestellt an einer weiblichen Drittklässlerin. Masterthesis im Studiengang Lehramt der Primar- und Sekundarstufe I. Hamburg: UHH

Hecker, Ulrich (2004). Vom Wert der Mühe – gesammelte Lernspuren im Portfolio. In: Horst Bartnitzky, Angelika Speck-Hamdan (Hrsg.). Leistungen der Kinder wahrnehmen – würdigen – fördern. Frankfurt a.M.: AKG. S. 88-99

Heinbokel, Annette (1996). Frühe Einschulung. In: Labyrinth 19(1996)50, S. 3-9

Heinbokel, Annette (2001). Hochbegabung im Spiegel der Printmedien seit 1950 – Vom Werdegang eines Bewußtseinswandels. Gutachten im Auftrag des BMBF. München: Ms.druck

Heinbokel, Annette (2001a). Hochbegabte: Erkennen, Probleme, Lösungswege. Münster: LIT

Heinbokel, Annette (2002). Wir haben keine Hochbegabten! Wer ist das überhaupt? In: Labyrinth 25(2002)73, S. 5-17

Heinbokel, Annette (2004 a). Hausunterricht – Fernunterricht. In: Labyrinth 27(2004)80, S. 11-16

Heinbokel, Annette (2004). Überspringen von Klassen. 3. Aufl. Münster: LIT

Heinbokel, Annette (2006). Hochbegabte. Erkennen, Probleme, Lösungswege. 6. Aufl. Münster: LIT

Heinbokel, Annette (2012). Handbuch Akzeleration Was Hochbegabten nützt. 2. Aufl. Münster: LIT

Helbig, Paul (2008). Pädagogik der Vielfalt in der jahrgangsgemischten Eingangsstufe. In: Hartinger, A., Bauer, R. & Hitzler, R. (Hrsg.). Veränderte Kindheit: Konsequenzen für die Lehrerbildung. Bad Heilbrunn: Klinkhardt, S.159-170

Heller, Kurt A.; Perleth, Christoph; Hany, Ernst A. (1994). Hochbegabung – ein lange Zeit vernachlässigtes Forschungsthema. Einsichten. München: LMU

Heller, Kurt A.; Hany, Ernst A. (1996). Psychologische Modelle der Hochbegabtenförderung. In: Weinert, Franz E. (Hrsg.) Psychologie des Lernen und der Instruktion (Enzyklopädie der Psychologie), Themenbereich D, Serie I, Bd. 2 Göttingen: Hogrefe, S. 477-513

Heller, Kurt A. (1998). Förderung von Hochbegabten. In: Wissen und Werte für die Wen von morgen. München: Bayerisches Staatsministerium für Unterricht, Kultus, Wissenschaft und Kunst

Heller, Kurt A. (Hrsg.) (2000). Begabungsdiagnostik in der Schul- und Erziehungsberatung. Bern: Ernst Huber Verlag

Heller, Kurt A. (2001). Hochbegabtenförderung im nationalen und internationalen Bereich. In: Labyrinth 24(2001)68, S. 4-10

Heller, Kurt A. (Hrsg.) (2002). Hochbegabung im Kindes- und Jugendalter. 2. Aufl. Göttingen: Hogrefe

Heller, Kurt A. (2008). Von der Aktivierung der Begabungsreserven zur Hochbegabtenförderung. Forschungsergebnisse aus vier Dekaden. Münster: LIT

Heller, Kurt A. (2013). Findings from the Munich longitudinal study of giftedness and their impact on identification, gifted education and counseling. In: Talent Development & Excellence, 5(1), S. 51-64

Heller, Kurt A.; Ziegler, Albert (1996). Gender Differences in Mathematics and the Natural Sciences: Can Attributional Retraining Improve die Performance of Gifted Females? Gifted Child Quarterly, 40, S. 200-210

Heller, Kurt A.; Schofield, Neville J. (2000). International trends and topics of research on giftedness and talent. In: Heller, Kurt A.; Mönks, Franz J.; Sternberg, Robert J.; Subotnik, Rena F. (Eds.). International handbook of giftedness and talent (2nd ed.). New York, NY: Elsevier Science Publishers, pp. 123-140

Heller, Kurt A.; Ziegler, Albert (2001). Mit Reattributionstraining erfolgreich gegen Benachteiligung. Mädchen und Mathematik, Naturwissenschaft und Technik. – In: Profil. Das Magazin für Gymnasium und Gesellschaft, 9/2001, S. 20-25

Heller, Kurt A.; Perleth, Christoph; Lim, Tock Keng (2005). The Munich Model of Giftedness designed to identify and promote gifted students. In: Sternberg, Robert J.; Davidson, Janet E. (Eds.), Conceptions of giftedness (2nd ed.). Cambridge: Cambridge University Press, S. 147-170

Heller, Kurt A.; Perleth, Christoph (2007) MHBT-P. Münchner Hochbegabungstestbatterie für die Primarstufe. Göttingen: Hogrefe

Heller, Kurt A., Hany, Ernst A., Perleth, Ch. & Sierwald, W. (2010). The Munich Longitudinal Study of Giftedness. In: Heller, K.A. (Ed.). Munich Studies of Giftedness. Berlin: LIT, S. 13-40

Helling, Heinz; Kanning, Uwe P. (1999). Hochbegabung, Forschungsergebnisse und Fördermöglichkeiten. Göttingen: Hogrefe

Helmke, Andreas (2007). Unterrichtsqualität. Erfassen, Bewerten, Verbessern. Stuttgart: Klett Kallmeyer

Helmke, Andreas (2012). Unterrichtsqualität und Lehrerprofessionalität: Diagnose, Evaluation und Verbesserung des Unterrichts. 4. Aufl. Seelze: Klett-Kallmeyer

Helmke, Andreas (2013). Individualisierung: Hintergrund, Missverständnisse, Perspektiven. In: Pädagogik, 65(2), S. 34-37

Helmke, Andreas (2014). Was wissen wir über guten Unterricht? In: Patientenedukation und -bildung, 9(2), S. 66-74

Helmke, Andreas (2015). Unterrichtsqualität und Lehrerprofessionalität. Diagnose, Evaluation und Verbesserung des Unterrichts. 6. überarbeitete Aufl. Seelze: Klett-Kallmeyer

Hentig, Hartmut v. (1973). Schule als Erfahrungsraum? Eine Übung im Konkretisieren einer pädagogischen Idee. Stuttgart: Klett

Hentig von, Hartmut (2009). 3 x Zeit in der Pädagogik. In: Durdel, Anja; v.d. Groeben, Annemarie; Trautmann, Thomas (Hrsg.) (2009). Zeit in Schule und Unterricht. Weinheim u. Basel: Beltz, S. 48-52

Herff, Eduard (1967). Schulreife als pädagogisch-psychologisches Problem. München: Reinhardt

Hesse, Hermann (1987). Das Glasperlenspiel. Band 2. Berlin u. Weimar: Aufbau (Taschenbibliothek der Weltliteratur)

Hetzer Hildegard; Tent Lothar (1955). Der Schulreifetest - Auslesemittel oder Erziehungshilfe? Die Weilburger Testaufgaben zur Gruppenprüfung von Schulanfängern und ihre praktische Anwendung. Lindau a.B.: Verlag Dr. Piorkowski

Heuthaler, Manuela (2001). Pädagogen müssen Entdecker sein (wollen). Finden und Fördern von Begabungen. Fachtagung des Forum Bildung, 6. und 7. März 2001, Materialien 7, S. 105-112

Hielscher, Hans (1987). Du und ich – ihr und wir. Konkrete Arbeitshilfen für die soziale Erziehung. Heinsberg: Dieck

Hinz Andreas, Körner Ingrid; Niehoff Ulrich (Hrsg.) (2010). Von der Integration zur Inklusion, Grundlagen-Perspektiven-Praxis. Marburg: Lebenshilfe-Verlag

Hofmann, Cornelia; Mergner, Barbara (1997). Pilotprojekt „Klassenstufenübergreifender Unterricht an Thüringer Grundschulen" – Eine Zwischenbilanz. In: Sandfuchs, Uwe; Stange, Eva, A.; Kost, Siegfried (Hrsg.). Kleine Grundschule und jahrgangsübergreifendes Lernen – Schülerrückgang als pädagogische Herausforderung. Bad Heilbrunn: Klinkhardt

Höger, Marie (2007). Was denken und empfinden Kinder beim Philosophieren? Eine Untersuchung an einer Gruppe von besonders und normal begabten Kindern. Hausarbeit Hamburg: UHH Staatsexamensarbeit im Fach AEW an der Fakultät EPB der Universität Hamburg. Hamburg: UHH

Holling, Heinz (1998). Forschung und Förderung von Kindern und Jugendlichen im Bereich der Hochbegabung. Bundesministerium für Bildung und Forschung

Holling, Heinz; Kanning, Uwe P. (Mitarb. v. Anna J. Wittmann und Francis Preckel) (1999). Hochbegabung – Forschungsergebnisse und Fördermöglichkeiten. Göttingen: Hogrefe

Holling, Heinz; Preckel, Francis; Vock, Miriam; Roßbach, Hans-Günther; Baudson, Tanja; G.; Gronostaj, Anna, Kuger, Susanne; Schwenk, Christin (2015). Begabte Kinder finden und fördern. Ein Wegweiser für Eltern, Erzieherinnen und Erzieher, Lehrerinnen und Lehrer. Berlin: BMBF. In: https://www.bmbf.de/pub/bmbf_begabte_kinder_finden_und_foerdern.pdf (letzter Zugriff 22.2.2016)

Holm-Hadulla, Rainer M. (2010). Kreativität zwischen Frust und Flow. Das Schöpferische in Theorie und Praxis. In: Rosenzweig, Rainer (Hrsg.). Geistesblitz und Neuronendonner. Intuition, Kreativität und Phantasie. Paderborn: mentis-Verlag, S. 45-60

Holm-Hadulla, Rainer M. (2011). Kreativität zwischen Schöpfung und Zerstörung: Konzepte aus Kulturwissenschaften, Psychologie, Neurobiologie und ihre praktischen Anwendungen. Göttingen: Vandenhoeck & Ruprecht

Holst, Nele (2015). $E = m \cdot c^2$? – Proxemisches Verhalten von Lehrpersonen als ein dialektisches Phänomen in schulischen Interaktionsprozessen. Masterthesis im Studiengang LA der Primar- und Sekundarstufe, Hamburg: UHH

Holzinger, Andrea (2010). Identifikation und Förderung von Begabungen im schulischen Kontext. Graz: unveröffentlichte Dissertation an der Karl-Franzens-Universität Graz

Hoppe, Jörg Reiner; Zern, Hartmut (2000). Projekte verändern Schule. Frankfurt a.M.: Eigenverlag des Deutschen Vereins für öffentliche und private Fürsorge (Materialien für die sozialpädagogische Praxis 30)

Hößle, Corinna (2005). Warum lässt Gott das zu? Theologisieren mit Kindern und Jugendlichen. In: Hößle, C.; Michalik, K. (Hrsg.) (2005). Philosophieren mit Kindern und Jugendlichen. Baltmannsweiler: Schneider

Hößle, Corinna; Michalik, Kerstin (Hrsg.) (2005). Philosophieren mit Kindern und Jugendlichen. Baltmannsweiler: Schneider

Hoyer, Timo (2010). »Anders sind wir eigentlich nicht« – oder doch? Schüler/innen in Hochbegabtenklassen – eine Risikogruppe? In: Gruppenpsychotherapie und Gruppendynamik: Band 46, Ausgabe 2. Göttingen: Vandenhoek & Ruprecht, S. 110-127

Hoyer, Timo; Weigand, Gabriele; Müller-Oppliger, Victor (2013). Begabung. Eine Einführung. Darmstadt: Wissenschaftliche Buchgesellschaft

Hoyer, Timo; Haubl, Rolf; Weigand, Gabriele (Hrsg.) (2014). Sozio-Emotionalität von hochbegabten Kindern. Wer sie sind - was sie bewegt - wie sie sich entwickeln. Weinheim/Basel: Beltz

Hoyningen-Süess, Ursula (1989). Was hat die Sonderpädagogik mit Hochbegabten zu tun? Vierteljahresschrift für Heilpädagogik und ihre Nachbargebiete, 58, S. 375-389

Hoyningen-Süess, Ursula (1998). Hochbegabung als sonderpädagogisches Problem? In: Hoyningen-Süess, U.; Lienhard, P. (Hrsg.). Hochbegabung als sonderpädagogisches Problem. Luzern: Edition SZH/SPC der Schweizerischen Zentralstelle für Heilpädagogik. S. 11-20

Hummel, Martina (2003). Hochbegabte Problemkinder. – Bericht von der Studienkonferenz. In: Labyrinth 26(2003)76. S. 28-29

Huser, Joelle; Chumachenco, Ania (2012). Das Beratungskonzept der Praxisgemeinschaft LichtBlick in Zürich. In: Ziegler, Albert; Grassinger, Robert; Harder, Bettine (Hrsg.). Konzepte der Hochbegabtenberatung in der Praxis. Berlin: LIT

Hüther, Gerald (2009). Neurobiologische Argumente für eine verbesserte Nutzung von Erfahrungen im Rahmen von schulischen Bildungsprozessen. In: Lin-Klitzing, Susanne; DiFuccia, David; Müller-Frerich, Gerhard (Hrsg.). Begabte in der Schule – Fördern und Fordern. Beiträge aus neurobiologischer, pädagogischer und psychologischer Sicht. Bad Heilbrunn: Julius Klinkhardt Verlag, S. 34-50

Iwers-Stelljes, Telse A. (2008). Gelassen und handlungsfähig. Bad Heilbrunn: Klinkhardt

Jackson, Philipp W. (1975). Einübung in eine bürokratische Gesellschaft. Zur Funktion der sozialen Verkehrsformen im Klassenzimmer. In: Zinnecker, Jürgen (Hrsg.). Der heimliche Lehrplan. Weinheim, Basel: Beltz, S. 19-34

Jacobs, Claus; Petermann, Franz (2013). Training für Kinder mit Aufmerksamkeitsstörungen. 3. akt. und erg. Aufl., Göttingen: Hogrefe

Jaszus, Rainer; Büchin-Wilhelm, Irmgard; Mäder-Berg, Martina; Gutmann, Wolfgang (2008). Sozialpädagogische Lernfelder für Erzieherinnen. Stuttgart: Holland und Josenhans

Johansson, Kajsa (2013). Hochbegabt und dennoch Schulprobleme? Das Phänomen Underachievement. In: Trautmann, Thomas; Wilfried Manke (Hrsg.) Begabung – Individuum – Gesellschaft. Begabtenförderung als pädagogische und gesellschaftliche Herausforderung. Weinheim und Basel: Beltz Juventa, S. 80-95

Jost, Monika (2004). Ausgrenzung und Mobbing - Die Randsituation von Hochbegabten. In: Labyrinth 27(2004)79. S. 11-16

Joswig, Helga (1995). Begabung und Motivation. Frankfurt, Bern, New York, Paris, Wien: Lang

Jürgens, Eiko (2012). Wege zum OFFENEN UNTERRICHT. In: Grundschulunterricht Deutsch H. 4/2012. S. 4-7

Kahl, Reinhard (2011). Individualisierung – Das Geheimnis guter Schulen, DVD und Buch. Weinheim u. Basel: Beltz

Kahneman, Daniel (2011). Thinking, Fast and Slow. Basingstoke: Macmillan

Kahneman, Daniel; Tversky, Amos (1979)."Prospect Theory: An Analysis of Decision Under Risk". Econometrica, 47 (2), S. 263-291

Kammermeyer, Gisela (2011). Schulfähigkeit und Schuleingangsdiagnostik. In: Einsiedler, Wolfgang; Götz Margarete; Hartinger, Andreas; Heinzel, Friederike; Kahlert, Joachim; Sandfuchs, Uwe (Hrsg.). Handbuch Grundschulpädagogik und Grundschuldidaktik. Bad Heilbrunn: Klinkhardt, S. 68-73

Kaufman, Alan S.; Kaufman, Nadeen L. (1983). K-ABC: Kaufman Assessment Battery for Children. Circle Pines

Keith Timothy Z.; Fine Jodene G.; Taub Gordon E.; Reynolds Matthew R; Kranzler John H. (2006). Higher order, multi-sample, confirmatory factor analysis of the Wechsler Intelligence Scale for Children-Fourth Edition: What does it measure? School Psychology Quarterly. 2006;35(1). pp. 108-127

Kellaghan, Thomas; Sloane, Kathrin; Alvarez, Benjamin; Bloom, Benjamin S. (1993). The home environment & school learning. San Francisco: Jossey-Bass

Kelle, Udo; Kluge, Susann (2010). Vom Einzelfall zum Typus. Fallvergleich und Fallkontrastierung in der qualitativen Sozialforschung. 2. überarb. Aufl. Wiesbaden: VS Verlag

Kelle, Helga; Tervooren, Anja (2008). Kindliche Entwicklung zwischen Heterogenität und Standardisierung - Eine Einleitung. In: Kelle, Helga; Tervooren, Anja (Hrsg.). Ganz normale Kinder. Heterogenität und Standardisierung kindlicher Entwicklung. Weinheim: Juventa-Verl., S. 7-14

Keller, Gustav (1992). Schulpsychologische Hochbegabtenberatung. Ergebnisse einer Beratungsstelle. In: Psychologie in Erziehung und Unterricht, 39, S. 125-132

Keller-Koller, Isabella (2009). Begabte mit Migrationshintergrund. Rahmenbedingung und Erkennung. Masterarbeit am IWB der FHNW. Ms.druck

Kemena, Petra; Miller, Susanne (2011). Die Sicht von Grundschullehrkräften und Sonderpädagogen auf Heterogenität - Ergebnisse einer quantitativen Befragung. In: Lütje-Klose, Birgit; Langer, Marie-Therese; Serke, Björn; Melanie Urban (Hrsg.). Inklusion in Bildungsinstitutionen. Eine Herausforderung an die Heil- und Sonderpädagogik. Bad Heilbrunn: Klinkhardt, S. 124-134

Kemper, Herwart; Protz, Siegfried (Hrsg.) (1995). Schulversuch „Jenaplan Weimar". Erster Zwischenbericht zum Schulversuch „Jenaplan-Initiative Weimar". Erfurt: PHE

Kemper, Herwart; Protz, Siegfried (Hrsg.) (1996). Schulwirklichkeit und Schulversuch. Zweiter Zwischenbericht zum Schulversuch „Jenaplan-Initiative Weimar". Erfurt: PHE

Kern, Artur (1963). Sitzenbleiberelend und Schulreife. Ein psychologisch-pädagogischer Beitrag zu einer inneren Reform der Grundschule. 4. Aufl. Freiburg im Breisgau: Herder Verlag

Kerschensteiner, Georg (1971). Arbeitsschule. In: Reble, Albert (Hrsg.). Geschichte der Pädagogik. Dokumentationsband. Stuttgart: Klett

Key, Ellen (1902). Das Jahrhundert des Kindes. Studien (Autorisierte Übertragung von Francis Maro). Berlin: S. Fischer Verlag

Kiuppis, Florian (2014). Heterogene Inklusivität, inklusive Heterogenität. Bedeutungswandel imaginierter pädagogischer Konzepte im Kontext Internationaler Organisationen. Münster: Waxmann

Klaas, Marcel (2013). Perspektiven auf die jahrgangsgemischte Schuleingangsstufe. Eine mehrperspektivische Betrachtung unter besonderer Berücksichtigung der Rekonstruktion des Erlebens von Kindern in der jahrgangsgemischten Schuleingangsstufe. Überarb. Fassung der Dissertationsschrift. Humanwissenschaftliche Fakultät. Köln: Universität Köln

Klingberg, Lothar (1987). Überlegungen zur Dialektik von Lehrer- und Schülertätigkeit im Unterricht der sozialistischen Schule. In: Potsdamer Forschungen, Reihe C, Heft 74

Kluge, Karl-Josef (2002). Ein (SONDER-)Pädagogisches Problem für deutschsprachige Experten? In Labyrinth 25(2002)74, S. 7-15

Kluge, Karl-Josef; Suermondt-Schlembach, Karin (1981). Hochintelligente Schüler verhaltensauffällig gemacht? München: Minerva

KMK (1994). Empfehlungen zur sonderpädagogischen Förderung in den Schulen der Bundesrepublik Deutschland. Beschluss der Kultusministerkonferenz vom 06.05.1994. Bonn: KMK. In: Zeitschrift für Heilpädagogik, 45(1994)7, S. 484-494

Köchel, Miriam (2005). Förderungsprinzipien hochbegabter Kinder und deren Umsetzung in der Grundschule – untersucht am Beispiel des Philosophierens mit Kindern. Hausarbeit zur Ersten Staatprüfung für das Lehramt an der Grund- und Mittelstufe. Hamburg: UHH

Komensky, Jan Amos (1954). Sämtliche didaktischen Werke. Berlin: Volk u. Wissen

Kolbe, Fritz-Ulrich; Reh, Sabine; Fritzsche, Bettina; Idel, Till-Sebastian; Rabenstein, Kerstin (2008). Theorie der Lernkultur. Überlegungen zu einer kulturwissenschaftlichen Grundlegung qualitativer Unterrichtsforschung. In: Zeitschrift für Erziehungswissenschaft, Heft 1/2008. S. 125-143

Köller, Olaf (2005). Bezugsnormorientierung von Lehrkräften: Konzeptuelle Grundlagen, empirische Befunde und Ratschläge für praktisches Handeln. In: Vollmeyer, Regina; Brunstein, Joachin (Hrsg.). Motivationspsychologie und ihre Anwendung. Stuttgart: Kohlhammer, S. 89-202

Kommescher, Gottfried; Witschi, Urs (1992). Die Praxis der systemischen Beratung. In: Organisationsentwicklung 11(1992)2. S. 22-33

Koop, Christine (2010). Hochbegabtenförderung als Aufgabe für Kindertagesstätten!? In: Koop, Christine, Schenker, Ina, Müller, G Götz, Welzien, Simone und die Karg-Stiftung (Hrsg.) (2010). Begabung wagen. Ein Handbuch für den Umgang mit Hochbegabung in Kindertagesstätten. Berlin und Weimar: das netz. S. 13-17

Koop, Christine; Preckel, Franzis (2015). Beratungsanliegen und -themen im Feld Hochbegabung. In: Karg Heft 8, Psychologische Beratung im Feld Hochbegabung. Frankfurt a.M.: Karg Stiftung. S. 8-17

Koop, Christine; Schenker, Ina; Müller, Götz; Welzien, Simone und die Karg-Stiftung (Hrsg.) (2010). Begabung wagen. Ein Handbuch für den Umgang mit Hochbegabung in Kindertagesstätten. Berlin und Weimar: das netz

Koop, Volker (2007). Dem Führer ein Kind schenken - die SS-Organisation "Lebensborn" e.V.. Köln: Böhlau Verlag

Köster, Nina (2015). Klassenstufen 6 7 8 und 9 oder doch durchmischt? Gymnasiale Enrichment-Aspekte im Kontext jahrgangsgemischter Lerngruppen. In: Trautmann, Thomas (Hrsg.) (2015). Begabungsförderung am Gymnasium. Enrichment am Beispiel Lernentwicklungsblatt. Berlin: Logos (Individuum-Entwicklung- Institution Bd. 2). S. 33-48

Köster, Nina; Maschke, Lara (2015). LEBL-Seminare am Heinrich-Heine-Gymnasium. In: Trautmann, Thomas (Hrsg.) (2015). Begabungsförderung am Gymnasium. Enrichment am Beispiel Lernentwicklungsblatt. Berlin: Logos (Individuum-Entwicklung- Institution Bd. 2). S. 81-87

Kraus, Josef (1998). Spasspädagogik. Sackgassen deutscher Schulpolitik. München: Universitas

Krichbaum, Gabriele (1998). Unterfordert die Grundschule unsere Kinder? In: Labyrinth 21(1998)58. S. 6-7

Krauthausen, Günter; Scherer, Petra (2011). Natürliche Differenzierung durch offene Aufgabenstellungen. In: Grundschulunterricht Mathematik H. 1/2011. S. 4-7

Krecker, Margot (1986). Die Vorschulerziehung in der Deutschen Demokratischen Republik. In: Barow-Bernstorff E.; Günther, Karl-Heinz (Hrsg.) Beiträge zur Geschichte der Vorschulerziehung. 7. bearbeitete Aufl. Berlin : Volk und Wissen, S. 420-486

Kristen, Cornelia (2008). „Schulische Leistungen von Kindern aus türkischen Familien am Ende der Grundschulzeit. Befunde aus der IGLU-Studie". In: Kölner Zeitschrift für Soziologie und Sozialpsychologie, Sonderband 48 „Migration und Integration", S. 230-251

Krumbeck, Katja (2015). „I wanna do a real work". Forschungsbericht zu Compactingelementen bei einem native speaker in der Klassenstufe 1, Hamburg: UHH. (unv. Ms.)

Kucharz, Diemut; Wagener, Matthea (2007). Jahrgangsübergreifendes Lernen. Eine empirische Studie zu Lernen, Leistung und Interaktion von Kindern in der Schuleingangsphase. Baltmannsweiler: Schneider

Kühl, Melanie; Schmidt, Sonja (2009). Potenzen des Klassenrats für das soziale Lernen. In: Trautmann, Thomas/Schmidt, Sonja/ Rönz, Constanze (Hrsg.). Mittendrin und stets dabei. Begabungsfördernder Unterricht und wissenschaftliche Begleitung: Empirische Ergebnisse, Schneider, Baltmannsweiler, Bd. 2, S. 164-174

Kunath, Verena (2014). Zum Underachieververhalten in schulischen Kontexten – abgebildet an einer weiblichen Achtklässlerin. Masterthesis im Studiengang Lehramt der Primarstufe und Sekundarstufe I. Hamburg: UHH

Kwietniewski, Jan (2013). Intelligenzdiagnostik in der Begabtenförderung. In: Trautmann, Thomas; Manke, Wilfried (Hrsg.). Begabung – Individuum – Gesellschaft. Begabtenförderung als pädagogische und gesellschaftliche Herausforderung. Weinheim und Basel: Beltz Juventa, S.49-64

Laging, Ralf (Hrsg.) (1999). Altersgemischtes Lernen in der Schule. Baltmannsweiler: Schneider (Grundlagen der Schulpädagogik Bd. 28)

Lampert, Yvonne (2009). Begabungs- und Kreativitätsförderung auf der Grundlage des Philosophierens, Münster: Waxmann Verlag

Landau, Erika (1999). Mut zur Begabung. 2. akt. Aufl. München: Reinhardt

Landesinstitut für Schulentwicklung BW (Hrsg). (o.J.) Diagnose- und Vergleichsarbeiten (DVA). Aufgabenformate von Testaufgaben. Heilbronn: Landesinstitut für Schulentwicklung

Langeneder, Astrid (1997). Selektive Begabungsförderung? Frankfurt a. M.: Lang

Langer, Susanne K. (1984). Philosophie auf neuem Wege. Das Symbol im Denken, im Ritus und in der Kunst. Frankfurt am Main: Fischer

Largo, Remo H.; Beglinger, Martin (2009). Schülerjahre – Wie Kinder besser lernen, München: Piper

Lauth, Gerhard W.; Schlottke, Peter F. (2009). Training mit aufmerksamkeitsgestörten Kindern. Diagnostik und Therapie. 6. Aufl. Weinheim: Beltz DVU

Leidner, Michael (2012). Verschiedenheit, besondere Bedürfnisse und Inklusion. Grundlagen der Heilpädagogik. Baltmannsweiler: Schneider

Leitz, Iris; Jünger, Werner (2010). Was ist ein gutes Unterrichtsklima wert? In: Grundschulzeitschrift H. 237. S. 7 – 11

Lehmann, Bea (2015). Möglichkeiten und Grenzen von Begabungsmodellen – eine kritische Analyse des Mikado-Modells. Masterthesis im Studiengang LA für die Primar- und Sekundarstufe I. Hamburg: UHH

Lichtenstein-Rother, Ilse (1969). Schulanfang. Pädagogik und Didaktik der ersten beiden Schuljahre. 7. Aufl. Frankfurt: Diesterweg

Lindmeier, Christian; Lütje-Klose, Birgit (2015). Inklusion als Querschnittsaufgabe in der Erziehungswissenschaft. In: Mitteilungen der Deutschen Gesellschaft für Erziehungswissenschaft 26(2015)51. Opladen: Budrich. S. 7-16

Lipman, Matthew; Sharp, Ann Margaret; Oscanyan, Frederic S. (1980). Philosophy in the Classroom. Philadelphia: Temple University Press

Lipsky, Dorothy Kerzner; Gartner, Alan (1997). Inclusion and school reform: Transforming America's classrooms. Baltimore, MD: Brooks

Loos, Edeltraut; Schreiber, Waltraud (2004). Entdeckendes und projektorientiertes Lernen, in: Schreiber, Waltraud (Hrsg.). Erste Begegnungen mit Geschichte. Grundlagen historischen Lernens, Bd. 1, 2., erw. Aufl. Neuried: ars una, S. 715-742

Lubbe, Beate (1998). Mögliche Besonderheiten der Wahrnehmung bei sehr hoher Intelligenz. In: Labyrinth 21(1998)57. S. 20-23

Lubbe, Beate (2003). Wahrnehmungsprobleme bei Hochbegabung. In: Krüger, Christiana (Hrsg.). Kleine Menschen - ganz groß - schon vor der Schule. Wege zur frühen Begabungsförderung für Eltern, Erzieherinnen, Lehrerinnen. Münster: Verlag Monserat & Vannerdat. S. 125-188

Lucito, Leonard J. (1964). Gifted children. In: Dunn, L. M. (Hrsg.). Exceptional children in the schools. New York: Holt, Rinehart and Winston, S. 179-238

Macha, Hildegard (2015). Besonders Begabte gendersensibel fördern. In: Solzbacher, Claudia; Weigand, Gabriele; Schreiber, Petra (Hrsg.). Begabungsförderung kontrovers? Konzepte im Spiegel der Inklusion. Weinheim u. Basel: Beltz. S. 60-68

Makarenko, Anton S. (1988). Pädagogische Werke. Erster Band. Berlin (Ost): Volk und Wissen

Manke, Wilfried (1999). Besondere Begabungsförderung. Ein Randthema wird auffällig. In: Widersprüche Heft 71, 1999

Manke, Wilfried (2001). Besonders begabte Kinder erkennen, fördern und fordern – Überlegungen zu einer Pädagogik des Begabens. In: Labyrinth 24(2001)68. S. 18-22

Manke, Wilfried (2013). Schule als begabungs- und talentförderndes Haus des Lernens. In: Trautmann, Thomas; Manke, Wilfried. Begabung-Individuum-Gesellschaft. Begabtenförderung als pädagogische und gesellschaftliche Herausforderung. Weinheim u. Basel: Beltz Juventa. S. 202-214

Manke, Wilfried; Quitmann, Helmut (2009). Hoch- und besonders Begabte wollen Schule schlau machen – Erfolgreicher Kongress in Hamburg. Verfügbar unter: http://www.uni-bielefeld.de/biologie/Didaktik/ BotZell/ABB/Kongress_Schule_schlau.pdf (letzter Zugriff am 11.3. 2016)

Marek, Janina; Pillath, Christin; Trautmann, Thomas (2015). Begabung und Begabungsförderung – das Lernerverständnis. In: Trautmann, Thomas (Hrsg.). Begabungsförderung am Gymnasium. Enrichment am Beispiel Lernentwicklungsblatt. Berlin: Logos (Individuum-Entwicklung-Institution Bd. 2). S. 199-240

Marek, Janina; Pillath, Christin; Wesseling, Patricia (2015). Auswertung der Schülerfragebögen. In: Trautmann, Thomas (Hrsg.). Begabungsförderung am Gymnasium. Enrichment am Beispiel Lernentwicklungsblatt. Berlin: Logos (Individuum-Entwicklung-Institution Bd. 2). S. 87-161

Marland, Sidney P. (1972). Education of the gifted and talented. Report to the Congress of the United States by the U.S. Commissioner of Education. Washington, D.C.: GPO

Marsal, Eva (2007). "Wie viel Wahrheit wagt ein Geist?" Die ‚ethische' Wahrheitstheorie Nietzsches als einer der epistemischen Hintergründe des Philosophierens mit Kindern. In: Marsal, E. (Hrsg.). Ethische Reflexionskompetenz im Grundschulalter. Konzepte des Philosophierens mit Kindern. Frankfurt am Main [u.a.]: Lang, S. 53-73

Martens, Ekkehard (1990). Sich im Denken orientieren. Philosophische Anfangsschritte mit Kindern. Hannover: Schroedel-Schulbuchverlag

Martens, Ekkehard (2004). Philosophieren mit Kindern als elementare Kulturtechnik. In: Müller, Hans-Joachim (Hrsg.). Denken als didaktische Zielkompetenz. Philosophieren mit Kindern in der Grundschule. Baltmannsweiler: Schneider, S. 7-18

Martzog, Philipp; Stöger, Heidrun; Ziegler, Albert (2009). Neue empirische Befunde zum Underachievement Hochbegabter. In: Heilpädagogik online. 2009, Vol. 2, S. 2-112. http://www.lbfh.uni-erlangen.de/ martzog,%20stoeger,%20ziegler%20- %20neue%20 empirsche%20befunde.pdf, (letzter Zugriff am 23.01.2016)

Maschke, Lara (2015). Am Dienstag darf man nie aufs Klo? Oder: Ironie im Unterricht. Berlin: Logos (Individuum-Entwicklung-Institution Bd. 1)

Maschke, Lara (2016). Interludium. Zur Chance von Authentizität in didaktisch dominierten Prozessen. In: Brümmer, Mareike; Trautmann, Thomas (2016). Vom Sichtbar Werden – sichtbar sein". Divergentes Denken als Element ästhetischer Erfahrung und deren Verarbeitung im begabungsfördernden Unterricht. Berlin: Logos. S. 65-88

Matuschczyk, Adam (2009). Kreative Strategeme. Kreatives und systematisches Denken bei der Austragung sozialer Konflikte. Hannover: Kardinal Verlag

Mayer, John D.; Caruso, David R. & Salovey, Peter (2000). Emotional intelligence meets traditional standards for an intelligence. Intelligence, 27, pp. 267-298

McGrew, Kevin S.; Schrank, Frederic A.; Woodcock, Richard W. (2007). Technical Manual. WoodcockJohnson – III Normative Update. Rolling Meadows, IL: Riverside Publishing

Mergner, Barbara; Eckhold Torsten (1997). Jenaplan: Entwicklung und Unterstützung jenaplan-pädagogisch inspirierter Schulen. Bad Berka: ThILLM (V)

Meyer, Hilbert (2010). Was ist guter Unterricht? 7. Aufl., Berlin: Cornelsen Skriptor

Meyer-Willner, Gerhard (2001). Differenzierung und Individualisierung. In: Einsiedler, W.; Götz, M.; Hacker, H.; Kahlert, J.; Keck, R. W.; Sandfuchs, U. (Hrsg.) (2001). Handbuch Grundschulpädagogik und Grundschuldidaktik. Bad Heilbrunn: Klinkhardt. S. 367-376

Meyer, Doris (2003). Hochbegabung – Schulleistung – emotionale Intelligenz: eine Studie zu pädagogischen Haltungen gegenüber hoch begabten „underachievern". Münster: LIT

Michalik, Kerstin (2002). Worauf zielt das Nachdenken ab? In: Grundschule 10 (2002), S. 29-30

Michalik, Kerstin (2005). Philosophieren über Mensch und Natur im Sachunterricht. In: Hößle, Corinna; Michalik, Kerstin (Hrsg.). Philosophieren mit Kindern und Jugendlichen. Baltmannsweiler: Schneider Hohengehren, S. 13-23

Michalik, Kerstin (2013). Philosophieren mit Kindern als Unterrichtsprinzip – Bildungs- und lerntheoretische Begründungen und empirische Fundierungen. In: Pädagogische Rundschau 6/2013, S. 635-649

Michalik, Kerstin (2015). Philosophische Gespräche mit Kindern als Medium für Bildungsprozesse im Sachunterricht. In: Fischer, Hans-Joachim; Giest, Hartmut; Michalik, Kerstin (Hrsg.). Bildung im und durch Sachunterricht. Bad Heilbrunn 2015, S. 175-182

Michalik, Kerstin; Wittkowske, Steffen (2010). Philosophieren mit Kindern – als „Pädagogische Grundhaltung" und als „Unterrichtsprinzip" In: Grundschulunterricht Sachunterricht 1/2010. S. 5-7

Mind-HSNW (2007). Hochbegabte am Übergang zwischen Schule und Studium – Probleme und Förderbedarf. Sachverständigenstellungnahme von G. Klein und A. Schulz. Mind-Hochschulnetzwerk vom 23.04.2007

Mischel, Walter (2015). Der Marshmallow-Test. Willensstärke, Belohnungsaufschub und die Entwicklung der Persönlichkeit. 3. Aufl. München: Siedler

Moefield, Emily Lynne (2008). The Effects of an Affective Curriculum on Perfectionism and Coping in Gifted Middle School Students. A Dissertation Submitted to the Department of Teaching and Learning of Tennessee State University. Verfügbar unter:
https://books.google.de/books?hl=de&lr=&id=ym6hg16IemMC&oi=fnd&pg=PA1&dq=emily+lynne+morefield+the+effects+of+an+effective+curriculum+on+perfectionism+and+coping&ots=RHgwJDqkEQ&sig=FLa6g5TPjdnRirAkkoRdg36B6Jk#v=onepage& q&f=false (letzter Zugriff am 10.01.2016)

Mönks, Franz J. (1987). Beratung und Förderung besonders begabter Schüler. In: Psychologie in Erziehung und Unterricht, 34. Jg. S. 217-224

Mönks, Franz J. (1991). Kann wissenschaftliche Argumentation auf Aktualität verzichten? Replik zum Beitrag Identifizierung von Hochbegabung. In: Zeitschrift für Entwicklungspsychologie und Pädagogische Psychologie, 23. Jg., Heft 3. S. 232-240

Mönks, Franz J. (1992). Ein interaktionales Modell der Hochbegabung. In: Hany, E. A.; Nickel, H. (Hrsg.). Begabung und Hochbegabung: theoretische Konzepte – empirische Befunde – praktische Konsequenzen. Bern, Göttingen: Verlag Hans Huber

Mönks, Franz J. (1999). Begabte Schüler erkennen und fordern. In: Perleth, Ch.; Ziegler, A. (Hrsg.). Grundbegriffe der Pädagogischen Psychologie. Bern: Hogrefe

Mönks Franz J. (2000). Begabungen erkennen – Begabte fördern. In: Joswig, Helga (Hrsg.). Begabungen erkennen – Begabte fördern. Rostock: Beiträge anlässlich einer Arbeitstagung des ABB e. V.

Mönks, Franz J.; Ypenburg, Irene H. (2005). Unser Kind ist hochbegabt. Ein Leitfaden für Eltern und Lehrer. 3. Aufl. München: Reinhardt

Mönks, Franz. J.; Katzko, Michael W. (2005). Giftedness and gifted education. In: Sternberg, Robert J.; Davidson, Janet E. (Eds.). Conceptions of Giftedness (2nd ed.). Cambridge: Cambridge University Press, pp. 187-200

Mönks, Franz. J.; Mason, Emanuel J. (2000). Developmental Psychology and giftedness: Theories and research. In: Heller, Kurt A.; Mönks, Franz J.; Sternberg, Robert J.; Subotnik, Rena F (Eds.), International handbook of giftedness and talent (2nd ed). New York, NY: Elsevier Science Publishers, pp. 141-156

Mönks Franz; Oswald, Friedl; Weigand, Gabriele (Hrsg.) (2011). Wozu Begabungs- und Begabtenförderung? 10 Jahre journal für begabtenförderung. Journal für begabtenförderung. Für eine begabungsfreundliche Lernkultur 2/2011. Innsbruck: Studienverlag

Mönks, Franz J. ; Ypenburg, Irene H. (2012). Unser Kind ist hochbegabt. Ein Leitfaden für Eltern. 5., neu gest. und aktual. Aufl. München: Reinhardt

Montessori, Maria (1967). Grundgedanken der Montessori Pädagogik. Freiburg: Herder

Müller, Andreas (2005). Erlebnisse durch Ergebnisse. Das Lernportfolio als multifunktionales Werkzeug im Unterricht. In: Grundschule 6/ 2005, S. 8-18

Müller, Reto (2011). Soziale Beziehungen und Wohlbefinden in der Schule. München: GRIN Verlag. Verfügbar unter: http://www.grin.com/de/e-book/172613/soziale-beziehungen-und-wohlbefinden-in-der-schule (letzter Zugriff am 11.3. 2016)

Müller, Theresa (2000). Ist unser Kind hoch begabt? Berlin: Urania-Ravensburger

Müller-Opplinger, Victor (2011). Heterogenität, Diversität und hohe Begabung als „Soziales Kapital". Ungleiches miteinander verbinden als Aufgabe von Schulen. In: Ostermaier, U. (Hrsg.). Hochbegabung. Exzellenz. Werte. Positionen in der schulischen Begabtenförderung. Dresden: Thelem

Müller-Opplinger, Victor (2011a). Hochbegabung in pädagogischem Bezug zum Menschenbild. Paradigmenwechsel zu einem dialektischen Begabungsmodell. In: Hackl, Armin; Steenbuck, Olaf; Weigand, Gabriele (Hrsg.). Werte schulischer Begabtenförderung. Begabungsbegriff und Werteorientierung. Karg-Heft 3. Beiträge zur Begabtenförderung und Begabungsforschung. Frankfurt am Main: Karg-Stiftung, S. 55-68

Münte-Goussar, Stephan (2008). Norm der Abweichung. Über Kreativität. In: Pazzini, Karl-Josef u. a. (Hrsg.). Kunstpädagogische Positionen, Hamburg: Hamburg Universitiy Press, Bd. 18

Myers, David G. (2005). Psychologie, Heidelberg: Springer

Neubauer, Aljoscha; Stern, Edith (2007). Lernen macht intelligent. Warum Begabung gefördert werden muss. München: DVA Verlag

Nguyen, Nelly (2009). Früheinschulung: Praktische Probleme und Befunde der Forschung. In: Trautmann, Thomas; Schmidt, Sonja; Rönz, Constanze (Hrsg.) (2009). Mittendrin und stets dabei. Begabungsfördernder Unterricht und wissenschaftliche Begleitung: Empirische Ergebnisse. Baltmannsweiler: Schneider, S. 19-34

Nickel, Horst; Schmidt-Denter, Ulrich (1991). Vom Kleinkind zum Schulkind: eine entwicklungspsychologische Einführung für Erzieher, Lehrer und Eltern. München: Reinhardt

Nolte, Marianne (2013). „Du Papa, die interessieren sich für das, was ich denke!" Zur Arbeit mit mathematisch besonders begabten Grundschulkindern. In: Trautmann, Thomas; Manke, Wilfried (Hrsg.). Begabung – Individuum – Gesellschaft. Begabtenförderung als pädagogische und gesellschaftliche Herausforderung (2013). Weinheim und Basel: Beltz Juventa, S. 128-144

Olsson, Maria (2014). „...und dich mag eh keiner" – Schulische Sozialisationsaspekte zwischen Selbstverfügung und Angewiesensein – nachgewiesen an einer weiblichen Zweitklässlerin. Masterthesis für das LA in der Primar- und Sekundarstufe. Hamburg UHH

Olweus, Dan (1996). Gewalt in der Schule: Was Lehrer und Eltern wissen sollten – und tun können. Bern: Huber Verlag

Osterheld, Monika (2001). Grundbedürfnisse in der Schule. In: „ ... auf den Lehrer kommt es an ..." Materialien zur Schulentwicklung. Bonn: Stern Institut

Osterheld, Monika (2001a). Eltern können Schule nicht kompensieren In: „... auf den Lehrer kommt es an ..." Materialien zur Schulentwicklung. Bonn: Stern Institut

Ostermaier, Ulrike (Hrsg.) (2011). Hochbegabung. Exzellenz. Werte. Positionen in der schulischen Begabtenförderung. Dresden: Thelem

(ÖZfB) Österreichisches Zentrum für Begabtenförderung und Begabungsforschung (o.J.). Was ist Begabung? - Wie werden Begabung, Talent und Leistungsexzellenz definiert? Online verfügbar unter: http://www.oezbf.at/cms/index.php/was-ist-begabung.html. (Letzter Zugriff: 14.12.2015)

Parkyn, George W. (1976). The identification and evaluation of gifted children. A new perspective. In: Gibson, Joy; Chennells, Prue (Hrsg.). Gifted Children. Looking to their future. London: Latimer New Dimension Ltd., pp. 35-56

Perger, Werner, A. (1995). Faule Säcke? In: DIE ZEIT, 26/1995 vom 23. Juni 1995

Perleth, Christoph; Sierwald, Wolfgang (1992). Entwicklungs- und Leistungsanalysen zur Hochbegabung. In: Heller, K. A. (Hrsg.), Hochbegabung im Kindes- und Jugendalter. Göttingen: Hogrefe. S. 165-350

Perleth, Christoph; Heller, Kurt A. (1994). The Munich Longitudinal Study of Giftedness. In Subotnik, Rena F.; Arnold, Karen D. (Eds.). Beyond Terman: Contemporary longitudinal studies of giftedness and talent. Norwood: Ablex, pp. 77-114

Perleth, Christoph (1997). Zur Rolle von Begabung und Erfahrung bei der Leistungsgenese. Ein Brückenschlag zwischen Begabungs- und Expertiseforschung. München: LMU

Perleth, Christoph (2000). Hochbegabung. In: Borchert, J. (Hrsg.). Handbuch der Sonderpädagogischen Psychologie. Göttingen: Hogrefe. S. 662-673

Pircher, Helga (2004). Das Portfolio der individuellen Kompetenzen. In: INFO (Hrsg. Schulamt und Pädagogisches Institut) Bozen: PI. S. 14-15

PISA 2000 – Deutsches PISA-Konsortium (Hrsg.) (2001). PISA 2000 - Basiskompetenzen von Schülerinnen und Schülern im internationalen Vergleich. Opladen: Leske & Budrich

Perleth, Christoph & Runow, Volker (2010). Welche Lehrkräfte wünschen sich die Hochbegabten? - Die "Wunschlehrerstudie". News&Science, 24/2010, 16-20. Verfügbar im Internet unter: http://www.begabtenzentrum.at/wcms/download.php?417282c52d349e001454b7b1b9ccf542 (letzter Zugriff am 22.02.2016)

Peschel, Falko (2003). Offener Unterricht – Idee, Realität, Perspektive und ein praxiserprobtes Konzept in der Evaluation. Baltmannsweiler: Schneider

Peschel, Falko (2008). Individualisierender Unterricht – Was können Grundschule und weiterführende Schule voneinander lernen? In: Hußmann, Stephan; Liegmann, Anke; Nyssen, Elke; Racherbäumer, Kathrin; Walzebug, Conny (Hrsg.). Individualisieren, differenzieren, vernetzen. Tagungsband zur Auftaktveranstaltung des Projekts indive. Hildesheim u. Berlin 2008. S. 53-65

Peschel, Falko (2013). Mr. Hattie und der Offene Unterricht. In: Visible learning. VL blog by Sebastian from Edkimo. Verfügbar unter: http://visible-learning.org/de/2013/06/mr-hattie-und-der-offene-unterricht/ (letzter Abruf am 23.12. 2015)

Petermann, Franz; Petermann (Hrsg.) (2011). Wechsler Intelligence Scale for Children. Fourth Edition Manual. 1. Grundlagen, Testauswertung und Interpretation. Übersetzung und Adaptation der WISC-IV von David Wechsler. Frankfurt a.M.: Pearson

Petermann, Franz; Petermann, Ulrike; Krummrich, Mara Zoe (2008). Erfassung des Sozial- und Lernverhaltens vor dem Schuleintritt. In: Psychologie in Erziehung und Unterricht. Zeitschrift für Forschung und Praxis 55 (2008), Nr. 2, S. 116-122

Petersen, Peter (2014). Der Kleine Jena-Plan. 4., überarbeitete Aufl. Weinheim u. Basel: Beltz (Beltz Taschenbuch)

Petersen, Ralf; Petersen, Ines; Pallasch, Waldemar (2009). Professionelle Gesprächsführung im Lerncoaching. In: Lernende Schule, 12 (2009) Heft 45. S. 16

Pfeifer, Volker (2003). Didaktik des Ethikunterrichts. Wie lässt sich Moral lehren und lernen? Stuttgart: Kohlhammer

Piechowski, Michael M. (1979). Developmental Potential. In Colangelo, N. & Zaffran, T. (Eds.). New Voices in Counseling the Gifted. Dubuque, IA: Kendall/Hunt

Piechowski, Michael M. (1991). Emotional Development and Emotional Giftedness. In: Colangelo, Nicholas; Davis, Gary (Eds.), Handbook of Gifted Education. (2.nd ed) Boston: Allyn and Bacon

Pink, Ruth (2009). Denken – kreativ, professionell und systematisch. Cornelsen, Berlin

Pinkvoß, Frauke (2009). Kindeswohlgefährdung. Rechtliche Grundlagen und Orientierung für Jugendhilfe, Schule und Gesundheitswesen. Berlin: Lehmanns Media GmbH

Platte, Andrea (2010). Inklusiver Unterricht – eine didaktische Herausforderung. In: Hinz, Andreas; Körner, Ingrid; Niehoff, Ulrich (Hrsg.). Auf dem Weg zur Schule für alle. Barrieren überwinden – inklusive Pädagogik entwickeln. Marburg: Lebenshilfe-Verlag, S. 87-100

Pollak, Arnold (2015). Auf den Spuren Hans Aspergers. Fokus Asperger-Syndrom: Gestern, Heute, Morgen. Stuttgart: Schattauer

Pollock, Jon I. (1992). Predictors and long - term association of reported sleeping difficulties in infancy. In: Journal of Reproductive an Infant Psychology, 10, pp. 151-168

Porter, Gordon L. (2013). Critical elements for inclusive schools. In: Pijl, S. J.; Meijer C.J.; Hegarty, S. (Hrsg.) Inclusive Education. A Global Agenda. 2nd ed. Lonon: Routledge. pp. 68-81

Poschlad. Christiane (2013). Schüler mit Begabung. In: Alle Mittendrin! – Inklusion in der Grundschule. Schulleben, Unterrichtsorganisation und Praxishilfen für alle Fächer. Mühlheim: Verlag an der Ruhr. S. 183-188

Preckel, Franzis; Baudson, Tanja G. (2013). Hochbegabung: Erkennen, Verstehen, Fördern. Reihe Beck Wissen. München: C. H. Beck

Preckel, Franzis; Schneider, Wolfgang; Holling, Heinz (Hrsg.) (2010). Diagnostik von Hochbegabung. Tests und Trends. Göttingen: Hogrefe

Preckel, Franzis; Stumpf, Eva; Schneider, Wolfgang (2015). Fähigkeitsgruppierung Hochbegabter am Gymnasium – Ergebnisse aus dem Projekt PULLS. In: Solzbacher, Claudia; Weigand, Gabriele; Schreiber, Petra (Hrsg.). Begabungsförderung kontrovers? Konzepte im Spiegel der Inklusion. Weinheim u. Basel: Beltz. S. 106-120

Preckel, Franzis; Vock, Miriam (2013). Hochbegabung. Ein Lehrbuch zu Grundlagen, Diagnose und Fördermöglichkeiten. Göttingen: Hogrefe

Preuß, Bianca (2012). Hochbegabung, Begabung und Inklusion - Schulische Entwicklung im Mehrebenensystem. Wiesbaden: Springer VS

PROGRAMM für die Bildungs- und Erziehungsarbeit im Kindergarten. (Hrsg.) (1985). Ministerrat der Deutschen Demokratischen Republik, Ministerium für Volksbildung). Berlin: Volk und Wissen

Prüßner, Marie-Theres (2015). Zum Verhältnis von Hochbegabung und Perfektionismus. BA-Arbeit im Studiengang LA für die Primar- und Sekundarstufe. Hamburg: UHH

Pütt, Heinz (1982). Projektunterricht und Vorhabengestaltung. Essen: Neue Deutsche Schule

Pyryt, Michael C. (2007). The giftedness / perfectionism connection: recent research and implications. In: Gifted Education International, 2007, Vol 23, pp. 273-279

Quitmann, Helmut (1999). Kooperation zwischen Elternhaus und Schule ist die halbe Miete. In: Labyrinth 22(1998)59. S. 8-10

Quitmann, Helmut (2013). Einmal schlau - immer schlau? Überlegungen zum Menschenbild in der Begabtenförderung. In: Trautmann, Thomas; Manke, Wilfried (Hrsg.). Begabung – Individuum – Gesellschaft. Begabtenförderung als pädagogische und gesellschaftliche Herausforderung. Weinheim und Basel: Beltz Juventa, S. 30-39

Racherbäumer, Kathrin (2009). Hochbegabte Schulanfängerinnen und Schulanfänger - Eine explorative Längsschnittstudie zum Übergang hochbegabter Kinder vom Kindergarten in die flexible Schuleingangsstufe NRW. Bd. 533. Münster: Waxmann

Rasch, Renate (2007). Offene Aufgaben für individuelles Lernen im Mathematikunterricht der Grundschule. Aufgabenbeispiele und Schülerbearbeitungen. Band 1/2 und Band 3/4. Stuttgart: Klett

Rastede, Michaela; Calvert, Kristina; Schreiber, Petra (2015). (Hoch-) Begabung inklusiv: Eine Grundschule und eine Oberstufe machen sich gemeinsam auf den Weg um Talente zu finden. In: Solzbacher, Claudia; Weigand, Gabriele; Schreiber, Petra (Hrsg.). Begabungsförderung kontrovers? Konzepte im Spiegel der Inklusion. Weinheim u. Basel: Beltz. S. 188-198

Rausch, Edgar (1986). Sprache im Unterricht. Berlin/Ost: Volk und Wissen

(Die) Rechte des Kindes (1994). Das Übereinkommen über die Rechte des Kindes; verabschiedet von der Generalversammlung der Vereinten Nationen in New York am 20. November 1989. Ravensburg: Ravensburger Buchverlag

Reggio Children (Hrsg.) (1998). Ein Ausflug in die Rechte von Kindern. Aus der Sicht der Kinder. Neuwied: Luchterhand

Reh, Sabine (2005). Warum fällt es Lehrerinnen und Lehrern so schwer, mit Heterogenität umzugehen? Historische und empirische Deutungen. In: Die deutsche Schule 97 (1), S. 76-86

Reh, Sabine; Fritzsche, Bettina; Idel, Till-Sebastian; Rabenstein, Kerstin (Hrsg.) (2010). Lernkulturen. Rekonstruktionen pädagogischer Praktiken an Ganztagsschulen. Wiesbaden: VS Verlag für Sozialwissenschaften

Renger, Sebastian (2009). Begabungsausschöpfung – Persönlichkeitsentwicklung durch Begabungsförderung. Münster: Lit

Renner, Günter (2008). Das Selbstkonzept sozialer Integration bei Kindern in der Jahrgangsgemischten Eingangsstufe. Dissertationsschrift. Nürnberg: Friedrich-Alexander-Universität (unv. Ms.)

Renzulli, Joseph S. (1984). The triad/revolving door system. A research-based approach to identification and programming for the gifted and talented. In: Gifted Child Quartely. Sage Publication, New York, Band 28, 4. Aufl. Unter: http://gcq.sagepub.com/content/28/4/163.full.pdf+html [gesehen am 27.01.2016]

Renzulli, Joseph S. (1993). Ein praktisches System zur Identifizierung hochbegabter und talentierter Schüler. In: Psychologie in Erziehung und Unterricht, 40. Jahrg., Heft 3. S. 217-224

Renzulli, Joseph S.; Reis, Sally M.; Stedtnitz, Ulrike (2001). Das Schulische Enrichment Modell SEM – Begabtenförderung ohne Elitenbildung. Aarau: Sauerländer

Renzulli, Joseph S. (2005). The three-ring conception of giftedness. A developmental model for creative productivity. In: Sternberg, Robert J.; Davidson, Janet E. (Eds.). Conceptions of Giftedness (2nd ed.). Cambridge: Cambridge University Press, pp. 246-279

Rohrmann, Sabine (2010). Hochbegabung – Was ist das? In: Koop, Christine; Schenker, Ina; Müller, Götz; Welzien, Simone und die Karg-Stiftung (Hrsg.) (2010). Begabung wagen. Ein Handbuch für den Umgang mit Hochbegabung in Kindertagesstätten. Berlin und Weimar: das netz, S. 155-173

Rohrmann, Sabine; Rohrmann, Tim (2010). Hochbegabte Kinder und Jugendliche. Diagnostik – Förderung – Beratung. 2., überarbeitete Aufl. München: Reinhardt

Römer, Julia (2014). Vorstellung von Begabung und Begabtenförderung in einem gymnasialen Lehrerkollegium – dargestellt am Heinrich-Heine-Gymnasium. Masterthesis im Studiengang PriSe. Hamburg: UHH

Römer, Julia; Trautmann, Thomas (2014). Begabung und Begabungsförderung – das Verständnis aus Sicht von Lehrpersonen. In: Trautmann, Thomas (Hrsg.) Begabungsförderung am Gymnasium. Enrichment am Beispiel Lernentwicklungsblatt. Berlin: Logos. S. 241-262

Rönnau-Böse, Maike; Fröhlich-Gildhoff, Klaus (2015). Resilienz und Resilienzförderung über die Lebensspanne. Stuttgart: Kohlhammer

Rosenkranz, Martin; Bichtemann, Vivien (2009). „Am Anfang werden die Weichen gestellt...?" Aspekte der Schuleingangsphase am Beispiel der Begabtenförderung. In: Trautmann, Thomas; Schmidt, Sonja; Rönz, Constanze (Hrsg.). Mittendrin und stets dabei. Begabungsfördernder Unterricht und wissenschaftliche Begleitung: Empirische Ergebnisse. Baltmannsweiler: Schneider, Bd. 2, S. 85-99

Rost, Detlef H. (1991). Belege, Modelle, Meinungen, Allgemeinplätze. Anmerkungen zu den Repliken von E. A. Hany; K. A. Heller und F. Mönks. In: Zeitschrift für Entwicklungspsychologie und Pädagogische Psychologie, 23(1991)3., S. 250-262

Rost, Detlef H. (1991a). Identifizierung von „Hochbegabung". In: Zeitschrift für Entwicklungspsychologie und Pädagogische Psychologie, 23(1991)3. S. 197-231

Rost, Detlef H. (Hrsg.) (1993). Lebensumweltanalyse hochbegabter Kinder. Das Marburger Hochbegabtenprojekt. Göttingen: Hogrefe

Rost, Detlef H.; Hanses, Petra (1997). Wer nichts leistet, ist nicht begabt? In: Zeitschrift für Entwicklungspsychologie und Pädagogische Psychologie 29 (1997)2., S. 167-177

Rost, Detlef H. (2000). Hochbegabte und hochleistende Jugendliche. Neue Ergebnisse aus dem Marburger Hochbegabtenprojekt. Münster: Waxmann

Rost, Detlef H. (2000a). Grundlagen, Fragestellungen, Methode. In Rost, D. H. (Hrsg.). Hochbegabte und hochleistende Jugendliche: Neue Ergebnisse aus dem Marburger Hochbegabtenprojekt. Münster: Waxmann, S. 1-92

Rost, Detlef H. (2007). Underachievement aus psychologischer und pädagogischer Sicht – Wie viele Underachiever gibt es tatsächlich? In: news & science, Begabtenförderung und Begabungsforschung, ÖZBF, Nr. 15, S. 8-9

Rost, Detlef. H. (2008). HOCHBEGABUNG. Fakten und Fiktionen. In: Gehirn und Geist. 3(2008). S. 44-50

Rost, Detlef H. (2009 a). Hochbegabte und hochleistende Jugendliche. Befunde aus dem Marburger Hochbegabtenprojekt (2. Aufl.). Münster: Waxmann

Rost, Detlef H. (2009). Intelligenz. Fakten und Mythen. 1. Aufl. Basel: Beltz

Rost, Detlef H.; Buch, Susanne R. (2010). Hochbegabung. In: Rost, Detlef H. (Hrsg.). Handwörterbuch Pädagogische Psychologie. Beltz, Weinheim, 4. Aufl., S. 257-272

Rost, Detlef H.; Sparfeldt, Jörn R.; Schilling, Susanne R. (2006). Hochbegabung. In: Schweizer, Karl (Hrsg.). Leistung und Leistungsdiagnostik. 1. Aufl. Heidelberg: Springer Verlag, S. 187-222

Rost, Detlef H.; Sparfeldt, Jörn (2009). Hochbegabt und niedrig leistend – Underachievement aus psychologischer und pädagogischer Sicht. In: Lin-Klitzing, Susanne; DiFuccia, David; Müller-Frerich, Gerhard (Hrsg.). Begabte in der Schule – Fördern und Fordern. Beiträge aus neurobiologischer, pädagogischer und psychologischer Sicht. Bad Heilbrunn: Julius Klinkhardt Verlag, S. 138-159

Roth, Heinrich (1961). Der Wandel des Begabungsbegriffs. In: Roth, Heinrich (Hrsg.). Jugend und Schule zwischen Reform und Restauration. Hannover: Schroedel, S. 81-113

Roth, Heinrich; Schlevoigt, Gerhard; Süllwold, Fritz; Wicht, Gerhard (1968). Frankfurter Schulreifetest FST. Weinheim: Beltz

Rother, Ilse (1959). Schulanfang. Ein Beitrag zur Arbeit in den ersten beiden Schuljahren. Frankfurt a.M., Berlin, Bonn: Diesterweg

Rumelhart, David E.; Norman, Donald E. (1978). Accretion, tuning, and restructuring. In: Cotton, John W; Klatzky, Roberta L. (Eds.). Semantic factors in cognition. Hillsdale, pp. 37-53.

Runco, Mark A. (2005). Creative giftedness. In: Sternberg, Robert J.; Davidson, Janet E. (Eds.) (2005). Conceptions of Giftedness (2nd ed.). Cambridge: Cambridge University Press, pp. 295-311

Runco, Mark A. (2014). Creativity. Theories and Themes: Research, Development, and Practice. 2. ed., Burlington: Elsevier

Rustenbach, Lely (2013). Zur Bildungssprache im Sachunterricht der Grundschule – eine Vergleichsstudie zwischen Schülern mit Deutsch als Erst- und Zweitsprache. MA-Thesis im Studiengang Lehramt für die Primar- und Sekundarstufe, Hamburg: UHH

Sacks, Oliver (2006). Der Mann, der seine Frau mit einem Hut verwechselte. Hamburg: Spiegel-Edition

Sagular, Alisia-Arzu (2015). Zur Theorie der multiplen Intelligenzen unter dem Fokus von Aufgabenformaten. BA-Thesis im Studiengang Lehramt für die Primar- und Sekundarstufe. Hamburg: UHH

Salamanca (1994). Die Salamanca Erklärung und der Aktionsrahmen zur Pädagogik für besondere Bedürfnisse, angenommen von der Weltkonferenz "Pädagogik für besondere Bedürfnisse: Zugang und Qualität" Salamanca, Spanien, 7.-10. Juni 1994 – UNESCO *http://info.uibk.ac.at/c/c6/bidok/texte/salamanca.html*

Saldern, Matthias von (2011). Individualisierung ist möglich! In: Grundschulunterricht Deutsch H. 2/2011. S. 4-7

Salovey, Peter & Mayer, John D. (1990). Emotional Intelligence. Imagination, Cognition and Personality, Vol. 9 (3), pp. 185-211

Sattler, Jerome M.; Dumont, R. (2004). Assessment of children: WISC-IV and WPSSI-III Supplement. San Diego: Jerome Sattler

Sauer, Michael (Hrsg.) (2014). Spurensucher. Ein Praxisbuch für historische Projektarbeit. Hamburg: edition Körber

Sauerhering, Meike (2013). Schulvorbereitung in der Kita. In Meike Sauerhering & Claudia Solzbacher (Hrsg.). Übergang KiTa- Grundschule. Nifbe Themenheft Nr. 14, S. 6-11

Schäfer, Gerd E. (2003). Was ist frühkindliche Bildung? In: Schäfer, G. E. (Hrsg.). Bildung beginnt mit der Geburt. - Weinheim u. Basel: Beltz

Schäfer, Gerd E. (2011). Was ist frühkindliche Bildung. Weinheim u. Basel: Beltz

Schäfer, Mechthild; Herpell, Gabriela (2010). Du Opfer! Wenn Kinder Kinder fertigmachen. Reinbek: Rowohlt

Schaub, Maryellen; Baker, David P. (2012). Conservative Ideologies and the World Order Amish Education. In: Hummrich, Merle/Rademacher, Sandra (Hrsg.). Kulturvergleich in der qualitativen Forschung. Wiesbaden: VS Verlag

Schaumburg, Heike; Prasse, Doreen; Tschackert, Karin; Blömeke, Sigrid (2007). Lernen in Notebook Klassen. Endbericht zur Evaluation des Projekts „1000 mal 1000: Notebooks im Schulranzen". Bonn: Schulen ans Netz e. V.

Schenk-Danzinger, Lotte (1969). Schuleintrittsalter, Schulfähigkeit, Frühförderung. Deutscher Bildungsrat Gutachten und Studien der Bildungskommission. Bd. 7, Bonn: DBR

Schick, Hella (2007). (Hoch-)Begabung und Schule: Lernmotivation, Identität und Leistungsverhalten von Jugendlichen in Abhängigkeit von intellektueller Begabung und schulischen Förderbedingungen. Dissertation, Universität Köln, Philosophische Fakultät

Schick, Hella (2012). Schulische Förderung intellektueller Hochbegabung. In: Fischer, C.; Fischer-Ontrup, C.; Käpnick, F.; Mönks, F.J.; Scheerer, H; Solzbacher, C. (Hrsg.). Individuelle Förderung multipler Begabungen. Allgemeine Forder- und Förderkonzepte. Münster: Lit, S. 337-350

Schick, Hella. & Phillipson, Shane N. (2009). Learning motivation and performance excellence in adolescents with high intellectual potential: What really matters? In: High Ability Studies, 20(1), pp. 15-37

Schleiermacher, Friedrich (1957). Pädagogische Schriften. In: Weniger, E.; Schulze, Th. (Hrsg.). Bd. 1. Die Vorlesungen aus dem Jahre 1826. Düsseldorf, München: Küpper

Schmeckel, Sabine Sophie (2009). Aspekte des Offenen Unterrichts und Analyse seiner praktischen Umsetzung in den Klassen 1 bis 4 mit Hilfe des Stufenmodells. Staatsexamensarbeit im Fach AEW an der Fakultät EPB der Universität Hamburg. Hamburg: UHH

Schmidt, Martin H. (1977). Verhaltensstörungen bei Kindern mit sehr hoher Intelligenz. Stuttgart: Huber

Scholz, Ingvelde (2012). Das heterogene Klassenzimmer. Differenziert unterrichten. Göttingen: Vandenhoek & Ruprecht

Schomburg, Andrea (2009). Es war einmal ein Wunderhuhn, das konnte große Wunder tun. Münster: Coppenrath

Schore, Allan, N. (2009). Affektregulation und die Reorganisation des Selbst. 2. Aufl. Stuttgart: Klett-Cotta

Schore, Allan N. (2012). Schaltstellen der Entwicklung. Herausgegeben, kommentiert und übersetzt von Eva Rass. Stuttgart: Klett-Cotta

Schreiber, Bernhard (1961). Rheinhauser Gruppentest. Ein Schulreife- und Entwicklungstest. Essen: Neue Deutsche Schule

Schreier, Helmut; Michalik, Kerstin (2006). Wie wäre es, einen Frosch zu küssen? Braunschweig: Westermann Schulbuch

Schröder, Ulrich (2000). Lernbehindertenpädagogik. Grundlagen und Perspektiven sonderpädagogischer Lernhilfe. Stuttgart, Berlin u. Köln: Kohlhammer

Schubert, Inge (2011). »Ich finde an unserer Klasse einfach toll, dass die so zusammengewürfelt ist«. Jenseits des Individuums In: Emotion und Organisation. Göttingen: Vandenhoek & Ruprecht. S. 219-245

Schuck, Karl D. ; Rauer, Wulf (2003). Fragebogen zur Erfassung emotionaler und sozialer Schulerfahrungen von Grundschulkindern dritter und vierter Klassen (FEESS). Göttingen: Hogrefe

Schuck, Karl D. ; Rauer, Wulf (2004). Fragebogen zur Erfassung emotionaler und sozialer Schulerfahrungen von Grundschulkindern erster und zweiter Klassen (FEESS). Göttingen: Hogrefe

Schuler, Patricia A. (2000). Perfectionism and Gifted Adolescents. In: The Journal of Secondary Gifted Education, 2000, Vol. 11, No. 4, pp. 183-196

Schulte zu Berge, Sabine (2001). Hochbegabte Kinder in der Grundschule. Münster: LIT

Schulte zu Berge, Sabine (2005). Hochbegabte Kinder in der Grundschule - Erkennen - Verstehen - Im Unterricht berücksichtigen. 2. Aufl. Münster: LIT

Schulz von Thun, Friedemann (2010). Miteinander reden. Störungen und Klärungen. 48. Aufl. Reinbek: Rowohlt

Schwabe, Hermann; Bartholomai, Friedrich (1870). Der Vorstellungskreis der Berliner Kinder beim Eintritt in die Schule. In: Berlin und seine Entwicklung. Berliner Städtisches Jahrbuch für Volkswirtschaft und Statistik. Vierter Jahrgang Berlin: J. Guttentag. S. 59-76

Schwarz, Hermann (1997). Zur Offenheit des Grundschulunterrichts. In: Fölling-Albers, M. (Hrsg.) (1998). Veränderte Kindheit – Veränderte Grundschule. 7. Aufl. Frankfurt a. M.: AKG (Beiträge zur Reform der Grundschule 75). S. 146-159

Schweizer, Karl (Hrsg.) (2006). Leistung und Leistungsdiagnostik. Mit 41 Abbildungen und 18 Tabellen, 5. Hochbegabung. Heidelberg: Springer Medizin, S. 187ff.

Schweizerische Koordinationsstelle für Bildungsforschung (1999). Begabungsförderung in der Volksschule - Umgang mit Heterogenität. Trendbericht 2

Seagoe, May (1974). Some learning characteristics of gifted children. In: Martinson, R. (Ed.) The identification of the gifted and talented. Ventura, CA: (OVCSoS)

Seel, Norbert M. (2000). Psychologie des Lernens. Lehrbuch für Pädagogen und Psychologen. (UTB für Wissenschaft: Uni-Taschenbücher; 8198). München: Reinhardt

Selter, Christoph (1995). Die Fiktivität der Stunde Null im Anfangsunterricht. In: Mathematische Unterrichtspraxis, 1995/2. S. 11-19

Serve, Helmut J. (1996). Förderung der Kreativitätsentfaltung als implizite Bildungsaufgabe der Schule. München: PimS-Verlag

Seyfert, Richard (1894). Beobachtungen an Schulneulingen. In: Die Schulpraxis 14(1894). S. 181

Siebert, Katrin (2006). Zum Einfluss von Emotionaler Intelligenz auf die Übereinstimmung von Selbst- und Fremdeinschätzungen in der Persönlichkeitsforschung. Dissertationsschrift an der Fakultät für Verhaltens- und Empirische Kulturwissenschaften der Ruprecht-Karls-Universität Heidelberg. Heidelberg: Ms

Silverman, Linda Kreger (1999). Perfectionism: The Crucible of Giftedness. http://nmgifted.org/GAC%20Resources/Perfectionism%20The%20Crucible%20of%20 Giftedness-SILVERMAN.pdf. (letzter Zugriff am 10.01.2016)

Silverman, Linda Kreger (2003). Gifted children with learning disabillities. In: Colangelo, N.; Davies G. A. (Eds.). Handbook of gifted education. Boston: Allyn and Bacon, pp. 533-543

Silverman, Linda Kreger (2013). Giftedness 101. New York: Springer Publishing Company

Siraj-Blatchford, Iram; Moriarty, Viv (2010). Pädagogische Wirksamkeit in der Früherziehung. In: Fthenakis, Wassilios E.; Oberhuemer, Pamela (Hrsg.). Frühpädagogik international. Bildungsqualität im Blickpunkt. 2. Aufl. Wiesbaden: Verlag für Sozialwissenschaften. S. 87-104

Snyder, Kate E.; Malin, Jenessa L.; Dent, Amy L.; Linnenbrink-Garcia, Lisa (2014). The Message Matters: The Role of Implicit Beliefs About Giftedness and Failure Experiences in Academic Self-Handicapping. In: Journal of Educational Psychology, 2014, Vol. 106, No. 1, pp. 230-241

Sodian, Beate (2008). Entwicklung bereichsspezifischen Wissens. In: Oerter, Rolf; Montada, Leo (Hrsg.). Entwicklungspsychologie. 6. Aufl. Weinheim: Beltz PVU. S. 436-479

Solzbacher, Claudia; Weigand, Gabriele; Schreiber, Petra (Hrsg.) (2015). Begabungsförderung kontrovers? Konzepte im Spiegel der Inklusion. Weinheim u. Basel: Beltz

Spahn, Christine (1997). Wenn die Schule versagt. Vom Leidensweg hochbegabter Kinder. Asendorf: Mut

Sparfeldt, Jörn R. (2006). Berufsinteressen hochbegabter Jugendlicher. Münster: Waxmann

Spearman, Charles (1923). The nature of „intelligence" and the principles of cognition. London: Macmillan

Spearman, Charles (1927). The abilities of man. New York: Macmillan

Speck, Otto (1996). System Heilpädagogik. Eine ökologisch reflexive Grundlegung. München: Reinhardt

Speirs-Neumeister, Kristie L.; Williams, Kristen K.; Cross, Tracy L. (2009). Gifted High School Students' Perspectives on the Development of Perfectionism. In: Roeper Review, 2009, Vol. 31, No. 4, pp. 198-206

Spethmann, Eckard (2013). Kollegiale Unterrichtsreflexion - ein zentrales Element von Unterrichtsentwicklung. In: PÄDAGOGIK H. 12/2013, S. 23-25

Spiewak, Martin (2013). Ich bin superwichtig! In: Die Zeit. 2013. Heft Nr. 2. Hamburg (Zeitverlag Gerd Bucerius) Abrufbar unter: http://www.zeit.de/2013/02/Paedagogik-John-Hattie-Visible-Learning (Letzter Aufruf am 11.11. 2015)

Spitzer, Manfred (2000). Geist im Netz. Modelle für Lernen, Denken und Handeln. Heidelberg/Berlin: Spektrum Akademischer Verlag

Spitzer, Manfred (2007). Lernen. Gehirnforschung und die Schule des Lebens. Korrigierter Nachdruck von 2002. Heidelberg/Berlin: Spektrum Akademischer Verlag

Spitzer Manfred (2012). Kommunikation - Sprecher, Zuhörer und deren Gehirne (Geist & Gehirn). In: Nervenheilkunde 31(2012) 4. S. 278-283

Spitzer, Manfred (2014). Musik im Kopf. Hören, Musizieren, Verstehen und Erleben im neuronalen Netzwerk. 2. Aufl. TB. Stuttgart: Schattauer

Stapf, Aiga; Stapf, Kurt H. (1996). Hochbegabte Mädchen. Persönlichkeitsentwicklung und spezielle Probleme. In: Labyrinth 19(1996)48. S. 3-8

Sprietsma, Maresa (2009). Discrimination in Grading? Experimental Evidence from Primary School. ZEW Discussion Paper No. 09-074. Mannheim: ZEW, online: ftp:// ftp.zew.de/pub/zew-docs/dp/dp09074.pdf (Stand: 26.02.2016)

Stamm, Margrit (2006). Underachievement. Ein Blick in die Black Box eines irritierenden Phänomens. Schweizerische Zeitschrift für Bildungswissenschaften, 28(3), S. 467-486

Stamm, Margit (2008). Überdurchschnittlich begabte Minderleister. Wo liegt das Versagen? In: Die Deutsche Schule 100 (1), S. 73-84

Stamm, Margrit (2008 a). Perfektionismus und Hochbegabung. In: news & science 2008, S. 36-40

Stamm, Margrit (2011). Wenn Jugendliche ihr „Potenzial" nicht umsetzen – vier Perspektiven auf den Begriff Underachievement und seine Legitimationsprobleme. In: Zlatkin-Troitschanskaia, Olga (Hrsg.). Stationen empirischer Bildungsforschung. Wiesbaden: Verlag für Sozialwissenschaften, S. 23-35

Stamm, Margrit (2014). Minoritäten als Begabungsreserven. In: Stamm, M. (Hrsg.). Handbuch Talententwicklung. Theorien, Methoden und Praxis in Psychologie und Pädagogik. Bern: Huber, S. 375-384

Stanovich, Keith E.; West, Richard F. (2008). On the Relative Independence of Thinking Biases and Cognitive Ability. Journal of Personality and Social Psychology, 94(4), S. 672-695

Stapf, Aiga (2010). Hochbegabte Kinder. Persönlichkeit Entwicklung Förderung. 5. aktualisierte Aufl. München: C.H. Beck

Stark, Robin (2003). Conceptual Change: kognitiv oder situiert? In: Zeitschrift für Pädagogische Psychologie, 17, S. 133 –144

Staudt, Beate; Neubauer, Aljoscha C. (2006). Achievement, Underachievement and Cortical Activation: A comparative EEG study of achieving and underachieving adolescents of average and aboveaverage intelligence. High Ability Studies, 17, pp. 3-16

Stedtnitz, Ulrike (1999). Unkonventionelle Möglichkeiten zur Förderung von Schulkindern mit überdurchschnittlichen Fähigkeiten – konkrete Erfahrungen aus der Praxis. In: Fitzner, T.; Stark, W.; Kagelmacher, H.-P.; Müller, T. (Hrsg.). Erkennen, Anerkennen und Fördern von Hochbegabten. Stuttgart: Klett. S. 138-153

Steenbuck, Olaf (2009). Merkmale von Unterrichtsqualität und Merkmale begabungsfördernden Unterrichts – unterschiedliche Perspektiven in der Unterrichtsforschung. In: Trautmann, Thomas; Schmidt, Sonja; Rönz, Constanze (Hrsg.). Beim Lernen zugeschaut. Begabungsfördernder Unterricht und wissenschaftliche Begleitung: Theoretische Grundlagen, Baltmannsweiler: Schneider, Bd. 1, S. 126 – 138

Steenbuck, Olaf (2009 a). Qualitätsmerkmale eines begabungsfördernden Grundschulunterrichts in heterogenen Lerngruppen. In: Trautmann, Thomas; Schmidt, Sonja; Rönz, Constanze (Hrsg.). Beim Lernen zugeschaut. Begabungsfördernder Unterricht und wissenschaftliche Begleitung: Theoretische Grundlagen. Baltmannsweiler: Schneider, Bd. 1, S. 35-60

Steenbuck, Olaf; Quitmann, Helmut; Esser, Petra (Hrsg.) (2011). Inklusive Begabtenförderung in der Grundschule. Weinheim u. Basel: Beltz

Steenbuck, Olaf; Schmidt, Sonja; Trautmann, Thomas (Hrsg.) (2007). Heterogene Lerngruppen-Analyse an der Brecht-Grundschule Hamburg. Zweiter Zwischenbericht der wissenschaftlichen Begleitung zum Schuljahr 2006/2007, UHH, Hamburg

Stein, Martin (2012). Die Übungs-CD als Arbeitsmittel. In: Grundschulunterricht Mathematik H. 4/2012. S. 27-30

Steinau, Brigitte (2011). Fördern im Mathematikunterricht durch das Erfinden eigener Aufgaben. In: Grundschulunterricht Mathematik H. 1/2011. S. 24-26

Stern, Elsbeth (2002). Wie abstrakt lernt das Grundschulkind? In: Petillon, H. (Hrsg.). Individuelles und soziales Lernen in der Grundschule. Wiesbaden: Springer, S. 27-42

Stern, Elsbeth (2003). Kompetenzerwerb in anspruchsvollen Inhaltsgebieten bei Grundschulkindern. In: Cech, D.; Schwier, H.-J. (Hrsg.). Lernwege und Aneignungsformen im Sachunterricht. Bad Heilbrunn: Klinkhardt. S. 37-58

Stern, Elsbeth (2015). Emotionale Intelligenz ist ein „Unsinnsbegriff". Interview im Deutschlandradio Kultur vom 26.11.2015. Verfügbar unter: http://www.deutschlandradiokultur.de/psychologin-elsbeth-stern-emotionale-intelligenz-ist-ein.970.de.html?dram:article_id=337960 (letzter zugriff am 04.03. 2016)

Stern, Elsbeth; Neubauer, Aljoscha (2013). Wir brauchen die Schlauen. Wie die Schule begabte Kinder fördern muss, damit ihre Intelligenz nicht verkümmert. Eine Erklärung in zehn Thesen. In DIE ZEIT Nr. 13/2013 vom 21. März 2013

Stern, William (1912). Die psychologischen Methoden der Intelligenzprüfung. In: Schumann, F. (Hrsg.). Bericht über den fünften Kongress für Experimentelle Psychologie. Leipzig: Barth. S. 1-109

Stern, William (1916). Psychologische Begabung und Begabungsdiagnose. In: Petersen, Peter (Hrsg.). Der Aufstieg der Begabten. Leipzig u. Berlin: Teubner. S. 105-120

Stern-Institut Bonn (Hrsg.) (2001). Konzeption der Stern-Tage. Klasse 7-10. Ms.

Sternberg, Robert J. (1985). Beyond IQ: A triarchic theory of human intelligence. New York: Cambridge University Press

Sternberg, Robert J. (1993). Procedures for identifying intellectual potential in the gifted: A perspective on alternative „metaphors of mid'. In: Heller, K. A.; Mönks F. J.; Passow, A. H. (Eds.). International Handbook of Research and Development of Giftedness and Talent. Oxford: Pergamon

Sternberg, Robert J. (1993 a). Sternberg Triarchic Abilities Test. Unpublished test (i.p.)

Sternberg, Robert J. (1998). Erfolgsintelligenz. Was man braucht, um seine Ziele wirklich zu erreichen. In: Psychologie heute 25(1998)3. S. 21-29

Sternberg, Robert J. (1999). Succesfull Intelligence: An Unrifled View of Giftedness. In: van Lieshout, C.F.M.; Heymans, P.G. (Eds.). Developing Talent across the Life Span. Hove, UK: Psychology Press

Sternberg, Robert J. (1998 a). Abilities are Forms of Developing Expertise. Educational Researcher, 27(3), pp. 11-20

Sternberg, Robert J. (2000). Giftedness as Developing Expertise. In: Heller, K. A.; Mönks, F. J.; Sternberg, R. J.; Subotnik, R. F. (Eds.). International Handbook of Giftedness and Talent (2nd ed.) Amsterdam: Elsevier, pp. 55-66

Sternberg, Robert J. (2003). WICS as a model of giftedness. High Ability Studies, 14, pp. 109-137

Sternberg, Robert J. (2005). The WICS Model of giftedness. In: Sternberg, Robert J.; Davidson, Janet E. (Eds.) (2005). Conceptions of Giftedness (2nd ed.). Cambridge: Cambridge University Press, pp. 327-342

Sternberg , Robert J.; Davidson, J. E. (Eds.) (2005). Conceptions of giftedness (2nd ed.). Cambridge: Cambridge University Press

Stoeber, Joachim; Otto, Kathleen (2006). Positive Conceptions of Perfectionism: Ap- proaches, Evidence, Challenges. In: Personality and Social Psychologe Review, 2006, 10, pp. 295-319

Stöger, Heidrun (2009). Die Identifikation Hochbegabter basierend auf einem systemischen Begabungsansatz und deren Relevanz für Begabte mit heilpädagogischem Förderbedarf. Heilpädagogik online 2/2009, S. 35-63

Stöger, Heidrun; Schirner, Sigrun; Ziegler, Albert (2008). Ist die Identifikation Begabter schon im Vorschulalter möglich? Ein Literaturüberblick. In: Diskurs Kindheits- und Jugendforschung Heft 1, 2008, S. 7-24

Stöger, Heidrun; Ziegler, Albert; Martzog, Phillip (2008). Deficits in fine motor skill as an important factor in the identification of gifted underachievers in primary school, Psychology Science Quarterly, Volume 50, pp. 134-146

Struck, Peter (1980). Projektunterricht. Stuttgart, Berlin, Köln, Mainz: Kohlhammer

Sumida, Manabu (2010). Identifying Twice-Exceptional Children and Three Gifted Styles in the Japanese Primary Science Classroom. In: International Journal of Science Education. Research Report. Vol. 32, No. 15, 1 October 2010, pp. 2097-2111

Sundermann, Beate; Selter, Christoph (2006). Beurteilen und Fördern im Mathematikunterricht. Gute Aufgaben – Differenziertes Arbeiten – Ermutigende Rückmeldungen. Berlin: Cornelsen Skriptor

Sword, Lesley K. (2003). Emotional intensity in gifted children. Verfügbar unter: http://www.sengifted.org/articles_social/Sword_EmotionalIntensityInGiftechildren.shtml (letzter Zugriff am 07.04.2016)

Tammet, Daniel (2007). Elf ist freundlich und Fünf ist laut. Ein genialer Autist erklärt seine Welt. Düsseldorf: Patmos

Tannenbaum, Abraham J. (1986). Giftedness: A psychosocial approach. In: Sternberg, Robert J.; Davidson, Janet E. (Eds.) (2005). Conceptions of Giftedness. Cambridge: Cambridge University Press. pp. 53-92

Taylor, Calvin W. (1988). Varios approaches to a definition of creativity. In: Sternberg, R. J. (Ed.) The nature of creativity. Cambridge: University press. pp. 99-121

Taylor, Lorraine C.; Clayton, Jennifer D; Rowley, Stephanie J. (2004). Academic Socialization: Understanding parental influences on children's school-related development in the early years. Review of General Psychology, 8, pp. 163-178

Tereshkova, Tatiana; Trautmann, Thomas (2014). Testresultate unter dem Fokus anthroplogisch-kulturspezifischen Intelligenzausprägung. Hamburg: Universität Hamburg ABG (unv. Ms) S. 1-55

Terman, Lewis M. (1958). What education for the gifted should accomplish. In: Henry, N.B. (Eds.). Education fort he gifted. Chicago: University of Chicago Press. S. 15-19

Tettenborn, Annette (1996). Familien mit hochbegabten Kindern. Münster: Waxmann

Tettenborn, Annette (2010). Die Klassenlehrperson im Fokus verschiedener Ansprüche - Erster Versuch einer Neubestimmung. Beiträge zur Lehrerbildung, 28 (3), S. 416-427

Textor, Martin R. (2013). Projektarbeit im Kindergarten. Planung, Durchführung, Nachbereitung. 2. Aufl. Norderstedt: Books on Demand

Thiessen, Peter (2010). Die gezielte Beschäftigung im Kindergarten: Vorbereiten – Durchführen – Auswerten. Freiburg i. B.: Lambertus

Tietze, Wolfgang; Meischner, Tatjana; Gänsfuß, Rüdiger; Grenner, Katja, Schuster, Käthe-Maria; Völker, Petra; Roßbach, Hans-Günther (1998). Wie gut sind unsere Kindergärten? Eine empirische Untersuchung zur pädagogischen Qualität in deutschen Kindergärten, Neuwied: Luchterhand

Traut, Olga (2011). Anleiter, Suchende, Rollenverteiler, Sammlerin und Sortierer – Muster im Prozess des Bauspiels. In: Trautmann, Thomas; Trautmann, Heidi; Lee, Sonja (Hrsg.). Stein auf Stein. Das Bauspiel am Schulbeginn. Hohengehren: Schneider. S. 106-117

Trautmann, Heidi; Trautmann, Thomas (2004). 50 Unterrichtsspiele für die Kommunikationsförderung. Lerninhalte festigen durch Bewegung, Sprache und Darstellung. Sekundarstufe. Donauwörth: Auer

Trautmann, Thomas (1997). Wie redest du denn mit mir? Kommunikation im Grundschulbereich. Baltmannsweiler: Schneider

Trautmann, Thomas (1999). Ich mache da alles mögliche ..." Frühleser und Frühschreiber in der Schule. In: Renner, E.; Schneider, I.; Riemann, S (Hrsg.). Kindsein in der Schule. Interdisziplinäre Annäherungen. Weinheim: Deutscher Studien Verlag. S. 179-193

Trautmann, Thomas (2005). Nachdenkliche Reden – Kommunikative Grundlagen des Philosophierens mit Grundschulkindern. In: Hößle, Corinna; Michalik, Kerstin (Hrsg.). Philosophieren mit Kindern und Jugendlichen. Baltmannsweiler: Schneider. S. 1-12

Trautmann, Thomas (2007). Begabungsfördernder Unterricht in heterogenen Lerngruppen – das Beispiel Grundschule-Brecht. In: Möller, Kornelia; Beinbruch, Christina; Hein, Anna Katharina; Kleickmann, Thilo; Schages, Ruth (Hrsg.). Qualität von Grundschulunterricht entwickeln, erfassen und bewerten. (Jahrbuch Grundschulforschung Bd. 11) Wiesbaden: VS Verlag für Sozialwissenschaften. S. 233-264

Trautmann, Thomas (2008). Hochbegabt – was n(t)un? 2. Aufl. Münster: LIT

Trautmann, Thomas (2009). Einführung in die Hochbegabtenpädagogik. Grundlagen der Schulpädagogik Bd. 53. 2. unveränderte Aufl. Baltmannsweiler: Schneider

Trautmann, Thomas (2009 a). Qualitativ gewichtige Eltern(mit)arbeit auf Augenhöhe – Gewünscht? Verwünscht? Gefürchtet? In: Iwers-Stelljes, Telse (Hrsg.) Prävention-Intervention-Konfliktlösung. Pädagogische Förderung und Evaluation. Wiesbaden: VS Verlag. S. 41-56

Trautmann, Thomas (2009 b). Kindliche Religiosität – eine besondere Begabung? In: Trautmann, Thomas; Schmidt, Sonja; Rönz, Constanze (Hrsg.). Beim Lernen zugeschaut. Begabungsfördernder Unterricht und wissenschaftliche Begleitung. Bd 1. Theoretische Grundlagen. Hohengehren: Schneider. S. 113-126

Trautmann, Thomas (2009 c). Gelingender Unterricht als Wegzeichen erfolgreicher Lehr-Lernpraxis. In: Trautmann, Thomas; Schmidt, Sonja; Rönz, Constanze (Hrsg.). Beim Lernen zugeschaut. Begabungsfördernder Unterricht und wissenschaftliche Begleitung: Theoretische Grundlagen, Schneider, Baltmannsweiler, Bd. 1, S. 61-81

Trautmann, Thomas (2010). Interviews mit Kindern. Grundlagen, Techniken, Besonderheiten, Beispiele. 1 Aufl., Wiesbaden: VS Verlag für Sozialwissenschaften

Trautmann, Thomas (2010 a). Zwischen Einstein und Gulliver? - Förderung hochbegabter Kinder in der Grundschule. In: Montessori – Zeitschrift für Montessori-Pädagogik 48(2010)2. S. 255-267

Trautmann, Thomas (2011). Frühe Signale von Hochbegabung. In: Trautmann, T.; Sallee, A.; Buller, A. (Hrsg.). Ich verstehe mehr als Bahnhof. Szenen aus der Kindheit eines hoch begabten Mädchens. München: Herbert Utz Verlag. S. 16-24

Trautmann, Thomas (2011 a). Flexibilisierung der Fördermöglichkeiten: Jahrgangsgemische Lerngruppen: In: Steenbuck, Olaf; Quitmann, Helmut; Esser, Petra (Hrsg.) (2011). Inklusive Begabtenförderung in der Grundschule. Weinheim u. Basel: Beltz. S. 92-105

Trautmann, Thomas (2012). Inklusion heißt Lernen ohne Gleichschritt. In: Bildung spezial 3/2012. Berlin: Deutsche Kinder- und Jugendstiftung. S. 8-10

Trautmann, Thomas (2012 a). Was hat ein Mikado mit Hochbegabung zu tun? In: Deutsche Gesellschaft für das Hochbegabte Kind e.V. (Hrsg.). Labyrinth 112; 25 (2012) 5, Kassel: Printec Offset Medienhaus. S. 5-7

Trautmann, Thomas (2013). Zu allem fähig und zu nichts in der Lage? Hochbegabte zwischen theoretischer Modellierung und aktiver Lebensbewältigung. In: Trautmann, Thomas; Wilfried Manke (Hrsg.). Begabung – Individuum – Gesellschaft. Begabtenförderung als pädagogische und gesellschaftliche Herausforderung. Weinheim und Basel: Beltz Juventa, S. 16-29

Trautmann, Thomas (2014). Breitbandinteresse trifft Schmalbandinstitution? Wenn Begabungsbiografien (schulische) Bildungstraditionen kreuzen. In: KARG Hefte 6(2014). S. 40-45

Trautmann, Thomas (Hrsg.) (2015). Begabungsförderung am Gymnasium. Enrichment am Beispiel Lernentwicklungsblatt. Berlin: Logos (Individuum-Entwicklung- Institution Bd. 2)

Trautmann, Thomas (2015 a). Multiple Intelligenzen und gymnasiales Enrichment – ein Widerspruch? In: Trautmann, Thomas (Hrsg.) Begabungsförderung am Gymnasium. Enrichment am Beispiel Lernentwicklungsblatt. Berlin: Logos (Individuum-Entwicklung- Institution Bd. 2). S. 69-80

Trautmann, Thomas (2015 b). Allen das Gleiche oder jedem seins? Enrichment in Gymnasien. In: Trautmann, Thomas (Hrsg.) Begabungsförderung am Gymnasium. Enrichment am Beispiel Lernentwicklungsblatt. Berlin: Logos (Individuum-Entwicklung- Institution Bd. 2). S. 19-32

Trautmann, Thomas, Brommer Jule (Hrsg.) (2016). Transitionen exemplarisch. Schulanfang, Klassenstufensprung, Schulartwechsel am Einzelfall. Berlin: Logos

Trautmann, Thomas, Schmidt, Sonja, Bichtemann, Vivien (2009). Mehrperspektivische Kinderbeobachtung und diagnostische Fallberatung (MeDiFa) – ein Schritt zu unterrichtlicher Förderung. In: Trautmann, Thomas; Schmidt, Sonja; Rönz, Constanze (Hrsg.). Mittendrin und stets dabei. Begabungsfördernder Unterricht und wissenschaftliche Begleitung: Empirische Ergebnisse, Schneider, Baltmannsweiler, Bd. 2, S. 282-307

Trautmann, Thomas; Schmidt, Sonja; Rönz, Constanze (Hrsg.) (2009). Mittendrin und stets dabei. Begabungsfördernder Unterricht und wissenschaftliche Begleitung: Empirische Ergebnisse. Baltmannsweiler: Schneider

Trautmann, Thomas; Sallee, Anne; Buller, Annika (2011). Ich verstehe mehr als Bahnhof. Szenen aus der Kindheit eines hoch begabten Mädchens. München: Herbert Utz Verlag

Trautmann, Thomas.; Lee, Sonja. (2011). Der fährt nur mit Helm. Bauspiel und Hochbegabung. In: Trautmann, Thomas; Trautmann, Heidi; Lee, Sonja (Hrsg.). Stein auf Stein. Das Bauspiel am Schulbeginn. Hohengehren: Schneider. S. 148-157

Trautmann, Thomas; Wilfried Manke (Hrsg.) (2013). Begabung – Individuum – Gesellschaft. Begabtenförderung als pädagogische und gesellschaftliche Herausforderung, Weinheim und Basel: Beltz Juventa

Trautmann, Thomas; Trautmann, Heidi (2016). Wenn Kinder uns herausfordern. In: Grassmann, Marianne, Möller, Regina (Hrsg.) Kinder herausfordern. Hildesheim: Franzbecker (i. Dr.)

Treffert, Darold A. (1989). Extraordinary People. Understanding „Idiot Savants". New York: Harpercollins

Tuzcu, Huri (2015). Wenn die Lehrerin den Klassenraum verlässt ... Ethnografische Skizzen über ein soziales Phänomen. Masterthesis im Studiengang LA der Primar- und Sekundarstufe, Hamburg: UHH

Tyson, Phyllis; Tyson, Robert L. (2009). Lehrbuch der psychoanalytischen Entwicklungspsychologie. 3. Aufl. Stuttgart: Kohlhammer

Unruh, Thomas; Petersen, Susanne (2011). Guter Unterricht – Handwerkszeug für Unterrichtsprofis. 12. erg. und komplett überarb. Aufl. Buxtehude: AOL

Urban, Klaus K. (1995). Manual zum Test zum Schöpferischen Denken – Zeichnerisch (TSD-Z) von Klaus K. Urban und Hans G. Jellen. Frankfurt: Swets & Zeitlinger B. V., Lisse; Swets Test Services

Urban, Klaus K. (1996). Besondere Begabungen in der Schule. In: Beispiele. In Niedersachsen Schule machen, 14. Jg. Heft 1/96. S. 21 – 28

Urban, Klaus, K. (1996). Methodisch-didaktische Möglichkeiten der (integrativen) schulischen Förderung von besonders begabten Kindern. In: Beispiele, 14 (1996)1, S. 29-35

Urban, Klaus K. (1997). Kreativität: Vom Störfaktor zum Unterrichtsziel. In: Labyrinth 20(1997)51. S. 3-9

Urban, Klaus K. (2004). Kreativität. Herausforderung für Schule, Wissenschaft und Gesellschaft. Münster: LIT

Valtin, Renate (1993). Stufen des Lesen- und Schreibenlernens - Schriftspracherwerb als Entwicklungsprozeß. In: Haarmann, D. (Hrsg.) Handbuch Grundschule. Bd. 2. Weinheim, Basel: Beltz. S. 68 – 80

Van Tassel-Baska, Joyce (2005). Domain-specific giftedness: Applications in school and life. In: Sternberg, Robert J.; Davidson, Janet E. (Eds.) (2005). Conceptions of Giftedness (2nd ed.). Cambridge: Cambridge University Press. S. 358-376

Veenman, Simon (1997). Combination Classroom Revisited. Educational Research and Evaluation: An International Journal on Theory and Practice, 3(1997)3, S. 262-276

Vester, Frederic (2014). Denken, Lernen, Vergessen. 36. Aufl. München: dtv

Vinzentius, Christian (2010). Multiple Intelligenzen und individuelles Lernen - I did it my way. In: Grundschulmagazin-Oldenbourg Klick. Märchen und Fabeln. Bd. 6. München: Cornelsen Schulverlage GmbH. Online verfügbar unter:
http://www.oldenbourg-klick.de /zeitschriften/grundschulmagazin/2010-6. (Letzter Zugriff am 01.01.2016)

Vock, Miriam, Gauck, Letizia; Vogl, Katharina (2010). Diagnostik von Schulleistungen und Underachievement. In: Preckel, Franzis; Schneider, Wolfgang; Holling Heinz (Hrsg.). Diagnostik von Hochbegabung. Hogrefe, Göttingen, S. 1-17

Vock, Miriam; Preckel, Francis; Holling, Heinz (2007). Förderung Hochbegabter in der Schule. Evaluationsbefunde und Wirksamkeit von Maßnahmen. Göttingen: Hogrefe

Vogt, Michaela; Krenig, Katharina (2015). Hochbegabtenförderung aus inklusiver Perspektive – ein Brückenschlag. In: Solzbacher, Claudia; Weigand, Gabriele; Schreiber, Petra (Hrsg.). Begabungsförderung kontrovers? Konzepte im Spiegel der Inklusion. Weinheim u. Basel: Beltz. S. 69-84

Vogt, Reinhold: TPR: Total Physical Response (Sprachen lernen), online unter: http://www.gedaechtnistraining.biz/Gedaechtnistraining/TPR.htm (letzter Zugriff am 13.12.2015)

Völtzer, Anne (2008). Können Affen lachen? Philosophieren mit Grundschulkindern über Ähnlichkeiten und Unterschiede zwischen Menschen und Affen. Staatsexamensarbeit im Fach AEW an der Fakultät EPB der Universität Hamburg. Hamburg: UHH

Wagener, Matthea (2014). Gegenseitiges Helfen. Soziales Lernen im jahrgangsgemischten Unterricht. Wiesbaden: Springer VS

Wagener, Matthea (2014 a). Potentiale der Jahrgangsmischung. In: Die Grundschulzeitschrift, 28 (2014) 274, S. 29-33

Wagenschein, Martin (1976). Rettet die Phänomene! (Der Vorrang des Unmittelbaren). In: Scheidewege 1/1976, S. 76-93. Wiederabdruck in: Der Mathematische und Naturwissenschaftliche Unterricht, 1977, S. 129–137

Wagner, Angelika C. (2009). Mentoring in Situationen der beruflichen Weichenstellung: Einsteigen- Aufsteigen- Umsteigen: Ergebnisse der Arbeitsstelle Expertinnen- Beratungsnetz/ Mentoring der Universität Hamburg. In H. Stöger, A. Ziegler & D. Schimke (Hrsg.). Mentoring: Theoretische Hintergründe, empirische Befunde und praktische Anwendungen, Lengerich: Pabst. S. 161-191

Wagner, Katja; Heinrich-Dönger, Anja; Reinhoffer, Bernd (2014). Wie gute Lernaufgaben in den Sachunterricht finden. In: Grundschulunterricht Sachunterricht H. 4/2014. S. 9-12.

Wagner, Kim (2014). Den eigenen Unterricht reflektieren. In: Grundschulunterricht Mathematik H. 4/2014. S. 31-33

Wallrabenstein, Wulf (1991). Offene Schule – offener Unterricht. Reinbek: Rowohlt

Wasmann-Frahm, Astrid (2012). Evaluation des Enrichment-Programms für besonders begabte Schülerinnen und Schüler in Schleswig-Holstein. Kiel: MBWSH

Watzlawick, Paul; Beavin, Janet H.; Jackson, Don D. (1993). Menschliche Kommunikation. Formen, Störungen, Paradoxien. Bern: Huber

Webb, James T. (1994). Educational Resources Information Center. In: Digest # E 527
Online verfügbar unter: http://files.eric.ed.gov/fulltext/ED372554.pdf (letzter Zugriff am 07.04. 2016)

Webb, James T.; Kleine, Patricia A. (1993). Assessing gifted and talented children. In: Culbertson, J.; Willis, J.D. (Hrsg.). Testing young children. Austin, TX: Pro-Ed. S. 383-407

Webb, James T. (1994). Was sind die emotional-sozialen Bedürfnisse Hochbegabter? ERIC Digest 527 übers. v. A. Heinbokel. In: Labyrinth 21(1998)56. S. 3-15

Webb, James T.; Meckstroth, Elizabeth A.; Tolan, Stephanie S. (2011). Hochbegabte Kinder, ihre Eltern, ihre Lehrer. Bern, Göttingen, Toronto, Seattle: Verlag Hans Huber

Webb, James T. (2012). Hochbegabte Kinder. Das große Handbuch für Eltern. Bern, Göttingen, Toronto, Seattle: Hans Huber

Weigand, Gabriele; Hackl, Armin; Müller-Oppliger, Victor; Schmid, Günter (2014). Personorientierte Begabungsförderung. Eine Einführung in Theorie und Praxis. Weinheim und Basel: Beltz

Weigand, Gabriele; Mönks, Franz (2008). Ganztagsschule und Begabtenförderung. Journal für Begabtenförderung. Für eine begabungsfreundliche Lernkultur 1/2008. Innsbruck: Studienverlag

Weigl, Karsten (2009). Inklusiver Unterricht – natürlich vorhandene Heterogenität nutzen. In: Thoma, Pius; Rehle, Cornelia (Hrsg.). Inklusive Schule. Leben und Lernen mittendrin. Bad Heilbrunn: Klinkhardt, S. 183-192

Weinert, Franz E.; Helmke, Andreas (1997). Entwicklung im Grundschulalter. Weinheim u. Basel: Beltz

Weinert, Franz E. (2000). Lernen als Brücke zwischen hoher Begabung und exzellenter Leistung. 2. Internationale Salzburger Konferenz zu Begabungsfragen und Begabtenförderung (13.10.2000). – Vortragsmanuskript

Weiner, Franz, E. (2001). Schulleistungen – Leistungen der Schule oder der Schüler? In: Weinert Franz E. (Hrsg.). Leistungsmessungen in Schulen. Weinheim u. Basel: Beltz

Weisberg, Robert W. (1994). Genius and madness? A quasi-experimental test of the hypothesis that manic-depression increases creativity. Psychological Science, 5. S. 361-367

Wellenreuther, Martin (2009). Individualisieren - aber wie? In: Schulverwaltung NRW, Zeitschrift Pädagogik April 2009: Thema: Offenen Unterricht weiterentwickeln, 20 (2009) 3, S. 71-74

Werning, Rolf; Lüttje-Klose, Birgit (2003). Lernbehindertenpädagogik. München/Basel: Reinhardt

Werner, Tobias (2013). Die Möglichkeiten und Grenzen begabungsfördernden Mathematikunterrichts – abgebildet an einem männlichen Viertklässler. Masterthesis für das LA der Primar- und Sekundarstufe I. Hamburg: UHH

West, Thomas G. (1997). In the minds eye. 2. Ed. New York: Prometheus Books

Wieczerkowski, Wilhelm (1981). Einleitung. In: Wieczerkowski, Wilhelm; Wagner, Harald (Hrsg.). Das hochbegabte Kind. Düsseldorf: Schwann, S. 13f

Wieczerkowski, Wilhelm; Wagner, Harald (1985). Diagnostik von Hochbegabung. In Jäger, Reinhold; Horn, Ralf; Ingenkamp, Karlhinz (Hrsg.). Tests und Trends 4. Weinheim: Beltz. S. 109-134

Wieczerkowski, Wilhelm; Prado, Tania M. (1990). Hochbegabte Mädchen. Bad Honnef: Bock

Wieczerkowski, Wilhelm; Prado, Tania M. (1991). Parental fears and expectations from the point of view of a counselling centre for the gifted. European Journal for High Ability 1991, 2. pp. 56-72

Wild, Klaus-Peter (1991). Identifikation hochbegabter Schulen Lehrer und Schüler als Datenquellen. Heidelberg: Asanger

Wilde, Dagmar; Schwenke, Jutta (2010). „Komm, wir entwickeln unseren Unterricht gemeinsam weiter...". Das Berliner Modellvorhaben „KUQS". In "Die Grundschulzeitschrift" Nr. 235/236 (2010). S. 24-28

Winner, Ellen (1998). Hochbegabt. Mythen und Realitäten von außergewöhnlichen Kindern. 2. Aufl. Stuttgart: Klett Cotta

Winner, Ellen (2000). Giftedness: Current Theory and Research. In: Current Directions in Psychological Science, 2000, Vol. 9, No. 5, S. 153-156

Winnicott, Donald W. (1973). Vom Spiel zur Realität. Stuttgart: Klett-Cotta

Winter, Felix (2003). Person – Prozess – Produkt. Das Portfolio und der Zusammenhang der Aufgaben. In: Friedrich Jahresheft 2003 Seelze, S. 78-81

Winter, Felix (2003 a). Auf dem Weg zur Feedback-Kultur im Klassenzimmer. In: Lernende Schule, Friedrich Verlag, Seelze, Heft 21, S. 11-13

Winter, Felix (2004). Neue Lernkultur – aber Leistungsbewertung von gestern? In: Bartnitzky, Horst; Speck-Hamdan, Angelika (Hrsg.). Leistungen der Kinder wahrnehmen – würdigen – fördern. Frankfurt a.M: Arbeitskreis Grundschule. S. 41-53

Winter, Felix (2007). Fragen der Leistungsbewertung beim Lerntagebuch und Portfolio. In: Gläser-Zikuda, M.; Hascher, T. (Hrsg.). Lernprozesse dokumentieren, reflektieren und beurteilen. Lerntagebuch und Portfolio in Bildungsforschung und Bildungspraxis. Bad Heilbrunn: Klinkhardt, S. 107-129

Wirthwein, Linda (2010). Mehr Glück als Verstand? Zum Wohlbefinden Hochbegabter. Fachbereich Psychologie. Marburg: Universität Marburg

Wirtz, Markus A. (Hrsg.) (2013). Dorsch Lexikon der Psychologie. 16. Aufl. Bern: Hans Huber

WISC IV (2011). Wechsler Intelligence Scale for Children - Version IV. Autor: Daniel Wechsler. Deutsche Bearbeitung: Franz Petermann; Ulrike Petermann, 2. Aufl. München: Pearson

Wittmann, Anna Julia; Holling, Heinz (2001). Hochbegabtenberatung in der Praxis. Göttingen: Hogrefe

Wittmann, Helmut (1978). Der Übergang vom Kindergarten zur Grundschule. In: Dollase, Rainer (Hrsg.). Handbuch der Früh- und Vorschulpädagogik. Düsseldorf: Schwann, S. 349-362

Wöll, Gerhard (2011). Handeln: Lernen durch Erfahrung. Handlungsorientierung und Projektunterricht. Baltmannsweiler: Schneider

Woolfolk, Anita (2014). Pädagogische Psychologie. 12. akt. Aufl. München: Pearson

Wudtke, Lisa (2013). „Struktur ist alles im Leben" Aspekte des Zusammenhangs zwischen unterrichtlicher Strukturgebung und Begabung – dargestellt an einem männlichen Drittklässler. BA-Thesis im LA-Studiengang Primar- und Sekundarstufe I. Hamburg: UHH

Wüsthof, Achim (2006). Bei Schlauen reift die Rinde langsam. In DIE ZEIT vom 12. Oktober 2006, Nr. 42. S. 22

Wygotski, Lew S. (1964). Denken und Sprechen. Berlin/Ost: Volk und Wissen

Wygotski, Lew S. (1987). Ausgewählte Schriften. Bd. 2: Arbeiten zur psychischen Entwicklung der Persönlichkeit. Berlin: Volk und Wissen

Wygotski, Lew, S. (2002). Denken und Sprechen. Frankfurt a.M.: Fischer

Yewchuk, Carolyn ; Lupart, Judy L. (1993). Gifted handicapped: A desultory duality. In: Heller, K.A.; Mönks, F.J.; Passow, A.H. (Hrsg.). International handbook for research on giftedness and talent. Oxford, UK: Pergamon Press, pp. 709-725

Zeitler, Horst (2013). In der Vielfalt liegt die Stärke. Handreichung zur Individualisierung des Lernens für die gesellschaftlichen Fächer. Landesinstitut für Schulen und Medien Berlin-Brandenburg (LISUM) (Hrsg.). Struveshof: LISUM

Zehnpfennig, Hannelore; Zehnpfennig, Helmut (2001). Begabtenförderung in der Grundschule – das Kölner Modell. In: „ … auf den Lehrer kommt es an …" Materialien zur Schulentwicklung. Bonn: Stern Institut. S. 29-53

Zehnpfennig, Hannelore; Zehnpfennig, Helmut (2001a). Entwicklungschancen besonders begabter Kinder in der Grundschule. In: Peter-Koop, A.; Sorger, P. (Hrsg.). Mathematisch besonders begabte Kinder als schulische Herausforderung. Offenburg: Mildenberger

Ziegler, Albert; Heller, Kurt A. (1997). Attribution Retraining for Self-Related Cognitions Among Women. Gifted and Talented International, 12, S. 36-41

Ziegler, Albert (2004). The actiotope model of giftedness (Ulmer Forschungsberichte aus der Pädagogischen Psychologie, Nr. 6). Ulm: Universität Ulm

Ziegler, Albert (2005). The actiotope model of giftedness. In: Sternberg, Robert J.; Davidson, Janet E. (Eds.). Conceptions of Giftedness (2nd ed.). Cambridge: Cambridge University Press. pp. 411-436

Ziegler, Albert (2008). Hochbegabung. Stuttgart: UTB Profile

Ziegler, Albert (2009). „Ganzheitliche Förderung" umfasst mehr als nur die Person: Aktiotop- und Soziotopförderung. In: Heilpädagogik online 02/09. Verfügbar unter: http://www.sonderpaedagoge.de/hpo/ heilpaedagogik_online_0209.pdf (letzter Zugriff am 14.03. 2016)

Ziegler, Albert; Phillipson, Shane N. (2012). Towards a systemic theory of gifted education. High Ability Studies, 23, pp. 3-30

Zinnecker, Jürgen (1975). Der heimliche Lehrplan. Weinheim, Basel: Beltz

Zöller, Isabelle (2009). Underachievement. Konstrukt eines Defizits oder defizitäres Konstrukt? Frankfurt/Main [u.a.]: Peter Lang